KB071190

열린책들
편집 매뉴얼
2024

약표지 half title page

← 면지 endpaper

저자의 저작 목록 advertisement

열린책들 편집 매뉴얼 2024

열린책들 편집부 엮음

판권 copyright page

이 책은 실로 꿰매어 제본하는 정통적인 사철 방식으로 만들어졌습니다.
사철 방식으로 제본된 책은 오랫동안 보관해도 손상되지 않습니다.

좋은 책을 만들고자 노력하는 모든 이들에게 이 책을 바칩니다.

감사의 말

이 책이 태어나기까지, 그동안 열린책들에서 함께 일하며 수고를 아끼지 않았던 모든 분들께 감사드립니다.

강무성, 강유진, 강희진, 고영래, 곽고운, 곽윤경, 권순나, 권오운, 권은경, 권향미, 그레고리 림펜스, 길혜숙, 김갑식, 김난주, 김뉘연, 김다미, 김대연, 김도헌, 김동준, 김미금, 김미정, 김민기, 김민정, 김민해, 김석중, 김선호, 김소원, 김수연a, 김수연b, 김영수, 김영정, 김영준, 김영희, 김우용, 김유진, 김은경, 김은미, 김은주, 김이재, 김정현, 김주성, 김준영, 김지연, 김창민, 김태권, 김태균, 김하늬, 김행선, 김현우, 김형진, 김호주, 김효근, 남수빈, 노승현, 노영근, 노희호, 단 비, 문정자, 박경숙, 박문혁, 박봉식, 박성열, 박소영, 박송이, 박수진, 박윤규, 박정윤, 박종욱, 박주현, 박지혜, 박현정, 배차선, 배현숙, 백소연, 서대진, 서향남, 석윤이, 손무원, 신기영, 신재익, 안성열, 안혜인, 엄혜연, 오연경, 오주리, 우선영, 원준형, 유미애, 유병수, 윤기현, 윤미희, 윤세미, 윤한구, 윤희기, 이갑수, 이경아, 이 람, 이명진, 이서영, 이민경, 이소영, 이소현, 이승욱, 이승환, 이양선, 이영아, 이영일, 이예지, 이정수, 이정원, 이주애, 이주현, 이혜인, 이혜정, 임선영, 임영록, 장미경, 장수영, 장영선, 전효선, 정수경, 정승원, 정은경, 정은미, 조동신, 조범호, 조영아, 조예슬, 조은화, 조중언, 주영화, 주영훈, 주지현, 진봉철, 채영진, 최기준, 최미영, 최보리, 최세운, 최순영, 최연욱, 최영진, 최은미, 최지영, 최 진, 최혜진, 최화명, 하원정, 한상출, 한수정, 한은혜, 한장수, 한정덕, 함지은, 허 단, 허현숙, 현승헌, 홍상희, 홍승범, 홍영완, 홍예빈, 홍유진, 홍지웅, 홍지욱, 홍혁진, 홍현영 ……

감사의 말 acknowledgements

7

2024년판 머리말

꾸준히 이 책을 찾아 주신 덕분에 올해도 열여섯 번째 편집 매뉴얼을 펴냅니다. 매년 어디서, 어떻게 쓰일지 떠올려 보면서 찾는 분들에게 최대한 도움이 되도록 개정해 나가는데, 실제로 요긴히 쓰이리라 생각하면 만드는 저희에게도 큰 힘이 되는 것 같습니다. 깊은 감사의 마음을 전합니다.

올해 저희가 가장 크게 힘을 들인 개정 사항들은 눈에 띄는 내용들은 아닙니다. 『표준 국어 대사전』에 새로 들어간 표제어 1천 개와 그사이 국립 국어원에서 발표한 수정 사항 등을 반영하면서 예와 유의 사항을 중심으로 전체적으로 꼼꼼히 다시 살폈습니다. 띄어쓰기 용례, 순화어와 외래어 표기 용례도 전부 점검해서 보완했습니다. 또 그간 미흡한 점이 지적되었던 중국어 표기법의 병음 조견표도 김태성 번역가의 감수를 받아 개선하였습니다. 사실 편집의 많은 부분이 이처럼 공들여도 티가 나지 않는 것들인데, 그래도 이런 세세함이 책의 완성도를 높이는 것이겠지요. 많은 분들이 지침으로 삼는 편집 매뉴얼인 만큼 앞으로도 세세히 들여다보고 잘 다듬어 나가겠습니다. 이 책을 참고하다가 오류나 개선할 점이 보인다면 언제든 일러주시길 부탁드립니다.

단연 올해의 가장 씁쓸한 개정 사항은 〈각종 추천 도서 신청〉 정보입니다. 우수 출판 콘텐츠 제작 지원, 중소 출판사 출판 콘텐츠 창작 지원은 예산 전액 삭감, 세종 도서와 문학 나눔 도서는 통폐합되면서 예산이 축소되었습니다. 국민 독서문화 확산 사업 예산도 전액 삭감되었고, 정부 주관은 아니지만 롯데 출판문화 대상도 폐지되었다지요. 이후 어떤 후속 조치들이 이어질지 모르겠지만 내실 있는 정책이 수립되기를 출판계의 일원으로서, 다양한 책을 기다리는 독자로서 염원합니다. 나라 전체의 예산으로 보자면 작은 부분이지만 어떤 출판인들에게는 다음 책, 다음 해를 기약하는 귀한 씨앗이

머리말 preface

었겠지요. 그 씨앗들이 우리가 만드는 책의 다양성과 질에 분명 보탬이 되어 왔을 것이고요. 올 한 해, 책을 만드는 우리 모두의 건투를 빕니다.

2024년 5월
열린책들 편집부

2023년판 머리말

열다섯 번째 편집 매뉴얼을 펴냅니다. 이렇게 적지 않은 해를 이어 갈 수 있는 까닭은 좋은 책을 만들기 위한 고민을 함께 나누려는 분들의 꾸준한 지지가 있기 때문일 것입니다. 그래서 편집 매뉴얼을 펴낼 때마다 든든한 동료들에게 저희의 성원을 보내는 것처럼 느껴지기도 합니다.

이번에도 여느 해와 마찬가지로 국립 국어원에서 분기마다 갈무리해 발표하는 『표준 국어 대사전』의 수정 사항들을 반영했습니다. 추천 도서 신청 정보들과, 도서 정가제와 관련된 법 조항 및 시행령의 수정된 내용들 역시 다시 점검했고, 틀리기 쉬운 용례들도 몇 가지 추가했습니다. 제작에서는, 이제 거의 쓰이지 않는 퀴크익스프레스를 다룬 내용을 덜어 냈고, 인상된 종이 단가를 적용하고, CTP에 관한 내용도 일부 수정해서 제작 현실을 반영했습니다.

아직 미흡하지만 뜻깊은 변화도 있었습니다. 지난해에 새로 추가한 차별적 표기 순화 용례를 여러 자료를 더 참고해 보완했습니다. 물론 순화어를 기계적으로 적용할 수는 없겠으나, 어떤 사람들을 차별하거나 소외시키지 않겠다는 다짐 같은 것이지요. 그중에는 이제 제법 익숙해진 것들도 더러 있어서 의외로 변화가 빠르게 이뤄지기도 하는구나 싶었습니다. 어쩌면 바꾸기 어렵다고, 어색하다고 하는 것들이 많은 부분 그저 관성일지도 모르겠습니다.

또 달라진 전문 용어 용례를 새로 추가했습니다. 달라진 말들을 정리하다 보니 더 적확한 언어를 찾기 위해 많은 사람들이 노력하고 있음을 알 수 있었습니다. 너무 전문적이어서 쓰임이 제한적이거나 아직 논의 중인 용어들이 많아 매뉴얼에는 극히 일부만 넣었지만, 세상은 끊임없이 변화하고 있음을 새삼 실감할 수 있었습니다. 지식의 발전에 따른 변화는 물론, 한자어나 외래어를 좀 더 와닿는 우리말로 바꾸려는 노력들도 여러 분야에서 이뤄지고 있어서 인상적이었습니다. 끊임없이 어디선가는 우리의 언어를 거듭 고민하고 있다는 것인데, 이런 노력들이 결국 우리의 생각과 삶을 한층 넉넉하게 해주는 것 같습니다.

더욱 정확하게 지식과 정보를 전달하고 더욱 세심하게 언어를 골라 내기, 그럼으로써 책이 더 많은 사람들에게 잘 가닿을 수 있도록 저희도 계속 노력해 보려고 합니다. 세계가 바뀌는 만큼 언어도 바뀌는 것이겠지만, 우리의 언어가 바뀌는 만큼 우리의 세계가 바뀌기도 하니까요. 우리가 만드는 책들도 그 세계에 기꺼이 동참하고, 더욱 넓어지는 세계로 함께 나아가는 것이면 좋겠습니다. 단어 하나하나, 책 구석구석, 갈닦아 펴내는 일에 애쓰는 모든 분들에게 이 책이 요긴한 동무가 되기를 바랍니다. 언제나처럼 모두에게 성원을 보냅니다.

2022년판 머리말

열린책들 편집 매뉴얼의 초판을 발행한 지 14년이 지났습니다. 초판부터 지금까지 매뉴얼의 발행 이력은 책 맨 뒤의 간기면에 나와 있는데, 현재 이력이 간기면의 수용 한계를 초과한 듯 보입니다. 내년이나 내후년에는 어떤 식으로든 변경이 이루어져야 할 것입니다. 지금부터 손을 대자는 의견도 있었으나, 일단 올해까지는 기존 형식을 유지하기로 했습니다. 이 일의 어려운 점은, 이 책의 간기면은 실제로 매뉴얼의 간행 정보를 기록하는 면이기도 하지만, 간기면의 표준적인 보기를 제시하는 것이기도 하다는 데 있습니다. 여백에 보란 듯이 〈간기면〉이라고까지 표시한 페이지를 단순화시킨 형태로 제시해도 괜찮은지 의문이 생길 수밖에 없는 것이지요. 해마다 매뉴얼 개정 작업을 할 때 우리가 과감한 선택을 망설이게 되는 이유가 여기에 있습니다. 매뉴얼의 보편적인 성격 때문입니다.

이번에 변경된 필름 인쇄에 관한 내용은 매뉴얼의 개정이 어떤 방식으로 이루어지는지 잘 보여 줍니다. 한때 신기술이었던 CTP 인쇄 방식은 현재 업계의 기본 설정이 되었고, 필름 인쇄 방식은 오래된 출판사의 아주 오래된 구간을 중쇄할 때 외에는 사용이 드물게 되었습니다. 이 때문에 몇 해 전부터 필름 인쇄에 대한 설명이나 연습 문제 등을 매뉴얼에 여전히 실을 필요가 있는지에 대한 의문이 있었습니다. 그렇지만 내용 자체를 삭제하지는 못했습니다. 필름 인쇄가 조금씩이라도 이루어지고 있다면 도움을 받는 독자들이 있을 거라고 생각했기 때문입니다. 작년까지는 그랬습니다.

그러나 올해부터는 필름 인쇄에 관한 내용을 상당 부분 덜어 내게 되었습니다. 앞서 제시한 〈보편성〉과는 다른 기준이 작용한 것인데, 이것을 출판 현장에서 일하는 사람들의 〈실감〉 정도로 표현해도 좋을 것입니다. 인쇄소에 필름이 있어도 그것을 사용하지 않고 데이터를 보내 인쇄한 지 오래되었는데, 구간이 많은 중견 출판사들조차 필름 인쇄를 1년에 단 한 번도 진행하지 않는 경우가 대부분인데, 왜 지금까지 이 내용을, 그 적지 않은 분량을 매년 매뉴얼에 포함시켜 왔던 것일까. 이것이 올해의 실감입니다. 한 해가 바뀌었을 뿐인데 느낌이 완전히 달라졌습니다.

실감이 작동하는 방식은 그런 것입니다. 작년과 〈완전히 달라진〉 그 느낌은 당연히 한 해 동안의 변화가 아닙니다. 길게는 10년 이상의 과정이 응축된 결과이지요. 출판은 하나의 산업이고, 기술의 발전에 노출되어 있습니다. 기술은 급격히 변화한다고 흔히 말하지만, 그 변화가 매뉴얼에 반영되는 것은 완전히 업계 표준이 되었음이 실감된 뒤의 일이므로 사실 몇 년이 걸릴지 알 수 없습니다. 매년 고시되는 국문 규정이나 법령의 개정이 매뉴얼에 반영되는 것과는 다른 속도감을 갖는 것이지요. 의도했던 것은 아니지만 열린책들 편집 매뉴얼의 보이지 않는 기여 중 하나는 출판 업계 내부인의 관점과 실감을 일반 독자들에게 전달해 온 데 있습니다. 이 책이 업계인뿐 아니라 학생이나 동호인 들이 아마추어 출판을 할 때 실질적으로 도움이 되고 있다면 그 때문일 것이라고 생각합니다.

앞으로도 열린책들은 편집 매뉴얼이 독자와 편집자 들에게 필수적인 참고 자료이자 가교의 역할을 할 수 있도록 계속 보완 작업을 해 나가겠습니다.

2021년판 머리말

독자분들의 성원에 힘입어 올해도 변함없이 신판 편집 매뉴얼을 선보이게 되었습니다. 작년에는 뜻밖에도 편집 매뉴얼에 대한 수요가 증가하여, 2020년판은 3쇄를 발행하기에 이르렀습니다. 편집 매뉴얼이 3쇄를 찍은 것은 2008년 초판 이후 처음입니다. 작년은 코로나 감염병 때문에 극도로 혼란스러운 때였는데, 이것이 편집 매뉴얼과 같은 책의 수요 증가와 어떻게 연관될 수 있는지는 저희도 알지 못하고 있습니다. 그저 올해 안에 이 어지러운 사태가 종식되고 모두

가 자유로운 생활을 되찾을 수 있기를 바랍니다.

2021년판에는 전자책 제작 실무가 추가되었습니다. 출판업계의 중요한 축으로 부상한 전자책 부문에 대해서도 다루게 됨으로써, 편집 매뉴얼의 공백이 한층 줄어들게 된 것입니다. 전자책 부분을 넣고 보니, 전부터 매뉴얼의 한 자리를 차지하고 있었던 것처럼 자연스러운 느낌도 듭니다. 물론 기술의 발전이라는 것은 자연스럽다는 느낌과는 근본적으로 상관없는 것이고 그 〈자연스러움〉의 정체를 지속적으로 의문에 빠뜨리는 운동이라고 생각되지만 말입니다.

40여 년 전, 〈전자 출판〉이라는 말이 〈탁상 출판〉, 즉 컴퓨터를 사용한 조판을 뜻하는 것에 불과하던 때가 있었습니다. 당시에는 그 자체로 신기해서 생긴 말인데, 집필부터 제작에 이르기까지 출판 과정에서 컴퓨터가 관여하지 않는 때가 없는 지금은 다소 이해가 곤란한 말일 수도 있지요. 그리고 10여 년 뒤, 전자 출판은 〈CD-ROM 출판〉을 뜻하는 것이 되었습니다. 종이책 대신 CD로 책을 읽게 될 거라고 말하기도 했습니다. 이런 식의 예측은 빗나갈 수밖에 없는 것이지만, 여기서 중요한 것은 전자 출판이 처음에는 〈생산 과정〉을 뜻하는 말이었다가 출판의 전 과정이 컴퓨터화된 뒤에는 컴퓨터로 읽을 수 있는 〈생산물〉을 가리키는 쪽으로 이동하게 되었다는 것입니다. 오늘날 단말기로 읽을 수 있는 전자책도 이 범위에서 벗어나지 않습니다. 이것이 전자 출판이라는 말의 마지막 용법인지는 물론 알 수 없습니다. 아마 그렇지 않겠지요.

미래 어느 시점에는 이 편집 매뉴얼이 종이책이 아닌 다른 포맷으로만 출간될지 모르고, 그 다른 포맷은 지금 우리가 알고 있는 전자책과는 완전히 다른 모습일지도 모르겠습니다. 그렇지만 미래의 일은 미래의 일이고, 확실한 것은 매년 갱신되는 매뉴얼이 지금 현재의 출판 현실과 요구에 잘 부응하는 것이어야 한다는 것입니다. 그렇게 된다면 이 매뉴얼은 뒷날 당대 출판에 관한 귀중한 사료가 될 수도 있을 것입니다. 그때 이 책이 2021년의 출판 편집의 모습을 충실히 알려 주는 것이기를 바랍니다.

2020년판 머리말

열린책들 편집 매뉴얼이 처음으로 선을 보인 지 만 12년이 지났습니다. 독자분들의 호응이 없었다면 이 매뉴얼이 꾸준히 발행되는 일도, 나아가 매년 새로운 판이 간행되는 일도 없었을 것입니다.

깊이 감사드립니다.

2020년판 역시, 한 해 동안 국립국어원의 새로운 고시나 출판 관계 법령이 개정된 사항들을 반영했습니다. 부록의 Q&A나 체크리스트도 조금 손보았는데, 작성된 지 10여 년이 지난 사항들 중 몇 가지는 지금 이해할 수 있는 말로 다시 적어야 한다는 것을 알게 되었습니다. 당시에는 당연한 것이어서 굳이 말로 적을 필요도 없던 전제 지식을 젊은 편집자들은 갖고 있지 않기 때문입니다. 일본의 저명한 동양사학자 미야자키 이치사다(宮崎市定)에 의하면 〈모두가 알고 있는 명백한 것은 굳이 말로 하지 않기 때문에 사료에 나타나지 않기 마련〉이고, 이런 식으로 가장 중요한 것이 수수께끼로 남게 되는 것이 역사학의 주된 어려움이라고 합니다. 그 정도로 거창한 일인지는 모르지만, 일어난 일은 동일합니다. 지금 당연한 지식은 조만간 당연하지 않게 되고, 너무 당연해서 적을 필요조차 없던 것은 더 알기 어려운 것으로 남게 되는 것 말입니다. 이를 방지할 수 있는 방법은 결국 해마다 기존 매뉴얼을 새로운 눈으로 검증하는 일밖에 없다는 것을 깨닫게 됩니다.

앞으로도 열린책들은 편집 매뉴얼이 독자와 필자, 편집자 들에게 필수적인 참고 자료이자 서로의 가교의 역할을 할 수 있도록 계속 보완 작업을 해나갈 것입니다.

2019년판 머리말

올해도 변함없이 열린책들 편집 매뉴얼의 신판을 발행하게 되었습니다. 2019년판의 변화는 다음과 같습니다.

첫째는 2018년 12월 국립 국어원이 파일 형식으로 발표한 『한글 맞춤법, 표준어 규정 해설 개정판』을 반영한 것입니다. 이 『해설 개정판』은 규정 자체의 개정은 아니지만, 『해설 초판』이후 30년간의 언어 현실의 변화와 학계의 관점 변화를 반영하고 있습니다. 취지는 명확합니다. 〈국민이 어문 규정에 다가가기 쉽도록 더 명확하고 쉽게 풀어서 설명〉한다는 것입니다. 이는 반가운 일이며 저희 편집 매뉴얼 역시 이 『해설 개정판』의 내용을 최대한 설명에 반영했습니다.

둘째는 이 책의 제4부 〈판면 디자인〉에 나오는 설정값들을 인디자인InDesign 프로그램에 적합한 수치로 변경한 것입니다. 초판 이래 매뉴얼에는 쿼크익스프레스QuarkXPress 환경에서 사용되던 설정값들이 실려 있었습니다. 이것을 이미 편집 환경에서 대세가 된 인디자인에 맞는 값으로 변경해 달라는 독자들의 요청들이 꾸준히 있어 왔는데, 이번 기회에 그에 부응한 것입니다.

기타 출판 관련법이나 추천 도서 제도 등 〈부록〉에 해당하는 부분들도 늘 바뀐 부분이 없는지 주시하고 업데이트하고 있지만, 이번에 표준 계약서 양식이 바뀐 것은 특기할 만합니다. 문체부가 공지한 새로운 계약서는 〈갑〉, 〈을〉이라는 말 대신 〈저작 재산권자〉, 〈출판권자〉를 사용할 것과, 주민등록번호 대신 생년월일만을 기재하도록 권고하고 있습니다. 사회적 갈등을 표상하는 대표 명칭이 된 말을 퇴출시킴과 동시에, 계약자의 개인 정보를 보호하도록 한 것입니다.

이러한 것을 보면 언어생활이든, 편집이든, 출판이든 모두가 사회의 변화 속에서 함께 움직이는 것이라는 당연한 사실을 다시 한번 깨닫게 됩니다. 매년 매뉴얼에서 〈해마다 부족하다고 느껴지는 점들을 개정, 보충한다〉고 쓰고 있습니다만, 아마 그 말은 매뉴얼이 틀리면 안 된다, 완벽해야 한다는 취지로 쓴 말이었을 것입니다. 하지만 그 〈부족한 무엇〉은 편집자의 책상을 넘어선 차원에서도 늘 존재하고 있다고 생각해야 하는 것이겠지요.

열린책들 편집 매뉴얼이 꾸준히 독자와 편집자들에게 필요한 참고 도서로 남을 수 있도록 계속 노력해 나가겠습니다.

2018년판 머리말

이번 판의 가장 눈에 띄는 변화는 러시아어 표기 규정 개정입니다. 이 편집 매뉴얼 2008년 초판부터 실려 있던 표기 규정을 10년 만에 손대게 된 것입니다.

열린책들은 독자적인 러시아어 표기 규정이 있는 출판사로 알려져 있지만, 1986년 출판사 출범 시부터 그것을 의도했던 것은 아닙니다. 왜냐하면 된소리와 구개음화의 사용으로 특징지어지는 이 〈러시아적〉 표기(모스끄바/블라지미르)는 열린책들의 창안이나 개성이었다기보다는 당시 국내 노문학계의 통용 표기, 즉 〈업계 상식〉에 속하는 것이었기 때문입니다. 물론 이 상황은 관계 기관의 외래어 표기법이 차례로 고시되면서 변화하게 되었고, 노문학계의 통용 표기를 계속 존중해 온 열린책들의 방침은 이제 다소 희귀하고 고독한 것으로 비치게 되었습니다.

이번 열린책들 러시아어 표기법 개정의 골자는 다음 세 가지입니다. 첫째, 된소리와 구개음화를 사용하는 기존 표기의 기조를 유지한다. 둘째, 국어원 고시 러시아어 표기법(2005)에서 수용 가능한 부분을 받아들인다. 셋째, 표기의 일관성을 강화한다. 지금 간단하게 통용 표기라고 말하고 있는 이 러시아어 표기 방식은 따져 보면 1950년대 이전 출판물에까지 거슬러 올라가는 것으로, 여러 세대의 한국 독자들이 갖고 있는 러시아 문학에 대한 기억과 불가분으로 얽혀 있습니다. 본래 러시아 문학 전문 출판사를 표방하면서 시작한 출판사에서 이것을 버리지 않고 유지해 나가는 것은 번역 문학사적으로 의미가 있는 일이라고 저희는 봅니다. 그 기조가 유지된다면, 한편으로 국어원 표기법의 올바른 지적들(예를 들어 〈시치〉라고 적었던 щ/shch는 실은 한국어에 존재하는 〈시〉 발음이라는 것 등)을 수용하며 보완해 나가는 것은 오히려 필요한 일일 것입니다. 러시아어는 키릴 문자라는 장벽 때문에 표기법 적용의 어려움이 가중되는 편인데, 가능하면 관용과 예외(예를 들어 열린책들과 국어원 모두 〈그라드〉에서 〈드〉의 무성음화를 언중이 익숙지 않다는 이유로 유보했던 것)라도 줄여 좀 더 간편하게 적용할 수 있는 표기법을 만들고자 했습니다.

그 밖에도 고전 그리스어의 그것과는 전혀 다른 현대 그리스어의 로마자 전사표를 추가했습니다.

2017년에는 한글 맞춤법과 표준어 규정이 1988년 고시된 이후 처음으로 개정되었습니다. 이를 모두 반영했고, 2014년 첫 개정되고 작년에 일부 개정이 이루어진 외래어 표기법도 빠짐없이 반영하고자 노력했습니다.

전공자들의 자문을 거치기는 했지만, 표기법 개정을 준비하며 꼬박 1년 동안 편집부원들은 러시아어를 공부했습니다. 그 정도 공부로는 어림없다는 것을 저희도 알고 있지만, 남들에게 참고가 되는 책을 만드는 데 본인들이 어떤 내용인지는 조금은 알고 있어야 한다는 생각에서였습니다. 해마다 부족하다고 느껴지는 점들을 조금씩 개정, 보충하고 있는 열린책들 편집 매뉴얼이 계속해서 독자와 편집자들에게 필요한 참고 도서로 남을 수 있기를 바랍니다.

2008년판 머리말
미국 작가 스티븐 킹은 〈저술은 인간이, 편집은 신이 한다〉라고 말했습니다. 저술은 때로 모험과 도전일 수 있지만, 편집은 언제나 1백 퍼센트 완성도를 향한 끝없는 노력이기 때문입니다.

얼마 전까지만 해도 출판사 편집자들이 사용할 수 있는 한글 띄어쓰기와 맞춤법 교본이 몇 종 있었습니다. 하지만 지금은 그나마도 눈에 띄지 않아, 현재 편집 실무자들에게는 지침으로 삼을 만한 책이 거의 없어진 셈입니다. 물론, 정부의 어문 관련 기관에서 공표한 규정집이나 용례집이 있기는 하지만, 고시된 어문 규정만으로는 편집 실무자들이 직접 접하게 되는 맞춤법과 띄어쓰기, 문장 부호 등에서 생기는 어려운 문제들을 해결하기 어렵습니다. 따라서 좀 더 구체적이고 실례가 많은 편집 지침서가 필요하다고 생각하여, 열린책들 편집부에서는 그동안 편집 업무에 활용해 온 자료들을 모으고, 여러 가지 사회적인 관례, 독자의 가독성, 편집의 편의 등을 고려한 출판사 고유의 규칙을 첨가하여 열린책들 편집 매뉴얼을 엮게 되었습니다.

이 자료들은 편집부에서 오래전부터 편집 실무 세미나를 계속해 오면서 충분한 논의를 거친 내용들입니다. 논란이 있을 수 있는 사항에 대해서는 정부의 어문 관련 기관에 문의해 거듭하여 확인했습니다. 또한 기존의 다른 교본과 달리 한글 맞춤법, 외래어 표기뿐 아니라 문장 부호 사용법, 편집 실무와 제작 그리고 납본 같은 사무적인 처리에 관한 내용까지 다수 포함시켜, 가능한 한 편집 업무를 위해 다른 자료들을 찾아볼 필요가 없게끔 만들려고 노력했습니다. 우리 편집부에서 필요한 책이 바로 그러한 것이기 때문입니다.

이 책은 이미 몇 년 전에 내부용 자료집으로 한 차례 아주 적은 부수를 찍어 낸 바 있습니다. 만들고 보니 편집자뿐만 아니라 저자, 역자들에게도 편리했습니다. 또 열린책들과는 다른 편집 원칙을 가지고 있는 출판사 관계자들도 관심을 가져 주었습니다. 한 권씩 나누어 주다 보니 책이 모자라게 됐고, 이 책의 출판이 다른 출판사 편집자들의 수고를 덜어 줄 수 있으리라는 판단으로 용기를 내어 시판(市販)까지 궁리하게 된 것입니다.

이번에 책을 내게 되면서 열린책들에서는 올해 초 한 차례 더 2주간의 편집 실무 세미나를 하였습니다. 신입 사원이 세미나의 주 대상이었지만, 경력 사원이나 다른 부서 직원들에게도 책과 출판에 대해 전반적으로 되짚어 보고 열린책들의 편집 원칙을 함께 점검해 보는 뜻깊은 자리였습니다. 한글 맞춤법과 어문 규정 부분에서는 그동안 열린책들에서 교정 보면서 따로 정리해 두었던 표기법과 표기 원칙을 보강하였고, 외래어 표기법 부분에서는 새로 고시된 포르투갈어, 네덜란드어, 러시아어의 표기법을 첨가하였으며, 〈부록〉 부분에서는 2007년에 개정된 출판문화 산업 진흥법과 FTA 협정 이후 변화될 저작권법 등 새로운 내용들을 추가하여, 가능한 한 최신 정보들을 담으려고 노력하였습니다.

아무쪼록 이 책이 좋은 책을 만들고자 하는 모든 분들께 도움이 되고, 신입 편집자들이나 일반 독자들에게는 어문 규정의 얼개를 요령 있게 전달해 주는 교본의 역할을 수행할 수 있기를 바랍니다. 그렇다고 이 책이 국어 어문 규정집을 대체할 것을 목표로 하는 건 아닙니다. 한 출판사가 나름대로 채용한 편집 원칙과 방식을 보여 줄 뿐이지요. 독자나 편집자들은 이 책의 부족한 것은 부족한 대로, 다른 것은 다른 대로 상황에 맞게 참고하시길 바랍니다.

처음부터 책으로 묶어 낼 생각이 없었으므로, 내용이 겹친다든가 뜻하지 않은 문제점이 발생할 수도 있습니다. 여러분들이 바로잡아 주시길 기대합니다.

2024년판에 달라진 것

『표준 국어 대사전』 추가 표제어 1천 개 반영

한글 맞춤법
〈항상 붙여 써야 하는 말〉 내용 수정
〈국어사전 등재 여부에 따라 띄어쓰기해야 하는 말〉 내용 수정
〈차별적 표기 순화 용례〉 내용 추가
〈교열 시 순화해야 할 표기 용례〉 내용 수정
〈꼭 붙여 써야 할 복합 명사 용례〉 내용 수정

외래어 표기법
〈중국어 병음 표기의 한글 표기 전환 조견표〉 수정
〈틀리기 쉬운 외래어 표기 원칙〉 내용 추가

부록 2
〈각종 추천 도서 신청〉 내용 수정
〈출판문화 산업 진흥법〉 일부 교체(2024. 2. 9 시행)

차례

제2부 표준어 규정

제3부 외래어 표기법

제4부 열린책들 편집 및 판면 디자인 원칙

제5부 편집자가 알아야 할 제작의 기초

부록 1

부록 2

제1부 한글 맞춤법

일러두기

한글 맞춤법은 문화 체육 관광부 고시 제2017-12호(2017. 3. 28)이다.

[열린책들] 은 현재 열린책들에서 적용하는 원칙이다.

그 외 표시가 없는 항목들은 〈한글 맞춤법〉에는 고시되어 있지 않지만 그에 준하여 활용한 용례이며, 국어사전 확인 및 정부의 어문 관련 기관에 문의를 거친 사항이다.

➜는 주의해야 할 내용이거나 구분을 해야 할 필요가 있을 때 표시했다.

제1장 총칙

1 한글 맞춤법 제1항 한글 맞춤법은 표준어를 소리대로 적되, 어법에 맞도록 함을 원칙으로 한다.

2 한글 맞춤법 제2항 문장의 각 단어는 띄어 씀을 원칙으로 한다.

3 한글 맞춤법 제3항 외래어는 〈외래어 표기법〉에 따라 적는다.

제2장 자모

4 한글 맞춤법 제4항 한글 자모의 수는 스물넉 자로 하고, 그 순서와 이름은 다음과 같이 정한다.

ㄱ(기역)	ㄴ(니은)	ㄷ(디귿)	ㄹ(리을)	ㅁ(미음)
ㅂ(비읍)	ㅅ(시옷)	ㅇ(이응)	ㅈ(지읒)	ㅊ(치읓)
ㅋ(키읔)	ㅌ(티읕)	ㅍ(피읖)	ㅎ(히읗)	
ㅏ(아)	ㅑ(야)	ㅓ(어)	ㅕ(여)	ㅗ(오)
ㅛ(요)	ㅜ(우)	ㅠ(유)	ㅡ(으)	ㅣ(이)

붙임 1 위의 자모로써 적을 수 없는 소리는 두 개 이상의 자모를 어울러서 적되, 그 순서와 이름은 다음과 같이 정한다.

ㄲ(쌍기역)	ㄸ(쌍디귿)	ㅃ(쌍비읍)	ㅆ(쌍시옷)	ㅉ(쌍지읒)
ㅐ(애)	ㅒ(얘)	ㅔ(에)	ㅖ(예)	ㅘ(와)	ㅙ(왜)
ㅚ(외)	ㅝ(워)	ㅞ(웨)	ㅟ(위)	ㅢ(의)

붙임 2 사전에 올릴 적의 자모 순서는 다음과 같이 정한다.

자음	ㄱ	ㄲ	ㄴ	ㄷ	ㄸ	ㄹ	ㅁ	ㅂ
	ㅃ	ㅅ	ㅆ	ㅇ	ㅈ	ㅉ	ㅊ	ㅋ
	ㅌ	ㅍ	ㅎ					

모음	ㅏ	ㅐ	ㅑ	ㅒ	ㅓ	ㅔ	ㅕ	ㅖ
	ㅗ	ㅘ	ㅙ	ㅚ	ㅛ	ㅜ	ㅝ	ㅞ
	ㅟ	ㅠ	ㅡ	ㅢ	ㅣ			

[참고] 받침 글자의 순서는 다음과 같다.

ㄱ ㄲ ㄳ ㄴ ㄵ ㄶ ㄷ ㄹ ㄺ ㄻ ㄼ ㄽ ㄾ ㄿ
ㅀ ㅁ ㅂ ㅄ ㅅ ㅆ ㅇ ㅈ ㅊ ㅋ ㅌ ㅍ ㅎ

제3장 소리에 관한 것

제1절 된소리

5 한글 맞춤법 제5항 한 단어 안에서 뚜렷한 까닭 없이 나는 된소리는 다음 음절의 첫소리를 된소리로 적는다.

1) 두 모음 사이에서 나는 된소리

소쩍새	어깨	오빠	으뜸	아끼다
기쁘다	깨끗하다	어떠하다	해쓱하다	가끔
거꾸로	부썩	어찌	이따금	

2) 〈ㄴ, ㄹ, ㅁ, ㅇ〉 받침 뒤에서 나는 된소리

산뜻하다	잔뜩	살짝	훨씬	담뿍
움찔	몽땅	엉뚱하다		

다만, 〈ㄱ, ㅂ〉 받침 뒤에서 나는 된소리는, 같은 음절이나 비슷한 음절이 겹쳐 나는 경우가 아니면 된소리로 적지 아니한다.

국수	깍두기	딱지	색시	싹둑(~싹둑)
법석	갑자기	몹시		

제2절 구개음화

6 한글 맞춤법 제6항 〈ㄷ, ㅌ〉 받침 뒤에 종속적 관계를 가진 〈-이(-)〉나 〈-히-〉가 올 적에는, 그 〈ㄷ, ㅌ〉이 〈ㅈ, ㅊ〉으로 소리 나더라도 〈ㄷ, ㅌ〉으로 적는다(ㄱ을 취하고, ㄴ을 버림).

ㄱ	ㄴ	ㄱ	ㄴ
맏이	마지	핥이다	할치다
해돋이	해도지	걷히다	거치다
굳이	구지	닫히다	다치다
같이	가치	묻히다	무치다
끝이	<u>끄</u>치		

제3절 〈ㄷ〉 소리 받침

7 한글 맞춤법 제7항 〈ㄷ〉 소리로 나는 받침 중에서 〈ㄷ〉으로 적을 근거가 없는 것은 〈ㅅ〉으로 적는다.

덧저고리	돗자리	엇셈	웃어른	핫옷
무릇	사뭇	얼핏	자칫하면	뭇〔衆〕

옛　　　　　첫　　　　　헛

제4절 모음

8 한글 맞춤법 제8항 〈계, 례, 몌, 폐, 혜〉의 〈ㅖ〉는 〈ㅔ〉로 소리 나는 경우가 있더라도 〈ㅖ〉로 적는다(ㄱ을 취하고, ㄴ을 버림).

ㄱ	ㄴ	ㄱ	ㄴ
계수(桂樹)	게수	혜택(惠澤)	헤택
사례(謝禮)	사레	계집	게집
연몌(連袂)	연메	핑계	핑게
폐품(廢品)	페품	계시다	게시다

다만, 다음 말은 본음대로 적는다.

　게송(偈頌)　　　　　게시판(揭示板)　　　　　휴게실(休憩室)

9 한글 맞춤법 제9항 〈의〉나, 자음을 첫소리로 가지고 있는 음절의 〈ㅢ〉는 〈ㅣ〉로 소리 나는 경우가 있더라도 〈ㅢ〉로 적는다(ㄱ을 취하고, ㄴ을 버림).

ㄱ	ㄴ	ㄱ	ㄴ
의의(意義)	의이	닁큼	닝큼
본의(本義)	본이	띄어쓰기	띠어쓰기
무늬[紋]	무니	씌어	씨어
보늬	보니	틔어	티어
오늬	오니	희망(希望)	히망
하늬바람	하니바람	희다	히다
닁리리	닁리리	유희(遊戱)	유히

제5절 두음 법칙

10 한글 맞춤법 제10항 한자음 〈녀, 뇨, 뉴, 니〉가 단어 첫머리에 올 적에는, 두음 법칙에 따라 〈여, 요, 유, 이〉로 적는다(ㄱ을 취하고, ㄴ을 버림).

ㄱ	ㄴ	ㄱ	ㄴ
여자(女子)	녀자	유대(紐帶)	뉴대
연세(年歲)	년세	이토(泥土)	니토
요소(尿素)	뇨소	익명(匿名)	닉명

다만, 다음과 같은 의존 명사에서는 〈냐, 녀〉 음을 인정한다.

냥(兩)　　　　　　　냥쭝(兩-)　　　　　　년(年)(몇 년)

→ 〈년(年)〉이 〈연 3회〉처럼 〈한 해(동안)〉란 뜻을 표시하는 경우엔 의존 명사가 아니므로, 두음 법칙이 적용된다.

붙임 1 단어의 첫머리 이외의 경우에는 본음대로 적는다.

남녀(男女)　　　당뇨(糖尿)　　　결뉴(結紐)　　　은닉(隱匿)

붙임 2 접두사처럼 쓰이는 한자가 붙어서 된 말이나 합성어에서, 뒷말의 첫소리가 〈ㄴ〉 소리로 나더라도 두음 법칙에 따라 적는다.

신여성(新女性)　　　공염불(空念佛)　　　남존여비(男尊女卑)

붙임 3 둘 이상의 단어로 이루어진 고유 명사를 붙여 쓰는 경우에도 붙임 2에 준하여 적는다.

한국여자대학　　　　　　　대한요소비료회사

11 한글 맞춤법 제11항　한자음 〈랴, 려, 례, 료, 류, 리〉가 단어의 첫머리에 올 적에는, 두음 법칙에 따라 〈야, 여, 예, 요, 유, 이〉로 적는다(ㄱ을 취하고, ㄴ을 버림).

ㄱ	ㄴ	ㄱ	ㄴ
양심(良心)	량심	용궁(龍宮)	룡궁
역사(歷史)	력사	유행(流行)	류행
예의(禮儀)	례의	이발(理髮)	리발

다만, 다음과 같은 의존 명사는 본음대로 적는다.

리(里): 몇 리냐?

리(理): 그럴 리가 없다.

붙임 1 단어의 첫머리 이외의 경우에는 본음대로 적는다.

개량(改良)	선량(善良)	수력(水力)	협력(協力)
사례(謝禮)	혼례(婚禮)	와룡(臥龍)	쌍룡(雙龍)
하류(下流)	급류(急流)	도리(道理)	진리(眞理)

다만, 모음이나 〈ㄴ〉 받침 뒤에 이어지는 〈렬, 률〉은 〈열, 율〉로 적는다(ㄱ을 취하고, ㄴ을 버림).

ㄱ	ㄴ	ㄱ	ㄴ
나열(羅列)	나렬	분열(分裂)	분렬
치열(齒列)	치렬	선열(先烈)	선렬
비열(卑劣)	비렬	진열(陳列)	진렬

규율(規律)	규률	선율(旋律)	선률
비율(比率)	비률	전율(戰慄)	전률
실패율(失敗率)	실패률	백분율(百分率)	백분률

붙임 2 외자의 이름을 성에 붙여 쓸 경우에도 본음대로 적을 수 있다.

신립(申砬)   최린(崔麟)   채륜(蔡倫)   하륜(河崙)

붙임 3 준말에서 본음으로 소리 나는 것은 본음대로 적는다.

국련(국제 연합)   한시련(한국 시각 장애인 연합회)

붙임 4 접두사처럼 쓰이는 한자가 붙어서 된 말이나 합성어에서, 뒷말의 첫소리가 〈ㄴ〉 또는 〈ㄹ〉 소리로 나더라도 두음 법칙에 따라 적는다.

역이용(逆利用)   연이율(年利率)   열역학(熱力學)
해외여행(海外旅行)

붙임 5 둘 이상의 단어로 이루어진 고유 명사를 붙여 쓰는 경우나 십진법에 따라 쓰는 수(數)도 붙임 4에 준하여 적는다.

서울여관   신흥이발관   육천육백육십육(六千六百六十六)

12 한글 맞춤법 제12항 한자음 〈라, 래, 로, 뢰, 루, 르〉가 단어의 첫머리에 올 적에는, 두음 법칙에 따라 〈나, 내, 노, 뇌, 누, 느〉로 적는다(ㄱ을 취하고, ㄴ을 버림).

ㄱ	ㄴ		ㄱ	ㄴ
낙원(樂園)	락원		뇌성(雷聲)	뢰성
내일(來日)	래일		누각(樓閣)	루각
노인(老人)	로인		능묘(陵墓)	릉묘

붙임 1 단어의 첫머리 이외의 경우에는 본음대로 적는다.

쾌락(快樂)	극락(極樂)	거래(去來)
왕래(往來)	부로(父老)	연로(年老)
지뢰(地雷)	낙뢰(落雷)	고루(高樓)
광한루(廣寒樓)	동구릉(東九陵)	가정란(家庭欄)

붙임 2 접두사처럼 쓰이는 한자가 붙어서 된 단어는 뒷말을 두음 법칙에 따라 적는다.

내내월(來來月)   상노인(上老人)   중노동(重勞動)
비논리적(非論理的)

제6절 겹쳐 나는 소리

13 한글 맞춤법 제13항 한 단어 안에서 같은 음절이나 비슷한 음절이 겹쳐 나는 부분은 같은 글자로 적는다(ㄱ을 취하고, ㄴ을 버림).

ㄱ	ㄴ	ㄱ	ㄴ
딱딱	딱닥	꼿꼿하다	꼿곳하다
쌕쌕	쌕색	놀놀하다	놀롤하다
씩씩	씩식	눅눅하다	능눅하다
똑딱똑딱	똑딱똑닥	밋밋하다	민밋하다
쓱싹쓱싹	쓱싹쓱삭	싹싹하다	싹삭하다
연연불망(戀戀不忘)	연련불망	쌉쌀하다	쌉살하다
유유상종(類類相從)	유류상종	씁쓸하다	씁슬하다
누누이(屢屢-)	누루이	짭짤하다	짭잘하다

제4장 형태에 관한 것

제1절 체언과 조사

14 한글 맞춤법 제14항 체언은 조사와 구별하여 적는다.

떡이	떡을	떡에	떡도	떡만
손이	손을	손에	손도	손만
팔이	팔을	팔에	팔도	팔만
밤이	밤을	밤에	밤도	밤만
집이	집을	집에	집도	집만
옷이	옷을	옷에	옷도	옷만
콩이	콩을	콩에	콩도	콩만
낮이	낮을	낮에	낮도	낮만
꽃이	꽃을	꽃에	꽃도	꽃만
밭이	밭을	밭에	밭도	밭만
앞이	앞을	앞에	앞도	앞만
밖이	밖을	밖에	밖도	밖만
넋이	넋을	넋에	넋도	넋만
흙이	흙을	흙에	흙도	흙만
삶이	삶을	삶에	삶도	삶만
여덟이	여덟을	여덟에	여덟도	여덟만
곬이	곬을	곬에	곬도	곬만
값이	값을	값에	값도	값만

제2절 어간과 어미

15 한글 맞춤법 제15항 용언의 어간과 어미는 구별하여 적는다.

먹다	먹고	먹어	먹으니
신다	신고	신어	신으니
믿다	믿고	믿어	믿으니
울다	울고	울어	(우니)
넘다	넘고	넘어	넘으니
입다	입고	입어	입으니
웃다	웃고	웃어	웃으니
찾다	찾고	찾아	찾으니
좇다	좇고	좇아	좇으니
같다	같고	같아	같으니
높다	높고	높아	높으니
좋다	좋고	좋아	좋으니
깎다	깎고	깎아	깎으니
앉다	앉고	앉아	앉으니
많다	많고	많아	많으니
늙다	늙고	늙어	늙으니
젊다	젊고	젊어	젊으니
넓다	넓고	넓어	넓으니
훑다	훑고	훑어	훑으니
읊다	읊고	읊어	읊으니
옳다	옳고	옳아	옳으니
없다	없고	없어	없으니
있다	있고	있어	있으니

붙임 1 두 개의 용언이 어울려 한 개의 용언이 될 적에, 앞말의 본뜻이 유지되고 있는 것은 그 원형을 밝히어 적고, 그 본뜻에서 멀어진 것은 밝히어 적지 아니한다.

① 앞말의 본뜻이 유지되고 있는 것

넘어지다	늘어나다	늘어지다	돌아가다
되짚어가다	들어가다	떨어지다	벌어지다
엎어지다	접어들다	틀어지다	흩어지다

② 본뜻에서 멀어진 것

드러나다	사라지다	쓰러지다

붙임 2 종결형에서 사용되는 어미 〈-오〉는 〈요〉로 소리 나는 경우가

있더라도 그 원형을 밝혀 〈오〉로 적는다(ㄱ을 취하고, ㄴ을 버림).

ㄱ	ㄴ
이것은 책이오.	이것은 책이요.
이리로 오시오.	이리로 오시요.
이것은 책이 아니오.	이것은 책이 아니요.

→ 하오할 자리에 쓰이는 종결 어미 〈-오〉와 존대의 뜻을 나타내는 보조사 〈-이요〉를 혼동하지 않도록 주의한다.

그는 식당 의자에 앉자마자 「여기 냉면이요」라고 주문하였다.
「기름은 얼마나 넣을까요?」/「가득이요.」

→ 〈아니요〉는 윗사람이 묻는 말에 부정하여 대답할 때 쓰는 감탄사로, 〈예/아니요〉로 답해야 할 때, 〈예〉에 상대되는 말로 쓰인다.

「잘 갔니?」
「아니요, 차가 밀려 고생했어요.」

붙임 3 연결형에서 사용되는 〈이요〉는 〈이요〉로 적는다(ㄱ을 취하고, ㄴ을 버림).

ㄱ	ㄴ
이것은 책이요, 저것은 붓이요,	이것은 책이오, 저것은 붓이오,
또 저것은 먹이다.	또 저것은 먹이다.

16 한글 맞춤법 제16항 어간의 끝음절 모음이 〈ㅏ, ㅗ〉일 때에는 어미를 〈-아〉로 적고, 그 밖의 모음일 때에는 〈-어〉로 적는다.

1) 〈-아〉로 적는 경우

나아	나아도	나아서
막아	막아도	막아서
얇아	얇아도	얇아서
돌아	돌아도	돌아서
보아	보아도	보아서

2) 〈-어〉로 적는 경우

개어	개어도	개어서
겪어	겪어도	겪어서
되어	되어도	되어서
베어	베어도	베어서
쉬어	쉬어도	쉬어서
저어	저어도	저어서
주어	주어도	주어서
피어	피어도	피어서

희어　　　　　　　　희어도　　　　　　　　희어서

17 한글 맞춤법 제17항 어미 뒤에 덧붙는 조사 〈요〉는 〈요〉로 적는다.

읽어　　　　　　　　　　　　읽어요
참으리　　　　　　　　　　　참으리요
좋지　　　　　　　　　　　　좋지요

18 한글 맞춤법 제18항 다음과 같은 용언들은 어미가 바뀔 경우, 그 어간이나 어미가 원칙에 벗어나면 벗어나는 대로 적는다.

1) 어간의 끝 〈ㄹ〉이 줄어질 적

갈다:	가니	간	갑니다	가시다	가오
놀다:	노니	논	놉니다	노시다	노오
불다:	부니	분	붑니다	부시다	부오
둥글다:	둥그니	둥근	둥급니다	둥그시다	둥그오
어질다:	어지니	어진	어집니다	어지시다	어지오

붙임 다음과 같은 말에서도 〈ㄹ〉이 준 대로 적는다.

마지못하다　　　　　　마지않다　　　　　　　(하)다마다
(하)자마자　　　　　　 (하)지 마라　　　　　　(하)지 마(아)

→ 〈말다〉의 어간 〈말-〉에 명령형 어미 〈-아라〉가 결합하면 〈마라〉와 〈말아라〉 두 가지로 활용하고, 〈-아〉가 결합할 때에도 〈마〉와 〈말아〉 두 가지로 활용한다. 또한 〈말-〉에 명령형 어미 〈-라〉가 결합한 〈말라〉는 구체적으로 청자가 정해지지 않은 명령문이나 간접 인용문에서 사용된다.

2) 어간의 끝 〈ㅅ〉이 줄어질 적

긋다:	그어	그으니	그었다
낫다:	나아	나으니	나았다
잇다:	이어	이으니	이었다
짓다:	지어	지으니	지었다

3) 어간의 끝 〈ㅎ〉이 줄어질 적

그렇다:	그러니	그럴	그러면	그러오
까맣다:	까마니	까말	까마면	까마오
동그랗다:	동그라니	동그랄	동그라면	동그라오
퍼렇다:	퍼러니	퍼럴	퍼러면	퍼러오
하얗다:	하야니	하얄	하야면	하야오

4) 어간의 끝 〈ㅜ, ㅡ〉가 줄어질 적

푸다:	퍼	펐다	뜨다:	떠	떴다
끄다:	꺼	껐다	크다:	커	컸다
담그다:	담가	담갔다	고프다:	고파	고팠다
따르다:	따라	따랐다	바쁘다:	바빠	바빴다

5) 어간의 끝 〈ㄷ〉이 〈ㄹ〉로 바뀔 적

걷다〔步〕:	걸어	걸으니	걸었다
듣다〔聽〕:	들어	들으니	들었다
묻다〔問〕:	물어	물으니	물었다
싣다〔載〕:	실어	실으니	실었다

6) 어간의 끝 〈ㅂ〉이 〈ㅜ〉로 바뀔 적

깁다:	기워	기우니	기웠다
굽다〔炙〕:	구워	구우니	구웠다
가깝다:	가까워	가까우니	가까웠다
괴롭다:	괴로워	괴로우니	괴로웠다
맵다:	매워	매우니	매웠다
무겁다:	무거워	무거우니	무거웠다
밉다:	미워	미우니	미웠다
쉽다:	쉬워	쉬우니	쉬웠다

다만, 〈돕-, 곱-〉과 같은 단음절 어간에 어미 〈-아〉가 결합되어 〈와〉로 소리 나는 것은 〈-와〉로 적는다.

돕다〔助〕:	도와	도와서	도와도	도왔다
곱다〔麗〕:	고와	고와서	고와도	고왔다

7) 〈하다〉의 활용에서 어미 〈-아〉가 〈-여〉로 바뀔 적

하다:	하여	하여서	하여도	하여라	하였다

8) 어간의 끝음절 〈르〉 뒤에 오는 어미 〈-어〉가 〈-러〉로 바뀔 적

이르다〔至〕:	이르러	이르렀다
노르다:	노르러	노르렀다
누르다:	누르러	누르렀다
푸르다:	푸르러	푸르렀다

9) 어간의 끝음절 〈르〉의 〈ㅡ〉가 줄고, 그 뒤에 오는 어미 〈-아/-어〉가 〈-라/-러〉로 바뀔 적

가르다:	갈라	갈랐다	부르다:	불러	불렀다
거르다:	걸러	걸렀다	오르다:	올라	올랐다

| 구르다: | 굴러 | 굴렀다 | 이르다: | 일러 | 일렀다 |
| 벼르다: | 별러 | 별렀다 | 지르다: | 질러 | 질렀다 |

제3절 접미사가 붙어서 된 말

19 한글 맞춤법 제19항 어간에 〈-이〉나 〈-음/-ㅁ〉이 붙어 명사로 된 것과 〈-이〉나 〈-히〉가 붙어서 부사로 된 것은 그 어간의 원형을 밝히어 적는다.

1) 〈-이〉가 붙어서 명사로 된 것

| 길이 | 깊이 | 높이 | 다듬이 | 땀받이 | 달맞이 |
| 먹이 | 미닫이 | 벌이 | 벼훑이 | 살림살이 | 쇠붙이 |

2) 〈-음/-ㅁ〉이 붙어서 명사로 된 것

| 걸음 | 묶음 | 믿음 | 얼음 | 엮음 | 울음 |
| 웃음 | 졸음 | 죽음 | 앎 | | |

→ 깊   거칢(거칠음×)   삶   설렘(설레임×)
    설움(서럽다)   실음(싫다)   픔

3) 〈-이〉가 붙어서 부사로 된 것

| 같이 | 굳이 | 길이 | 높이 | 많이 |
| 실없이 | 좋이 | 짓궂이 | | |

4) 〈-히〉가 붙어서 부사로 된 것

| 밝히 | 익히 | 작히 |

다만, 어간에 〈-이〉나 〈-음〉이 붙어서 명사로 바뀐 것이라도 그 어간의 뜻과 멀어진 것은 원형을 밝히어 적지 아니한다.

| 굽도리 | 다리〔髢〕 | 목거리(목병) | 무녀리 |
| 코끼리 | 거름(비료) | 고름〔膿〕 | 노름(도박) |

붙임 어간에 〈-이〉나 〈-음〉 이외의 모음으로 시작된 접미사가 붙어서 다른 품사로 바뀐 것은 그 어간의 원형을 밝히어 적지 아니한다.

① 명사로 바뀐 것

귀머거리	까마귀	너머	뜨더귀
마감	마개	마중	무덤
비렁뱅이	쓰레기	올가미	주검

② 부사로 바뀐 것

거뭇거뭇	너무	도로	뜨덤뜨덤
바투	불긋불긋	비로소	오긋오긋
자주	차마		

③ 조사로 바뀌어 뜻이 달라진 것

나마   부터   조차

20 한글 맞춤법 제20항 명사 뒤에 〈-이〉가 붙어서 된 말은 그 명사의 원형을 밝히어 적는다.

1) 부사로 된 것

곳곳이   낱낱이   몫몫이   샅샅이
앞앞이   집집이

2) 명사로 된 것

곰배팔이   바둑이   삼발이   애꾸눈이
육손이   절뚝발이 / 절름발이

붙임 〈-이〉 이외의 모음으로 시작된 접미사가 붙어서 된 말은 그 명사의 원형을 밝히어 적지 아니한다.

꼬락서니   끄트머리   모가치   바가지
바깥   사타구니   싸라기   이파리
지붕   지푸라기   짜개

21 한글 맞춤법 제21항 명사나 혹은 용언의 어간 뒤에 자음으로 시작된 접미사가 붙어서 된 말은 그 명사나 어간의 원형을 밝히어 적는다.

1) 명사 뒤에 자음으로 시작된 접미사가 붙어서 된 것

값지다   홑지다   넋두리   빛깔
옆댕이   잎사귀

2) 어간 뒤에 자음으로 시작된 접미사가 붙어서 된 것

낚시   늙정이   덮개
뜯게질   갉작갉작하다   갉작거리다
뜯적거리다   뜯적뜯적하다   굵다랗다
굵직하다   깊숙하다   넓적하다
높다랗다   늙수그레하다   얽죽얽죽하다

다만, 다음과 같은 말은 소리대로 적는다.

① 겹받침의 끝소리가 드러나지 아니하는 것

할짝거리다   널따랗다   널찍하다   말끔하다
말쑥하다   말짱하다   실쭉하다   실큼하다
얄따랗다   얄팍하다   짤따랗다   짤막하다
실컷

② 어원이 분명하지 아니하거나 본뜻에서 멀어진 것

넙치   올무   골막하다   납작하다

22 한글 맞춤법 제22항 용언의 어간에 다음과 같은 접미사들이 붙어서 이루어진 말들은 그 어간을 밝히어 적는다.

1) 〈-기-, -리-, -이-, -히-, -구-, -우-, -추-, -으키-, -이키-, -애-〉가 붙는 것

맡기다	옮기다	웃기다	쫓기다	뚫리다
울리다	낚이다	쌓이다	핥이다	굳히다
굽히다	넓히다	앉히다	얽히다	잡히다
돋구다	솟구다	돋우다	갖추다	곧추다
맞추다	일으키다	돌이키다	없애다	

다만, 〈-이-, -히-, -우-〉가 붙어서 된 말이라도 본뜻에서 멀어진 것은 소리대로 적는다.

도리다(칼로~)	드리다(용돈을~)	고치다
바치다(세금을~)	부치다(편지를~)	거두다
미루다	이루다	

2) 〈-치-, -뜨리-, -트리-〉가 붙는 것

놓치다	덮치다	떠받치다	받치다	밭치다
부딪치다	뻗치다	엎치다	부딪뜨리다 / 부딪트리다
쏜뜨리다 / 쏜트리다		젖뜨리다 / 젖트리다	
찢뜨리다 / 찢트리다		흩뜨리다 / 흩트리다	

붙임 〈-업-, -읍-, -브-〉가 붙어서 된 말은 소리대로 적는다.

미덥다   우습다   미쁘다

23 한글 맞춤법 제23항 〈-하다〉나 〈-거리다〉가 붙는 어근에 〈-이〉가 붙어서 명사가 된 것은 그 원형을 밝히어 적는다(ㄱ을 취하고, ㄴ을 버림).

ㄱ	ㄴ	ㄱ	ㄴ
깔쭉이	깔쭈기	살살이	살사리
꿀꿀이	꿀꾸리	쌕쌕이	쌕쌔기
눈깜짝이	눈깜짜기	오뚝이	오뚜기
더펄이	더퍼리	코납작이	코납자기
배불뚝이	배불뚜기	푸석이	푸서기
삐죽이	삐주기	홀쭉이	홀쭈기

붙임 〈-하다〉나 〈-거리다〉가 붙을 수 없는 어근에 〈-이〉나 또는 다른 모음으로 시작되는 접미사가 붙어서 명사가 된 것은 그 원형을 밝히어 적지 아니한다.

개구리	귀뚜라미	기러기
깍두기	꽹과리	날라리
누더기	동그라미	두드러기
딱따구리	매미	부스러기
뻐꾸기	얼루기	칼싹두기

24 한글 맞춤법 제24항 〈-거리다〉가 붙을 수 있는 시늉말 어근에 〈-이다〉가 붙어서 된 용언은 그 어근을 밝히어 적는다(ㄱ을 취하고, ㄴ을 버림).

ㄱ	ㄴ	ㄱ	ㄴ
깜짝이다	깜짜기다	속삭이다	속사기다
꾸벅이다	꾸버기다	숙덕이다	숙더기다
끄덕이다	끄더기다	울먹이다	울머기다
뒤척이다	뒤처기다	움직이다	움지기다
들먹이다	들머기다	지껄이다	지꺼리다
망설이다	망서리다	퍼덕이다	퍼더기다
번득이다	번드기다	허덕이다	허더기다
번쩍이다	번쩌기다	헐떡이다	헐떠기다

25 한글 맞춤법 제25항 〈-하다〉가 붙는 어근에 〈-히〉나 〈-이〉가 붙어서 부사가 되거나, 부사에 〈-이〉가 붙어서 뜻을 더하는 경우에는 그 어근이나 부사의 원형을 밝히어 적는다.

1) 〈-하다〉가 붙는 어근에 〈-히〉나 〈-이〉가 붙는 경우

급히	꾸준히	도저히
딱히	어렴풋이	깨끗이

붙임 〈-하다〉가 붙지 않는 경우에는 소리대로 적는다.

갑자기	반드시(꼭)	슬며시

2) 부사에 〈-이〉가 붙어서 역시 부사가 되는 경우

곰곰이	더욱이	생긋이
오뚝이	일찍이	해죽이

26 한글 맞춤법 제26항 〈-하다〉나 〈-없다〉가 붙어서 된 용언은 그 〈-하다〉나 〈-없다〉를 밝히어 적는다.

1) 〈-하다〉가 붙어서 용언이 된 것

딱하다　　　숱하다　　　착하다　　　텁텁하다　　　푹하다

2) 〈-없다〉가 붙어서 용언이 된 것

부질없다　　　　　　상없다　　　　　　　시름없다

열없다　　　　　　하염없다

제4절 합성어 및 접두사가 붙은 말

27 한글 맞춤법 제27항 둘 이상의 단어가 어울리거나 접두사가 붙어서 이루어진 말은 각각 그 원형을 밝히어 적는다.

국말이	꺾꽂이	꽃잎	끝장	물난리
밑천	부엌일	싫증	옷안	웃옷
젖몸살	첫아들	칼날	팥알	헛웃음
홀아비	홑몸	흙내	값없다	겉늙다
굶주리다	낮잡다	맞먹다	받내다	벋놓다
빗나가다	빛나다	새파랗다	샛노랗다	시꺼멓다
싯누렇다	엇나가다	엎누르다	엿듣다	옻오르다
짓이기다	헛되다			

붙임 1 어원은 분명하나 소리만 특이하게 변한 것은 변한 대로 적는다.

할아버지　　　　　　　　　　할아범

붙임 2 어원이 분명하지 아니한 것은 원형을 밝히어 적지 아니한다.

골병	골탕	끌탕	며칠
아재비	오라비	업신여기다	부리나케

붙임 3 〈이〔齒, 虱〕〉가 합성어나 이에 준하는 말에서 〈니〉 또는 〈리〉로 소리 날 때에는 〈니〉로 적는다.

간니	덧니	사랑니	송곳니
앞니	어금니	윗니	젖니
톱니	틀니	가랑니	머릿니

28 한글 맞춤법 제28항 끝소리가 〈ㄹ〉인 말과 딴 말이 어울릴 적에 〈ㄹ〉 소리가 나지 아니하는 것은 아니 나는 대로 적는다.

다달이(달-달-이)	따님(딸-님)	마되(말-되)
마소(말-소)	무자위(물-자위)	바느질(바늘-질)
부삽(불-삽)	부손(불-손)	싸전(쌀-전)
여닫이(열-닫이)	우짖다(울-짖다)	화살(활-살)

29 한글 맞춤법 제29항 끝소리가 〈ㄹ〉인 말과 딴 말이 어울릴 적에 〈ㄹ〉 소리가 〈ㄷ〉 소리로 나는 것은 〈ㄷ〉으로 적는다.

반짇고리(바느질~)	사흗날(사흘~)	삼짇날(삼질~)
섣달(설~)	숟가락(술~)	이튿날(이틀~)
잗주름(잘~)	푿소(풀~)	섣부르다(설~)
잗다듬다(잘~)	잗다랗다(잘~)	

30 한글 맞춤법 제30항 사이시옷은 다음과 같은 경우에 받치어 적는다.

1) 순우리말로 된 합성어로서 앞말이 모음으로 끝난 경우
① 뒷말의 첫소리가 된소리로 나는 것

고랫재	귓밥	나룻배	나뭇가지	냇가
댓가지	뒷갈망	맷돌	머릿기름	모깃불
못자리	바닷가	뱃길	볏가리	부싯돌
선짓국	쇳조각	아랫집	우렁잇속	잇자국
잿더미	조갯살	찻집	쳇바퀴	킷값
핏대	햇볕	혓바늘		

② 뒷말의 첫소리 〈ㄴ, ㅁ〉 앞에서 〈ㄴ〉 소리가 덧나는 것

멧나물	아랫니	텃마당	아랫마을	뒷머리
잇몸	깻묵	냇물	빗물	

③ 뒷말의 첫소리 모음 앞에서 〈ㄴㄴ〉 소리가 덧나는 것

도리깻열	뒷윷	두렛일	뒷일	뒷입맛
베갯잇	욧잇	깻잎	나뭇잎	댓잎

2) 순우리말과 한자어로 된 합성어로서 앞말이 모음으로 끝난 경우
① 뒷말의 첫소리가 된소리로 나는 것

귓병	머릿방	뱃병	봇둑	사잣밥
샛강	아랫방	자릿세	전셋집	찻잔
찻종	촛국	콧병	탯줄	텃세
핏기	햇수	횟가루	횟배	

② 뒷말의 첫소리 〈ㄴ, ㅁ〉 앞에서 〈ㄴ〉 소리가 덧나는 것

곗날	제삿날	훗날	툇마루	양칫물

③ 뒷말의 첫소리 모음 앞에서 〈ㄴㄴ〉 소리가 덧나는 것

가욋일	사삿일	예삿일	훗일

3) 두 음절로 된 다음 한자어

곳간(庫間)	셋방(貰房)	숫자(數字)
찻간(車間)	툇간(退間)	횟수(回數)

→ 한자어에는 사이시옷을 붙이지 않는 것을 원칙으로 하되, 이 여섯 개 단어만은 위와 같이 적는다.

31 한글 맞춤법 제31항 두 말이 어울릴 적에 〈ㅂ〉 소리나 〈ㅎ〉 소리가 덧나는 것은 소리대로 적는다.

1) 〈ㅂ〉 소리가 덧나는 것

댑싸리(대ㅂ싸리)	멥쌀(메ㅂ쌀)	볍씨(벼ㅂ씨)
입때(이ㅂ때)	입쌀(이ㅂ쌀)	접때(저ㅂ때)
좁쌀(조ㅂ쌀)	햅쌀(해ㅂ쌀)	

2) 〈ㅎ〉 소리가 덧나는 것

머리카락(머리ㅎ가락)	살코기(살ㅎ고기)	수캐(수ㅎ개)
수컷(수ㅎ것)	수탉(수ㅎ닭)	안팎(안ㅎ밖)
암캐(암ㅎ개)	암컷(암ㅎ것)	암탉(암ㅎ닭)

제5절 준말

32 한글 맞춤법 제32항 단어의 끝모음이 줄어지고 자음만 남은 것은 그 앞의 음절에 받침으로 적는다.

(본말)	(준말)
기러기야	기럭아
어제그저께	엊그저께
어제저녁	엊저녁
가지고, 가지지	갖고, 갖지
디디고, 디디지	딛고, 딛지

33 한글 맞춤법 제33항 체언과 조사가 어울려 줄어지는 경우에는 준 대로 적는다.

(본말)	(준말)
그것은	그건
그것이	그게
그것으로	그걸로
나는	난
나를	날
너는	넌
너를	널
무엇을	뭣을/ 무얼/ 뭘
무엇이	뭣이/ 무에

→ 체언과 조사가 결합할 때 어떤 음이 줄어지거나 음절의 수가 줄어지는 것은, 그 본 모양을 밝히지 않고 준 대로 적는다.

• 나에게 → 내게, 너에게 → 네게, 저에게 → 제게

- (그 애 → 걔)그 애는 → 걔는 → 걘, 그 애를 → 걔를 → 걜
- (이 애 → 얘)이 애는 → 얘는 → 얜, 이 애를 → 얘를 → 얠
- (저 애 → 쟤)저 애는 → 쟤는 → 쟨, 저 애를 → 쟤를 → 쟬
- 그리로 → 글로, 이리로 → 일로, 저리로 → 절로, 조리로 → 졸로
- 그것으로 → 그걸로, 이것으로 → 이걸로, 저것으로 → 저걸로

처럼 줄어지기도 한다.

34 한글 맞춤법 제34항 모음 〈ㅏ, ㅓ〉로 끝난 어간에 〈-아/-어, -았-/-었-〉이 어울릴 적에는 준 대로 적는다.

(본말)	(준말)	(본말)	(준말)
가아	가	가았다	갔다
나아	나	나았다	났다
타아	타	타았다	탔다
서어	서	서었다	섰다
켜어	켜	켜었다	켰다
펴어	펴	펴었다	폈다

붙임 1 〈ㅐ, ㅔ〉 뒤에 〈-어, -었-〉이 어울려 줄 적에는 준 대로 적는다.

(본말)	(준말)	(본말)	(준말)
개어	개	개었다	갰다
내어	내	내었다	냈다
베어	베	베었다	벴다
세어	세	세었다	셌다

붙임 2 〈하여〉가 한 음절로 줄어서 〈해〉로 될 적에는 준 대로 적는다.

(본말)	(준말)	(본말)	(준말)
하여	해	하였다	했다
더하여	더해	더하였다	더했다
흔하여	흔해	흔하였다	흔했다

35 한글 맞춤법 제35항 모음 〈ㅗ, ㅜ〉로 끝난 어간에 〈-아/-어, -았-/-었-〉이 어울려 〈ㅘ/ㅝ, 왔/ 웠〉으로 될 적에는 준 대로 적는다.

(본말)	(준말)	(본말)	(준말)
꼬아	꽈	꼬았다	꽜다
보아	봐	보았다	봤다
쏘아	쏴	쏘았다	쐈다
두어	둬	두었다	뒀다
쑤어	쒀	쑤었다	쒔다

| 주어 | 줘 | 주었다 | 줬다 |

붙임 1 〈놓아〉가 〈놔〉로 줄 적에는 준 대로 적는다.

붙임 2 〈ㅚ〉 뒤에 〈-어, -었-〉이 어울려 〈ㅙ, ㅙㅆ〉으로 될 적에도 준 대로 적는다.

(본말)	(준말)	(본말)	(준말)
괴어	괘	괴었다	괬다
되어	돼	되었다	됐다
뵈어	봬	뵈었다	뵀다
쇠어	쇄	쇠었다	쇘다
쐬어	쐐	쐬었다	쐤다

36 한글 맞춤법 제36항 〈ㅣ〉 뒤에 〈-어〉가 와서 〈ㅕ〉로 줄 적에는 준 대로 적는다.

(본말)	(준말)	(본말)	(준말)
가지어	가져	가지었다	가졌다
견디어	견뎌	견디었다	견뎠다
다니어	다녀	다니었다	다녔다
막히어	막혀	막히었다	막혔다
버티어	버텨	버티었다	버텼다
치이어	치여	치이었다	치였다

37 한글 맞춤법 제37항 〈ㅏ, ㅕ, ㅗ, ㅜ, ㅡ〉로 끝난 어간에 〈-이-〉가 와서 각각 〈ㅐ, ㅖ, ㅚ, ㅟ, ㅢ〉로 줄 적에는 준 대로 적는다.

(본말)	(준말)	(본말)	(준말)
싸이다	쌔다	누이다	뉘다
펴이다	폐다	뜨이다	띄다
보이다	뵈다	쓰이다	씌다

38 한글 맞춤법 제38항 〈ㅏ, ㅗ, ㅜ, ㅡ〉 뒤에 〈-이어〉가 어울려 줄어질 적에는 준 대로 적는다.

(본말)	(준말)		(본말)	(준말)	
싸이어	쌔어	싸여	뜨이어	띄어	
보이어	뵈어	보여	쓰이어	씌어	쓰여
쏘이어	쐬어	쏘여	트이어	틔어	트여
누이어	뉘어	누여			

39 한글 맞춤법 제39항   어미 〈-지〉 뒤에 〈않-〉이 어울려 〈-잖-〉이 될 적과 〈-하지〉 뒤에 〈않-〉이 어울려 〈-찮-〉이 될 적에는 준 대로 적는다.

(본말)	(준말)	(본말)	(준말)
그렇지 않은	그렇잖은	만만하지 않다	만만찮다
적지 않은	적잖은	변변하지 않다	변변찮다

40 한글 맞춤법 제40항   어간의 끝음절 〈하〉의 〈ㅏ〉가 줄고 〈ㅎ〉이 다음 음절의 첫소리와 어울려 거센소리로 될 적에는 거센소리로 적는다.

(본말)	(준말)	(본말)	(준말)
간편하게	간편케	다정하다	다정타
연구하도록	연구토록	정결하다	정결타
가하다	가타	흔하다	흔타

붙임 1 〈ㅎ〉이 어간의 끝소리로 굳어진 것은 받침으로 적는다.

않다	않고	않지	않든지
그렇다	그렇고	그렇지	그렇든지
아무렇다	아무렇고	아무렇지	아무렇든지
어떻다	어떻고	어떻지	어떻든지
이렇다	이렇고	이렇지	이렇든지
저렇다	저렇고	저렇지	저렇든지

붙임 2 어간의 끝음절 〈하〉가 아주 줄 적에는 준 대로 적는다.

(본말)	(준말)	(본말)	(준말)
거북하지	거북지	넉넉하지 않다	넉넉지 않다
생각하건대	생각건대	못하지 않다	못지않다
생각하다 못해	생각다 못해	섭섭하지 않다	섭섭지 않다
깨끗하지 않다	깨끗지 않다	익숙하지 않다	익숙지 않다

→ 〈서슴지 않고〉처럼 쓸 때 〈서슴지〉는 〈서슴하다〉가 줄어든 말이 아니라 〈서슴다〉 의 어간 〈서슴-〉에 어미 〈-지〉가 붙은 것이기 때문에 〈서슴치〉로 쓰지 않는다.

붙임 3 다음과 같은 부사는 소리대로 적는다.

결단코	결코	기필코	무심코
아무튼	요컨대	정녕코	필연코
하마터면	하여튼	한사코	

제5장 띄어쓰기[1]

제1절 고유 명사, 전문 용어, 일반어

1 한글 맞춤법 제48항 성과 이름, 성과 호 등은 붙여 쓰고, 이에 덧붙
는 호칭어, 관직명 등은 띄어 쓴다.

| 김양수(金良洙) | 서화담(徐花潭) | 채영신 씨 |
| 최치원 선생 | 박동식 박사 | 충무공 이순신 장군 |

다만, 성과 이름, 성과 호를 분명히 구분할 필요가 있을 경우에는 띄
어 쓸 수 있다.

남궁억/남궁 억   독고준/독고 준
황보지봉(皇甫芝峰)/황보 지봉
→ 성과 이름의 경계가 혼동될 여지가 있으면 한 글자 성도 띄어 쓸 수 있다.
　선우진/선우 진(선우씨인 〈진〉)/선 우진(선씨인 〈우진〉)

열린책들

1) 우리말 성에 붙는 〈-가〉, 〈-생〉은 앞말에 붙여 쓴다.
① 〈-가(哥)〉는 인명의 성(姓) 뒤에 붙어 〈그 성씨 자체〉 또는 〈그 성씨를 가
진 사람〉의 뜻을 더하는 접미사이다.
김가 / 이가 / 박가
② 〈-생(生)〉은 인명의 성을 나타내는 명사 뒤에 붙어 〈젊은 사람〉의 뜻을
더하는 접미사이다.
김생 / 이생 / 박생

2) 우리말 성에 붙는 〈씨〉의 경우
① 〈그 성씨 자체〉를 더하는 뜻을 나타내는 접미사일 경우에는 앞말에 붙인다.
김씨 / 이씨 / 박씨 부인 / 최씨 문중 / 의유당 김씨 / 그의 성은 남씨이다.
② 성년이 된 사람의 성이나 이름, 성명 아래에 쓰여 그 사람을 높이거나 대
접하여 부르거나 이르는 의존 명사일 경우에는 앞말에서 띄어 쓴다(대체로
동료나 아랫사람에게 쓴다).
김 씨!(부를 경우) / 길동 씨 / 홍길동 씨 / 희빈 장 씨
그 일은 김 씨가 맡기로 했다.
→ 이 모 씨

---

1 띄어쓰기는 편집 실무에서 어려운 부분 중 하나다. 이 장에서는 고시된 한글
맞춤법의 띄어쓰기 항목 순서를 따르지 않고 실제 업무에 편리하도록 재구성하였다.
또한 열린책들 편집부에서 오랜 논의를 거친 후 규정한 띄어쓰기 통일 원칙을 필요한
항에 첨부했다.

③ 〈군, 양, 옹, 형〉은 의존 명사로 띄어 쓴다.
이 군 / 성 양 / 박 옹 / 김 형

3) 〈님〉의 경우
① 사람의 성이나 이름 다음에서 그 사람을 높여 이르는 말로, 〈씨〉보다 높임의 뜻을 나타내는 의존 명사이다.
김알지 님 / 알지 님 / 김 님
② 직위나 신분을 나타내는 일부 명사 뒤에 붙어 〈높임〉의 뜻을 더하거나, 사람이 아닌 일부 명사 뒤에 붙어 〈그 대상을 인격화하여 높임〉의 뜻을 더하는 접미사이다.
사장님 / 신부님 / 장관님 / 총장님
달님 / 별님 / 용왕님 / 토끼님 / 해님

2 한글 맞춤법 제49항 성명 이외의 고유 명사는 단어별로 띄어 씀을 원칙으로 하되, 단위별로 띄어 쓸 수 있다(ㄱ을 원칙으로 하고, ㄴ을 허용함).

ㄱ	ㄴ
대한 중학교	대한중학교
한국 대학교 사범 대학	한국대학교 사범대학

(열린책들) 우리말에서는 위에 예시된 〈학교〉의 경우에만 붙이고, 그 외에는 단위별로 띄어 쓴다. 외래어와 붙은 〈학교〉는 띄어 준다.
서울대학교 인문 대학 / 한국외국어대학교
케임브리지 대학교 이매뉴얼 칼리지 / 런던 대학교 정경 대학

3 한글 맞춤법 제50항 전문 용어는 단어별로 띄어 씀을 원칙으로 하되, 붙여 쓸 수 있다(ㄱ을 원칙으로 하고, ㄴ을 허용함).

ㄱ	ㄴ
만성 골수성 백혈병	만성골수성백혈병
중거리 탄도 유도탄	중거리탄도유도탄

(열린책들) 에서는 띄어 쓴다.

4 생물 및 동식물 명칭의 띄어쓰기
1) 우리말로 된 동식물의 품종명은 붙여 쓰고, 외래어는 이에 준한다.
게잡이바다표범 / 괭이갈매기 / 꼬마물떼새 / 노란목도리담비
꿩의바람꽃 / 노란누룩곰팡이 / 단풍나무 / 미나리아재비 / 삼지구엽초
마운틴고릴라 / 렌지쇠똥풍뎅이 / 도베르만핀셔 / 골든리트리버

2) 동식물을 포함한 생물의 분류학상 명칭은 붙여 쓴다.

원생생물 / 척추동물 / 강장동물 / 종자식물 / 양치식물

→ 단, 〈종, 속, 과, 목, 강, 문, 계〉에 속하지 않으면 띄어 쓴다.

수생 생물 / 식용 식물 / 알칼리성 식물 / 온대 식물 / 야생 동물 / 고등 동물

5 한 음절의 말과 어울려 굳어 버린 전문 용어는 붙여 쓴다.

각운동 / 각속도(角速度) / 광속도 / 광전자(빛전자) / 광섬유 / 알파선

엑스선 / 열에너지 / 열역학 / 열전도 / 원운동 / 핵무기 / 핵반응 / 핵분열

핵융합 / 핵전쟁

→ 그러나 띄어 쓰는 경우도 많으므로 국어사전을 확인해야 한다.

열 관리 / 핵 실험

6 화학 전문 용어의 띄어쓰기

1) 하나의 화합물인 화학 용어는 붙여 쓴다.

벤조산(안식향산) / 수산화나트륨 / 아황산소다(아황산나트륨)

염화마그네슘 / 오르토디클로로벤젠 / 이산화탄소 / 질화섬유소

[비교] 염산 제일철 / 적색 산화 제이수은

2) 그러나 하나의 화합물인지 여부가 불분명할 경우에는 띄어 쓴다.

아세트산 무수물 / 아세트산 비닐 수지 / 아세트산 이온

[비교] 아세트산셀룰로오스 / 아세트산아밀 / 아세트산암모늄 / 아세트산에스테르

7 〈관직명, 역사상의 관청명, 벼슬명, 품계명〉의 띄어쓰기

1) 관청명은 단어별로 띄어 쓰되 붙여 씀도 허용한다.

국립 국어원 / 대한 출판문화 협회 / 한국 출판인 회의

(열린책들) 에서는 띄어 쓴다.

2) 소속과 직위명이 연이어 나타날 경우에는 소속과 직위명은 띄어 쓴다.

국립 국어원 어문 연구과장 / 대한 출판문화 협회 총무부장

문화 체육부 장관 / 한국 출판인 회의 회장

3) 역사상의 관청명, 벼슬명, 품계명은 붙여 씀을 원칙으로 하고, 관직명이라
도 소속 관청과 함께 나오면 띄어 쓴다.

병마절도사 / 수군통제사 / 수성금화도감 / 좌부승지 / 중서문하성

규장각 교리 / 이부 상서 / 이조 판서 / 추밀원 부사

8 〈접사 연속체〉의 띄어쓰기

과장(科長)　　　　국어 국문학과장 (○) / 국어 국문학 과장 (×)

관장(館長)	박물관장 (○)/박물 관장 (×), 체육관장 (○)/체육 관장 (×)
교도(教徒)	기독교도 (○)/기독 교도 (×)
단장(團長)	야구단장 (○)/야구 단장 (×)
부장(部長)	기획부장 (○)/기획 부장 (×)
소장(所長)	어학 연구소장 (○)/어학 연구 소장 (×), 파출소장 (○)/파출 소장 (×)
업체(業體)	제조업체 (○)/제조 업체 (×)
용품(用品)	유아용품 (○)/유아 용품 (×), 사무용품 (○)/사무 용품 (×)
원장(院長)	국립 국어원장 (○)/국립 국어원 장 (×)
화가(畫家)	동양화가 (○)/동양 화가 (×), 풍경화가 (○)/풍경 화가 (×)
회장(會長)	문학회장 (○)/문학 회장 (×), 반상회장 (○)/반상 회장 (×)
회장(會場)	박람회장 (○)/박람 회장 (×), 기념회장 (○)/기념 회장 (×)

→ 〈파출소장〉이나 〈반상회장〉 같은 말을 〈파출 소장〉, 〈반상 회장〉처럼 띄어 쓰면 〈파출〉이나 〈반상〉과 같은 비자립적 요소가 떨어지게 되므로 주의한다.

→ 〈경쟁 업체〉, 〈무허가 업소〉는 〈경쟁업〉에 −체(體), 〈무허가업〉에 −소(所) 가 붙은 말이 아니므로 띄어 쓴다. 〈금속 용품〉, 〈목재 용품〉도 마찬가지다.

→ 〈박물관장〉, 〈야구단장〉, 〈문학회장〉, 〈기념회장〉과 같은 말은 단체명과 직위명이 분리될 때는 당연히 〈박물관 관장〉, 〈야구단 단장〉, 〈문학회 회장〉, 〈기념회 회장〉과 같이 띄어 쓴다.

→ 〈동양화가〉는 〈동양 화가〉로 띄어 쓸 경우 동양인 화가, 동양의 화가로 해석된다. 〈근대 사가〉 등도 띄어 쓸 경우 〈근대에 활동했던 역사가〉라는 뜻이 되므로 띄어쓰기에 주의한다.

9 〈역사적인 서명, 작품명, 사건명〉의 띄어쓰기
1) 다음의 경우에는 붙여 쓴다.
경국대전/경세유표/계림유사/논어언해/동국여지승람
동국이상국집/동국지리지/대동운부군옥/동국통감/동국정운
삼강행실도/삼국사절요/삼국유사/임경업전/훈민정음
사미인곡/어부사시사/청산별곡
갑신정변/갑오개혁(← 갑오경장)/병자호란/임오군란/임진왜란
정묘호란/정유재란

2) 그러나 뚜렷이 별개 단어로 인식되는 것은 띄어 쓴다.
국역 조선왕조실록 / 방랑 시인 김삿갓 / 의암 선생 행장기

10 〈대왕, 여왕, 왕, 황제, 대제, 명왕〉 등의 띄어쓰기
〈대왕(大王), 여왕(女王), 성왕(聖王), 거서간(居西干), 차차웅(次次雄), 마립간(麻立干)〉 등은 띄어 쓰고, 〈왕(王)〉은 붙여 쓴다.
광개토 대왕 / 동명 성왕 / 세종 대왕 / 진성 여왕 / 알렉산드로스 대왕
엘리자베스 여왕 / 쿤달리〔軍茶利〕 명왕
공민왕 / 동명왕 / 유리왕 / 의자왕 / 리어왕
네로 황제 / 카를 대제
➜ 금강야차명왕(金剛夜叉明王) / 군다리명왕(軍茶利明王) (불교 용어)

11 중국어, 일본어, 동남아 3개 국어의 인명·지명 띄어쓰기
1) 중국어의 경우, 인명의 성과 이름은 중국 음이든 우리 한자음이든 모두 붙여 쓴다.
마오쩌둥(毛澤東) ← 모택동   자오쯔양(趙紫陽) ← 조자양
➜ 중국 음에 한자를 병기할 때에도 괄호를 사용한다.

2) 일본어의 경우, 인명은 일본 음으로 읽는 경우에는 성과 이름을 띄어 쓰고, 우리 한자음으로 읽는 경우에는 성과 이름을 붙여 쓴다.
도요토미 히데요시(豊臣秀吉) ← 풍신수길
도쿠가와 이에야스(德川家康) ← 덕천가강

3) 동남아 3개 국어
① 베트남어의 경우, 인명의 성과 이름, 지명은 로마자 표기와는 무관하게 붙여 쓴다.
깜라인Cam Ranh만 / 호찌민Hô Chi Minh시
② 말레이인도네시아어와 타이어의 경우, 인명은 로마자 표기의 띄어쓰기를 따르고, 지명은 로마자 표기와는 무관하게 붙여 쓴다.
아크멧 수카르노Achmed Sukarno / 추안 릭파이Chuan Likphai
쿠알라룸푸르Kuala Lumpur / 랏부리Rat Buri

12 〈특별시, 광역시, 도, 북도, 남도, 시, 읍, 면, 리, 군, 구, 동〉의 단어들이 붙는 고유 명사는 붙여 쓴다.
서울특별시 종로구 통의동 / 대전광역시 / 경기도
충청남도 서천군 서천읍 군사리
서울(특별)시장 / 대전(광역)시장 / 중구청 / 종로구청장 / 통의동장
창동사무소

➡ 단, 동 이름 앞에 〈제1, 제2〉 등이 붙을 때는 띄어 쓴다.
　　성북 (제)1동장 / 성북 (제)1동사무소
➡ 역사에 관련된 〈좌도/우도〉도 붙여 쓴다.
　　충청좌도 / 충청우도
➡ 〈남북도〉는 띄어 쓴다.
　　충청 남북도

13 지명이나 그에 준하는 고유 명사를 나타내는 경우, 『표준 국어 대사전』에 등재되어 있지 않더라도 고유어나 한자어 뒤에서 붙여 써 왔다면 외래어 뒤에서도 일관되게 붙여 쓸 수 있다.
1) 해(海), 양(洋), 만(灣), 도(島), 섬, 항(港), 갑(岬), 곶(串), 강(江), 호(湖)
동중국해 / 인도양 / 천수만 / 제주도 / 목요(木曜)섬 / 목포항 / 장기갑 / 장산곶
두만강 / 파로호
카리브해 / 벵골만 / 하와이섬 / 마르세유항 / 혼곶 / 라인강 / 바이칼호
➡ 단, 〈섬〉은 분리성이 강하면 띄어 쓴다.
　　제주 섬

2) 시, 도(道), 도(都), 주(州), 주(洲), 부(府), 부(部), 현(縣), 성(省), 가(街), 로(路)
북경시 / 동경도 / 흑룡강성 / 남가주(南加州) / 종로 1가 / 도산로
워싱턴시 / 베이징시 / 도쿄도 / 사우스캐롤라이나주 / 샹젤리제가

3) 산(山), 봉(峰), 역(驛), 선(線), 요(窯), 관(關), 궁(宮), 성(城), 사(寺)
도봉산 / 인수봉 / 서울역 / 경부선 / 광주요 / 자위관 / 경복궁 / 수원성
조계사
에베레스트산 / 엘리제궁 / 샹보르성

14 〈고개, 군도(群島), 분지(盆地), 사막, 열도(列島), 운하, 유적, 유전(油田), 자치구, 자치현, 제도(諸島), 철도, 평원, 해안, 해협, 협만(峽灣, 피오르fjord)〉이 붙는 고유 명사는 외래어와 한자어, 고유어를 구별하지 않고 띄어 씀을 원칙으로 하되 붙여 쓸 수 있다(한글 맞춤법 제49항 적용).

열린책들 에서는 띄어 쓴다.
카라코람 고개 / 생고타르 고개 / 미아리 고개 / 고군산 군도 / 바하마 군도
타림 분지 / 런던 분지 / 아라비아 사막 / 쿠릴 열도 / 수에즈 운하
신장웨이우얼(新疆維吾爾) 자치구 / 하와이 제도 / 서시베리아 평원
명량 해협 / 지브롤터 해협 / 송네 협만

15 〈산맥, 고원, 평야, 반도〉 이름일 경우에는 앞에 오는 말의 어종에 관계없이 앞말에 붙여 쓴다.

히말라야산맥 / 소백산맥 / 태백산맥
멕시코고원 / 파미르고원 / 개마고원 / 백무고원
산둥반도 / 이베리아반도 / 변산반도 / 인도반도 / 태안반도
롬바르디아평야 / 인더스평야 / 화베이평야 / 김포평야 / 김해평야
→ 단, 평야 이름으로 보기 어려운 경우는 띄어 쓴다.
　　북독일 평야 / 곡저 평야 / 퇴적 평야 / 충적 평야

16 일본, 중국 등 한자 사용 지역의 지명이 강, 산, 호수, 섬 등을 뜻하
는 한자를 제외하면 하나의 한자로 되어 있을 경우, 〈강〉, 〈산〉, 〈호〉,
〈섬〉은 겹쳐 적는다.
타이산산(泰山) / 위산산(玉山) / 하야카와강(早川) / 주장강(珠江)
도시마섬(利島)

17 〈동/서/남/북/중앙〉이 지명과 어울려 쓰일 때는 붙인다.
동로마 제국 / 동서울 / 동아시아 / 동북아시아
서베를린 / 서유럽 / 서남아시아
남아메리카 / 남아시아 / 남프랑스
북아일랜드 / 북아프리카 / 북유럽
중앙아메리카 / 중앙아시아
→ 〈동부 / 서부〉 등은 띄어 쓴다.
　　동부 유럽

18 접미사 〈-어(語), -인(人), -족(族)〉과 일반어 〈어계(語系), 어족
(語族) / 어군(語群), 어파(語派)〉, 〈말〉의 띄어쓰기
그리스인(人) / 로마인 / 유대인 / 헝가리인
베두인족(族) / 베르베르족
프랑스어(語) / 러시아어 / 이탈리아어 / 스페인어
우랄·알타이어족 / 우랄어족 / 알타이어족
튀르크어파 / 몽골어파 / 만주·퉁구스어파
→ 특별한 경우를 제외하고는 〈희랍, 불란서, 아라사, 이태리, 서반아, 화란〉 등
　　의 한자 음역어를 쓰지 않는다.
프랑스 말
→ 〈말(語)〉은 한자어나 고유어에 붙을 때도 띄어 쓴다.
　　단, 〈서울말 / 우리말 / 한국말〉은 붙여 쓴다.

19 〈학파〉는 국어사전의 등재 여부에 따라 띄어쓰기한다.
공양학파 / 중농학파 / 현상학파 / 베니스학파 / 빈학파 / 스토아학파
에피쿠로스학파 / (신)칸트학파 / 프라하학파 / 프랑크푸르트학파

피타고라스학파 / 헤겔학파

→ 도미니코 학파 / 양주(楊朱) 학파 / 유클리드 학파 / 프란체스코 학파

20 인명, 지명 등을 로마자 대문자 이니셜로 생략하여 쓸 경우, 뒤에 따르는 단어와 모두 띄어 쓴다.

P 선생 / P 교수 / P 양 / P 형   H 시 / H 군 / H 주

21 〈비행기, 선박, 로켓 등의 이름 + 숫자 + 호(號) / 기(機)〉의 띄어 쓰기

메이플라워호 / 챌린저호 / 아폴로 13호 / 미그 19기 / 포커 100기

→ 〈-호〉나 〈-기〉는 접미사이므로 외래어, 우리말에 모두 붙인다.

  〈-호〉나 〈-기〉가 생략될 때에도 그 숫자는 앞말에서 띄어 쓴다.

  아폴로 13 / 미그 19

22 한자에서 온 고사성어는 붙여 쓴다. 글귀 중 〈지(之)〉 자가 들어 있는 경우에도 붙여 쓴다.

낙화유수 / 동가홍상 / 비몽사몽 / 삼고초려 / 오비이락

오합지졸 / 관포지교 / 농자천하지대본

23 빛깔 이름에서 〈색/빛〉의 띄어쓰기

앞 단어와 붙어서 합성어가 될 수 있으면 모두 붙여 쓰고, 고유어와 한자어, 혹은 고유어와 고유어가 결합하여 된소리가 나는 경우에는 사이시옷을 적는다.

→ 사이시옷에 주의!

  보라색 / 보랏빛

  비취색 / 비췻빛

  우유색 / 우윳빛

  황토색 / 황톳빛

→ 한자어가 아닌 외래어의 경우는 된소리가 나더라도 사이시옷을 적지 않는다.

  핑크색 / 핑크빛

  에메랄드색 / 에메랄드빛

  오렌지색 / 오렌지빛

→ 그 명사의 빛깔이 어떠한지를 나타낼 때는 띄어 쓴다.

  지금의 하늘빛은 잿빛이다. / 황금(의) 빛은 주황색이다.

24 〈김치, 구이, 나물, 덮밥, 무침, 볶음(밥), 전, 조림, 찌개, 찜, 채, 튀김, 탕〉 등의 음식 이름은 항상 붙여 쓴다.

갓김치 / 고들빼기김치 / 나박김치 / 돌나물김치 / 배추김치 / 백김치

보쌈김치 / 부추김치 / 열무김치 / 총각김치 / 파김치 / 풋김치
→ 김장 김치/봄배추 김치/통배추 김치
갈치구이 / 김구이 / 무나물 / 오징어덮밥 / 청포묵무침 / 김치볶음밥
호박전 / 북어조림 / 된장찌개 / 닭찜 / 우엉채 / 새우튀김 / 토란탕
→ 나물 무침

25 〈국, 밥, 떡, 죽〉이 붙은 말은 국어사전의 표제어 등재 여부에 따라 띄어쓰기한다.
감잣국 / 고깃국 / 김칫국 / 나물국 / 냉잇국 / 된장국 / 떡국 / 만둣국
맑은장국 / 뭇국 / 미역국 / 배춧국 / 북엇국 / 소금국 / 아욱국 / 오이냉국
→ 닭고기 국/떡만두 국/쇠고기 국/채소 국
고봉밥 / 보리밥 / 새벽밥 / 수수밥 / 쌀밥 / 아침밥 / 오곡밥 / 점심밥
제삿밥 / 조밥 / 주먹밥 / 찬밥 / 찰밥 / 찹쌀밥 / 흰밥
→ 호랑이 밥/냄비 밥
감자떡 / 개떡 / 개피떡 / 깨떡 / 두텁떡 / 메밀떡 / 무지개떡 / 물호박떡
밀떡 / 보리떡 / 소머리떡 / 송기떡 / 수수떡 / 시루떡 / 쑥떡 / 옥수수떡
찰떡 / 콩떡 / 흰떡
→ 기주 떡/모듬 떡/산나물 시루 떡/쑥 시폰 떡/유자 떡
강냉이죽 / 깨죽 / 닭죽 / 쌀죽(= 흰죽) / 보리죽 / 수수죽 / 조죽 / 콩죽
팥죽 / 풀죽 / 호박죽
→ 쇠고기 죽/옥수수 죽

26 〈없다 / 있다〉가 붙는 단어의 띄어쓰기
→ 〈흔글〉에서 정확하게 바로잡을 수 있다.
1) 붙여 쓰는 경우
가뭇없다 / 가없다(가이없다×) / 간단없다 / 간데없다 / 값없다
거추없다 / 거침없다 / 경황없다 / 관계없다(관계있다) / 그지없다
까딱없다 / 깔축없다(여축없다×) / 꾸밈없다 / 꿈쩍없다 / 끊임없다
끝없다 / 난데없다 / 낯없다 / 느닷없다 / 다름없다 / 다시없다 / 대중없다
더없다 / 덧없다 / 두말없다 / 두서없다 / 맛없다(맛있다) / 맥없다
멋없다(멋있다) / 무람없다 / 바이없다 / 버릇없다 / 변함없다
보잘것없다 / 부질없다 / 분수없다 / 빠짐없다 / 사정없다
상관없다(상관있다) / 상없다 / 성명없다 / 소용없다 / 속없다 / 수없다
숨김없다 / 시름없다 / 실없다 / 쓸데없다 / 쓸모없다 / 아낌없다
아랑곳없다 / 어김없다 / 어이없다 / 어처구니없다 / 엉터리없다
여지없다 / 염치없다 / 영락없다 / 온데간데없다 / 의지가지없다
자발없다 / 재미없다(재미있다) / 정신없다 / 종작없다 / 주책없다
지각없다 / 진배없다 / 처신없다 / 철없다 / 체수없다 / 터무니없다 / 턱없다

틀림없다 / 하염없다 / 한량없다 / 한없다 / 형편없다 / 힘없다

2) 띄어 쓰는 경우
거리낌 없다 / 겁 없다 / 곡절 없다 / 근본 없다 / 기약 없다 / 남김 없다
내남 없다 / 너 나 없다 / 눈치 없다(눈치 있다) / 도리 없다 / 말 없다
면목 없다 / 명색 없다 / 밑도 끝도 없다 / 밤낮 없다 / 별수 없다
소리 없다 / 실속 없다(실속 있다) / 안면 없다 / 의미 없다(의미 있다)
이유 없다 / 인적 없다 / 자국 없다 / 자신 없다(자신 있다) / 재수 없다
죄 없다 / 지체 없다 / 짐작 없다 / 주변 없다 / 짝 없다 / 체면 없다
체통 없다 / 티 없다 / 푼수 없다 / 핑계 없다 / 하절 없다
흥미 없다(흥미 있다)
[주의] 너나없이(= 네오내오없이) // 너 나 없는 평등 사회
　　　　말없이 // 말 없는 사람

3) 그러나 앞에 꾸미는 말이 올 때에는 붙여 쓰지 아니한다.
아무 쓸데 없는 일 / 별 꾸밈 없이 / 별 재미 없는 사람

27 〈없다〉 앞에 용언을 수반한 명사가 오거나, 조사가 생략된 것으로 생각될 때는 〈없다〉를 붙여 쓰지 아니한다.
받는 것 없이 / 아플 수 없다 / 더할 나위 없이 / 눈코 뜰 새 없이
산소 없는 달 / 바람 없는 날 / 국 없이 밥을 먹다.

28 〈명사 + 좋다〉의 띄어쓰기
1) 붙여 쓰는 경우
사이좋다

2) 그 외에는 거의 띄어 쓴다.
기분 좋다 / 날씨 좋다 / 놀기 좋다 / 듣기 좋다 / 맛 좋다 / 먹기 좋다
사람 좋다 / 운 좋다 / 재미 좋다 / 재수 좋다 / 허울 좋다

29 〈깊다〉의 띄어쓰기
1) 붙여 쓰는 경우
뜻깊다

2) 그 외에는 거의 띄어 쓴다.
감명 깊다 / 사려 깊다 / 속 깊다 / 유서 깊다 / 의미 깊다 / 주의 깊다

30 〈나다 / 내다, 떨다 / 부리다 / 피우다, 들다 / 들이다, 맞다, 먹다, 삼다, 잡다, 지다, 짓다〉 등이 붙는 말들은 국어사전에 표제어로 등재된 것만

붙인다. 즉, 다른 명사와 어울려 합성어를 이루지 않는 한 띄어 써야 한다.

1) 나다

결딴나다 / 구역나다(＝욕지기나다) / 기억나다 / 맛나다 / 별나다
소문나다 / 엄청나다 / 이름나다 / 탐나다

→ 고장 나다 / 구역질 나다 / 결론 나다 / 사고 나다 / 소리 나다(소리 내다)
  쉰내 나다 / 신물 나다 / 일 나다(붙일 경우: 〈일어나다〉의 방언)
  짜증 나다 / 탈 나다

2) 들다/들이다

길들다 / 길들이다 / 공들다 / 공들이다 / 맛들다 / 물들다 / 밤들다 / 병들다
손들다 / 시중들다 / 잠들다 / 장가들다 / 힘들다 / 힘들이다

→ 감기 들다 / 단풍 들다 / 정성 들이다

3) 떨다/부리다/피우다

궁상떨다 / 극성떨다 / 극성부리다 / 바람피우다
꽃피우다(어떤 일이 한창 벌어지다)

→ 궁상 피우다 / 극성 피우다 / 내숭 떨다 / 딴전 부리다
  부산 떨다 / 불 피우다 / 호들갑 떨다

4) 맞다

도둑맞다 / 밉살맞다 / 바람맞다 / 방정맞다 / 변덕맞다 / 야단맞다
익살맞다 / 청승맞다 / 퇴박맞다 / 주책맞다

→ 매 맞다 / 비 맞다 / 뺨 맞다 / 손님 맞다

5) 먹다

겁먹다 / 놀고먹다 / 마음먹다 / 욕먹다 / 좀먹다

→ 누워서 떡 먹기 / 밥 먹다

6) 삼다

거울삼다 / 참고삼다 / 자랑삼다 / 장난삼다

→ 교훈 삼다 / 농담 삼다 / 문제 삼다 / 벗 삼다 / 빌미 삼다 / 시험 삼다 / 재미 삼다
  큰일 삼다 / 표준 삼다 / 핑계 삼다

7) 잡다

손잡다 / (세상을) 주름잡다 / 줄잡다 / 책잡다

→ 균형 잡다 / 자리 잡다 / 치마 주름(을) 잡다 / 트집 잡다

8) 지다

값지다 / 그늘지다 / 기름지다 / 등지다 / 멋지다 / 살지다 / 세모지다
숨지다 / 앙칼지다 / 얼룩지다 / 책임지다

→ 노을 지다 / 홈 지다

9) 짓다

결론짓다 / 관련짓다 / 결정짓다 / 농사짓다 / 눈물짓다 / 매듭짓다
죄짓다 / 특징짓다 / 한숨짓다

[주의] 관련지어진(○) // 관련지워진(×)

→ 단정 짓다 / 마무리 짓다 / 미소 짓다 / 밥 짓다 / 운명 짓다 / 이름 짓다 / 인상 짓다

31 형용사의 어미 〈-워 / -아 / -어〉에 보조 동사 〈하다〉가 붙어서 동사로 바꾸는 구실을 할 경우 〈하다〉를 앞말에 붙여 쓴다(자세한 사항은 90페이지 참조).

가려워하다 / 간지러워하다 / 거북스러워하다 / 고마워하다 / 괴로워하다
그리워하다 / 귀여워하다 / 노여워하다 / 따가워하다 / 반가워하다
안타까워하다 / 징그러워하다

32 〈주변〉의 뜻을 나타내는 〈가〉의 띄어쓰기

1) 우리말이든 외래어든 명사 뒤에서 모두 붙여 쓴다.
강가 / 개천가 / 길가 / 난롯가 / 냇가 / 눈가 / 못가 / 무덤가 / 문가 / 물가
바닷가 / 부둣가 / 빌딩가 / 샘물가 / 수돗가 / 시냇가 / 연못가 / 우물가
입가 / 창문가(창가) / 해안가 / 호숫가 / 화롯가

→ 북한어에서도 사이시옷만 넣지 않고 모두 붙여 쓴다.

2) 앞의 말만 꾸미는 말이 오면 붙여 쓰지 아니하고, 전체를 꾸미는 말이 오면 그대로 붙여 쓴다.
불 있는 난로 가에서 / 열린 창 가
비 내리는 부둣가

33 〈거리, 지역〉의 뜻을 더하는 접미사 〈-가(街)〉의 띄어쓰기

금융가 / 빌딩 가 / 상점가 / 주택가 / 환락가
샹젤리제가 / 월가 / 종로 2가 / 5번가

[비교] 〈빌딩가〉라고 붙여 쓰면 건물의 주변을 나타내고, 〈빌딩 가〉라고 띄어 쓰면 빌딩들이 늘어선 거리를 뜻한다.

34 〈-기〉로 끝나는 말의 띄어쓰기

1) 국어사전의 표제어 등재 여부에 따라 띄어쓰기한다.
가지고르기 / 거름주기 / 거푸짓기 / 까막잡기 / 높이뛰기 / 돼지치기
듣고부르기 / 벌치기〔養蜂〕/ 사이짓기 / 삼단뛰기 / 술래잡기 / 씨뿌리기
이어짓기 / 줄넘기

→ 노래 부르기/돌 쌓기/외워 부르기/채소 가꾸기/흙 쌓기

2) 그러나 띄어 쓴 두 말에 걸리거나 꾸미는 말이나 한정하는 말이 앞에 올 때는 띄어 쓴다.
닭과 돼지 치기/범창을 듣고 부르기/약한 가지 고르기

3) 여러 구절로 된 경우에는 동작이나 작업의 단계를 기준으로 하여 붙여 쓴다.
나무에 못 박아 굽히기/목 뒤로 굽히기/손 짚고 엎드려 다리 굽히기

35 구령은 붙여 쓴다.
무릎꽈/서서꽈//받들어총/세워총//앞으로가/뒤로돌아가
열중쉬어/편히쉬어

36 첩어와 준첩어, 의성어와 의태어 등은 붙여 쓴다.
가끔가끔/가만가만히/곤드레만드레/그럭저럭/기우뚱기우뚱
길이길이/너울너울/들락날락/본체만체/생긋생긋/얼룩덜룩
엉금엉금/여기저기/왈가닥달가닥/요리조리/이러나저러나
이리저리/이모저모/일기죽얄기죽/지껄지껄/차례차례/하나하나
→ 본 둥 만 둥

37 〈-디〉로 연결되는 단어도 첩어로 보고 붙여 쓴다.
가깝디가깝다/높디높다/예쁘디예쁘다/차디차다/크디크다/짧디짧다

38 용언의 부사형이 첩어 형태를 취하는 것과 〈-나(고)〉를 취하는 말은 붙여 쓰지 아니한다.
곧게 곧게/곱게 곱게/높게 높게/흘러 흘러
높고 높다/싸고 싼/하나 마나 (한 이야기)
→ 두고두고/머나멀다

39 접사는 붙여 쓴다.

1) 접두사
강추위/날고기/내놓다/늦더위/들까부르다/맏며느리/매한가지
반죽음/새파랗다/숫총각/잔걸음/홑껍데기
가건물(假建物)/내출혈(內出血)/대규모(大規模)/매시간(每時間)
반민족(反民族)/별걱정(別-)/부도덕(不道德)/순문학(純文學)
초가을(初-)/항히스타민제(抗-)

2) 접미사

기름지다 / 마음껏 / 바람둥이 / 복스럽다 / 슬기롭다 / 시집살이
아시다시피 / 일가붙이 / 주목받다 / 풋내기
미술가(美術家) / 민주화(民主化) / 소식통(消息通) / 음악인(音樂人)
쟁탈전(爭奪戰) / 최면술(催眠術)

40 명사의 아래, 어원적 어근 혹은 부사 아래에 〈하다〉가 붙어 한 단어가 될 때, 〈하다〉는 접미사이므로 앞말에 붙여 쓴다.

물렁물렁하다 / 반듯하다 / 집행하다 / 착하다 / 출렁출렁하다 / 황량하다
만사형통하다 / 의기투합하다 / 의사소통하다 / 영원불멸하다

41 〈-하다〉가 붙을 수 있는 명사에 〈-시키다 / -되다〉가 붙어 한 낱말이 될 때 〈-시키다 / -되다〉는 접미사이므로 앞말에 붙여 쓴다. 또한 명사 아래에 붙어 피동을 나타내는 〈-받다 / -당하다〉 역시 접미사이므로 앞말에 붙여 쓴다. 다만 중간에 조사가 들어갈 경우에는 띄어 쓴다.

결정되다 / 결정시키다 / 당선되다 / 당선시키다
강도당하다 / 고문당하다 / 사고당하다
결정을 하다 / 일을 시키다 / 오해를 받다

→ 〈받다〉의 띄어쓰기
   우선, 합성어로 국어사전의 등재 여부에 따라 띄어쓰기하고, 그 밖의 경우는 다음의 규정을 따른다(주고받을 수 있는 사물일 경우에만 띄어 쓰고 다른 것들은 붙여 쓴다).
   ① 붙여 쓰는 경우: 고난받다 / 고문받다 / 고통받다 / 교육받다 / 대출받다
   벌받다 / 보상받다 / 본받다 / 사랑받다 / 소개받다 / 열받다 / 오해받다
   인정받다 / 인증받다 / 절받다 / 조롱받다 / 죄받다 / 주문받다 / 침례받다
   허가받다 / 허락받다 / 스트레스받다 / 오디션받다
   ② 띄어 쓰는 경우: 돈 받다 / 상 받다
   [비교] 야, 전화받아라. (걸려 온 전화를 받을 경우)
        그 전화 받아서 창고에 넣어 줄래? (구체적인 사물로서의 전화기를 받을 경우)

42 명사 아래에 접미사 〈-화〉가 붙어, 그렇게 만들거나 그렇게 됨을 나타내는 말 아래에 다시 〈하다〉가 붙을 때에는 붙여 쓴다. 다만, 중간에 조사가 들어갈 경우에는 붙여 쓰지 아니한다.

일반화하다 // 대중화를 하다

→ 〈-화시키다〉에 대하여
   〈시키다〉가 서술성을 가지는 일부 명사 뒤에 결합하여 〈사동〉의 뜻을 더

하고 동사를 만드는 접미사로도 기능을 하기 때문에 〈-화시키다〉는 붙여 쓴다. 그런데 이것은 문맥에서 꼭 필요할 때에만 쓰도록 하고, 되도록 〈하다〉, 〈되다〉의 형태로 쓴다.

이론을 일반화시키다 → 이론을 일반화하다 / 이론이 일반화되다

43 그러나 이와 같이 붙여 쓰는 말이라도 그 앞에 꾸미는 말이 오면 (즉, 명사나 명사의 성질을 가진 말이 목적어로 쓰일 때) 붙여 쓰지 아니한다.

고속 질주 하다 / 사고 조치 하다 / 외국어 공부 하기가 어렵다
의로운 죽음 당하다 / 일반 이론화 하다 / 지독한 오해 받다
품위 있는 행동 하다

44 〈속, 안, 밖, 앞, 뒤, 때, 전, 후, 밑〉 등이 붙는 단어는 국어사전의 표제어 등재 여부에 따라 띄어 쓴다.

가슴속 / 마음속 / 땅속 / 물속 / 산속 / 숲속
머릿속(추상적 공간) // 머리 속(구체적인 머리의 속)
몸속 // 몸 안
뱃속(〈마음〉을 속되게 이를 때만) // 배 속
불속(매우 고통스러운 상황) // 불 속(실제 불난 그 속)
품속 // 품 안
성(城)안(= 성중 / 성내) / 문(門)안
집안(가족, 가까운 일가) // 집 안(= 집 속)
문밖 / 창밖
이 밖(에) / 그 밖(에) / 대문 밖
[비교] 나밖에 없다

눈앞 / 코앞
집 앞 / 문 앞

이때 / 그때 / 아침때 / 점심때 / 저녁때 / 이맘때 / 그맘때 / 저맘때
오정 때 / 자정 때 / 여느 때 / 보통 때 / 평소 때 / 식사 때

그전 / 이전(以前) / 연전(年前) / 안전(眼前) / 오래전
얼마 전 / 점심 전
[비교] 여기가 그전에 아버지께서 근무하시던 곳이다. (지나간 지 꽤 되는 과거의
　　　 어느 시점을 막연하게 이를 때)
　　　 정문이 6시에 폐문되니 그 전에 나가야 한다. (앞서 말한 내용을 분명하게
　　　 가리킬 때)

이후(以後) / 기원전 / 기원후
그 후 / 그 뒤 / 퇴근 후
이외(以外) // 그 외

턱밑 / 발밑(발아래)
등잔 밑 / 나무 밑

45 〈다음〉과 〈지난〉은 아래의 경우 외에는 띄어 쓴다.

다음가다 / 다음번 / 다음다음 / 이다음 / 그다음 / 요다음

→ 다음날(정하여지지 않은 미래의 어떤 날)

　　다음 날(그다음 날): 이튿날을 말할 때는 띄어 쓴다. 따라서 〈다음 주 / 다음
　　달 / 다음 해〉 따위도 띄어 쓴다(〈다음〉이 명사라는 것을 감안하면 띄어 쓰
　　는 것임을 쉽게 납득할 수 있다).

지난번(지난적×) / 지난밤 / 지난날 / 지난주 / 지난달

지난봄(여름 / 가을 / 겨울) / 지난해

→ 〈지난〉은 〈지나다〉의 활용형이나 위의 용례에 한하여 붙여 쓰므로 특히 주의
　　한다. 〈다음〉의 띄어쓰기 용례와 헷갈리지 않도록 한다.

■ 항상 붙여 써야 하는 말 <small>열린책들</small>

다음의 말들과 결합하는 복합어는 외래어든 우리말이든, 국어사전의 표제어 등재 여부와 관계없이 항상 붙여 쓴다.

가	강가 / 냇가 / 논가 / 우물가 / 입가 / 귓가
감	구경감 / 대통령감 / 땔감 / 먹잇감 / 반찬감 / 비웃음감 놀잇감 / 신붓감 / 옷감 / 일감 / 빨랫감 / 한복감
강(腔)	심장강
거리	걱정거리 / 골칫거리 / 국거리 / 땔거리 / 반찬거리 / 빨랫거리 안줏거리 / 일거리 / 가십거리 / 기삿거리 / 논문거리
걸이	모자걸이 / 옷걸이 / 팔걸이 / 벽걸이 / 목걸이 / 빨래걸이
결	꿈결 / 머릿결 / 물결 / 바람결 / 살결 / 숨결 / 아침결 / 얼떨결 엉겁결 / 잠결
광(光)	태양광
교(敎)	가톨릭교 / 기독교 / 불교 / 유대교 / 이슬람교 / 힌두교
구이	갈비구이 / 갈치구이 / 생선구이 / 소시지구이
군(軍)	예비군 / 유엔군 / 정부군 / 진압군 / 프랑스군
굽이	언덕굽이
균(菌)	발진 티푸스균 / 살모넬라균 / 이질균 / 탄저균 헬리코박터균 / 서혜 표피균

    → 〈-상(狀) 균〉: 나선상 균 / 포도상 구균

극(劇)	무언극 / 일인극 / 사기극 / 실험극 / 특집극

    → 〈-주의〉로 끝나면 띄어 쓴다: 표현주의 극 / 사실주의 극 낭만주의 극

근(筋)	삼두박근 / 심장근
꽃	꽃그림 / 꽃다지 / 꽃말 / 꽃받침(꽃턱×) / 꽃술 / 꽃잎 꽃자루 / 꽃전 국화꽃 / 깨꽃 / 데이지꽃 / 라일락꽃 / 매화꽃 / 목련꽃 민들레꽃 / 배꽃 / 벚꽃 / 복숭아꽃 / 사과꽃 / 싸리꽃 선인장꽃 / 아카시아꽃 / 앵두꽃 / 장미꽃 / 종이꽃
꾀	꾀배 / 꾀병 / 꾀잠
나무	고무나무 / 단풍나무 / 아카시아나무 / 은행나무
낳이	돌실낳이 / 서울낳이 / 천안낳이 / 한산낳이
네오neo	네오고딕 / 네오다다이즘 / 네오라마르키슴 / 네오마이신 네오이데알리슴 / 네오칼라미테스 / 네오파시즘

| 당(黨) | 청년 이탈리아당 / 카르보나리당 |

당(黨)　청년 이탈리아당 / 카르보나리당
덩어리　골칫덩어리 / 심술덩어리 / 애굣덩어리
덩이　골칫덩이 / 심술덩이
량(量)　노동량 / 작업량 / 수출량
→ 고유어와 외래어에 붙는 〈양〉도 붙여 쓴다: 구름양
벡터양 / 알칼리양
례(例)　작성례 / 판결례 / 인용례
마님　나리마님 / 대감마님 / 영감마님
망(網)　교통망 / 연락망 / 조직망 / 통신망
→ 삼중 망, 이중 망, 철사 망
멀티multi　멀티윈도 / 멀티채널 / 멀티플렉스
면(面)　경계면 / 마찰면 / 비탈면 / 절단면 / 접촉면
명(名)　곡명 / 작가명 / 저술명 / 화가명
무침　골뱅이무침 / 시금치무침 / 파래무침
물(物)　시리즈물 / 에로물 / 폭력물 / 호러물
미(美)　골계미 / 예술미 / 자연미
미소년 / 미남자
반(班)　단속반 / 예비반 / 졸업반
밭　가시밭 / 갈대밭 / 감귤밭 / 녹두밭 / 대밭 / 돌밭 / 딸기밭
모래밭 / 밀밭 / 배밭 / 보리밭 / 사과밭 / 자갈밭 / 콩밭
법(法)　로마법 / 민사 소송법 / 청소년 보호법
김장법 / 마사지법 / 물리치료법 / 염장법 / 요리법
벽(癖)　노름벽 / 도벽 / 수집벽
병(兵)　휴가병 / 노병 / 운전병 / 탈영병
병(病)　위장병 / 아메바병 / 알츠하이머병 / 이타이이타이병
볶음　멸치볶음 / 쇠고기볶음
분　남편분 / 내외분 / 여러분 / 이(그/저)분 / 친구분 / 환자분
불(佛)　무량수불 / 아미타불
비(比)　삼각비 / 농도비 / 혼합비
비(碑)　기념비 / 광개토 대왕비 / 대각 국사비
상(上)　상이집트
상(相)　액체상 / 고체상 / 정지상
상(賞)　감독상 / 개근상 / 공로상 / 우수상 / 작품상
공쿠르상 / 그래미상 / 노벨상 / 스탈린상 / 페미나상
→ 〈서머싯몸상(賞)〉의 띄어쓰기
〈서머싯몸상〉은 인명이 아닌 상(賞) 이름의 고유 명사로

보아야 하므로 사전에는 모두 붙이는 것으로 되어 있다.
이때 처음에는 〈상〉에 한문을 꼭 병기해야 한다.

열린책들 에서는 〈서머싯 몸상(賞)〉이라 표기한다.

상(像)	교사상 / 아버지상 / 어머니상(모범, 본보기)
	마리아상 / 부처님상 / 석불상(형상을 갖춘 구조물)
석(石)	사금석 / 터키석
승(僧)	수행승 / 탁발승
시(詩)	서정시 / 연애시 / 애국시

→ 〈−주의〉로 끝나면 띄어 쓴다: 사실주의 시 / 낭만주의 시

신(神)	가람신(伽藍神) / 나무신 / 바다신 / 바위신 / 태양신
쌍(雙)	쌍가락지 / 쌍곡선 / 쌍권총 / 쌍그네 / 쌍무지개
안(案)	개편안 / 개헌안 / 개혁안 / 고시안 / 실무안 / 해결안
안티anti	안티로망 / 안티테제 / 안티클라이막스
액(液)	글리세린액 / 냉각액 / 링거액 / 수정액 / 약용 비누액
열(熱)	홍반열

→ 병 이름일 경우에만 붙인다.

염(炎)	구내염 / 임파선염

→ 〈−성(性) 염〉:변성성 염

염(鹽)	무기염 / 용해염

→ 〈−화(化) 염〉:이온화 염

왜(倭)	왜간장 / 왜낫 / 왜모시 / 왜떡 / 왜틀 / 왜왕
잎	목화잎 / 오동잎 / 토란잎
점(點)	중심점 / 한계점 / 인접점 / 중간점 / 해결점 / 타결점 / 오목점

→ 어깻점, 목뒷점, 목점 등 옷본 만들 때 쓰는 용어도 붙인다.
이때, 사이시옷에 유의한다.

조(組)	공격조 / 수비조 / 습격조

→ 친구와 다른 조 / 다섯 조로 나누다.

죄(罪)	사기죄
주의(主義)	낭만주의 / 민주주의 / 사실주의 / 후기 인상주의
지(誌)	『가디언』지 / 『뉴스위크』지 / 여성지 / 월간지 / 『타임』지
직(職)	간부직 / 경찰직 / 고위직 / 노무직 / 대통령직 / 사무직
	주지사직 / 회장직
진(鎭)	부산진
질(質)	가죽질 / 근육질 / 화강암질
찜	갈비찜 / 아귀찜
채(菜)	무채 / 오이채 / 송이채 / 고사리채

초(醋)	감초/생강초/과실초/귤초/사과초
총(銃)	기관총/쌍발총
축(軸)	가로축/세로축/대칭축/수평축/수직축/자전축
침(針)	분침/시침/초침/주사침/피뢰침
탄(炭)	조개탄/배합탄
탄(彈)	철갑탄/피갑탄/저격탄/일체탄/기관 단총탄
튀김	고구마튀김 / 새우튀김 / 오징어튀김
티	막내티/사내티/소녀티/시골티/아이티/중년티/촌티
판(判/版)	국배판/명함판/사륙판/신국판/타블로이드판(종이의 규격)
패(牌)	감사패/증명패
포	달포/해포
표(表)	조사표/목록표/세율표/관세율표/생활표/질문표
표(標)	마침표/도돌이표
하(下)	하이집트
하이퍼hyper	
	하이퍼리얼리즘/하이퍼미디어/하이퍼텍스트
함(艦)	전투함
형(刑)	감금형/금고형
	→ 3년 형
화(貨)	달러화/마르크화/엔화/원화/위안화
후(後)	후고구려/후보름/후삼국/후서방

■ **국어사전 등재 여부에 따라 띄어쓰기해야 하는 말** 〈열린책들〉

다음의 말들과 결합하는 단어들은 국어사전에 표제어 혹은 예시로 올라 있으면 붙여 쓴다. 표제어로 등재되어 있지 않더라도 뜻풀이에 〈〈〈(일부 명사 뒤에 붙어)〉〉〉라 써 있고 그 의미가 통할 경우 붙여 쓴다.

가루 겨잣가루 / 계핏가루 / 고깃가루 / 고춧가루 / 금가루
 깻가루 / 꽃가루 / 녹말가루 / 눈가루 / 달걀가루 / 돌가루
 떡가루 / 메밀가루 / 메줏가루 / 멥쌀가루 / 미숫가루
 밀가루 / 보릿가루 / 분가루 / 빵가루 / 뼛가루 / 사탕가루
 생강가루 / 생선가루 / 솔가루 / 송홧가루 / 쇳가루 / 쌀가루
 엿기름가루 / 옥가루 / 은가루 / 잣가루 / 조핏가루
 찹쌀가루 / 칡가루 / 콩가루 / 탄가루 / 팥가루 / 풀가루
 황가루 / 횟가루 / 후춧가루 / 흙가루
 → 담배 가루 / 밤 가루 / 분필 가루 / 좁쌀 가루

각(角) 입사각
 → 진입 각

갑(匣) 담뱃갑 / 분필갑 / 성냥갑 / 우유갑
 → 화장품 갑

구(舊) 구소련 / 구시가 / 구제도
 → 구 시민 회관 / 구 대한 청년단

길 가시밭길 / 갈림길 / 갓길 / 고갯길 / 곧은길 / 골목길
 기찻길 / 귀경길 / 귀성길 / 꼬부랑길 / 꽃길 / 꿈길
 나그넷길 / 내리막길 / 논두렁길 / 등굣길 / 바닷길 / 발길
 밤길 / 밭길 / 벼랑길 / 벼슬길 / 불길 / 비단길 / 여행길
 지름길 / 초행길 / 피난길 / 하굣길
 → 가을 길 / 계곡 길 / 고향 길 / 과수원 길 / 나들이 길 / 남쪽 길
 마을 길 / 밀밭 길 / 40리 길 / 서울 길 / 천 리 길 / 해변 길

나절 반나절 / 한나절 / 아침나절 / 저녁나절 / 점심나절
 → 오전 나절

날 가윗날 / 겟날 / 단옷날 / 대보름날 / 동짓날 / 명절날
 봄(여름 / 가을 / 겨울)날 / 봉급날 / 사흗날 / 소풍날 / 잔칫날

제삿날 / 초하룻날 / 추석날 / 한글날 / 한날(같은 날) / 환갑날
→ 개학 날 / 그전 날 / 기념식 날 / 넷째 날 / 마감 날 / 마지막 날
　부활절 날 / 선거 날 / 운동회 날 / 입학식 날 / 크리스마스 날
→ 삼백예순날 // 삼백육십 날
→ 다음날: 미래의 정해지지 않은 막연한 날
　다음 날: 특정한 날의 이튿날
　그다음 날 / 19일 다음 날은 20일이다.
→ 하룻날 / 이튿날 / 열하룻날
　고유어 수 뒤에 붙어 앞말에 해당하는 그 날짜를 나타낼
　수 있다.

날　　　면도날 / 칼날 / 톱날
　　　→ 스케이트 날

냄새 / 내　향냄새(향내) / 흙냄새(흙내)
　　　→ 꽃 냄새 / 꿀 냄새 / 마늘 냄새 / 몸 냄새 / 박하 냄새 / 생강 냄새
　　　　풀 냄새 / 황 냄새
　　　→ 구린 냄새 // 구린내
　　　　땀 냄새 // 땀내
　　　　몸 냄새 // 몸내
　　　　술 냄새 // 술내

년　　　계집년 / 딸년 / 요년 / 이(그 / 저 / 고)년
　　　→ 기생 년 / 어른 년

놈　　　이놈 / 그놈 / 저놈 / 네놈 / 도둑놈 / 되놈 / 아들놈
　　　아이놈(애놈) / 오사리잡놈 / 왜놈
　　　→ 남편 놈 / 당나라 놈 / 둘째 놈 / 손자 놈 / 자식 놈 / 조카 놈
　　　　친구 놈

단지　　꿀단지 / 보물단지 / 부항단지 / 애물단지
　　　→ 술 단지 / 장 단지

대(代)　시생대 / 원생대 / 고생대 / 중생대 / 신생대
　　　간식대 / 도서대 / 비료대 / 신문대
　　　→ 손자 대 / 조선 대 / 태종 대
　　　　이십 대 여성 // 80대 노인
　　　　구 대 할아버지 // 5대 임금
　　　→ 삼대독자

대(對)	민주주의 대 공산주의 / 보수 대 진보 / 청군 대 백군 축구 경기는 삼 대 일(3 대 1 / 3:1)로 끝났다. → 대(對)국민 사과문 / 대북한 전략
더미	돈더미 / 장작더미 / 잿더미 / 흙더미 → 눈 더미 / 두엄 더미 / 숙제 더미 / 일 더미
땅	모래땅 / 묵은땅 / 진흙땅 → 경상도 땅 / 고향 땅 / 만주 땅 / 중국 땅 / 한국 땅 / 흙 땅
막(膜)	가로막 / 끈끈막(점막) / 보호막 / 세포막 → 가스 막 / 고무 막 / 기름 막 / 단백질 막 / 비닐 막 / 증착 막
매(每)	매번 / 매초 / 매분 / 매시간 / 매일 / 매주 / 매년 매호(每戶 / 每號) → (관형사로 쓰여) 매 경기 / 매 학기 / 매 회계 연도
맥(脈)	날개맥 → 가로 맥 / 세로 맥 / 신경 맥 / 석영 맥
머리	갈래머리 / 곱슬머리(＝고수머리) / 귀밑머리 / 노랑머리 단발머리 / 돼지머리 / 떠꺼머리 / 소머리(＝쇠머리) 쑥대머리 / 애교머리 / 양지머리 / 어여머리 / 쪽머리 파마머리 / 흰머리 끄트머리 / 말머리 / 밥상머리 / 밭머리 / 뱃머리 / 베갯머리 상머리 / 서산머리 / 우두머리 / 책상머리 / 첫머리 → 〈비하〉의 뜻을 더하는 접미사일 때는 모두 붙인다. 　귀퉁머리 / 버르장머리 / 싹수머리 / 안달머리 / 인정머리 　주변머리 / 주책머리 / 지각머리 → 노란 머리 / 침대 머리 / 술상 머리
뭉치	돈뭉치 / 솜뭉치 → 털 뭉치
밤	간밤 / 달밤 / 보름밤 / 봄(여름 / 가을 / 겨울)밤 / 어젯밤 지난밤 / 하룻밤 → 그저께 밤 / 보름날 밤 / 오늘 밤 / 전날 밤 / 토요일 밤 / 한여름 밤
방(房)	가겟방 / 건넌방 / 공부방 / 놀이방 / 마루방 / 머슴방 문간방 / 반지하방 / 사랑방 / 셋방 / 아랫방 / 앞방 / 옆방

윗방 / 사랑방

신방 / 자취방 / 하숙방

→ 누나 방 / 신혼 방 / 아버지 방

벽(壁)   철벽 / 칸막이벽(= 격벽)

→ 나무 벽 / 시멘트 벽 / 씨방 벽 / 축대 벽

병(瓶)   기름병 / 꽃병 / 물병 / 산소병 / 술병 / 우유병 / 유리병

잉크병 / 젖병 / 향수병

사람   난사람 / 눈사람 / 뱃사람 / 윗(아랫)사람 / 손윗(손아랫)사람

새사람 / 생사람 / 섬사람 / 산사람〔山民〕/ 앞(뒷)사람

→ 고향 사람 / 서울 사람 / 시골 사람 / 옆 사람 / 이웃 사람

선(線)   ①〈한자어 + 선〉은 모두 붙인다.

수평선 / 정지선 / 봉제선 / 완성선 / 전기선 / 출발선

→ 실무자 선

②〈고유어 + 선〉은 국어사전의 표제어 등재 여부에 따라 띄

어쓰기하되, 옷본 만들기 등의 수공 전문어에서는 붙인다.

목선 / 어깨선 / 얼굴선

시접선 / 옆선

→ 다리 선

③그 외〈선〉을 수식하는 말이 관형격이거나 재료의 의미이

면 국어사전의 등재 여부에 따라 띄어쓰기한다.

녹색 선 / 흰색 선

감마선 / 니크롬선 / 마지노선 / 엑스선

→ 금속 선 / 텅스텐 선

성(城)   모래성

→ 유리 성

소리   〈한 글자 + 소리〉

개소리(당치 않은 말) / 말소리(음성) / 북소리 / 빗소리

새소리 / 신소리 / 종소리 / 총소리

→ 위의 경우에 꾸밈말이 앞에 오더라도 붙여 쓴다.

상냥한 말소리 / 요란한 새소리

→ 개 소리 / 닭 소리 / 벨 소리 / 징 소리

수(數)   가짓수 / 개수(個數) / 권수(卷數) / 마릿수 / 면수(쪽수)

번지수 / 자릿수 / 인구수 / 주파수 / 진동수 / 질량수

총수(總數) / 칸수 / 회전수 / 햇수 / 횟수
→ 나이 수/맥박 수/마력 수/사람 수/식구 수/신도 수

숲   갈대숲(갈숲×) / 나무숲 / 대숲 / 덤불숲 / 솔숲 / 풀숲
→ 대나무 숲/소나무 숲/잡목 숲/참나무 숲

시(時)   비상시 / 유사시(하나의 굳어진 합성어임)
→ 대부분 띄어 쓴다.
방문 시 / 사망 시 / 외출 시 / 위급 시
교통 법규를 어겼을 시에는 범칙금을 내야 한다.
[주의] 〈-ㄹ시〉는 추측한 내용의 말 뒤에 붙어 〈분명하다〉 따위
의 주어가 되게 하는 연결 어미로, 앞말에 붙여 써야 한다.
이 사람은 선생일시 분명하다.

약(藥)   가루약 / 감기약 / 거위약(=회충약) / 구충약 / 기침약
눈약 / 두통약 / 물약 / 변비약 / 설사약 / 알약 / 피부약
→ 김매기 약/무좀 약

양(兩)   양다리 / 양발 / 양손 / 양어깨 / 양팔
양날 / 양면 / 양옆 / 양짝 / 양쪽 / 양측 / 양편 / 양편쪽
→ 양 눈/양 볼/양 무릎/양 축(軸)

음(音)   기본음 / 당김음 / 대표음 / 마찰음 / 신호음
→ 다섯 음/주요 음/발파 음

일   궂은일 / 농사일 / 바깥일 / 밭일 / 부엌일 / 세상일 / 예삿일
집안일 / 집일 / 큰일
→ 가게 일/경리 일/농장 일/마당 일/마을 일/목장 일
바느질 일/변호사 일/식당 일/옛날 일/주방 일/직장 일
편집 일/회사 일

자(字)   로마자 / 회의자
기역 자 / 엑스 자 / 칠 자
오늘 자 신문 / 5월 10일 자 신문
ㄱ 자 / X 자
→ 간사할 간 자/갈 지 자/갈 행 자/입 구 자/큰 대 자
[주의] 부수(部首) 이름을 가리킬 때는 음과 훈을 붙인다.
〈토할 토(吐) 자〉는 입구 변(口)의 3획으로 찾아야 한다.
→ 갈지자/갈지자걸음(이리저리 굽어 있거나, 비틀비틀 걷는

모양을 비유적으로 이를 경우에는 붙임)

작(作)　당선작 / 대표작 / 데뷔작 / 성공작 / 실패작 / 야심작
　　　　최신작 / 출세작(〈작품〉, 〈제작〉의 뜻을 더하는 접미사)
　　　　→ 이광수 작 / 2004년 작(명사)

잔(盞)　맥주잔 / 물잔 / 소주잔 / 술잔 / 찻잔
　　　　→ 우유 잔 / 커피 잔

조(條)　헌법 제1조
　　　　→ 사례금 조 / 참가비 조로

조(調)　시비조 / 농담조
　　　　삼사조 / 칠오조 / 사사조
　　　　→ 풍자 조 / 비웃음 조 // 이삼 조 / 사오 조

주(主)　주도로 / 주목적 / 주목표 / 주요소 / 주특기
　　　　건물주 / 경영주 / 고용주 / 공장주 / 소유주
　　　　→ 주 고객 / 주 무기

집　　　개미집 / 객줏집 / 건넛집 / 귀틀집 / 기생집
　　　　기역자집(= ㄱ자집) / 기와집 / 길갓집 / 까치집 / 꽃집
　　　　남향집 / 너와집 / 대갓집 / 대폿집 / 돌담집 / 돌집
　　　　민박집 / 벽돌집 / 시골집 / 옛집 / 일자집 / 잔칫집
　　　　주인집 / 친정집 / 토담집 / 통나무집 / 판잣집 / 하숙집
　　　　→ 고향 집 / 너구리 집 / 동생 집 / 신랑 집 / 옛날 집 / 친구 집
　　　　→ 갈빗집 / 고깃집 / 꽃집 / 피자집 (물건을 팔거나 영업을 하는
　　　　　　가게를 나타낼 때는 붙임)

쪽지　　종이쪽지
　　　　→ 편지 쪽지

차(車)　가스차 / 경유차 / 구급차 / 국민차 / 소형차 / 승용차
　　　　운반차 / 응급차 / 전기차 / 전동차 / 청소차 / 화물차
　　　　→ 국산 차 / 외제 차 / 자가용 차 / 장사 차 / 회사 차

차(差)　개인차 / 세대차 / 시간차
　　　　→ 나이 차 / 실력 차 / 압력 차 / 의견 차

차(次)　교육차 / 연구차 / 연수차 / 인사차 / 사업차 / 세배차(접미사)

→ 수십 차/막 시작하려던 차에(명사)

차(茶) 국화차/보리차/생강차/쑥차/율무차
→ 과일 차/허브 차

책 그림책/동화책/만화책
→ 국어 책/어린이 책/요리 책

철(鐵) 철망/철벽/철조망/철판
→ 철 가루/철 대문

청(靑) 청기와/청치마
→ 청 대문

총(總) 총감독/총결산/총공격
→ 총 1백여 명/총 5천만 원

터 가마터/낚시터/놀이터/배움터/샘터/약수터/일터
절터/흉터/궁궐터/무덤터/우물터
→ 천진암 터/황룡사 터

통(桶) 개수통/기름통/도시락통/물통/밥통/산소통
석유통/술통/쌀통/쓰레기통/양념통/양철통
연통(연기통×)
→ 연료 통/빨래 통/반찬 통/고무 통/플라스틱 통

판(板) 엘피판(LP板)/레코드판
고누판/바둑판/장기판 → 마작 판
과녁판/광고판 → 십계 판(十戒板)
고무판/금속판/나무판/유리판/챌판 → 금동 판
수정 판(水晶板)/알루미늄 판/사기 판/점토 판/톱날 판
스키 판

편(篇) 제5편(제오 편)
기초 편/독일 편/소설 편/수필 편/지옥 편
[예외] 플라톤의 〈대화편〉

편(便) 교통편/배편/인편/차편
건너편/동(서/남/북)편/뒤편/맞은편/바른편/반대편
상대편/아래편/오른편/왼편/이(그/저)편/자기편

    → 기차 편/버스 편/비행기 편/선박 편
    편지를 동생 편으로 보내다.
    남자 편/동생 편/수비 편/아이 편/우리 편을 들다.

표(票)   극장표/기차표/배표/버스표/비행기표/열차표
      영화표/전차표/차표
      → 뮤지컬 표/연극 표

함(函)   골무함/보관함/보석함/사물함/투표함
      → 분리수거 함/소화전 함/열쇠 함

호(號)   9호 활자/101호 강의실/제3호/창간호
      → 제삼 호/3월 호/삼백 호 그림

■ 항상 띄어 써야 하는 말 열린책들

각(各) 각 권 / 각 나라 / 각 마을 / 각 지방 / 각 회사
　　　　→ 각부 / 각처

고(故) 고 ○○○ 선생의 유해 (관형사)

동(同) 한국대학교에 입학, 동 대학교를 졸업하다.

석상(席上) 공식 석상 / 연회 석상 / 회의 석상

순(純) 네 녀석은 순 몹쓸 놈이구나. (부사)
　　　　순 한국식 / 순 살코기 (관형사)

전(全) 전 국민 / 전 세계 / 전 50권

전(前) 전 부인 / 전 시대 / 전 회사 사장 / 전 학기
　　　　→ 전남편

제(諸) 제 문제 / 제 단체 / 제 비용

조각 떡 조각 / 병 조각 / 유리 조각 / 콩 조각 / 편지 조각
　　　　→ 종잇조각

향(香) 딸기 향 / 레몬 향 / 바나나 향 / 박하 향 / 장미 향
　　　　커피 향 / 허브 향

현(現) 현 교장 / 현 교육 제도 / 현 정권

제2절 의존 명사, 단위를 나타내는 명사 및 열거하는 말 등

1 한글 맞춤법 제42항 의존 명사는 띄어 쓴다.

아는 것이 힘이다.   먹을 만큼 먹어라.
네가 뜻한 바를 알겠다.   나도 할 수 있다.
아는 이를 만났다.   그가 떠난 지가 오래다.

열린책들

마음먹은 김에 공부해라.   두말할 나위도 없다.
본 대로 말하다.   일할 데부터 고르자.
지각 때문에 혼나다.   슬플 따름이다.
그렇게 말할 리가 없다.   그럴 만도 하다.
비가 오기에 망정이지.   돈만 냈을 뿐이다.
술을 마실 줄을 모르다.   신을 신은 채로 들어오다.

2 한글 맞춤법 제43항 단위를 나타내는 명사는 띄어 쓴다.

한 개   차 한 대   금 서 돈
소 한 마리   옷 한 벌   열 살
조기 한 손   연필 한 자루   버선 한 죽
집 한 채   신 두 켤레   북어 한 쾌

다만, 순서를 나타내는 경우나 숫자와 어울리어 쓰이는 경우에는 붙여 쓸 수 있다.

두시 삼십분 오초   제일과   삼학년
육층   1446년 10월 9일   2대대
16동 502호   제1실습실   80원
10개   7미터

3 한글 맞춤법 제44항 수를 적을 적에는 〈만(萬)〉 단위로 띄어 쓴다.

십이억 삼천사백오십육만 칠천팔백구십팔
12억 3456만 7898

4 열린책들의 〈숫자와 수를 나타내는 말〉 표기법
1) 숫자와 단위는 붙여 쓴다.
3m/25kg/90%/30$/북위 38°/1221년 5월 4일
mm/cm/m/g/kg/%/ml 등은 가능하면 〈밀리미터/센티미터/미터/그램/킬로그램/퍼센트/밀리리터〉와 같은 우리말로 적는다.

2) 수를 우리말로 적거나 숫자와 병용할 경우에는 단위 사이를 띄어 쓴다.

수천만 원 / 몇십 달러 / 수십 킬로미터 / 십수 년 / 이십수 년 / 몇십 년

15만 명 / 3만 톤 / 8백여만 명

→ 〈몇〉이 의문의 뜻을 나타내어 미지의 구체적 수를 가리키는 경우는 띄어 쓴다.

그러나 〈몇〉이 의문의 뜻을 갖지 않고 막연한 수를 나타낼 때는 붙여 쓴다.

십 몇 대 일로 졌지? / 몇 억이나 받았냐?

돼지가 십몇 마리나 된다 / 재산을 몇억쯤 모았다.

3) 기수사든 서수사든 아라비아 숫자로 표기하는 것을 원칙으로 한다.

3년 / 3세 / 30분 / 제3부 / 제3장 / 3막 4장 / 2차 방정식 / 3킬로미터 / 35세

4) 수를 나타내는 우리말 관형사는 아라비아 숫자로 바꾸지 않는 것을 원칙으로 하되, 출판물의 성격에 따라 아라비아 숫자도 허용한다.

열 살 / 여든두 살 / 두 시간 / 스물네 시간(단, 24시 편의점) / 세 가지

영화 세 편 / 세 개 / 세 달(석 달) / 세 권 / 종이 세 장 / 세 곳

5) 100 단위로 넘어갈 경우의 숫자 표기

1백 일(경우에 따라 1 생략 가능) / 103권 / 520명 / 212개 / 3천 일

1천5백 부 / 2,350채 / 3만 5천 장

2,245,007,500원 → 22억 4천5백만 7천5백 원 → 22억 4500만 7500원

[주의] 실제 자릿점이 찍히는 위치와 다르므로 〈22억 4,500만 7,500원〉으로 자릿점을 찍지 않도록 한다.

6) 시간을 표기할 때는 우리말 관형사로 읽히더라도 아라비아 숫자로 쓴다.

우리는 3시에 만나기로 약속했다.

출근 시간이 8시 15분에서 8시 30분으로 늦추어졌다.

7) 연도 및 연대 표기

① 연도를 표기할 때는 반드시 네 자리를 모두 아라비아 숫자로 쓴다(자릿점 넣지 않음).

서기 2000년 1월 20일(〈2천 년〉이라 하지 않음) / 1900년 / 2005년

② 생몰년, 연대 등을 표기할 때 괄호 속에는 〈년〉 자를 넣지 않으며 본문에서는 되도록 〈에서(부터)/까지〉 등의 말로 풀어쓴다.

이인직(1862~1916)의 『혈의 누』(1906)는 최초의 신소설이다.

제1차 세계 대전은 1914년부터 1918년까지 벌어진 세계 규모의 전쟁이다.

르네상스는 14세기에서 16세기에 일어난 문화 혁신 운동이다.

③ 우리나라 역사상 국왕의 묘호, 연호로서 연대를 표기할 경우에는 서기 연대를 아라비아 숫자로 먼저 표기한 뒤 괄호 속에 넣는다.

1506년(연산군 12년)

위의 표기가 거듭될 경우에는 어느 하나를 생략할 수 있다.

④ 일본 책에서 언급되는 연호는 서기로 고쳐 쓴다.

쇼와(昭和) + 1925:

쇼와(소화) 1년은 1926년이므로 쇼와 2년은 1927년

레이와(슈和) + 2018년:

레이와(영화) 1년은 2019년 5월 1일 시작되므로 레이와 2년은 2020년

8) 기간을 나타낼 경우의 표기

30년 전 / 3백 년 전 / 4억 5천6백만 년 전

아소카 왕은 2천3백 년 전에 살았다.

9) 기원전(B.C.)과 기원후(A.D.) 표기 방법

① 괄호 속에는 〈B.C./A.D.〉를 쓰고 그 외에는 〈기원전/기원후〉를 쓴다.

② 기원전(B.C.)은 반복된다 하더라도 생략할 수 없다.

소크라테스(B.C. 470?~B.C. 399)는 고대 그리스 철학자다.

펠로폰네소스 전쟁은 기원전 431년에서 기원전 404년까지 아테네와 스파르타가 싸운 전쟁이다.

[참고] 외국 저작물에서는 〈13~7 B.C.〉라고 쓰기도 한다.

③ 기원후(A.D.)는 일반적으로 표기하지 않는다.

〈기원전 13~7〉 혹은 〈B.C. 13~7〉은 〈기원전 13년에서 기원후 7년〉을 말한다.

④ 단, 언급되는 시기가 기원년을 전후로 하는 것이면 오해의 소지를 없애기 위해서 두 가지 모두 밝히도록 한다.

기원전 2세기에서 기원후 1세기(B.C. 2~A.D. 1세기)

기원전 3000년에서 기원후 2000년(B.C. 3000~A.D. 2000)

10) 같은 단위가 수반되는 두 수는 물결표로 잇고 단위는 하나로 줄여 쓸 수 있다.

7~21센티미터 / 1백~7백 그램 / 4~6개월

8월 10~15일 / 10~20일 소요 / 3~5(개)년 후

→ 〈6, 70미터〉라고 표기할 경우에는 오해의 소지가 있기 때문에 〈60, 70미터〉라고 써야 하는데, 더 좋은 방법은 〈60~70미터〉로 쓰는 것이다. 그러나 〈60미터〉와 〈70미터〉만을 각각 의미하는 경우에는 〈60, 70미터〉라고 쓴다.

11) 페이지의 표기

pp. 23~33, 104~105, 129~130

→ pp. 122~230이나 pp 122~3이라고도 할 수 있으나 이 방식은 피한다. 다만 외국의 저작물에서는 〈pp. 67~9, 101~2, 124~5, 129~30, 1987~8, 1987~88〉 등으로 표기하므로, 찾아보기를 편집할 경우에는 사용해도 괜찮은 방법이다. 단, 한 출판사 내에서는 표기 방법을 통일하는 것이 좋다.

12) 다음의 경우는 미터법으로 바꾼다.

① 평/평방(입방)은 제곱미터/제곱(세제곱)으로 바꾼다.

② 〈인치/피트/마일〉도 가능하면 〈센티/미터/킬로미터〉로 바꾼다.

→ 〈1~2마일〉의 경우에 환산하면 1.6~3.2킬로미터이나, 문맥상 가까운 거리를 막연히 나타낼 경우에는 2~3킬로미터 등으로 표현한다. 단, 문학 작품 등에 서는 예외를 허용한다.

13) 다음 단어들에서 수는 우리말로 표기하며, 수와 단위를 가리키는 말이 이어지더라도 서로 띄어 쓰지 않는다.

① 인명/지명의 경우

박칠성 / 삼송리 / 오륙도 / 황오복

② 한자 숙어나 고사성어의 경우

구척장신 / 권불십년 / 사시장철 / 삼십육계 / 삼척동자 / 십시일반

십중팔구 / 음양오행

③ 한글로 표기하는 것이 관례로 되어 있는 경우

백날 / 사계절 / 사촌 / 삼년상 / 삼백예순날 / 삼짇날

삼천리금수강산(=금수강산) / 삼촌 / 이중생활 / 이층집 / 일부분 / 일생

제삼자 / 천석꾼 / 칠교놀이

동북 삼성(三省) / 사촌 형제 / 화엄사 사사자 삼층 석탑

→ 십 리도 못 가서 발병 난다. / 칠십 평생

[예외] 조선 8도 / 관동 8경 / 3도 수군통제사 / 3대첩 / 5박 6일

5 한글 맞춤법 제45항 두 말을 이어 주거나 열거할 적에 쓰이는 다음 의 말들은 띄어 쓴다.

국장 겸 과장	열 내지 스물	청군 대 백군
책상, 걸상 등이 있다.	이사장 및 이사들	사과, 배, 귤 등등
사과, 배 등속	부산, 광주 등지	

6 한글 맞춤법 제46항 단음절로 된 단어가 연이어 나타날 적에는 붙 여 쓸 수 있다.

좀더 큰것	이말 저말	한잎 두잎

(열린책들) 에서는 모두 띄어 쓴다.

7 의존 명사는 앞말과 띄어 쓰되, 다음과 같이 합성어가 된 경우에 는 붙여 쓴다.

이것 / 그것 / 저것 / 요것 / 고것 / 조것 / 아무것

날것 / 들것 / 별것 / 생것 / 탈것〔車〕

옛것 / 헛것 / 어린것 / 젊은것
→ 눈먼 것/늙은 것/마실 것/먹을 것/산 것/온갖 것

이이 / 그이 / 저이 / 그녀
늙은이 / 젊은이 / 어린이 / 못난이 / 지은이
→ 단, 앞에 꾸미는 말이나 목적어가 오는 경우에는 의미에 따라 〈이〉를 앞말과
　띄어 쓴다.
　① 훈민정음의 지은이는 세종 대왕이다.
　　 훈민정음을 지은 이는 세종 대왕이다.
　② 늙은이는 움직임이 둔하다.
　　 몹시 늙은 이는 눈도 어둡다.

이자 / 그자 / 저자
이놈 / 그놈 / 저놈 // 이년 / 그년 / 저년 // 아들놈 / 딸년
이분 / 그분 / 저분 // 여러분
[비교] 노인들도 여러 분이나 참석했다.

이곳 / 그곳 / 저곳
→ 요 곳(=요쪽)/고 곳/조 곳

이쪽 / 그쪽 / 저쪽 // 동쪽 / 서쪽 / 남쪽 / 북쪽 // 위쪽 / 아래쪽
앞쪽 / 뒤쪽 // 양쪽 / 한쪽 / 반대쪽 // 겉쪽 / 안쪽 // 오른쪽 / 왼쪽

이번 / 저번 / 요번 // 먼젓번 / 지난번 // 이전번 / 그전번 / 요전번

이즈음 / 그즈음 / 요즈음
이쯤 / 그쯤 / 저쯤

이편 / 그편 / 저편 // 오른편 / 왼편 // 건너편 / 맞은편
자기편 / 상대편 / 양편
→ 우리 편

8 붙여 써서 이해하기 어렵거나 의존 명사로 인정되는 것은 띄어
쓴다.
간(間)　　① 기간을 나타내는 명사 뒤에는 접사로서 붙여 쓴다.
　　　　　사흘간/30일간/수십 년간/10여 년간/한 달간
　　　　　② 거리나 관계를 나타내는 말 뒤에는 의존 명사로서 띄어 쓴다.
　　　　　-고 간에/-거나 간에/-든지 간에
　　　　　→ 부지불식간/비몽사몽간
말(末)/초(初) 19세기 말/1980년 초

중(中)　　〈그중 / 무심중 / 은연중 / 안중 / 병중 / 부지불식중〉 등 국어
　　　　　사전에 등재된 것 외에는 띄어 쓴다.
　　　　　① 여럿의 가운데
　　　　　그들 중에 / 영웅 중의 영웅
　　　　　단행본 출판사들 중 20개 사의 대표가 모였다.
　　　　　② 무엇을 하는 동안, 어떤 상태에 있는 동안, 어떤 시간의 한계 내
　　　　　근무 중 / 수업 중 / 작업 중 / 회의 중 / 식사 중
　　　　　일하던 중에
　　　　　임신 중 / 수감 중 / 재직 중 / 출장 중
　　　　　오늘내일 중 / 오전 중으로 숙제를 해야 한다.
　　　　　③ 안이나 속
　　　　　공기 중에 떠다니는 먼지
　　　　　→ 산중(山中) / 수중(水中)

9 〈뿐 / 만큼〉이 체언 뒤에 오면 조사이므로 붙여 쓰고, 용언 뒤에
오면 의존 명사이므로 띄어 쓴다.

이것뿐이다 // 그만큼

~할 뿐 // ~할 만큼

→ 〈만큼〉은 어미 〈-ㄴ / -ㄹ〉, 〈-은 / -는 / -을 / -던〉 뒤에서 띄어 쓴다.
　　그녀가 좋은 만큼 그녀의 부모님도 존경한다.
→ 〈-(으)니만큼 / -(으)리만큼〉은 어미로서 앞에 오는 말에 항상 붙여 쓴다.
　　더는 견딜 수 없으리만큼 아팠다.
　　역이 가까우니만큼 일찍 나가지 않아도 된다.

10 〈들〉이 복수를 의미하는 접미사일 때는 붙여 쓰고, 어떤 명사를
나열한 뒤에 〈등, 따위〉의 의미로 오면 의존 명사이므로 띄어 쓴다.
① 우리들 / 화가와 작가들
② 감, 배, 포도 들은 과일이다.
식탁 위에 놓인 꽃병, 신문, 재떨이 들을 치우다.
[비교] 등(等) / 따위

11 〈걸(요) / 걸세 / 거야 / 게요〉의 띄어쓰기
걸　　　　① 종결 어미 〈-ㄴ걸(요) / -ㄹ걸(요)〉로 붙여 쓰는 경우
　　　　　이곳은 그의 고향인걸. / 그는 이미 간걸요.
　　　　　아마 오늘 올걸요. / 아, 그렇게 할걸!
　　　　　② 띄어 쓰는 경우
　　　　　네가 배우인 걸(것을) 몰랐어. / 그는 어디에서 온 걸까(것일까)?

걸세 〈거(거〈것〉의 구어체)+−ㄹ세〉로 앞의 말과 항상 띄어 쓴다.

그 아이는 기어이 합격하고 말 걸세.

저런 것이라도 다 먹을 걸세.

거야 〈−ㄴ 거야〉, 〈−ㄹ 거야〉는 관형사형 어미 〈−ㄴ(ㄹ)〉 다음에 의존 명사 〈것〉의 구어적인 표현 〈거〉에 어미 〈−야〉가 붙은 구 구성이 므로 띄어 쓴다.

얼마나 바쁜 거야?/이제 막 잠든 거야.

올봄에 결혼할 거야./이 모자를 쓰면 예쁠 거야.

게요 〈−ㄹ게요〉는 어떤 행동을 할 것을 약속하는 뜻을 나타내는 종결 어미 〈−ㄹ게〉에 보조사 〈요〉가 결합한 말로 항상 붙여 쓴다.

빨리 다녀올게요./다시 일하러 갈게(요).

제3절 조사와 어미

조사(助詞)는 체언이나 부사, 어미 따위에 붙어 그 말과 다른 말과 의 문법적 관계를 표시하거나 그 말의 뜻을 도와주는 품사를 말한 다. 크게 격 조사, 접속 조사, 보조사로 나눈다.

1 한글 맞춤법 제41항 조사는 그 앞말에 붙여 쓴다.

꽃이	꽃마저	꽃밖에	꽃에서부터	꽃으로만
꽃이나마	꽃이다	꽃입니다	꽃처럼	어디까지나
거기도	멀리는	웃고만		

[참고]

① 격 조사

그가 오늘도 나를 데리러 왔다. (주격 조사)

그것이 인생이다. (서술격 조사)

아버지는 농장을 파셨다. (목적격 조사)

철수는 훌륭한 사람이 될 것이다. (보격 조사)

나의 집은 이층집이다. (관형격 조사)

영수는 학교에서 돌아왔다. (부사격 조사)

철수야, 놀러 가자. (호격 조사)

② 접속 조사

와/과/하고/(이)며/(이)랑

③ 보조사

도/는/만/부터/까지/조차/마다/(이)나/(이)든지/(이)라도

마저/(이)나마

2 체언이나 부사 또는 조사 뒤에 붙는 조사 및 어미는 앞의 말에 붙여 쓴다.

1) 조사

예쁩니다그려 / 황소같이 / 서울까지 / 선생님께서 / 꿈엔들(ㄴ들)

말인즉슨(ㄴ즉슨) / 먹기는커녕(ㄴ커녕) / 그나마라도 주어라. / 멋대로 하다.

나더러 하란다. / 꽉도 / 배추든지 무든지 / 너라야만 / 사람마다

네 말마따나 / 그것마저 / 아이만 못하다. / 할 수밖에 / 너보고 하래.

아이부터 / 너야말로 / 형님에게서 / 부산에서부터 / 방에설랑 뛰지 마라.

태풍으로 / 이것이나 그것이나 / 이것이나마 / 임이시여 / 남북통일이야말로

너조차 / 돼지처럼 / 사람치고 / 친구한테 주다.

2) 어미

－ㄴ단다   내일 온단다.

－ㄴ들   아무리 눈이 많이 온들 기차까지 멈출까?

－ㄴ즉   설명한즉 이렇다.

－ㄹ런고   얼마나 걸릴런고.

－ㄹ밖에   그가 오지 않으니 내가 갈밖에 없다.

－ㄹ뿐더러   그녀는 아름다울뿐더러 마음씨도 곱다.

－ㄹ지언정   그는 놀기는 할지언정 제 할 일은 한다.

－리만큼   걷지도 못하리만큼 피곤했다.

3 쓰이는 경우에 따라 품사가 달라지는 것들

같이   바람같이 사라졌다. (조사)

          동생과 같이 집안일을 도왔다. (부사)

          실전과 같이 연습하자. (부사)

          [참고] 같이하다. (동사)

              우리 부부는 한평생을 같이할 것이다.

대로   그림이든 피아노든 마음대로 배워라. (조사)

          그가 말한 대로 행동하다. (의존 명사)

데   비가 오는데 갈 거니? (어미)

          공부하는 데 필요한 참고서다. (의존 명사)

듯   밥을 먹듯 / 죽을 먹듯이 약도 먹어라. (어미)

          대학생인 듯이 하고 다닌다. (의존 명사)

          → 〈달려들다〉처럼 어간이 〈ㄹ〉로 끝나는 단어에 〈듯(이)〉가
             붙을 때 띄어쓰기에 주의한다. 다음의 〈비 오다〉에 대입시
             켜 활용하면 용이하다.

땀이 비 오듯 하다.// 두려움이 파도가 달려들듯 했다.

하늘을 보니 비 올 듯하다.// 거친 숨소리로 보아 개가 곧 달려들 듯했다.

바람이 불듯 눈이 날린다.// 곧 바람이 불 듯했다.

만	아무려면 내가 너만 못하겠니. (조사)
	떠난 지 닷새 만에 소식이 왔다. (의존 명사)
	[주의] 너무 피곤하여 한 시간만 일했다. (조사)

만큼	나도 너만큼 키가 크다. (조사)
	일한 만큼 성과를 올리다. (의존 명사)

말고	그럼, 먹고말고(-고말고). (어미)
	너 말고 네 동생을 찾더라. (동사)

망정	가난할망정(-ㄹ망정) 마음만은 부자다. (어미)
	일찍 나왔기에 망정이지 늦을 뻔했다. (의존 명사)

바	금강산에 가본바(-ㄴ바) 과연 절경이더군. (어미)
	너와 나의 생각하는 바가 같다. (의존 명사)

밖	용돈이 천 원밖에(밖에) 남지 않았다. (조사)
	대문 밖까지 나오다. (명사)
	합격자는 너 밖에도 여러 명이 있다. (명사)
	상상 밖으로 일이 커졌다. (명사)
	→ 아버지가 시키는데 할밖에(-ㄹ밖에). (어미)

뿐	연필뿐이다. (조사)
	먹을 뿐이다. (의존 명사)

지	이 사람이 누구인지(-ㄴ지) 아니? (어미)
	사귄 지 3년 만에 결혼했다. (의존 명사)

4 -냐/ -으냐/ -느냐

-냐　용언의 어간, 〈이다〉의 어간, 어미 〈-으시-, -었-, -겠-〉 뒤에
　　　붙는다. 주로 구어에서 모든 용언에 결합할 수 있다.
　　　어디 가냐?/ 예쁘냐?/ 그렇게 좋냐?/ 무엇이냐?

-으냐　〈ㄹ〉을 제외한 받침 있는 형용사 어간 뒤에 붙는다.
　　　좋으냐 싫으냐/ 높으냐 깊으냐?/ 괜찮으냐?

–느냐 　동사의 어간, 〈있다, 없다, 계시다〉의 어간, 어미 〈–으시–, –었–, –겠–〉 뒤에 붙는다.

주느냐/ 주시느냐/ 주었느냐/ 주겠느냐

있느냐/ 있었느냐/ 있겠느냐

없느냐/ 없었느냐/ 없겠느냐

계시느냐/ 계셨느냐/ 계시겠느냐

→ 〈않다〉가 보조 용언으로 쓰일 때 주의한다.

무섭지 않으냐?/ 아름답지 않으냐.

오지 않느냐?/ 먹지 않느냐?

5 〈–거라/ –너라, –아라/ –어라〉

–거라 　동사 어간 뒤에 붙는 종결 어미.

빨리 가거라./ 제발 돌아가거라./ 가만히 있거라.

빨리 먹거라.

–너라 　〈오다〉로 끝나는 동사 어간 뒤에만 붙는 종결 어미.

여기로 오너라./ 서둘러 돌아오너라. / 어서 나오너라.

–아라 　끝음절의 모음이 〈ㅏ, ㅗ〉인 동사와 형용사 어간 뒤에 붙는 종결 어미.

하지 마라./ 꼭꼭 밟아라./ 이 그림을 보아라./ 해야, 솟아라.

내 손을 잡아라./ 참, 달도 밝아라./ 아이, 좋아라.

–어라 　끝음절의 모음이 〈ㅏ, ㅗ〉가 아닌 동사와 형용사 어간 뒤에 붙는 종결 어미.

빨리 긁어라./ 빨래를 잘 개어라./ 제발 쓸어라. / 먹어라.

아이, 재미없어라./ 매우 보고 싶어라.

–라 　받침 없는 동사 어간, 〈ㄹ〉 받침인 동사 어간 또는 어미 〈–으시–, 모음 〈ㅏ, ㅓ, ㅕ, ㅐ, ㅔ〉로 끝나는 동사 어간 뒤에 붙는 종결 어미.

부지런히 일기를 쓰라./ 당당하게 굴라./ 책상과의 간격을 재라./ 둘이 손을 잡고 건너라./ 어머니가 물건을 전해 달라 하셨다.

6 〈–데/ –대〉의 구분

〈–데〉는 자신이 직접 경험한 사실을 나중에 보고하듯이 말할 때 쓰이는 말로 〈–더라〉와 같은 의미를 전달하는 데 비해, 〈–대〉는 남이 말한 내용을 간접적으로 전달할 때 쓰이는 종결 어미이다.

-데	그 애는 노래를 아주 잘 부르데.
	그 사람은 하나도 변하지 않았데.
-대	① 〈-다고 해〉의 뜻.
	그는 외국어 실력이 아주 좋대.
	철수는 이번 모임에 온대.
	② 어떤 사실을 주어진 것으로 치고 그 사실에 대한 의문을 나타
	내는 종결 어미(놀라거나 못마땅한 뜻이 담김).
	왜 이렇게 일이 많대? / 어쩜 이렇게 예쁘게 생겼대?

[비교] 아이가 울고 있데. (우는 사실을 직접 보고 말하는 것)

아이가 울고 있대. (우는 사실을 다른 사람에게 듣고 전달하는 것)

왜 이렇게 울고 있대? (놀라거나 못마땅함)

➔ 특히 주의!

부인이 말하길, 남편은 무사히 그 일을 마쳤다고 하데.

부장님은 거래처에 간다고 하셨대.

제4절 용언

1 다른 말에 기대어 쓰이면서 그 말에 문법적 의미를 더해 주는 용언을 보조 용언이라 하고 품사를 구별하여 보조 동사, 보조 형용사라고 한다.

한글 맞춤법 제47항   보조 용언은 띄어 씀을 원칙으로 하되, 경우에 따라 붙여 씀도 허용한다(ㄱ을 원칙으로 하고, ㄴ을 허용함).

ㄱ	ㄴ
불이 꺼져 간다.	불이 꺼져간다.
내 힘으로 막아 낸다.	내 힘으로 막아낸다.
어머니를 도와 드린다.	어머니를 도와드린다.
그릇을 깨뜨려 버렸다.	그릇을 깨뜨려버렸다.
비가 올 듯하다.	비가 올듯하다.
그 일은 할 만하다.	그 일은 할만하다.
일이 될 법하다.	일이 될법하다.
비가 올 성싶다.	비가 올성싶다.
잘 아는 척한다.	잘 아는척한다.

다만, 앞말에 조사가 붙거나 앞말이 합성 용언인 경우, 그리고 중간에 조사가 들어갈 적에는 그 뒤에 오는 보조 용언은 띄어 쓴다.

잘도 놀아만 나는구나!   책을 읽어도 보고…….

네가 덤벼들어 보아라.　　　이런 기회는 다시없을 듯하다.

그가 올 듯도 하다.　　　　　잘난 체를 한다.

① 띄어 씀을 원칙으로 하되, 한 글자로 된 본용언 뒤에 보조 용언이 따를 경우 붙여 쓴다.

해먹다/깨먹다

가버리다/써버리다/파버리다/해버리다

가보다/써보다/해보다

대주다/봐주다/써주다/쪄주다/해주다

② 단, 보조 용언 〈있다〉, 〈듯싶다〉, 〈듯하다〉, 〈만하다〉, 〈법하다〉, 〈성싶다(성부르다/성하다)〉, 〈척하다〉는 앞에 한 글자로 된 본용언 뒤에 오더라도 띄어 쓴다.

오늘 올 듯하다./그 사람이 할 법한 일이지.

③ 외자로 이루어졌더라도 본동사끼리 합쳐질 경우에는 띄어 써야 하므로 주의한다.

파 올리다/사 오다

→ 보조 용언으로 쓰이지 않는 단어가 있으므로 주의한다. 국어사전을 확인해 보면 보조 용언으로 쓰이는 용례를 확인할 수 있다.

〈쌓아 올리다〉에서 〈올리다〉는 보조 동사가 아니므로 띄어 써야 한다. 즉, 〈쌓아 올리다〉는 이중 동사이다.

④ 본용언 뒤에 보조 용언을 붙여 쓰는 것이 허용되는 것은 의존명사에 〈-하다〉, 〈-싶다〉가 붙어서 된 몇몇 경우를 제외하고는 〈-아/-어〉 뒤에 보조 용언이 연결될 때뿐이다. 그러므로 〈-까〉와 〈-나〉 뒤에 오는 보조 용언은 항상 띄어 써야 한다.

나중에 갈까 봐./사랑했었나 봐.

2 용언의 어미 〈-지〉 다음의 부정 보조 용언 〈아니하다, 못하다〉와, 질과 양의 우열을 나타내는 〈못하다〉는 붙여 쓰고, 그 외의 경우에는 띄어 쓴다. 그리고 어미 〈-지〉 다음의 〈아니하다, 못하다〉는 〈지〉 다음에 조사가 붙더라도 띄어 쓰지 아니한다.

① 먹지 못하다./곱지 못하다.

　동생만 못하다./이것보다 못하다.

　공부를 못한다. (성적이 나쁘다)/일을 못하다.

　곱지 아니하다./먹지 아니하다.

② 공부를 못 하다./일을 못 하다. (불이 나가서)/공부를 아니 하다.

③ 먹지를 못한다./곱지는 아니하다.

3 〈못〉과 〈아니(안)〉는 부사로 뒤의 말과 띄어 써야 하지만, 〈하다〉, 〈되다〉와 합성될 때에는 다음과 같이 품사가 달라져 붙여 쓰는 경우도 있으므로 주의한다.

아니(안) 부정, 반대의 뜻을 나타내는 부사.

아니 오다. / 아니 고프다.

안 보다. / 안 입다.

→ 〈아니하다(않다)〉와 〈안 하다〉

그는 밥을 먹지 아니했다. (보조 동사)

그 물은 깨끗하지 않았다. (보조 형용사)

꼼짝 안 하다 / 일을 안 해도 그만! (부사)

→ 〈안되다〉와 〈안 되다〉

섭섭하거나 가엾어 마음이 언짢거나, 근심이나 병 따위로 얼굴이 상해 보일 때에만 붙여 쓰고 그 외에는 모두 띄어 쓴다.

[주의] 〈흔글〉에서 붉은 줄이 가더라도 이 용법으로 쓰인 경우에는 붙여 쓴다.

부모님을 일찍 여읜 그 애는 참 안돼 보인다.

매우 안된 말이지만 하지 않으면 안 된다.

감기를 앓았다더니 얼굴빛이 안됐구나.

못 주로 동사 앞에 쓰여 부정의 뜻을 나타내는 부사.

밥을 못 먹다. / 잠을 통 못 자다. / 학교에서 집까지 4킬로미터가 못 되다.

못하다 ① 동사(일정한 수준에 못 미치거나 할 능력이 없음)

술을 못하다. / 공부를 못하다.

② 형용사(대상에 미치지 아니함/~못해도)

성적이 작년만 못하다. / 아무리 못해도 열 명은 넘어.

③ 보조 동사/보조 형용사

너무 추워서 치마를 입지 못하다. (보조 동사)

성격이 좋지 못하다. (보조 형용사)

기쁘다 못해 / 보다 못해 (보조 형용사) // 참다못해 (동사)

→ 〈못하다〉와 〈못 하다〉

① 그는 일을 못한다. (수준에 못 미친다. 〈잘한다〉의 반대 의미로 쓰임)

그는 일을 못 한다. (일의 실행 자체를 할 수 없음)

② 나는 청소를 못하였다. (청소를 지저분하게 함)

나는 청소를 못 하였다. (바빠서 하지 못함)

③ 부끄러워서 말을 못하다. (능력이 되지 않음)

말 못 할 사정 (상황 때문에 못 함)

[참고] 〈못〉은 주로 동사 앞에서 동사가 나타내는 동작을 할 수 없다거나 상태가 이루어지지 않았다는 부정의 뜻을 나타내는 부사이다. 그러므로 그러한 동작을 할 수 없거나 상태가 이루어지지 않았다는 것을 나타낼 때는 〈못 하다〉로 띄어 쓴다.

못 그리다. / 못 먹다. / 못 울다. / 못 참다.

[주의] 우리 회사는 청와대 못미처에 있다. (〈못미처〉는 명사)

4 〈잘하다/ 잘되다/ 못되다〉의 띄어쓰기

1) 〈잘하다〉는 다음과 같은 뜻일 경우에는 붙여 쓰고, 그 외에는 띄어 쓴다.

① 옳고 바르게 함.

평소 처신을 잘하다. / 잘하고 잘못했는지 시비를 가리다.

② 좋고 훌륭하게 함.

공부를 잘하다. / 생활을 잘하다. / 몸조리를 잘하다.

③ 익숙하고 능란하게 함.

농구를 잘하다. / 말을 잘하다. / 외국어를 잘하다. / 컴퓨터를 잘하다.

④ 버릇으로 자주 함.

울기를 잘하다. / 칭찬을 잘하다. / 거짓말을 잘하다.

⑤ 음식 따위를 즐겨 먹음.

술을 잘하다.

⑥ (반어적으로) 하는 짓이 못마땅함.

잘한다! 이제야 일어나다니.

⑦ 〈잘하면/잘해서/잘해야〉 꼴로 쓰임.

잘하면 세계 일주 하겠구나. / 잘하면 주먹까지 들겠구나.

이 정도 물건이라면 잘해서 5천 원이면 살 수 있다.

잘해야 열 마리나 잡을까 말까 해.

⑧ 친절히 성의껏 대함.

모두에게 잘하다.

2) 〈잘되다〉는 다음과 같은 뜻일 경우에는 붙여 쓰고, 그 외에는 띄어 쓴다.

① 일, 현상, 물건 따위가 썩 좋게 이루어짐.

농사가 잘되다. / 훈련이 잘되어 있다. / 관리가 잘되었다.

② 사람이 훌륭하게 됨.

자식들이 잘되기를 바라다.

③ 일정한 수준이나 정도에 이름.

잘되어야 두 명 합격이다.

④ (반어적으로) 결과가 좋지 아니하게 됨.

잘됐다며 약을 올리다.

3) 〈못되다〉는 다음과 같은 뜻일 경우에는 붙여 쓰고, 그 외에는 띄어 쓴다.
① 성질이나 품행 따위가 좋지 않음.
못된 성격 / 못되게 행동하다.
② 일이 뜻대로 되지 않은 상태에 있음.
그 일이 못된 것은 네 잘못이다.
→ 이 용법은 좀 헷갈리나 일에 연관시켜 기억해 두면 된다.
[비교] 이번 학기에 회장이 못 되었다. (되지 못하다)

5 동사 〈잘나다 / 잘생기다〉, 〈못나다 / 못생기다〉는 하나의 굳어진 말로 붙여 쓴다.

6 〈잘살다〉, 〈못살다〉의 띄어쓰기
1) 〈잘살다〉는 〈부유하다〉라는 의미일 때는 붙여 쓰고 그 밖에는 띄어 쓴다.
삼촌 댁은 읍에서도 잘사는 축이었다.
잘 먹고 잘 살다. / 결혼해서 잘 살고 있다.

2) 〈못살다〉는 〈가난하다〉라는 의미와 〈성가시게 하고 괴롭게 하다〉라는 의미로 쓰일 때만 붙여 쓴다.
그 동네에는 못사는 사람들뿐이야. / 동생을 왜 못살게 구니.
너하고 못 살겠어.

7 〈지다〉
1) 명사에 직접 붙어 용언을 만드는 접미사 〈-지다〉는 국어사전 등재 여부에 따라 띄어쓰기한다.
값지다 / 그늘지다 / 기름지다 / 등지다 / 멋지다 / 모지다 / 메지다
살지다 / 숨지다 / 얼룩지다 / 원수지다 / 주름지다 / 척지다
노을 지다 / 가뭄 지다 / 흉 지다

2) 부사형 어미 〈-아/-어/-와/-워〉 등에 붙어 피동을 나타내는 보조 동사 〈지다〉는 항상 앞말에 붙여 쓴다.
갈라지다 / 찢어지다 / 슬퍼지다 / 아름다워지다 / 하얘지다

8 〈~어하다〉와 〈~어 하다〉
1) 단어 구성에 곧바로 연결되는 경우와, 이 구성이 단순하게 부사의 수식을 받는 경우에는 붙여 쓴다.
기뻐하다 / 슬퍼하다 / 예뻐하다 / 좋아하다 / 즐거워하다 / 힘들어하다
궁금해하다 / 창피해하다 / 아주 기뻐하다. / 무척 좋아하다.
→ 일부 동사 뒤에서는 띄어 쓴다.

그때의 재미를 못 잊어 한다. / 가려움을 못 견뎌 하다.

2) 그러나 구 구성에 연결되는 경우에는 띄어 쓴다.

기분 나빠 하다. / 기분 좋아 하다. / 어쩔 줄 몰라 하다.

자고 싶어 하다. / 자신 있어 하다. / 마음에 들어 하다.

→ 〈[먹고 싶어] 하다, [자신 있어] 하다, [마음에 들어] 하다〉와 같은 구 구성이기 때문에 〈-어 하다〉를 띄어 쓰는 것이다.

→ 〈있어하다〉와 〈있어 하다〉

  〈재미있어하다〉처럼 〈있다〉를 붙여 쓰는 단어에서는 〈-어 + 하다〉도 붙여 쓰고, 〈자신 있어 하다〉처럼 〈있다〉를 띄어 쓰는 단어에서는 〈-어 하다〉도 띄어 쓴다.

9 〈다니다〉

1) 보조 동사 〈가다〉를 앞말에 붙여 쓰는 합성어에서 〈가다〉 대신 〈다니다〉가 붙는 것은 붙여 쓴다.

건너가다 / 건너다니다 // 굴러가다 / 굴러다니다 // 끌려가다 / 끌려다니다

기어가다 / 기어다니다 // 날아가다 / 날아다니다 // 돌아가다 / 돌아다니다

따라가다 / 따라다니다 // 떠가다 / 떠다니다 // 뛰어가다 / 뛰어다니다

몰려가다 / 몰려다니다 // 밀려가다 / 밀려다니다 // 지나가다 / 지나다니다

쫓아가다 / 쫓아다니다 // 찾아가다 / 찾아다니다

나다니다 / 떠돌아다니다 / 싸돌아다니다 / 쏘다니다

→ 〈걸어다니다〉는 사전에 등재되어 있지 않으나 열린책들 에서는 붙여 쓴다.

2) 〈다니다〉는 보조 동사가 아니므로 위의 용례 외에는 대부분 띄어 쓴다.

나돌아 다니다. / 넘어 다니다. / 붙어 다니다. / 옮겨 다니다.

3) 〈명사〉 뒤에 조사가 생략되더라도 〈다니다〉는 동사이므로 띄어 써야 한다.

도망(을) 다니다. / 낚시(를) 다니다. / 인사(를) 다니다. / 학교(에) 다니다.

10 〈드리다〉

1) 보조 동사(동사 뒤에서 〈-어 드리다〉 구성으로 쓰이는) 〈주다〉의 높임말은 띄어 쓴다.

파본을 바꾸어 드리다. / 선생님께 주소를 알려 드리다.

→ 보조 용언 〈-주다〉와 결합한 단어가 사전에 등재되어 있는 경우, 이에 대응하는 〈-드리다〉가 합성어로 등재되지 않더라도 앞말에 붙여 쓴다.

  도와드리다 / 빌려드리다 / 갖다드리다 / 돌려드리다

2) 〈공손한 행위〉의 뜻을 더하고 동사를 만드는 접미사 〈-드리다〉는 붙여 쓴다.

공양드리다 / 불공드리다

감사드리다 / 말씀드리다 / 인사드리다 / 전화드리다

11 한 부분이 자립성이 희박한 말에 붙어 굳어 버렸거나, 본동사와 어울려 한 개념, 한 상태, 한 동작을 나타내는 말들은 합성어로 보고 붙여 쓴다.

열린책들 국어사전에 등재되어 있는 바를 확인하거나, 반드시 붙여야 할 동사가 띄어 쓰여 있을 경우에 〈흔 글〉에서 붉은 줄이 가므로 바로잡을 수 있다. 수시로 외워 두면 좋다.

가다   걸어가다 / 굴러가다 / 기어가다 / 끌려가다 / 날아가다(날아들다)
내려가다 / 넘어가다 / 다녀가다 / 달려가다 / 돌아가다
되돌아가다 / 떠나가다 / 떠내려가다 / 뛰어가다 / 몰려가다
물러가다 / 살아가다(살아오다 / 살아남다)
옮아가다(옮아오다) / 지나가다 / 쫓아가다 / 찾아가다
쳐들어가다 / 흘러가다
→ 끌고 가다 / 끝나 가다 / 놀러 가다 / 불러 가다 / 보러 가다
옮겨 가다

나가다 / 나오다
뛰어나가다(뛰어나오다) / 뛰쳐나가다(뛰쳐나오다)
빠져나가다(빠져나오다)
→ 기어 나가다(나오다) / 끌려 나가다 / 달려 나가다 / 돌아 나가다
이어 나가다

나다   깨어나다 / 달아나다 / 되살아나다 / 뛰어나다 / 밀려나다
벗어나다 / 살아나다 / 생겨나다 / 솟아나다 / 쫓겨나다
헤어나다

내다   떠내다 / 빼내다 / 써내다 / 짜내다 / 쳐내다 / 캐내다
파내다 / 퍼내다
골라내다 / 긁어내다 / 꾀어내다 / 끄집어내다 / 끌어내다
담아내다 / 뒤져내다 / 뜯어내다 / 몰아내다 / 밀어내다
발라내다 / 불러내다 / 빚어내다 / 뽑아내다 / 뿜어내다
알아내다 / 옮아내다 / 자아내다 / 잡아내다 / 지어내다
집어내다 / 찾아내다 / 풀어내다
→ 견뎌 내다 / 그려 내다 / 길러 내다 / 꾸며 내다 / 닦아 내다
덜어 내다 / 떼어 내다 / 밀쳐 내다 / 받아 내다 / 뱉어 내다
살려 내다 / 쏟아 내다 / 씻어 내다 / 안아 내다 / 얻어 내다
이겨 내다 / 잘라 내다 / 찍어 내다 / 참아 내다 / 토해 내다
훑어 내다

내리다	깎아내리다 / 끌어내리다(직위 따위를 박탈하다) 녹아내리다 / 돌아내리다 / 뛰어내리다 / 쓸어내리다 오르내리다 / 흘러내리다 → 땋아 내리다 / 씻어 내리다 / 훑어 내리다
놓다	갈라놓다 / 내놓다 / 내려놓다 / 늘어놓다 들여놓다 / 올려놓다 / 터놓다 / 털어놓다 / 풀어놓다 → 가두어 놓다 / 걸어 놓다 / 그려 놓다 / 꾸며 놓다 / 끌러 놓다 　 달아 놓다 / 모아 놓다 / 이어 놓다
당기다	끌어당기다 / 앞당기다 / 잡아당기다 → 밀고 당기다
대다	끌어대다 / 둘러대다 / 몰아대다 / 비비대다 → 꾸며 대다 / 놀려 대다 / 불러 대다 / 쏘아 대다 / 울어 대다 　 웃어 대다 / 졸라 대다 / 쪼아 대다
두다	놓아두다 / 일러두다 → 내어 두다 / 묶어 두다 / 벗어 두다 / 세워 두다 / 숨겨 두다
들다	기어들다 / 날아들다 / 녹아들다 / 달려들다 / 덤벼들다 뛰어들다 / 말려들다 / 모여들다 / 몰려들다 / 배어들다 스며들다 / 접어들다 / 줄어들다 / 찾아들다(관광객이) 치켜들다 / 파고들다 / 흘러들다 → 꺼내 들다 / 꺾어 들다 / 놀리려 들다 / 담아 들다 / 받쳐 들다 　 뽑아 들다
들이다	거두어들이다 / 끌어들이다 / 맞아들이다 / 받아들이다 불러들이다 / 빨아들이다 / 사들이다 → 날라 들이다 / 베어 들이다
맞다	들어맞다 / 얻어맞다 궁상맞다 / 능글맞다 / 능청맞다 / 도둑맞다 / 들어맞다 밉살맞다 / 방정맞다 / 변덕맞다 / 빙충맞다 / 쌀쌀맞다 소박맞다 / 앙증맞다 / 야단맞다 / 어긋맞다 / 얻어맞다 익살맞다 / 청승맞다 / 퇴박맞다 → 두들겨 맞다 　 눈 맞다 / 뜻 맞다 / 매 맞다 / 비 맞다 / 뺨 맞다 　 손님 맞다([주의] 손님맞이) / 주사 맞다
매다	동여매다 / 얽어매다 / 옭아매다 / 잡아매다 / 졸라매다 홀쳐매다 → 감아 매다 / 눌러 매다 / 붙들어 매다

먹다	(관용적으로 쓸 때만 붙여 쓰는 경우가 많으므로 주의!)

갈아먹다(＝농사짓다) / 갉아먹다 / 고쳐먹다
놀아먹다(방탕) / 돼먹다 / 떠먹다 / 떼어먹다(횡령)
뜯어먹다(강탈) / 말아먹다(모두 날림) / 받아먹다
배라먹다 / 빌어먹다 / 빨아먹다 / 우려먹다
잘라먹다(장사 밑천을) / 집어먹다(＝가로채다, 겁을)
파먹다 / 팔아먹다 / 퍼먹다(마구 먹다)
겁먹다 / 귀먹다 / 마음먹다
물먹다(물먹은 솜 / 시험에서 물먹다) / 좀먹다
→ 가려 먹다 / 골라 먹다 / 구워 먹다 / 덜어 먹다 / 등쳐 먹다
(물에) 말아 먹다 / 미역국 먹다 / 부려 먹다 / 후려 먹다 / 훔쳐 먹다
아침(점심 / 저녁) 먹다 / 젖 먹다 / 큰맘 먹다

모으다	긁어모으다 / 끌어모으다

→ 불러 모으다 / 쓸어 모으다 / 주워 모으다

버리다	내버리다 / 쓸어버리다 / 잃어버리다 / 잊어버리다 / 저버리다 / 흘려버리다

→ 위의 단어 외에는 모두 띄어 쓴다

보내다	내려보내다 / 내보내다 / 돌려보내다 / 들여보내다 / 떠나보내다 시집보내다 / 장가보내다 / 흘려보내다

→ 날려 보내다 / 놓아 보내다 / 되돌려 보내다 / 들려 보내다
딸려 보내다 / 올려 보내다
귀양 보내다 / 답장 보내다

보다	거들떠보다 / 건너다보다 / 굽어보다 / 내다보다 / 내려다보다 노려보다 / 대보다 / 돌아다보다 / 돌아보다 / 둘러보다 떠보다(마음을) / 뜯어보다 / 몰라보다 / 물어보다 / 바라보다 살펴보다 / 쏘아보다 / 알아보다 / 올려다보다 / 우러러보다 지켜보다 / 쳐다보다 / 찾아보다 / 칩떠보다 / 훑어보다 훔쳐보다 / 휘돌아보다 / 휘둘러보다 / 흘겨보다 교정보다 / 대변보다(＝뒤보다) / 맛보다 / 망보다 / 선보다 손보다 / 흉보다

→ 돌이켜 보다 / 두고 보다 / 먹어 보다 / 지나쳐 보다
짚어 보다 / 치떠 보다 / 홉떠 보다
관상 보다 / 손해 보다 / 시험 보다 / 영화 보다 / 장 보다 / 집 보다
처음 보다 / 피해 보다

붙다	다가붙다 / 달라붙다 / 말라붙다 / 얼어붙다 / 옮겨붙다 불붙다

　　　　　　→ 엉겨 붙다/오그라 붙다
　　　　　　　옴 붙다

붙이다　　걸어붙이다/밀어붙이다/쏘아붙이다
　　　　　　→ 갖다 붙이다/뒤집어 붙이다/뜯어 붙이다
　　　　　　　오려 붙이다

서다　　　곧추서다/기대서다/내려서다/넘어서다/늘어서다
　　　　　　다가서다/돌아서다/둘러서다/따라서다/막아서다
　　　　　　물러서다/비켜서다/올라서다/일어서다
　　　　　　앞서다/앞장서다
　　　　　　→ 멈추어 서다
　　　　　　　마주 서다/줄 서다/오뚝 서다/핏발 서다

싸다　　　감싸다/둘러싸다/에워싸다
　　　　　　→ 감아 싸다/뭉쳐 싸다
　　　　　　　오줌 싸다

쓰다　　　내려쓰다/눌러쓰다/덮어쓰다/둘러쓰다/뒤집어쓰다
　　　　　　받아쓰다
　　　　　　무릅쓰다/애쓰다/힘쓰다
　　　　　　→ 고쳐 쓰다/골라 쓰다/글 쓰다([주의] 글쓰기)/꾸며 쓰다
　　　　　　　띄어 쓰다([주의] 띄어쓰기)/붙여 쓰다/빌려 쓰다/찾아 쓰다
　　　　　　　흘려 쓰다
　　　　　　　모자 쓰다/묘 쓰다/바가지 쓰다/신경 쓰다/안경 쓰다
　　　　　　　약 쓰다/편지 쓰다

앉다　　　가라앉다/걸터앉다/곧추앉다/기대앉다/꿇어앉다
　　　　　　내려앉다/눌러앉다/다가앉다/돌아앉다/둘러앉다
　　　　　　들어앉다/올라앉다
　　　　　　→ 기대어 앉다/끼여 앉다/뒤돌아 앉다/비켜 앉다
　　　　　　　쪼그려 앉다/마주 앉다/무릎 앉다

오다　　　가져오다/걸어오다/기어오다/끌려오다/끌어오다
　　　　　　날아오다/내려오다/넘어오다/다가오다/다녀오다
　　　　　　닥쳐오다/달려오다/데려오다/돌아오다/되돌아오다
　　　　　　뒤따라오다/들어오다/따라오다/떠나오다/떠내려가다
　　　　　　떠내려오다/뛰어오다/몰려오다/몰아오다/밀려오다
　　　　　　보내오다/불러오다/살아오다/올라오다/옮아오다
　　　　　　쫓아오다/찾아오다/쳐들어오다/흘러오다
　　　　　　시집오다/장가오다

> → 갔다 오다/거쳐 오다/걸려 오다/(물건을) 날라 오다
> 놀러 오다/되가져 오다/뒤쫓아 오다/밝아 오다/벌어 오다
> 불려 오다/실어 오다/옮겨 오다/즐겨 오다/지내 오다
> 지켜 오다
> 구경 오다/눈 오다/비 오다/이사 오다
> [비교] 방으로 빛이 들어오다./사무실로 들어오다.
> 　　　 이야기를 들어 오다.

오르다　　기어오르다/날아오르다/달아오르다/떠오르다
　　　　 뛰어오르다/벅차오르다/부어오르다/불타오르다
　　　　 솟아오르다/차오르다/타오르다/피어오르다
　　　　 물오르다/옻오르다

> → 거슬러 오르다/복받쳐 오르다/부풀어 오르다/솟구쳐 오르다
> 치밀어 오르다/치솟아 오르다/튀어 오르다
> 옴 오르다

올리다　　끌어올리다(높은 지위로)/떠올리다/빨아올리다
　　　　 추어올리다/추켜올리다

> → 건져 올리다/길어 올리다/들어 올리다/말아 올리다
> 받아 올리다/부추겨 올리다/쌓아 올리다/쏘아 올리다
> 잡아 올리다/틀어 올리다/파 올리다/퍼 올리다

잡다　　　따라잡다/때려잡다/바로잡다/부여잡다/움켜잡다
　　　　 후려잡다/휘어잡다
　　　　 손잡다/어림잡다/주름잡다(자기 하고 싶은 대로 처리함)
　　　　 줄잡다(헤아려 봄)

> → 감싸 잡다
> 고기 잡다/균형 잡다/마주 잡다/사람 잡다/손목 잡다
> 자리 잡다/저당 잡다/주름 잡다(옷)/터 잡다/트집 잡다

주다　　　가져다주다/건네주다/내주다/넘겨주다
　　　　 놓아주다(놔주다)/도와주다/돌려주다/(이야기를) 들려주다
　　　　 (부탁을) 들어주다/몰라주다/물려주다/바래다주다
　　　　 보아주다(봐주다)/알아주다/쳐주다/추어주다
　　　　 벌주다/힘주다

> → 위의 동사들 외에는 거의 띄어 쓴다.
> 가려 주다/갖다 주다/골라 주다/내려 주다/내어 주다
> 눈감아 주다/돌봐 주다/맡아 주다/받아 주다/벌려 주다
> 알려 주다/일러 주다/찾아 주다/풀어 주다

거저 주다/남 주다/병 주고 약 주고

치우다   집어치우다/해치우다
            → 갈아 치우다/먹어 치우다

12 위 항의 말들을 붙여 쓴다 하더라도 그중 뜻이 달리 쓰이는 경우
의 다음 말들은 띄어 쓴다.
덮어 놓고(보자기를 덮어서 놓고)
들어 오다(들어서 가지고 오다)
들어 주다(물건을 들어 주다)
떠 보다(물을 떠서 보다)
찾아 들다(물건을 찾아서 들다)

13 〈달려들어가다〉, 〈파고들어가다〉 등의 이중 동사 띄어쓰기
달려들어 가다   사나운 기세로 무섭게 다가드는 행위의 계속.
                   개가 사납게 달려들어 갔다.
달려 들어가다   들어가는 방법이 달리는 행위일 경우.
                   집 안으로 달려 들어갔다.
→ 〈달려들어 가다/뛰어들어 가다〉의 경우, 〈흔글〉에서는 붉은 줄이 가나, 틀린
것이 아니므로 주의한다.

파고들어 가다   파고드는 행위가 계속 진행되는 상황.
파고 들어가다   무엇을 파고 거기에 들어가는 상황.
→ 문맥에 따라 적절하게 띄어 쓰면 되는데 〈파고들어 가다〉가 적당한 경우가
대부분이다.

〈녹아들어가다/녹아들어오다, 돌아들어가다/돌아들어오다, 뛰어내
려가다/뛰어내려오다, 뛰어넘어가다/뛰어넘어오다, 뛰어돌아가
다/뛰어돌아오다, 뛰어들어가다/뛰어들어오다, 빠져들어가다/빠
져들어오다, 흘러들어가다/흘러들어오다〉 등도 위와 같은 방식으로
문맥에 따라 띄어 쓰면 된다.

14 합성 동사라 하더라도, 두 단어로 나뉘어 앞 단어에 조사가 붙으
면 보조 동사를 띄어 쓴다.
데려오다// 데려만 오다
따라오다// 따라서 오다
들어가다// 들어들 가다

15 보조 형용사 〈직하다〉와 접미사 〈-ㅁ/음직하-〉의 띄어쓰기

-ㅁ/음직하-   동사 어간 뒤에 붙어, 〈그렇게 할 만한 가치가 있음〉을
          뜻하는 접미사.
          ① 보기 좋은 떡이 먹음직하다.
             씩씩한 군인은 언제 보아도 믿음직하다.
직하다   용언이나 〈이다〉 뒤에서 〈-ㅁ/음 직하다〉로 쓰여, 앞
          내용이 발생할 가능성이 많음을 나타낸다.
          ② 배고픈 사람이 많이 먹(었)음 직하다.
             그는 나이가 꽤 먹음 직한데?
             믿(었)음 직한데 속지 않는다.

→ 띄어쓰기 구분 방법
  〈-직스럽다〉로 바꾸어 의미가 통한다면 접미사이므로 붙여 쓰고, 그렇지
  않다면 보조 형용사이므로 띄어 쓴다. 즉, ①에서 〈보기 좋은 떡이 먹음직스
  럽다〉로 바꾸어도 의미가 통하므로 붙여 쓰고, ②에서 〈배고픈 사람이 많이
  먹음직스럽다〉로 바꾸면 의미가 통하지 않으므로 띄어 쓰는 것이다.
  접미사 〈-ㅁ직하-〉 앞에는 어미 〈-었-/-겠-〉 등과 같은 어미가 붙을 수
  없지만, 보조 형용사 〈직하다〉 앞에는 붙는다. 즉, ①은 〈보기 좋은 떡이 먹
  었음직하다〉라고 하면 의미가 통하지 않지만, ②〈먹었음 직하다〉, 〈믿었음
  직한데〉 해도 뜻이 통한다.

제5절 관형사

1 관형사는 체언 앞에 놓여서, 그 체언의 내용을 자세히 꾸며 주는
품사로, 뒤따르는 말과 항상 띄어 쓴다. 조사도 붙지 않고 어미 활용
도 없다.
1) 성상(性狀) 관형사
새 책 / 옛 절 / 헌 옷

2) 수 관형사
한 / 두 / 세(석 / 서) / 네(녁 / 너) / 다섯(닷) / 여섯(엿)
한두 / 두세 / 서너 / 두서너
여러 / 모든 / 온 / 온갖 / 갖은 // 반(半) / 전(全)

3) 지시 관형사
이 / 그 / 저 / 요 / 고 / 조 // 이런 / 그런 / 저런 / 이런저런 // 다른
무슨 / 어느 / 웬
귀(貴) 회사 / 동(同) 대학 / 본(本) 연구소 / 전(前) 장관 / 현(現) 시장

2 관형사 〈이 / 그 / 저 / 아무〉 및 대명사 〈우리〉는 다음에 한하여 뒤의 말과 붙여 쓴다.

이것 / 그것 / 저것 / 아무것
→ 관형사 〈아무〉는 〈아무것〉, 〈아무짝〉 외에는 모두 띄어 쓴다.
이곳 / 그곳 / 저곳
이날 / 그날
이놈 / 그놈 / 저놈
→ 〈놈〉은 명사로서 〈손자 놈/남편 놈/둘째 놈/일본 놈/자식 놈/망할 놈/고얀 놈〉 등처럼 띄어 써야 하나, 〈네놈/도둑놈/되놈/왜놈//아들놈/아이놈(애놈)//수놈/암놈〉 따위처럼 붙여 쓰는 경우도 있으므로 국어사전을 확인한다.
이때 / 그때
이번 / 저번 / 요전번
이이 / 그이 / 저이
이즈음 / 그즈음 / 요즈음
이쪽 / 그쪽 / 저쪽
이편 / 그편 / 저편
그간 / 그새(=그사이)
우리글 / 우리말 / 우리나라
→ 관형사 〈우리〉는 위의 세 단어 외에는 모두 띄어 쓴다.

3 다음의 말에서 〈새〉는 뒷말과 굳어 버린 것으로 보고 붙여 쓴다.
새것 / 새달 / 새댁 / 새봄 / 새사람 / 새살림 / 새색시 / 새서방 / 새순
새신랑 / 새싹 / 새아기 / 새아씨 / 새잎 / 새집 / 새해
[참고] 국어사전의 등재 여부에 따라 띄어쓰기한다.
새 생활 / 새 세상 / 새 소식 / 새 역사 / 새 연필 / 새 옷 / 새 인간
새 주인 / 새 짝 / 새 친구 / 새 학기 / 새 희망

4 다음의 말에서 〈첫〉은 뒷말과 붙여 쓴다.
첫걸음 / 첫국밥 / 첫기제(忌祭) / 첫길 / 첫나들이 / 첫날
첫눈 / 첫닭 / 첫더위 / 첫도(개 / 걸 / 윷 / 모) / 첫돌 / 첫딸 / 첫마디 / 첫머리
첫물 / 첫배 / 첫봄(여름 / 가을 / 겨울) / 첫사랑 / 첫새벽 / 첫소리 / 첫솜씨
첫술 / 첫아기 / 첫아들 / 첫인상 / 첫추위 / 첫판 / 첫행보 / 첫혼인

5 〈한〉의 띄어쓰기
1) 다음 경우의 〈한〉은 접두사이므로 붙여 쓴다.
① 큰
한걱정 / 한고비 / 한길 / 한밑천 / 한시름

② 정확한, 한창인

한가운데 / 한겨울 / 한낮 / 한밤중 / 한복판 / 한잠 / 한중간

③ 같은

한데(= 한곳, 한군데) / 한동네 / 한동생(= 한동기) / 한마을 / 한방

한집안 / 한통(속) / 한패

[비교] 한 국가

④ 바깥

한데 / 한뎃잠

⑤ 끼니때 밖

한동자 / 한음식 / 한저녁 / 한점심

⑥ 기타 항상 붙여 써야 하는 경우

한구석 / 한때 / 한숨 / 한종일 / 한풀 / 한허리

방 한쪽 / 한쪽 팔

→ 마늘 한 쪽

2) 항상 띄어 써야 하는 경우

하루 한 끼 식사

[주의] 세끼 밥

한 덩어리로 뭉쳐야 산다.

그는 한 식경 후에나 돌아왔다.

그는 죽어 한 줌의 재로 돌아왔다.

한 치 앞도 내다볼 수 없다.

3) 의미에 따라 띄어쓰기하는 경우

한가지	형제는 한가지로 착하다.
	못 먹는 과일이 한 가지 있다.
한배	한배에서 태어나다.
	돼지가 한 배에 새끼를 세 마리 낳다. (새끼 낳는 횟수)
한사람	2학년 때 담임과 3학년 때 담임은 한사람이다.
	이번 회의에 단 한 사람만 나왔다.
한자리	식구가 한자리에 모이다. / 한자리에 머물다.
	저기 한 자리가 비었다.
한집	한집에 사는 우리 / 한집 식구
	한 집 건너 가로수가 심기다. / 한 집 차이로 이기다.
한걸음	한걸음에 달려오다.
	발이 삐어 한 걸음도 못 걷다.
한군데	한군데로 몰려가다.
	칭찬할 만한 구석이 한 군데도 없다.

한눈	한눈에 알아보다.
	한 눈을 가리고 보다.
한마디	한마디 말 / 한마디 던지다. / 진실한 말 한마디가 도움 되다.
	한 마디씩 끊어 말하다. / 단 한 마디도 하지 않다.
한몫	한몫 챙기다. / 한몫하다 / 한몫 거들다. (배분, 이득)
	한 몫으로 두 몫 일 하다.
한입	입에 밥이 한입 / 한입에 삼키다.
	과일을 한 입 베어 먹다.
한줄기	소나기 한줄기 오려나. / 한줄기에서 갈라져 나온 언어
	한 줄기 소망 / 한 줄기 눈물 / 한 줄기 빛이 새어들다.
한차례	소나기가 한차례 내리더니 하늘이 맑다. (= 한바탕)
	암으로 수술을 한 차례 받다.
한판	한판 승부 / 잔치 한판 벌이다.
	바둑(장기) 한 판 두다.

6 〈한번〉의 띄어쓰기

〈두 번〉에 대응되는 〈한 번〉은 띄어 쓰고, 그 외의 막연한 〈일차 / 일단〉의 뜻일 경우에는 붙여 쓴다.

즉, 〈한번〉을 〈두 번〉, 〈세 번〉으로 바꾸어 뜻이 통하면 〈한 번〉으로 띄어 쓰고 그렇지 않으면 〈한번〉으로 붙여 쓴다. 〈이기든 지든 한번 겨뤄 보자〉는 〈두 번〉으로 바꾸면 뜻이 통하지 않으므로 〈한번〉이 되지만, 〈한 번 지더라도 두 번, 세 번 다시 겨루자〉는 〈두 번〉으로 바꾸어도 뜻이 통하므로 〈한 번〉으로 띄어 쓴다.

→ 다음의 예는 반드시 띄어 쓴다.

한 번도 / 한 번에 / 꼭 한 번 / 단 한 번 / 또 한 번 / 한 번 더 / 두 번 다시

→ 다음의 예는 반드시 붙여 쓴다. (2015년 국립 국어원 1차 표준정보보안심의 회에서 띄어쓰기의 혼선을 줄이기 위해 의미 구별 없이 무조건 붙여 쓰는 것으로 통일함.)

다시 한번

[비교] 한번은(= 언젠가) 이런 실수도 했지.

한 번은 옳다고 말하고, 한 번은 틀리다고 말했다.

7 〈한잔 / 한잔하다〉

한잔: 간단하게 한 차례 마시는 술

한잔하다: 간단하게 한 차례 술을 마시다.

1) 간단하게 마실 경우에, 〈한잔〉은 붙여 쓴다(딱 한 잔을 의미하는 것이 아님).
술 한잔 마셨다.

우리 오랜만인데 술(커피 / 차) 한잔할까?

퇴근 후에 술 한잔 어때?

우리 한잔 더 할까?

얼굴빛이 한잔한 것 같다.

2) 잔에 담긴 음료 따위의 분량을 셀 경우에는 띄어 쓴다.

제사상에 술 한 잔 올렸다.

딱 한 잔만 더 하자.

여기 한 잔 더 주세요.

직원에게 커피 한 잔 시켰다.

아침 운동 후의 차 한 잔은 마음을 여유롭게 한다.

8 〈맨〉의 쓰임

〈더 할 수 없을 정도나 경지에 있음〉의 뜻을 가진 〈맨〉은 관형사이므로 띄어 쓰고, 그 밖의 〈맨〉은 접두사와 부사로 접두사 〈맨〉은 붙여 쓰고 부사 〈맨〉은 띄어쓰기한다.

1) 관형사

맨 가장자리 / 맨 구석 자리 / 맨 뒤 / 맨 꼭대기 / 맨 꼴찌 / 맨 끝 / 맨 나중 맨 먼저 / 맨 밑 / 맨 아래 / 맨 앞 / 맨 안쪽 / 맨 오른쪽 / 맨 위 / 맨 처음

2) 접두사

(다른 것이 없는)

맨눈 / 맨다리 / 맨땅 / 맨몸 / 맨발 / 맨손 / 맨주먹 / 맨입

3) 부사

(다른 것은 섞이지 아니하고 온통.)

이 거리에는 맨 술집뿐이다.

그 애는 맨 웃기만 하고 말은 없다.

그는 맨 먼지투성이로 밖에서 들어왔다.

9 〈각(各) / 본(本) / 전(全)〉이 독립성이 없는 한 음절의 말과 어울려 굳어 버렸을 경우에는 붙여 쓴다.

각국 / 각급 / 각자 / 각처(各處) / 각층

본관 / 본교 / 본국 / 본뜻 / 본심 / 본잎 / 본집 / 본처

전교 / 전군(全軍) / 전신

→ 전 국민/전 민족/전 생애/전 세계/전 인류/전 재산

10 품사상 관형사지만, 뒤의 말과 어울려 하나의 명사를 이루어 접두사가 된 말은 붙여 쓴다.

뭇년 / 뭇놈 / 뭇매 / 뭇발길 / 뭇별 / 뭇사람 / 뭇소리
→ 뭇 백성 / 뭇 사내 / 뭇 새들의 지저귐

헌것 / 헌계집 / 헌데 / 헌머리 / 헌신짝
→ 헌 가방 / 헌 구두 / 헌 돈 / 헌 시계 / 헌 신문지 / 헌 옷가지 / 헌 집

온몸 / 온밤 / 온종일
→ 위의 단어 외에는 거의 띄어 쓴다.
　 온 국민 / 온 식구 / 온 집안 / 온 하루

11 수를 나타내는 말은 만 단위로 띄어 쓰므로 〈몇〉은 다음 말에서는
붙여 쓴다.
몇몇 / 몇십 / 몇백 / 몇천 / 몇만 / 몇십만 / 몇백만 / 몇천만 / 몇억 / 몇조 개
→ 〈몇십〉, 〈몇백〉 등은 〈흔글〉에서 붉은 줄이 가더라도 붙여야 한다.

12 〈수〉는 관형사지만 다음 말들에서는 붙인다.
수개월 / 수년 / 수일(〈여러 날〉로 순화) / 수차례
수년치 / 수억대
→ 띄어쓰기 특히 주의!
　 수 세기 / 십수 년 / 이십수 년 / 수백 개

제6절 부사

부사는 용언 또는 다른 말 앞에 놓여 그 뜻을 분명하게 하는 품사로 활
용하지 못한다.
고루 / 과연 / 높이 / 바로 / 빨리 / 아주 / 잘 / 활짝
가장 / 겨우 / 매우
까옥까옥 / 데굴데굴 / 도란도란 / 땡땡
이리 / 그리 / 저리 / 요리 / 고리 / 조리 // 오늘 / 어제 / 내일 / 모레
어디 / 어찌 / 언제
아니 / 안 / 못
과연 / 모름지기 / 물론 / 실로 / 응당 / 정녕 / 정말
만일 / 비록 / 설령 / 설마 / 아마 / 아무리 / 아무쪼록 / 제발 / 부디
그러나 / 그러면 / 그러므로 / 그렇지마는 / 그리고 / 따라서
곧 / 즉 // 또 / 또한 // 더구나 / 도리어 / 오히려 / 하물며
또는 / 혹은 // 및

1 두 개의 부사가 겹치는 형태 가운데 다음 말들은 붙여 쓴다.
곧바로 / 곧잘 / 더더군다나 / 더더욱 / 더욱더 / 더한층 / 또다시 / 똑같이

→ 좀 더/한층 더

2 다음 말들은 부사이므로 모두 붙여 쓴다.

그런고로/그런대로

다름없이 / 제멋대로 / 하다못해

왜냐하면 / 이를테면

하루걸러 / 하루바삐 / 하루빨리 / 한시바삐

[비교] 그런 데다(가)/다름 아니라/보다 못해/아니나 다를까(감탄사)

제6장 그 밖의 것

1 한글 맞춤법 제51항 부사의 끝음절이 분명히 〈이〉로만 나는 것은 〈-이〉로 적고, 〈히〉로만 나거나 〈이〉나 〈히〉로 나는 것은 〈-히〉로 적는다.

1) 〈이〉로만 나는 것

가붓이	깨끗이	나붓이	느긋이	둥긋이
따뜻이	반듯이	버젓이	산뜻이	의젓이
가까이	고이	날카로이	대수로이	번거로이
많이	적이	헛되이	겹겹이	번번이
일일이	집집이	틈틈이		

2) 〈히〉로만 나는 것

극히	급히	딱히	속히	작히
족히	특히	엄격히	정확히	

3) 〈이/히〉로 나는 것

솔직히	가만히	간편히	나른히	무단히
각별히	소홀히	쓸쓸히	정결히	과감히
꼼꼼히	심히	열심히	급급히	답답히
섭섭히	공평히	능히	당당히	분명히
상당히	조용히	간소히	고요히	도저히

[참고] 그런데 실제로는 발음을 잘 모르는 경우가 많기 때문에 발음을 기준으로는 구분하기가 어렵다. 다음과 같은 문법적인 기준에 의해 1차적인 구분을 할 수 있다.

1) 〈-이〉로 적는 경우

① 첩어 명사 뒤

간간이 / 겹겹이 / 나날이 / 번번이 / 앞앞이 / 줄줄이 / 짬짬이 / 철철이 / 틈틈이
② 〈ㅅ〉 받침 뒤
남짓이 / 뜨뜻이 / 버젓이 / 번듯이 / 빠듯이 / 지긋이
③ 〈ㅂ〉 불규칙 용언 뒤
가벼이 / 기꺼이 / 너그러이 / 부드러이 / 새로이 / 쉬이 / 외로이 / 즐거이
④ 〈-하다〉가 붙지 않는 용언 어간 뒤
같이 / 굳이 / 많이 / 실없이 / 적이 / 적잖이 / 헛되이
⑤ 부사 뒤
곰곰이 / 더욱이 / 생긋이 / 오뚝이 / 일찍이 / 히죽이
⑥ 〈ㄱ〉 받침 뒤
가뜩이 / 고즈넉이 / 길쭉이 / 깊숙이 / 끔찍이 / 멀찍이

2) 〈-히〉로 적는 경우
〈-하다〉가 붙는 어근 뒤(단, 〈ㅅ〉 받침 제외)
간편히 / 고요히 / 과감히 / 극히 / 급히 / 꼼꼼히 / 능히 / 답답히 / 딱히 / 속히
족히 / 엄격히 / 정확히

2 한글 맞춤법 제52항 한자어에서 본음으로도 나고 속음으로도 나는 것은 각각 그 소리에 따라 적는다.

본음으로 나는 것	속음으로 나는 것
승낙(承諾)	수락(受諾), 쾌락(快諾), 허락(許諾)
만난(萬難)	곤란(困難), 논란(論難)
안녕(安寧)	의령(宜寧), 회령(會寧)
분노(忿怒)	대로(大怒), 희로애락(喜怒哀樂)
토론(討論)	의논(議論)
오륙십(五六十)	오뉴월, 유월(六月)
목재(木材)	모과(木瓜)
십일(十日)	시방정토(十方淨土), 시왕(十王), 시월(十月)
팔일(八日)	초파일(初八日)

3 한글 맞춤법 제53항 다음과 같은 어미는 예사소리로 적는다(ㄱ을 취하고, ㄴ을 버림).

ㄱ	ㄴ
-(으)ㄹ거나	-(으)ㄹ꺼나
-(으)ㄹ걸	-(으)ㄹ껄
-(으)ㄹ게	-(으)ㄹ께
-(으)ㄹ세	-(으)ㄹ쎄
-(으)ㄹ세라	-(으)ㄹ쎄라

-(으)ㄹ수록	-(으)ㄹ쑤록
-(으)ㄹ시	-(으)ㄹ씨
-(으)ㄹ지	-(으)ㄹ찌
-(으)ㄹ지니라	-(으)ㄹ찌니라
-(으)ㄹ지라도	-(으)ㄹ찌라도
-(으)ㄹ지어다	-(으)ㄹ찌어다
-(으)ㄹ지언정	-(으)ㄹ찌언정
-(으)ㄹ진대	-(으)ㄹ찐대
-(으)ㄹ진저	-(으)ㄹ찐저
-올시다	-올씨다

다만, 의문을 나타내는 다음 어미들은 된소리로 적는다.

-(으)ㄹ까?	-(으)ㄹ꼬?	-(스)ㅂ니까?
-(으)리까?	-(으)ㄹ쏘냐?	

→ 또한 다음의 어미도 된소리로 적는다.

-ㄹ까	-ㄹ꼬	-ㄹ쏘냐

4 한글 맞춤법 제54항 다음과 같은 접미사는 된소리로 적는다(ㄱ을 취하고, ㄴ을 버림).

ㄱ	ㄴ	ㄱ	ㄴ
심부름꾼	심부름군	귀때기	귓대기
익살꾼	익살군	볼때기	볼대기
일꾼	일군	판자때기	판잣대기
장꾼	장군	뒤꿈치	뒷굼치
장난꾼	장난군	팔꿈치	팔굼치
지게꾼	지겟군	이마빼기	이맛배기
때깔	땟갈	코빼기	콧배기
빛깔	빛갈	객쩍다	객적다
성깔	성갈	겸연쩍다	겸연적다

5 한글 맞춤법 제55항 두 가지로 구별하여 적던 다음 말들은 한 가지로 적는다(ㄱ을 취하고, ㄴ을 버림).

ㄱ	ㄴ
맞추다(입을 맞춘다. 양복을 맞춘다.)	마추다
뻗치다(다리를 뻗친다. 멀리 뻗친다.)	뻐치다

6 한글 맞춤법 제56항 〈-더라/-던〉과 〈-든지〉는 다음과 같이 적는다.

1) 지난 일을 나타내는 어미는 〈-더라/-던〉으로 적는다(ㄱ을 취하고, ㄴ을 버림).

ㄱ	ㄴ
지난겨울은 몹시 춥더라.	지난겨울은 몹시 춥드라.
깊던 물이 얕아졌다.	깊든 물이 얕아졌다.
그렇게 좋던가?	그렇게 좋든가?
그 사람 말 잘하던데!	그 사람 말 잘하든데!
얼마나 놀랐던지 몰라.	얼마나 놀랐든지 몰라.

2) 물건이나 일의 내용을 가리지 아니하는 뜻을 나타내는 조사와 어미는 《(-)든지》로 적는다(ㄱ을 취하고, ㄴ을 버림).

ㄱ	ㄴ
배든지 사과든지 마음대로 먹어라.	배던지 사과던지 마음대로 먹어라.
가든지 오든지 마음대로 해라.	가던지 오던지 마음대로 해라.

7 한글 맞춤법 제57항 다음 말들은 각각 구별하여 적는다.

가름	둘로 가름.
갈음	새 책상으로 갈음하였다.

거름	풀을 썩힌 거름.
걸음	빠른 걸음.

거치다	영월을 거쳐 왔다.
걷히다	외상값이 잘 걷힌다.

걷잡다	걷잡을 수 없는 상태.
겉잡다	겉잡아서 이틀 걸릴 일.

그러므로(그러니까)
      그는 부지런하다. 그러므로 잘산다.
그럼으로(써)(그렇게 하는 것으로)
      그는 열심히 공부한다. 그럼으로(써) 은혜에 보답한다.

노름	노름판이 벌어졌다.
놀음(놀이)	즐거운 놀음.

느리다	진도가 너무 느리다.
늘이다	고무줄을 늘인다.
늘리다	수출량을 더 늘린다.

다리다	옷을 다린다.
달이다	약을 달인다.
다치다	부주의로 손을 다쳤다.
닫히다	문이 저절로 닫혔다.
닫치다	문을 힘껏 닫쳤다.
마치다	벌써 일을 마쳤다.
맞히다	여러 문제를 더 맞혔다.
목거리	목거리가 덧났다.
목걸이	금목걸이 / 은목걸이
바치다	나라를 위해 목숨을 바쳤다.
받치다	우산을 받치고 간다. / 책받침을 받친다.
받히다	쇠뿔에 받혔다.
밭치다	술을 체에 밭친다.
반드시	약속은 반드시 지켜라.
반듯이	고개를 반듯이 들어라.
부딪치다	차와 차가 마주 부딪쳤다.
부딪히다	마차가 화물차에 부딪혔다.
부치다	힘이 부치는 일이다.
	편지를 부친다.
	논밭을 부친다.
	빈대떡을 부친다.
	식목일에 부치는 글.
	회의에 부치는 안건.
	인쇄에 부치는 원고.
	삼촌 집에 숙식을 부친다.
붙이다	우표를 붙인다.
	책상을 벽에 붙였다.
	흥정을 붙인다.
	감시원을 붙인다.
	조건을 붙인다.
	취미를 붙인다.
	불을 붙인다.
	별명을 붙인다.

시키다	일을 시킨다.
식히다	끓인 물을 식힌다.

아름	세 아름 되는 둘레.
알음	전부터 알음이 있는 사이.
앎	앎이 힘이다.

안치다	밥을 안친다.
앉히다	윗자리에 앉힌다.

어름	두 물건의 어름에서 일어난 현상.
얼음	얼음이 얼었다.

이따가	이따가 오너라.
있다가	돈은 있다가도 없다.

저리다	다친 다리가 저리다.
절이다	김장배추를 절인다.

조리다	생선을 조린다. 통조림, 병조림.
졸이다	마음을 졸인다.

주리다	여러 날을 주렸다.
줄이다	비용을 줄인다.

하노라고	하노라고 한 것이 이 모양이다.
하느라고	공부하느라고 밤을 새웠다.

-느니보다	나를 찾아오느니보다 집에 있거라. (어미)
-는 이보다	오는 이가 가는 이보다 많다. (의존 명사)

-(으)리만큼	나를 미워하리만큼 그에게 잘못한 일이 없다. (어미)
-(으)ㄹ 이만큼	찬성할 이도 반대할 이만큼이나 많을 것이다. (의존 명사)

-(으)러	공부하러 간다. (목적)
-(으)려	서울 가려 한다. (의도)

-(으)로서	사람으로서 그럴 수는 없다. (자격)
-(으)로써	닭으로써 꿩을 대신했다. (수단)

-(으)므로	그가 나를 믿으므로 나도 그를 믿는다. (어미)
(-ㅁ/음)으로(써)	그는 믿음으로(써) 산 보람을 느꼈다. (조사)

■ 틀리기 쉬운 철자 용례 ^{열린책들}

• 가열하다(○)//가열차다(×)

　가열한 싸움 / 시간이 지날수록 경기는 더욱 가열한 양상을 띠었다.

• 간간이/간간히

간간이　시간 혹은 공간적인 거리를 두고 가끔씩. 듬성듬성.

간간히　① 간질간질하고 재미있는 마음으로/아슬아슬하고 위태롭게.

　　　　② 입맛 당기게 약간 짠 듯이.

　　　　③ 꼿꼿하고 굳센 성품이나 마음으로.

　　　　④ 기쁘고 즐거운 마음으로/강하고 재빠르게.

　　　　⑤ 매우 간절하게.

• 갈림길(○)//갈래길(×)

• 개비(○)//개피/가치/까치(×)

　→ 가치담배(○)//개비담배(×)

• 건넌방/건넛방(○)//건너방(×)

건넌방　안방에서 대청을 건너 맞은편에 있는 방. 즉, 한옥과 대청마루
　　　　가 있는 집에서만 가능한 표현이다.

건넛방　건너편에 있는 방.

　→ 〈건너방〉은 〈건넌방〉의 잘못된 표현이다.

• 건더기(○)//건데기(×)

• 게거품(○)//개거품(×)

• 결제/결재

결제(決濟) 증권 또는 대금을 주고받아 매매 당사자 사이의 거래 관계를
　　　　　끝맺는 일.

결재(決裁) 결정할 권한이 있는 상관이 부하가 제출한 안건을 검토하여
　　　　　허가하거나 승인함.

• 곁의 사람/곁에 있는 사람/곁사람(○)

　곁엣사람(×)

　귀엣말(=귓속말)(○)

• -고요(○)//-구요(×)

• 공붓벌레(○)//공부벌레(×)

- 교류/교유
  교류(交流) 문화나 사상이 서로 통함.
  남북 교류/문화적 교류/동서 교류
  교유(交遊) 서로 사귀어 놀거나 왕래함.
  너와의 교유도 오래되었다.

•-구먼(○)//-구만(×)

- 그다지(○)//그닥(×)

- 그러기에/그렇기에(그러지 않아도/그렇지 않아도)
  〈그러기에〉는 동사 〈그러다〉의 어간 〈그러-〉에 연결 어미 〈-기에〉
  가 붙은 형태이고, 〈그렇기에〉는 형용사 〈그렇다〉의 어간 〈그렇-〉
  에 〈-기에〉가 붙은 형태이다. 〈그러다(그리하다)〉는 동사이므로
  동작을 나타내는 말을 받고 〈그렇다(그러하다)〉는 형용사이므로
  상태를 나타내는 말을 받는다는 점에서 차이가 있다.

- 그럼
  〈물론이다〉의 뜻일 경우에는 쉼표를 넣고, 접속사 〈그러면〉의 준말일 경
  우에는 넣지 않는다.
  밥 먹었니? 그럼, 먹고말고.
  먼저 집에 가거라. 그럼 내가 뒤따라가마.

•그러고는(○)//그리고는(×)
그러고 나서(○)//그리고 나서(×)

•그은/그을린(○)//그을은(×)
  죄다 타버리고 흙벽이나 돌담만 시꺼멓게 그은 채 남아 있었다. /
  까맣게 그을린 농부들
  →〈그을다〉에 〈-은〉이 연결되면 〈ㄹ〉이 탈락되어 〈그은〉이 된다. 〈그
    을리다〉는 〈그을다〉의 피동사, 사동사로 모두 쓰인다. 〈그을다〉의 준
    말은 〈글다〉이다.

- 기다란 홈(○)//길다란 홈(×)

- 깔때기(○)//깔대기(×)

- 깜빡이(○)//깜박이(×)
  깜박등(○)//깜빡등(×)

- 끼다/끼이다/끼어들다
  이끼가 끼다. / 반지를 끼다. / 구름이 잔뜩 끼어 있는 하늘
  잇새에 끼인 고춧가루 / 어른들 틈에 끼여 있는 아이
  불쑥 대화에 끼어들었다. (끼여들었다×)

- 나더러(○)//날더러(×)

· 나 자신/저 자신/제 자신(○)//내 자신(×)

- 나지막이(○)//나즈막이/나지막히(×)

- 나침판/나침반(○)
  눈금판(○)//눈금반(×)

· 넌지시(○)//넌즈시(×)

- 널브러지다/너부러지다(○)//널부러지다(×)

- 넓적하다/넙적하다
  넓적하다   편편하고 얇으면서 꽤 넓다.
  넙적하다   ① 말대답을 하거나 무엇을 받아먹을 때 입을 닁큼 벌렸다가
               닫다.
            ② 몸을 바닥에 바짝 대고 닁큼 엎드리다.
            ③ 망설이거나 서슴지 않고 선뜻 행동하다.

· 네댓/너덧(○)//너댓(×)

- 노랑이(○)//노랭이(×)

· 놀라다/놀래다(○)//놀래키다(×)
  놀라다   자동사
          난 그 말을 듣고 정말 놀랐단다(놀랬단다×).
          경적 소리에 아이가 놀라(놀래×) 울어 버렸다.
  놀래다   〈놀라다〉의 사동사
          큰 소리로 아이를 놀랬다(놀래켰다×).
          갑자기 문을 열어 그를 놀래(놀래켜×) 주어야지.

- 눌어붙다(○)//눌러붙다/늘어붙다(×)

- 늘/노상(○)//늘상(×)

- 늘이다/늘리다
  끝을 길게 늘여 말하다. / 주름을 늘이다. / 고무줄을 늘이다.
  학생 수를 늘리다. / 실력을 늘리다. / 재산을 늘리다.

- 다디달다(○)//달디달다(×)

- 닦달(○)//닥달(×)

- 달리다(○)//딸리다(×)
  힘이 달리다. / 체력이 달리다.

- 댕기다/당기다
  담배에 불을 댕기다. / 불이 잘 댕기다.
  입맛이(마음이) 당기다.

- **덮이다(○)//덮히다(×)**

- 돋우다/돋구다
  흥을 돋우다. / 심지를 돋우다. / 입맛을 돋우다.
  안경의 도수를 돋구다.

- **돼요(○)//되요(×)**
  긴장 풀고 들어도 돼요.
  → 〈되요〉 사이에 〈어〉를 넣어 어색하지 않으면 〈돼요〉라고 쓰면 된다.

- 뒤란/뒤꼍/뒤안길(○)//뒤안(×)
  뒤란   집 뒤 울타리의 안.
  뒤꼍   집 뒤에 있는 뜰이나 마당.

- 뒤표지(○)//뒷표지(×)

- 뒷걸음질하다/뒷걸음치다(○)//뒷걸음질치다(×)

- **들이켜다/들이키다**
  들이켜다   물 따위를 마구 마시다.
             술을 마구 들이켠 후, 물을 마셨다.
  들이키다   안쪽으로 가까이 옮기다.
             다른 사람이 걸리지 않도록 발을 들이켜라.
             상 모서리의 수저를 들이키고 나서 그 옆에 젓가락을
             놓았다.

- 떠벌이다/떠벌리다
  떠벌이다   굉장한 규모로 차리다.
  　　　　　그는 사업을 떠벌여 놓고 곤욕을 치르고 있다.

  떠벌리다   이야기를 과장하여 늘어놓다.
  　　　　　자신의 이력을 떠벌리다.

·량(量)/란(欄)과 양/난
〈한자어+量/欄〉은 〈량/란〉으로
노동량 / 생산량 / 소비량 / 작업량
독자란 / 문화란 / 비고란
〈고유어나 서양 외래어+量/欄〉은 〈양/난〉으로
구름양 / 알칼리양 / 칼로리양//가십난 / 어린이난
→ 위의 〈量/欄〉은, 모음이나 〈ㄴ〉 받침 아래에서 한자 원음 〈률(律/率)〉
을 〈율〉로 표기하는 것[선율(旋律)/비율(比率)//음률(音律)/확률(確
率)]과 동일한 원칙이 적용되는 현상이 아니다.

·-려야(○)//-ㄹ래야(×)
떼려야 뗄 수 없는 / 가려야 갈 수 없는
→ 〈-려야〉는 〈-려고 하여야〉의 준말이다.

- -렷다/-것다
  자격도 없단 얘기렷다(얘기렸다×)?
  날 속이려 했것다(했겄다×).

- 류(類)의 한글 표기 유의!
  식물의 종류를 알아보자.
  그런 유의 식물들은?

- 마구간(馬廄間)(○)//마굿간(×)

·맞추다/맞히다
기계 부품들을 맞추다. / 옆 짝꿍과 정답을 맞추어 보다.
줄을 맞추다. / 비위를 맞추다. / 입을 맞추다.
표적 맞히기 / 활을 쏘았지만 과녁을 맞히지는 못했소.
정답을 바로 맞혔어요(맞췄어요×).

- 매가리(○)//맥아리(×)
  매가리가 없다.

- 맨숭맨숭/맹숭맹숭/민숭민숭(○)//밍숭밍숭(×)
  ① 몸에 털이 있어야 할 곳에 털이 없어 번번한 모양.
  ② 산에 나무나 풀이 우거지지 않아 번번한 모양.
  ③ 술을 마시고도 취하지 않아 정신이 멀쩡한 모양.

- 먹먹하다/멍멍하다
  먹먹하다   ① 갑자기 귀가 막힌 듯이 소리가 잘 들리지 않다.
             귀가 먹먹했다.
             ② 체한 것같이 가슴이 답답하다.
             가슴이 먹먹할 뿐이었다.
  멍멍하다   ① 정신이 빠진 것같이 얼얼하다.
             나는 한동안 멍멍한 상태에서 깨어날 수 없었다.
             ② 〈먹먹하다 ①〉의 잘못된 표현.

- 뭐에/무에
  뭐에   뭐(〈무어 = 무엇〉의 준말)+〈-에〉
             이런 일이 뭐에 소용 있다고!
  무에   〈무엇이〉가 줄어든 말.
             무에 그리 좋으니? / 무에 예쁘다고 용돈을 줄까?

- 멋쩍다(○)//멋적다(×)

- 맨–/민–
  맨   다른 것이 없는
             맨눈 / 맨다리 / 맨땅 / 맨발 / 맨주먹
  민   꾸미거나 딸린 것이 없는
             민가락지 / 민돗자리 / 민저고리

- **박이다/박히다**
  박이다   ① 버릇, 생각, 태도 따위가 깊이 배다.
             잠 자는 버릇이 몸에 박여 고쳐지지 않는다.
             샌님 티가 박인 그의 모습.
             ② 굳은살이 생기다.
             테니스를 많이 해서 손에 못이 박였다.
  박히다   ① 사상, 이념 따위가 머릿속에 깊이 자리 잡다.
             공산주의 사상이 뼛속까지 박혀 있다.
             ② 행동, 생활이 규격화되다.
             틀에 박힌 직장 생활을 견디지 못했다.

③ 점, 주근깨 따위가 자리 잡다.

주근깨가 박힌 얼굴이 귀엽다.

[참고] 귀에 못이 박히다./귀에 못이 박이다.

여기에서 〈못〉을 〈손에 못이 박이다〉의 〈못〉과 같이 보아 〈귀에 못이 박이다〉라고 쓸 수도 있으나 『표준 국어 대사전』에는 일반적으로 많이 쓰이는 관용을 인정하여 〈귀에 못이 박히다〉가 올라 있다. 열린책들 에서는 『표준 국어 대사전』을 따라 〈귀에 못이 박히다〉라고 쓴다.

• 벗어지다/벗겨지다

신발이 커서 자꾸 벗어진다. / 벗어진 이마.

신발이 꽉 끼어 잘 벗겨지지 않는다. / 죽어서야 자식들에 의해 오명이 벗겨지다.

→ 외부의 힘에 의해 떼어지거나 떨어질 때는 〈벗겨지다〉를 쓴다. 사람이 자기 몸 또는 몸의 일부에 착용한 물건을 몸에서 떼어 내는 것을 의미하는 〈벗다〉에 대한 피동문은 〈벗기다〉, 〈벗어지다〉이다.

그는 옷이 벗긴 채 묶여 있었다.

•부딪다/부딪치다/부딪히다(○)//부디치다(×)

한눈을 팔다가 전봇대에 머리를 부딪쳤다. / 빗길에 미끄러져 서로 부딪힌 차들.

• 부호 명칭 뒤에 오는 주격, 목적격 조사에 주의!

본문 중에 나오는 〈 〉는(은×) 인용과 강조를 나타낸다.

→ 〈 〉의 명칭은 〈화살괄호〉임.

• 불고하다/불구하다

불고하다　① 돌아보지 아니하다.

　　　　　　 체면을 불고하고 / 염치 불고하고

　　　　　　② 돌보지 아니하다.

　　　　　　 처자식을 불고하다.

불구하다　얽매여 거리끼지 아니하다. 〈−에도 불구하고〉 구성으로 쓰인다.

　　　　　　 몸살에도 불구하고 출근했다.

• −붙이다/−부치다

걷어붙이다 / 쏘아붙이다 / 밀어붙이다

벗어부치다

• 비름나물(○)//비듬나물(×)

·비비다(○)//부비다(×)

· 비질/빗질

비질   비로 바닥 따위를 쓰는 일.

빗질   머리카락이나 털 따위를 빗으로 빗음. 또는 그런 일.

·빌다/빌리다

용서를 빌다. / 밥을 빌어다 먹다.

이 자리를 빌려 말하자면. / 이 말을 감히 빌려서 내 경우를 말하다.

·빨간색/빨강(○)//빨강색(×)
파란색/파랑(○)//파랑색(×)
노란색/노랑(○)//노랑색(×)

· 빼닮다/빼쏘다(○)//빼박다(×)

어머니를 빼닮은 여자아이 / 맏아들은 생김새가 아버지를 빼쐈다.

· 빽빽이(○)//빽빽히(×)
  빼곡히(○)//빼곡이(×)

· 사달/사단

사달   사고나 탈.

         일이 꺼림칙하게 되어 가더니만 결국 사달이 났다.

사단(事端) 〈사건의 단서. 또는 일의 실마리〉로 쓰일 때는 맞지만, 〈사단
        이 나다〉는 틀리다.

· 사동+피동

죽음을 당하다: 사고나 자연재해에 의해서 죽게 되는 경우.

죽임을 당하다: 누군가의 의도적인 행위에 의해 죽게 되는 경우.

→ 〈죽임을 당하다〉에서 〈죽임〉은 〈죽이다〉의 명사형인데, 이 〈죽이다〉
는 피동사가 아니라 사동사이다. 〈괴롭힘을 당하다, 따돌림을 당하다,
살해를 당하다, 망신을 당하다〉와 같이 〈당하다〉 앞에는 이렇게 사동
사의 명사형이나 사동의 뜻을 가진 명사가 오는 것이 자연스럽다.

· 삭이다/삭히다(둘 다 〈삭다〉의 사동사)

돌도 삭일 만한 소화력 / 분노를 삭이다.

가래를 삭이는 감기약

김치를 삭히다. / 젓갈을 삭히다. / 곡식을 삭혀서 만든 술

· 상판대기(○)//상판때기(×)

- **새다/새우다**
  날이 새다.
  밤을 꼬박 새우다. / 날밤을 새워 가며 일하다.

- **생생히/생생이**
  생생히   〈생생하다〉의 부사형.
  생생이   (명사) 노름판 따위에서, 속임수를 써서 남의 돈을 빼앗는 짓.

- **석·넉/서·너/세·네**
  → 〈돈/말/발/푼〉에 대해서는 〈너 돈/너 말/너 발/너 푼〉과 같이 쓰
    고, 〈냥/되/섬/자〉에 대해서는 〈넉 냥/넉 되/넉 섬/넉 자〉로 쓰는
    것이 표준이다.
    위의 예를 제외한 나머지는 관용적으로 널리 쓰는 표현을 따라 쓴다.
    예를 들어, 〈우유 석 잔/넉 잔//세 잔/네 잔〉 등으로도 쓸 수 있다.

- **섬뜩(○)//섬짓(×)**
  섬뜩하다/섬찟하다(○)//섬찍하다/섬칫하다/섬짓하다(×)

- **송골송골(○)//송글송글(×)**

- **숙맥(○)//쑥맥(×)**

- **시답다(○)//시덥다(×)**
  시답잖다(○)//시덥잖다(×)

- **시시덕거리다(○)//히히덕거리다(×)**

- **시퍼레지다(○)//시퍼래지다(×)**

- **−스러운(○)//−스런(×)**
  자랑스러운 / 탐스러운

- **썩이다/썩히다(둘 다 〈썩다〉의 사동사)**
  부모님 속을 그만 좀 썩여라.
  낙엽을 썩혀 퇴비를 만들었다.
  그는 산간벽지에서 재주를 썩히고 있었다.
  기술자가 없어서 억대의 인쇄 장비를 썩혔다.

- **씌다/씌우다**
  귀신에 씐 것처럼 되다.

아이에게 모자를 씌우다.

• 아등바등(O)//아둥바둥(×)

• 아귀/아퀴

아귀   ① 사물의 갈라진 부분.

           장식장의 문짝이 아귀가 잘 맞질 않는지 여닫을 때마다 덜컹거린다.

           ② 두루마기나 속곳의 옆을 터놓은 구멍.

           ③ 씨앗이나 줄기에 싹이 트는 곳.

           ④ 활의 줌통과 오금이 닿는 오긋한 부분.

아퀴   ① 일을 마무르는 끝매듭.

           ② 일이나 정황 따위가 빈틈없이 들어맞음을 이르는 말.

           아퀴가 잘 안 맞을 때마다

• 알나리깔나리(O)//얼레리꼴레리(×)

• **알맞은/걸맞은(O)**
  알맞는/걸맞는(×)

→ 〈알맞다/걸맞다〉가 형용사이기 때문이다.

아름답지 않은(않는×)

• **애먼(O)//엄한(×)**

해야 할 일은 제쳐 놓고 애먼 일을 붙들고 있다.

• 애당초(O)//애시당초(×)

• 여태껏(O)//여지껏(×)

• 열없다(O)//열적다/열쩍다(×)

• 오그라지다/오그라들다(O)

• 오면가면(O)//오며가며(×)

• 외눈/애꾸눈

외눈   짝을 이루지 않은 단 하나의 눈./두 눈에서 한 눈을 감고 다른 한 눈으로 볼 때 뜬 눈.

애꾸눈   한쪽이 먼 눈.

• 용틀임/용트림

| 용틀임 | 용의 모양을 틀어 새긴 장식. / 이리저리 비틀거나 꼬면서 움직임. |
| 용트림 | 거드름을 피우며 일부러 크게 힘을 들여 하는 트림. |

•욱여넣다(○) // 우겨넣다(×)

• 유례 / 유래
유례(類例) 주로 〈없다 / 적다〉는 뜻의 서술어와 함께 쓰인다.
　　　　　 히틀러는 역사상 유례를 찾기 힘든 독재자이다.
유래(由來) 사물이나 일이 생겨남. 내력과 비슷한 말.
　　　　　 추석의 유래 / 유래가 깊다. / 유래를 찾기 어렵다.

• 으스대다(○) // 으시대다(×)

•이따가 / 있다가

이따가 만나자. / 있다가 만나자.

| 이따가 | 〈있-〉에 어미 〈-다가〉가 결합된 말로 보이나, 〈있다〉의 의미에서 멀어져 〈조금 지난 뒤에〉라는 뜻의 부사어로 굳어졌다. |
| 있다가 | 〈있-〉에 어미 〈-다가〉. 〈어떤 상태를 유지하다가〉의 의미이다. |

• 이뿐만(그뿐만) 아니라(○) // 뿐만 아니라(×)
→ 〈뿐〉은 조사이므로 문장을 시작할 때에는 앞에 체언이 나와야 함.

•-이에요 / -예요(○) // 것이에요 / 거예요(○)
-이예요(×) // 것이예요(×)

이 일을 하란 말이에요(말예요○)?
정답이 아니에요(아니예요×).
아름다운 마음씨예요.

•이제야(○) // 이제서야(×)
그제야(○) // 그제서야(×)

→ 〈이제〉, 〈그제〉는 부사이므로 어미 〈-서〉가 붙을 수 없다.

• 이중 피동
나뉘다(○) // 나뉘어지다(×)
보이다(○) // 보여지다(×)
불리다(○) // 불려지다 / 불리우다(×)
생각되다(○) // 생각되어지다(×)

섞이다(○)//섞여지다(×)
쓰이다/써지다(○)//쓰여지다/씌어지다(×)
잊힌(○)//잊혀진(×)
짜인(○)//짜여진(×)

- 일절/일체

  일절　사물을 부인하거나 행위를 금지할 때 쓰는 말로 뒤에 부정 혹
  　　　은 금지의 서술어가 따른다.
  　　　잡인을 일절 금하다. / 일절 참견하지 말 것
  　　　소식을 일절 끊다. / 말을 일절 하지 않다.

  일체　① (=일체로) 〈전부, 완전히〉의 뜻.
  　　　일체로 담배를 끊다. / 너에게 책임을 일체로 맡기다.
  　　　② 모든 것을 다.
  　　　슬픔은 일체(일절×) 잊어버리자.

- 잇단/잇따른(○)//잇딴(×)

  잇단 사고 / 잇따른 범죄 사건

- 장딴지(○)//장단지(×)

- 젖히다/제치다(○)//제끼다(×)

  → 참고로 〈옷 따위를 힘차게 벗다〉는 〈벗어젖히다〉가 맞다.

- 졸다(○)//쫄다(×)

- **주야장천(○)//주구장창(×)**

- 쥐여 주다/쥐어 주다

  그의 손에 돈 몇 푼 쥐여 주어(쥐어 주어×) 돌려보냈다.
  그의 손을 꼭 쥐어 주었다.

- 지그시/지긋이

  지그시　슬며시 힘을 주거나 조용히 참는 모양을 나타내는 부사.
  　　　지그시 밟다. / 눈을 지그시 감다. / 슬픔을 지그시 견디다.

  지긋이　〈지긋하다〉에서 파생된 부사.
  　　　그 사람은 나이가 지긋이 들어 보인다.

  　　　아이는 두 시간째 지긋이 앉아서 공부하고 있다.

- 지질하다(○)//찌질하다(×)

- 진창/진탕

진창	땅이 질어서 질퍽질퍽하게 된 곳.
진탕	싫증이 날 만큼 아주 많이.
	돈을 진탕 써버리다. / 술을 진탕 마셨다.

•−처럼(○)//−마냥(×)

• 천생(○)//천상(×)

① 하늘로부터 타고남. 또는 그런 바탕(명사).

천생이 얌전하고 수줍었다.

② 타고난 것처럼 아주, 이미 정하여진 것처럼 어쩔 수 없이(부사).

천생 선생님이다. / 차가 없으니 천생 걸어갈 수밖에 없다.

•초점(焦點)(○)//촛점(×)

• 추어올리다/추켜올리다/치키다

추어올리다

   ① 옷이나 물건, 신체 일부 따위를 위로 가뜬하게 올리다.

   바지를 추어올렸다.

   ② 실제보다 과장되게 칭찬하다. (＝추어주다/치켜올리다)

   너는 조금만 추어올리면 잘난 체한다.

추켜올리다

   ① 〈추어올리다 ①〉

   바지춤을 추켜올리며 말했다.

   ② 〈추어올리다 ②〉의 잘못된 표현.

치키다 위로 끌어 올리다.

   눈썹을 치키다. / 총부리를 위로 치키다.

•출셋길(○)//출세길(×)

• 칠칠하다(칠칠맞다)/칠칠하지 못하다(칠칠맞지 못하다)

칠칠하다 ① 나무, 풀, 머리털 따위가 잘 자라서 알차고 길다.

   ② 주접이 들지 아니하고 깨끗하고 단정하다.

   ③ 성질이나 일 처리가 반듯하고 야무지다.

   → 〈칠칠하다(맞다)〉는 긍정적인 의미이므로 흔히 쓰는 〈바보 같음〉을 나타내는 경우에는 반드시 〈못하다/않다〉 등을 붙여 〈칠칠맞지 못하다/칠칠하지 않다〉 등으로 써야 한다.

• cut: 컷/커트

컷	① 연극, 영화에서 한 번의 연속 촬영으로 찍은 장면
	(＝숏 shot. 〈장면〉으로 순화).
	② 대본이나 촬영한 필름에서 불필요한 부분을 삭제하는 일.
	③ 인쇄물에 넣는 삽화(挿畵)(〈삽화〉로 순화).
커트	① 전체에서 일부를 잘라 내거나 진행되던 일을 중간에서 차
	단하는 일.
	② 머리를 자르거나 그 자른 머리 모양.
	③ 야구에서 타자가 공을 파울로 처리하는 일.

• tights: 타이츠(○)//타이즈(×)

• 파이고/패고(○)//패이고(×)
  땅이 여기저기 팼다.(○)
  땅이 여기저기 패였다.(×)

• 피다/피우다
  꽃이 피다 / 꽃을 피우다.
  담배를 피우다. (피다×)

• 한걸음/한 걸음
  한걸음에 달려가다. / 한 걸음 다가서다.
  → 〈한 걸음〉은 〈한 발자국〉으로 쓰지 않는다.

• 한발/한 발짝
  한발 앞서다. / 한 발짝도 옮길 수 없다.
  → 〈발자국 소리〉는 〈발소리〉로 교열한다.

• 해지다 ＝ 해어지다(닳다)
  헤지다 ＝ 헤어지다(흩어지다)
  제각기 뿔뿔이 헤졌다.

• 해피 엔드(○)//해피 엔딩(×)

• 호래자식/후레자식/호노자식(○)//호로자식(×)
  → 〈호래자식〉의 어원은 〈홀＋-의＋자식(子息)〉이다. 〈호노자식(胡奴
    子息)〉은 〈오랑캐 종놈의 자식〉이라는 뜻이다.

• 혼꾸멍나다(○)//혼구멍나다/혼구녕나다(×)
  → 〈혼나다〉를 속되게 이르는 말이다.

- 혼란스럽다(○)//혼돈스럽다(×)

- 휘둥그레지다(○)//휘둥그래지다(×)

- 횡격막(○)//횡경막(×)

- 흉측하다(○)//흉칙하다(×)

- 흥겹다(○)//흥겨웁다(×)

- 희읍스름하다(○)//희끄스름하다(×)

■ 틀리기 쉬운 띄어쓰기 용례 (열린책들)

• 가끔가다/가끔가다가

• 가는귀먹다

• 가량/깨나(조사)
  −권(券)/−어치/−짜리(접미사)
  2천 원가량 / 돈깨나 있다고 으스댄다. / 심술깨나 부리겠다.
  만 원권 / 5백 원어치 / 천 원짜리

• 가져다주다/갖다 주다

• 강변/○○강 변
  〈한강 변〉, 〈도나우강 변〉처럼 강의 이름에는 〈변(邊)〉을 띄어 쓴다.

• **같이하다(함께하다)/같이 하다(함께 하다)**

같이하다(함께하다)	시간이나 경험, 뜻이나 의견을 공유하는 경우.
	술자리를 함께하다. / 행동을 같이하다.
같이 하다(함께 하다)	어떠한 행동을 더불어 하는 경우.
	사업을 같이 하다. / 저녁 식사를 함께 하다.

• 거참(그거참/그것참)/까짓것
  〈거 / 그것〉과 〈참〉을 띄어 쓰지 않도록 주의한다.
  허, 그것참, 큰일이군.
  [비교] 하 참! 이것 참!

• 건(件)
  의존 명사로 다른 말과 합쳐져서 한 단어를 이루지 않는 한 다른
  말과 띄어 써야 한다.
  소송건
  사고 두 건 / 심의 건 / 토론 건

• 건너오다/건너 오다
  이리 건너와라.
  바다 건너 왔다.

• **것같이/것 같다**
  사과같이 예쁜 얼굴.
  백옥 같은 피부 / 비가 올 것 같다.

[참고] 〈같이〉는 조사로 쓰일 때와 부사로 쓰일 때가 있다.
우리 같이 가자. (부사)

• −고말고/−고 말다
그렇고말고. (어미)
그는 울고 말았다.

• 구제 불능(○)//구제불능(×)

• 그럴듯하다/그럴싸하다(○)//그럴 듯하다/그럴싸 하다(×)

• 그래/그려
〈그래〉는 〈−구먼 / −군〉과 같은 일부 종결 어미 뒤에 붙어 문장의
내용을 강조함을 나타내는 보조사이고, 〈그려〉는 하게할 자리나
하오할 자리 또는 하십시오할 자리의 일부 종결 어미 뒤에 붙어 문
장의 내용을 강조함을 나타내는 보조사이다.
머리를 조아리고 있군그래(있군 그래×).
자네 지금 꽤 즐거워 보이는구먼그래(보이는구먼 그래×).
그 집 사정이 참 딱하데그려(딱하데 그려×).
[비교] 왜 우니? ── 엄마가 집에 없어서 그래.
　　　기운이 없어 보이네. 감기 걸려서 그래?
➜ 붙여 쓰는 〈그래〉는 조사이므로 빼도 문장이 성립된다. 그런데 바로
위의 예문에서 〈그래〉는 서술어 역할을 하기 때문에 빠지면 말이 되
지 않는다. 이런 경우에는 띄어 쓴다.

• 그사이/그동안/그전
그 뒤 / 그 후 / 그 외

• **그중/이 중**
〈그중〉은 합성어이지만 〈이 중〉은 합성어가 아니다.

• 기독교도(○)//기독 교도(×)
유대교도 / 힌두교도 / 가톨릭교도

• −기에/−길래
둘 다 표준어로 〈−길래〉는 〈−기에〉를 구어적으로 이르는 말이다.

• 꿈같다(덧없고 허무하다)
➜ 〈같다〉는 형용사로 띄어 써야 하지만, 드물게 합성어를 이루는 경우
가 있으므로 외워 두면 좋다.
감쪽같다 / 뚱딴지같다 / 불같다 / 주옥같다 / 한결같다

- **년 차/연차**
  년도/연도
  레지던트 2년 차 / 이 년 차 // 연차 예산 / 연차 총회
  1975년도 출생자 / 2005년도 예산안
  제작 연도 / 졸업 연도 / 발행 연도

- 농사짓다(○)//농사 짓다(×)

- 눌러살다(○)//눌러 살다(×)

- 다되다(다 닳다/다 없어지다/끝장나다)//다 되다
  오늘 해도 다되다. / 술도 안주도 다되다. / 그 사람 운도 다되다.
  밥이 다 되다. / 회의 시간이 다 되어 간다.

- 다름없이/다름 아니라

- **다하다/다 하다**
  최선을 다하다.
  모든 일을 다 했다.

- 단둘/하나둘
  → 〈둘 다〉로 고쳐 쓴다.

- 달리하다/달리 하다
  이것은 그것과 차원을 달리한다. / 그들은 서로 견해를 달리하고
  있다.
  이래선 안 돼. 달리 해봐야겠어.

- 더한층/한층 더
  더더욱/더더군다나/더욱더

- 덜떨어진(○)//덜 떨어진(×)

- 되는대로(○)//되는 대로(×)

- **들어주다(요구, 청, 부탁을)/들어 주다(물건, 말을)**

- 따라 하다(○)//따라하다(×)

- 때맞추다(○)//때 맞추다(×)

- 띄어 쓰다//띄어쓰기

- 뜯어먹다(남의 재물 따위를 졸라서 얻거나 억지로 빼앗아 가지다)/뜯어 먹다(뜯어서 먹다)

- -ㄹ라치면/치면
  밥이라도 살라치면 온갖 생색을 내었다.
  가깝기로 치면 형네 집이 더 가까웠다.

- 마음먹다/마음잡다
  마음 놓다

- 마주하다
  마주 앉다/마주 서다/마주 보다

- 막돼먹다/돼먹지 못하다(않다)
  〈돼먹다〉는 〈되다〉의 속어이다.

- **말없이/아무 말 없이/말 없다**
  그는 말없이 앉아 있었다.
  그는 아무 말 없이 웃기만 했다.
  그는 말 없는 사람이었다.

- 머릿밑/머리 밑
  〈머리털이 난 살가죽〉을 의미할 때는 붙여 쓰고(사이시옷 들어 감), 〈목 위 부분〉인 머리 아래를 말할 때는 띄어 쓴다.
  머릿밑을 긁었다.
  환자의 머리 밑에서 베개를 치웠다.

- **머릿속(=마음속/가슴속)/머리 속**
  머리 안의 추상적인 공간을 말할 때는 붙여 쓰고, 〈머리카락 속〉을 의미할 때는 띄어 쓴다.
  머릿속이 복잡하다 / 독서로 머릿속을 살찌우다.
  머리 속에 혹이 생기다 / 머리 속에 새치가 많다.

- 먼데(〈변소〉를 완곡하게 이를 때만 붙여 쓴다.)
  먼 데(먼 곳)/먼 길

- 명실공히(○)//명실 공히(×)

- 못지않다/머지않아
  오래지 않아(=오래잖아)

- **무엇하다(= 멋하다/뭐하다/뭣하다)/무엇 하다**
  ① 〈거북하다, 곤란하다, 난처하다, 딱하다, 미안하다, 수줍다, 쑥스럽다, 싫다〉 따위의 느낌을 나타날 때는 한 단어이다.
  결혼식에 가기가 무엇해서 그만두었다.
  ② 지시 대명사로 쓰일 때에는 띄어 쓴다.
  거기서 무엇(을) 하니? / 뭐 하기에 이리 늦게 오지?

- **문밖(문안)/성밖(성안/성내)/창밖**
  대문 밖/집 밖

- **물샐틈없다**

- **바깥세상(○)//바깥 세상(×)**

- **발끝/발밑/발아래**
  내가 아무리 노력해 봤자, 그의 발밑에 있다.
  산정에 서니 구름은 발아래에 있다.
  → 앞에 수식어가 와도 띄어 쓰지 않는다.

- **밤새/틈새**
  쉴 새 없이/쉴 틈 없이/눈코 뜰 새 없이

- **뱃속/배 속**
  〈마음〉을 속되게 이를 때에만 〈뱃속〉이라 붙여 쓰고, 그 외엔 모두 띄어 쓴다.

- **보고**
  나보고 하는 말이니? (조사)
  한눈팔지 말고 나(를) 보고 이야기해라. (동사)
  방학 때 시험 보고 취직했다. (동사)

- **보아하니//보아 하니**
  ① 〈겉으로 보아서 짐작하건대〉라는 뜻으로 쓰일 때는 부사이다.
  보아하니 귀한 물건인 것 같은데 그렇게 함부로 굴려도 되겠나?
  ② 목적어가 있을 경우 부사로 보기 어려우므로 띄어 쓴다.
  그의 행동을 보아 하니, 곧 떠날 듯이 보인다.

- **부모덕(○)//부모 덕(×)**

- **불고체면(不顧體面)/불고염치(不顧廉恥)(○)**
  네 자로 된 한자어에서, 〈불고〉가 뒤로 갈 경우에는 앞 단어와 띄어 쓰므로 주의한다.
체면 불고 / 염치 불고(○)//체면 불구(×)

- 불나다/불타다
불 밝히다/불 켜다

• 빈방/빈속/빈자리/빈집
빈 곳/빈 데/빈 몸

- 빛/색
앞 단어와 붙어서 합성어가 될 수 있으면 모두 붙여 쓰고, 고유어
와 한자어, 혹은 고유어와 고유어가 결합하여 된소리가 나는 경우
에는 사이시옷을 적는다. 다만 한자어가 아닌 외래어의 경우는 된
소리가 나더라도 사이시옷을 적지 않는다.
황톳빛 / 핑크빛

- 선상/석상
선상(線上) 〈연장선(延長線)/일직선(一直線)/수평선(水平線)/기아선〉과
　　　　　같은 한 단어에 〈상〉이 붙을 경우에는 〈연장선상/일직선상/
　　　　　수평선상/기아선상〉과 같이 붙여 쓴다.
　　　　　➡ 단, 〈수사선/동일선〉이라는 말은 표제어가 아니므로 〈수
　　　　　　사 선상/동일 선상〉으로 띄어 쓴다.

석상(席上) 회의 석상 / 공식 석상 / 연회 석상

- 세계 미술사상/미술사가/풍경화가
〈세계〉와 〈미술사〉는 각각의 단어이고 〈상〉은 명사 뒤에 붙어 그
것과 관련된 입장이라는 뜻을 나타내는 접미사로, 〈세계 미술사
상〉이라고 띄어쓰기해야 한다.

- 소리치다/소리 지르다

- 소용 없다/소용없다
〈전혀 어떠한〉의 뜻을 나타내는 관형사 〈아무〉와 어울릴 때에는
띄어 쓴다.
아무 소용 없다.

- 수 세기/수 미터/수 킬로미터
➡ 〈수〉는 명사 앞에 붙는 관형사이다.

- 숨넘어가다/숨차다/숨죽이다/숨쉬기

숨 쉬다/숨 막히다/숨 거두다

- **숨 쉬다//숨쉬기**
  ① 〈숨을 쉬다〉라는 의미로 쓰일 때는 띄어 쓴다.
  뛰었더니 숨 쉬기가 힘들다.
  ② 생명/체육 전문 용어로 쓰일 때는 붙여 쓴다.
  다음은 숨쉬기 운동 차례다.

- **식(式)**
  나의 식 / 우리 식 / 그런 식(의존 명사)
  강의식 / 계단식 / 고정식(접미사)

- **실낱같다(○)//실낱 같다(×)**

- **아닌 게 아니라(○)//아닌게 아니라/아닌게아니라(×)**

- **안(案)**
  ① 대명사나 관형사 다음에 올 때는 띄어 쓴다.
  나의 안 / 우리 안 / 그런 안(명사)
  ② 일반 명사 다음에 쓸 때(특히, 한자어와 조합될 경우)는 붙여 쓴다.
  개헌안 / 개혁안 / 검토안 / 심의안

- **안개 속/안갯속**
  안개 속   (물리적으로) 안개의 속.
  안갯속   (비유적으로) 어떤 일이 어떻게 이루어질지 모르는 상태를
          이르는 말.

- **알 듯하다/알 듯 말 듯 하다(〈하다〉가 앞의 〈듯〉과 뒤의 〈듯〉 둘 다에 걸리므로)**

- **어깨 너머/어깨너머**
  남이 하는 것을 옆에서 보거나 들을 때는 붙여 쓴다.

- **어린아이/어린놈/어린년/어린것/어린이**
  → 아주 어린 아이

- **어젯밤/어제저녁**
  어제 아침/어제 낮//오늘 밤/오늘 저녁/오늘 낮

- **어찌 되다/어찌하다**
  부사 〈어찌〉와 동사 〈되다〉의 구성인 〈어찌 되다〉는 한 단어가 아니므로 띄어 쓰고, 〈어찌하다〉는 한 단어를 이루는 동사이므로 붙여 쓴다.

- 얼룩소/어미 소

- 여자아이/남자아이

- 오다가다/오면가면(오며가며×)
  오고 가다
  오도 가도 못하다
  오라 가라 하다
  온다 간다 말없이
  왔다 갔다 하다

- 우리나라/우리말/우리글
  〈우리〉는 위의 세 단어 외에는 모두 띄어 쓴다.
  우리 집
  → 우리 나라(우리 말): 외국인의 경우, 말하는 사람의 출신 국가(언어.)
    우리나라(우리말): 우리 한민족이 세운 나라를 스스로 이르는 말(우
    리나라 사람의 말.)

- 울고불고하다/울며불며하다

- 이번 주(이番 週)/지난주(지난週)/다음 주(다음 週)

- 이전/그전/요전/그전번/요전번/이전번
  그전 날

- 이전(以前)/이후(以後)/이외(以外)
  한자어이므로 붙여 쓴다.

- 이참(=이번)(○)//이 참(×)

- **일대일/일 대 일**
  〈양쪽이 같은 비율이나 같은 권리로 상대함, 한 사람이 한 사람을
  상대함〉이란 뜻의 합성어일 때는 붙여 쓰고, 양편의 점수를 표현
  할 경우에는 띄어 쓴다.
  일대일로 맞서다 / 일대일로 대응하다.
  축구 경기는 일 대 일로 끝났다.
  삼 대 삼 / 4대 4 / 4:4

- 일렬종대/일렬횡대
  〈일렬종대 / 일렬횡대〉의 경우만 예외적으로 〈일렬〉에 〈종대, 횡
  대〉가 결합한 합성어로 붙여 쓴다.

나머지는 〈이, 삼, 사〉의 수사에 나열을 의미하는 〈열〉과 〈종대, 횡
대〉가 이어지는 것으로 보아 띄어 써야 한다.
이 열 종대 / 삼 열 횡대 / 4열 종대

• 잘못짚다(○)//잘못 짚다(×)

• 정떨어지다(○)//정 떨어지다(×)

• 젠체하다(젠 체하다×)
  → 〈젠체하다〉는 〈잘난 체하다〉와 같은 뜻으로, 한 단어이다. 〈체하다〉
    는 원래 의존 명사 〈체〉와 동사 〈하다〉의 구성이었으나 하나의 단어
    로 굳어진 것으로 보이며, 사전에 보조 동사로 올라 있다. = 〈척하다〉

• 좀 더/좀 전

• 좌우측/정부 측/주최 측
  〈측(側)〉은 다른 말과 어울려 합성어를 이루지 않는 한 앞말과 띄
  어 써야 한다. 〈좌우측〉은 〈좌측〉과 〈우측〉이 줄어든 말이므로 붙
  여 쓴다(〈남북한〉이라고 쓰는 것과 같은 이치).

• 지난/올
  〈지난봄 / 지난여름 / 지난겨울 / 지난가을〉, 〈올봄 / 올여름 / 올
  겨울 / 올가을〉 따위처럼 국어사전의 표제어 등재 여부에 따라 띄
  어 써야 하므로 사전을 확인한 후 표기한다.

• 집어던지다/집어 던지다
  약속을 헌신짝처럼 집어던지다. / 그는 부장직을 집어던지고 고향
  으로 내려갔다.
  공을 집어 던지다.
  → 〈집어던지다〉는 〈일이나 행동을 그만두다〉라는 뜻이다.

• 참다못해
  참다못하다 (주로 〈참다못한〉, 〈참다못해〉 꼴로 쓰여) 참을 만큼 참다가
  더 이상 참을 수 없다.
      → 〈참다못해〉는 동사 〈참다못하다〉의 활용형이다.

• 창밖(문밖)
  열린 창 밖(이 경우에 〈열린〉 것은 〈창〉이므로 〈밖〉을 띄어 쓰는
  것이다).
  [비교] 열린 창문/방문/부엌문(〈창문/방문/부엌문〉 등은 한 단어로 굳어

133

진 말로 국어사전에 표제어로 등재되어 있다).

〈안방 문/가게 문〉 등은 표제어로 올라 있지 않으므로 언제나 띄어 써야
한다.

• 찾아보다/찾아 보다

찾아보다   ① 어떤 사람과 관련된 곳으로 가서 그 사람을 만나다.

          ② 원하는 정보를 구하거나 알기 위하여 대상물을 검토하거
나 조사하다.

          관계자를 찾아보고 해결하도록 하자. / 모르면 일단 사
전을 찾아보아라.

찾아 보다   〈현재 주변에 없는 것을 얻거나 사람을 만나려고 여기저기
를 뒤지거나 살피다〉는 뜻의 〈찾다〉에 보조 용언 〈보다〉가
붙은 것.

          지갑이 어디 있는지 한번 찾아 봐.

• 치고(조사)/치다(동사)

치고   〈그 전체가 예외 없이(부정의 말 뒤따름), 그중에서는 예외
적으로〉의 뜻을 나타내는 보조사.

        게으른 사람치고 부자인 경우는 드물다.

        나는 잘못한 것치고 벌을 적게 받았다.

        운동선수치고 뚱뚱하다.

치다   〈인정·가정하다〉를 뜻하는 동사.

        내가 잘못한 것이라 치고 이쯤에서 그만두자.

        둘째(로) 치고. / 없는 셈 치고.

• 큰 놈/큰놈

큰 놈   〈커다란〉 놈.

큰놈   첫째 아들을 속되게 이르는 말.

• 큰돈

10만 달러나 되는 큰돈(큰 돈×).

• 큰소리/큰 소리

큰소리치다(장담, 과장). / 꼭 큰소리가 나야 말을 듣니?(야단치는 말)

큰 소리로 웃다(커다란 소리).

• 큰코다치다

• 하는 둥 마는 둥 하다(〈하다〉가 앞의 〈둥〉과 뒤의 〈둥〉 둘 다에 걸리므로)

- 하다못해/듣다못해
  이외의 〈-다 못해〉는 모두 띄어 쓴다.
  보다 못해 / 죽다 못해

- 하루걸러/하루바삐/하루빨리/한시바삐
  하루 종일

- 한다하는/한다 하면

- **해 질 녘(해질녘×)/동틀 녘**
  동녘/새벽녘/저물녘

■ 차별적 표기 순화 용례 열린책들

국립 국어원에서는 〈사회적 의사소통 연구〉를 진행하여 2006년 「차별적, 비객관적 언어 표현 개선을 위한 기초 연구」, 2007년 「성차별적 언어 표현 사례 조사 및 대안 마련을 위한 연구」, 2008년 「장애인차별 언어의 양태에 관한 연구」, 2009년 「지역, 민족, 인종에 대한 차별적 언어 표현 개선 연구」 보고서를 발간하였다. 2021년 2분기에는 언어생활의 변화와 성 평등 의식의 변화를 반영하여 『표준 국어 대사전』에서 혐오와 차별이 내재된 일부 단어와 뜻풀이를 수정하였다. 법무부도 〈디지털 성범죄 전문 위원회〉를 구성하여 2021년 「성폭력·성희롱 간행물 제작 가이드라인」을 마련하였다. 같은 해 문화 관광 체육부의 「공공 영역의 차별 표현 및 대체어 목록」이 발표되었으며, 다음 해인 2022년에는 국가 인권 위원회의 「아동 비하 표현에 관한 의견 표명」이 이루어졌다. 그중 시대적 인식 변화에 따라서 열린책들 편집부에서 고쳐 나가는 표현들을 정리하였다. 출판 현장에서 함께 고민하고 바꿔 나가자는 현재형의 문제 제기이다. 저자의 의도나 문맥에 따라 필요한 표현일 수 있으니 책의 성격과 가치, 저자와의 협의를 통해 교열하도록 한다.

• 성 불평등 관련 차별 표현

동거녀 / 동거남 → 동거인

딥페이크 → 불법 합성물

리벤지 포르노 → 불법 촬영물 / 불법 유포물

맘스 스테이션 → 어린이 승하차장

몰카 / 몰래 카메라 → 불법 촬영

미망인 → 고인의 배우자

시집가다 → 결혼하다

신사협정 → 명예협정

야동 → 성인물 (단, 피해자가 존재하는 범죄 피해 영상물에 사용하지 않음)

영부인 → 대통령의 부인

외가 → 어머니 본가

친가 → 아버지 본가

유모차 → 유아차

자매결연 → 상호결연

저출산 → 저출생

집사람 / 안사람 / 바깥양반 → 배우자

처녀작 → 데뷔작 / 첫 작품

처녀막 → 질 입구 주름

학부형 → 학부모

여류 작가 / 여의사 / 여교수 / 여배우 / 여직원 / 여대생 / ○○○ 양(孃)
꼭 필요한 정보가 아님에도 여성임을 드러내는 표현은 지양한다.

과부 / 꽃뱀 / 미혼모 / 복부인 / 안내양 / 홀아비 / ○○남 / ○○녀
편견을 강화하는 성차별적 표현은 지양한다.

가해자를 지칭하는 표현: 늑대 / 악마 / 짐승 → 범죄자

가해 행위를 지칭하는 표현: 몹쓸 짓 / 일탈 → 범죄

피해자를 지칭하는 표현: ○○녀 → 피해자

피해자가 존재하는 영상물을 지칭할 때: 음란물 → 범죄 피해 영상물

소녀와 소년 / 신사와 숙녀 / 할머니와 할아버지
성별에 근거한 호명은 번갈아 사용한다.

- **신체적 특성 장애·질병 관련 차별 표현**

귀머거리 → 농인 / 청각 장애인

맹인 / 소경 / 장님 → 시각 장애인

반신불수 / 앉은뱅이 / 외팔이 / 절름발이 → 지체 장애인

벙어리 → 언어 장애인

벙어리장갑 → 손모아장갑

앉은뱅이책상 → 좌식 책상

장애자 / 장애우 → 장애인

정상인 → 비장애인

정신 박약 → 지적 장애

알코올 중독자 → 알코올 의존자

결정 장애 → 우유부단(하다) / 갈팡질팡(하다)

핸디캡 → 불리한 조건 / 약점 / 단점 / 흠

귀머거리 3년, 벙어리 3년 / 꿀 먹은 벙어리 / 눈뜬장님 / 벙어리 냉가슴
앓듯 / 장님 코끼리 만지기 / 절름발이 지식인
장애를 이용하여 비유하는 표현은 지양한다.

뚱보 / 말라깽이 / S 라인
특정한 외모를 비하하거나 불필요하게 강조하는 표현은 지양한다.

• **인종 · 지역 관련 차별 표현**

살색 → 살구색

에스키모 → 이누이트

용병 → 외국인 선수

아메리칸 인디언 → 아메리칸 원주민

비서구 / 비서울 / 비수도권 / 촌구석 / 촌뜨기

접두어 〈비(非)-〉와 〈촌(村)-〉을 붙여 특정 지역을 기준으로 중심과 비중심, 주류와 비주류로 구분하는 표현은 지양한다.

서울에 올라가다 / 여의도 면적의 몇 배 / 지방으로 내려가다

서울 중심적인 사고를 드러내는 표현은 지양한다.

• **직업 관련 차별 표현**

가정부/식모/파출부 → 가사 도우미

노가다 → 건설 노동자/인부

운전수 → 운전사/운전기사

잡상인 → 상인

장의사 → 장례 지도사

청소부 → 환경미화원/청소 노동자

• **가족 형태 관련 차별 표현**

결손 가정/편모 또는 편부 가정 → 한 부모 가정

미혼 → 비혼

혼혈아 → 사용을 지양하고, 다른 표현으로 풀어서 설명한다.

• **사회적 인식 관련 차별 표현**

노숙자 → 노숙인/홈리스

도둑고양이 → 길고양이

○린이 → 입문자/초보자

불법 체류자 → 미등록 이주민

성 전환 → 성 확정

애완동물 → 반려동물

에이즈 환자 → HIV 보균자/HIV 감염자

강대국 / 개도국 / 명문대 / 일류대 / 지방대

대상의 서열을 따져 차별의 근거로 삼는 표현이므로 사용을 지양한다.

■ 달라진 용어 용례

사회가 빠르게 변화하면서 우리가 쓰는 전문 용어들도 변화하거나 새롭게 등장한다. 좀 더 정확한 표현을 찾기 위해서 혹은 그간의 지식 발전을 반영하기 위해서 용어를 정정하기도 하고, 어려운 한자어나 외국어를 와닿는 한글 표현으로 바꾸기 위해서 순화어를 권장하는 경우도 있다. 이렇게 좀 더 정확하고, 좀 더 알기 쉬운 용어로 바뀌었거나 바뀌는 중인 용어들을 널리 쓰이는 말 중심으로 정리하였다. 여기에 예를 든 것 외에도 언어 습관에 따라 익숙한 이전 용어를 무심코 쓸 수 있으므로 전문 용어들은 가급적 사전을 확인해 보는 것이 좋다. 다만 달라진 용어들을 기계적으로 적용하는 것이 아니라 책의 성격과 문맥 등을 고려해 더 적합한 표현을 선택하도록 한다.

가차압 → 가압류	가택 침입 → 주거 침입
간질 → 뇌전증	간호원 → 간호사
갑상선 → 갑상샘	갑오경장 → 갑오개혁
경술국치 → 국권피탈	고지혈증 → 고지질 혈증
공소 → 항소	관선 변호인 → 국선 변호인
광주 민주화 운동 → 오일팔 민주화 운동	
광주 학생 운동 → 광주 학생 항일 운동	
군법 회의 → 군사 법원	까막살 → 참까막살
내림병 → 유전병	노이로제 → 신경증
뇌수종 → 물뇌증	뇌일혈 → 뇌내출혈
뇌전색 → 뇌색전	뉴런 → 신경 세포
늑막염 → 가슴막염	님포마니아 → 여자 색정증
다모증 → 털 과다증	다한증 → 땀 과다증
다혈증 → 다혈색	대둔근 → 큰볼기근
대법원 판사 → 대법관	대요근 → 큰허리근
대퇴 → 넙다리	등뼈 → 척추뼈
림프절/림프선 → 림프샘	망간 → 망가니즈
모간 → 털줄기	모발근 → 털세움근
모양근 → 섬모체근	몽고반점 → 몽고점
무언증 → 함구증	바이오해저드 → 생물 재해
바이털 사인 → 활력 징후	법정 전염병 → 법정 감염병
불가역성 → 비가역성	비복근 → 장딴지근

사법 보호 → 갱생 보호   사사오입 → 반올림
사체 경직 → 사후 경직   사후 강직 → 사후 경직
서혜부 → 샅굴 부위   선종 → 샘종
셀렌 → 셀레늄   셀프케어 → 자가돌봄
수상 돌기 → 가지 돌기   수포 → 물집
습포 → 젖은찜질   승모근 → 등세모근
시세포 → 시각 세포   심부전 → 심장 기능 상실
심장 페이스 메이커 → 심장 박동 조율기
알칼리 중독 → 알칼리증   액취증 → 땀 악취증
왜정 시대/일제 시대 → 일제 강점기
요오드 → 아이오딘   원추 → 원뿔
원통 → 원기둥   이중 국적자 → 복수 국적자
일혈 → 출혈   입방 → 세제곱/세제곱미터
자율 신경 실조증 → 자율 신경 기능 이상
적색경보 → 공습경보   정신 분열증 → 조현병
정신 지체 → 지적 장애   종창 → 부기
주산 → 수판셈   주산하다 → 수판셈하다
주식 거래소 → 증권 거래소 지적 재산권 → 지식 재산권
창씨개명 → 일본식 성명 강요 척추 측만증 → 척추 옆굽음증
체모 → 몸털   크롬 → 크로뮴
티탄 → 타이타늄   페도필리아 → 어린이 성애증
편도선 → 편도샘   편도선염 → 편도염
편측 마비 → 반마비   평방 → 제곱
폐수종 → 폐부종   플라세보 효과 → 속임약 효과
피부 기관 → 피부 부속기 피부 소양증 → 가려움증
피하 지방 → 피부밑 지방 혈농 → 피고름
형무관 → 교도관   형무소 → 교도소
후신경 → 후각 신경

■ 교열 시 순화해야 할 표기 용례

국립 국어원에서는 광복 60주년이 되는 2005년에 일상 언어생활에서 빈번하게 쓰이는 일본어 투 용어를 순화한 자료를 정리하여 「일본어 투 용어 순화 자료집」을 발간하였다. 이 자료집은 1995년 문화체육부가 펴낸 「일본어 투 생활 용어 순화집」과 1996년 국립 국어원이 펴낸 「일본어 투 생활 용어 사용 실태 조사」, 2008년 국립 국어원이 펴낸 「국어 순화 자료집」을 바탕으로 어원과 용례를 보완하여 한데 모아 놓은 것이다. 그중 우리가 알지 못한 채 자주 사용하는 일본어 투 단어들을 정리하였다. 모든 단어가 반드시 바뀌어야 할 사항은 아니고, 또 순화한 단어들이 오히려 어색하게 느껴질 수도 있으므로 문장에 따라 자연스럽게 교열해야 한다(고딕체는 순 일본어이거나 순 일본어와 한글이 결합된 단어, 그리고 외래어를 일본식으로 읽은 단어들이다).

가감 → 더하고 빼기, 더하기 빼기	가건물 → 임시 건물
가계약 → 임시 계약	가료 → 치료, (병) 고침
가불 → 선지급	가차압 → 임시 압류
가처분 → 임시 처분	가필 → 고쳐 씀
각반 → 행전	감사 → 지도 검사
개간 → 일굼	거래선 → 거래처
거류 → 머물러 삶	건포도 → 마른 포도, 말린 포도
검침원 → (계량기) 조사원	격납 → 넣어 둠
격무 → 힘든 일, 고된 일	격자문 → 문살문
견본 → 본(보기)	견습 → 수습
견적 → 추산, 어림셈	견학 → 보고 배우기
결근계 → 결근 신고(서)	결로 → 이슬 맺힘
결석계 → 결석 신고(서)	결손 → 모자람
결식아동 → 굶는 아이	결재 → 재가(裁可)
결집 → (한데) 모음	경관 → (아름다운) 경치
경상 → 가벼운 상처, 조금 다침	경시 → 얕봄, 깔봄
경어 → 높임말, 존댓말	경직 → 굳음
경품 → 덤 상품	경합 → 겨룸, 견줌
계주 → 이어달리기	고객 → (단골)손님
고수부지 → 둔치(마당), 강턱	고지 → 알림
고참 → 선임(자), 선참(자)	곤(紺)색 → 감색, 검남색, 진남색

공란 → 빈칸

공람 → 돌려봄

공석 → 빈자리

공수표 → ① 부도 수표 ② 가짜 약속

공시 → 알림

공임 → 품삯

공제 → 뗌, 뺌

공중 → (일반) 사람들, 일반인

과세 → 세금 매김

과잉 → 지나침, 초과

교정스리(刷リ) → 교정쇄

구근 → 알뿌리

구보 → 달리기

구인(拘引) → 끌어감

구좌 → 계좌

국채 → 나라 빚

근거리 → 가까운 거리

금명(간) → 오늘내일, 곧

금주 → 이번 주

급사 → 사환, 사동

기라성 → 빛나는 별

기상 → 일어남

기입 → 써 넣음

기증 → 드림

기포 → 거품

기합 → 얼차려〈군대〉, 기 넣기

나염 → 무늬찍기

낙과 → 떨어진 열매, 열매 떨어짐

난조 → 엉망, 흐트러짐

남발 → 마구 냄

남벌 → 마구 베기

납기 → 내는 날

납득 → 이해

납입 → 납부, 냄, 치름

내역 → 명세

내주 → 다음 주

노임 → 품삯

노점 → 길 가게, 거리 가게

다반사 → 예삿일, 흔한 일

다스(타스, ダース) → 열두 개, 타(打)

단도리(段取リ) → 채비, 단속

단합 → 뭉침

닭도리(鳥)탕 → 닭볶음탕

담합 → 짬짜미

답신 → 대답

당분간 → 얼마 동안

당혹 → 당황

대결 → 겨루기, 맞서기

대금 → 값, 돈

대금업 → 돈놀이

대금업자 → 돈놀이꾼

대미 → 맨 끝

대부 → (돈) 꾸기, 빌림

대절 → 전세

대체 → 바꿈

대출 → 빌림

대폭 → 많이, 크게, 넓게

대하 → 큰새우, 왕새우

도금 → (금) 입히기

도난 → 도둑맞음

도료 → 칠(감)

도합 → 모두, 합계

두개골 → 머리뼈

레자(レザー) → 인조 가죽

마대 → 포대, 자루

만개 → 활짝 핌, 만발

말소 → 지움, 지워 없앰

망년회 → 송년회

매도 → 팔아넘김

매립 → 메움

매물 → 팔 물건, 팔 것

매수 → 사(들이)기

매입 → 사(들이)기

매장 → 판매장

매절 → 다 팔림, 절품

매점 → 가게

매출 → 판매, 팔기

멜로(극 / 물) → 통속극

면식 → 안면

면적 → 넓이

멸실 → 없어짐

명기 → 분명히 기록함

명년 → 내년, 다음 해

명소 → 이름난 곳

명찰 → 이름표

모포 → 담요

미지불 → 미지급

밀담 → 비밀 이야기

반입 → 실어 옴, 실어 들임

발매 → 팔기

방사 → 방목, 놓아기르기

별책 → 딸림 책

부지 → 터, 대지

분비선 → 분비샘

분빠이하다 → 각자 내기 하다

불입 → 납부, 치름, 냄

불하 → 매각, 팔아 버림

빙점 → 어는점

뻥끼(ペンキ) → 페인트

사라다 → 샐러드

사료 → 먹이

사물함 → 개인 (물건) 보관함

사시미(刺身) → 생선회

사양 → ① 설명(서) ② 품목

선불 → 선지급

선착장 → 나루(터)

선취 → 먼저 얻음

세공 → 공예

세대 → 가구, 집

세대주 → 가구주

소데나시(袖無し) → 민소매

소라(空)색 → 하늘색, 하늘 빛깔

소바(蕎麦) → 메밀(국수)

소보루(そぼろ)빵 → 곰보빵

소하물 → 잔짐

송달 → 보냄, 띄움

쇼부(勝負) → 결판

수당 → 덤삯, 품삯

수령 → 받음

수리 → 받음, 받아들임

수반 → 우두머리

수속 → 절차, 순서

수순 → 차례, 순서

수입선 → 수입처, 수입국

수취인 → 받는 이

수타국수 → 손국수

수하물 → 손짐

수확고 → 수확량, 소출

숙박계 → 숙박 (장)부, 숙박 신고(서)

순번 → 차례

스시(寿司) → 초밥

승강장 → 타는 곳

승차권 → 차표

시건장치 → 잠금장치

시사 → 귀띔, 암시, 일러 줌

시합 → 겨루기

식비 → 밥값

식상 → 싫증남

십팔번 → 단골 장기, 단골 노래

쓰키다시(突き出し) → 곁들이(안주)

씨명 → 성명, 이름

압수 → 거둬 감

압정 → 누름못

앙꼬(あんこ) → 팥소

야키만두(야끼만두, 燒き) → 군만두　　양도 → 넘겨주기

언도 → 선고　　에키스(엑기스, エキス) → 진액

여비 → 노자　　역할 → 소임, 구실, 할 일

연와 → 벽돌　　연착 → 늦도착

염료 → 물감　　오뎅(御田) → 꼬치 / 어묵

오마카세 → 주방 특선　　오방떡(大判) → 왕풀빵

옥도정기(沃度丁幾) → 요오드팅크　　와꾸(枠) → 틀

와사비(山葵) → 고추냉이　　왔다리갔다리(行ったり來たり) → 왔다 갔다

용달 → 심부름　　우동(饂飩) → 가락국수

운임 → 찻삯, 짐삯　　원금 → 본전, 본밑

원족 → 소풍　　월부 → 달붓기

월부금 → 달돈　　위촉 → 맡김

유지 → 기름　　유착 → 엉겨 붙기

유토리(ゆとり) → 융통, 여유　　유황 → 황

유휴지 → 노는 땅　　융통 → 변통

이서 → 뒷보증　　익년 → 다음 해, 이듬해

익월 → 다음 달　　익일 → 다음 날

인계 → 넘겨줌　　인도 → 건네줌

인상 → (값) 올림　　인수 → 넘겨받음

인출 → (돈) 찾음　　인하 → (값) 내림

임금 → (품)삯　　-임에 틀림없다 → -임이 틀림없다

임차 → 세냄　　입간판 → 세움 간판

입구 → 들어오는 곳, 어귀, 들목　　입장 → 처지

입하 → 들어옴, 들여옴　　입회 → 참여, 참관

잉꼬(いんこ)부부 → 원앙 부부　　잉여 → 나머지

잔고 → 잔액, 나머지　　잔반 → 남은 밥, 음식 찌꺼기

잔업 → 시간 외 일　　잔존 기간 → 남은 기간

적립 → 모(아 쌓)음　　적조 → 붉은 조류

(장마)전선 → (장마)선 〈기상〉　　전향적 → 적극적, 진취적, 앞서감

절수 → 물 아낌　　절취 → 자름, 자르기

정찰 → 제값표　　정찰제 → 제값 받기

제본 → 책매기　　제전 → 축전, 잔치

조달 → 대어 줌, 마련함　　종지부 → 마침표

중매인(仲買人) → 거간, 거간꾼　　지분 → 몫

지불 → 지급, 치름　　지참 → 지니고 옴

진검 승부 → 생사 겨루기　　집중 호우 → 작달비, 장대비

차압 → 압류   차입 → 넣어 줌, 옥바라지
차장 → 승무원   차출 → 뽑아냄
천연두 → 마마   청부 → 도급
추리닝 → 연습복, 운동복 추월 → 앞지르기
출구 → 나가는 곳, 날목   출산 → 해산
출산율 → 출생률   출하 → 실어 내기
취급 → 다룸   취소 → 무름, 말소
취조 → 문초   취하 → 무름, 철회
칠부(七分)바지 → 칠푼 바지 침목 → 굄목
투망 → 던짐 그물, 쨍이   투매 → 막 팔기
품절 → (물건) 없음, 동남, 동이 남 하락세 → 내림세
하명 → 명령, 지시   하물 → 짐
하중 → 짐 무게   하청 → 아래 도급, 밑 도급
한천 → 우무, 우뭇가사리   할당 → 몫 나누기, 배정, 벼름
할증료 → 웃돈, 추가금   합승 → 함께 타기
행선지 → 가는 곳   호조 → 순조
호출 → 부름   혹서 → 무더위
혹성 → 행성   혹한 → 된추위
회람 → 돌려 보기   횡단 도로 → 건널목
후불 → 후지급   흑판 → 칠판

열린책들 순화하면 좋을 외래어 및 그 외 표기

가스라이팅 → 심리(적)지배	가이드라인 → 지침, 방침
간호원 → 간호사	갈라쇼 → 뒤풀이 공연
개찰구 → 개표구	고백 성사 → 고해 성사
골든골 → 끝내기골	광견병 → 미친갯병
굴삭기 → 굴착기	뉴 노멀 → 새 기준, 새 일상
다크웹 → 지하웹	더치페이 → 각자 내기
두개골 → 머리뼈	레시피 → 조리법
론칭쇼 → 신제품 발표회	롤모델 → 본보기상
리뉴얼 → 갱신	리커버 → 새 표지
마일리지 → 이용 실적(점수)	메세나 → 문예 후원
멘토 → (인생) 길잡이	무빙워크 → 자동길
미션 → 중요 임무	바우처 제도 → 복지 상품권 제도
발레파킹 → 대리 주차	보이스피싱 → (음성) 사기 전화
부락 → 마을	블랙컨슈머 → 악덕 소비자
사팔눈 → 사시	선루프 → 지붕창
소셜 커머스 → 공동 할인 구매	스크린도어 → 안전문
슬리브리스 → 민소매	안전벨트 → 안전띠
언론 플레이 → 여론 몰이	에듀테인먼트 → 놀이 학습
에어 서큘레이터 → 공기 순환기	에이에스엠아르/에이에스엠알 → 감각 소리
올인 → 다 걸기	우편배달부 → 우편집배원
운전수 → 운전사, 운전기사	워터 파크 → 물놀이 공원
원추형 → 원뿔형	웨딩 플래너 → 결혼 도우미
웹 서핑 → 누리 검색	일제 시대 → 일제 강점기
제로베이스 → 백지상태	치킨 게임 → 끝장 승부
카시트 → (아이) 안전 의자	캠프파이어 → 모닥불 놀이
캡처 → (장면) 갈무리	코스터 → 컵받침
타운하우스 → 공동 전원주택	테스터 → 체험 평가자
투잡 → 겹벌이	팁 → 도움말
파트너십 → 동반 관계	8·15 해방 → 8·15 광복
팝업창 → 알림창	패키지 상품 → 꾸러미 상품
팩트 체크 → 사실 확인	포스트 잇 → 붙임쪽지
플래카드 → 현수막	플랜테리어 → 식물 인테리어
한일 합방 → 한일 병합	할리우드 액션 → 눈속임짓
핫 이슈 → 주요 쟁점	항로(航路) → 뱃길, 항공로
핸드폰/휴대폰 → 휴대 전화	핸드 프린팅 → 기념 손 찍기
흙받이 → 흙받기	힐링 → 치유

■ 꼭 붙여 써야 할 복합 명사 용례 열린책들

자립적인 두 단어가 결합하여 하나의 합성어로 굳어지면 띄어 쓰지
않는다.

가계빚	가두시위	가면(가장)무도회
가상현실	가설무대	가전제품
가정생활	가정주부	가족계획
가족사진	가족여행	감자칩
강어귀	개선장군	걸개그림
경계경보	경제생활	계급의식
권위의식	고급문화	고속도로
고정관념	공동묘지	공립학교/사립학교
공중제비	과대평가	과소평가
관광버스	관현악곡	국가대표
국립공원	국립대학/사립대학	국립묘지
국무총리	국회의원	급행열차
기삿거리	기성세대	기와지붕
나무판자	난생처음	내면세계
노동조합/소비조합/협동조합		노천카페
녹색신고	놀이동산	단춧구멍
담뱃불	대중가요	대중문화
대중음악	대학교수	대한민국
도덕의식	독립운동	돌연변이
마귀할멈	만병통치약	먼산나무
명당자리	모래시계	모음조화
목적의식	무명용사	문화유산
민족의식	바큇자국	반신불수
밤공기	보도블록	비밀경찰
사고방식	사관학교/전문학교	사무총장
사설탐정	사정거리	사진작가
사해동포	사회생활	살아생전
삼각관계	세계여행	셀프서비스
셔틀버스	소강상태	속물근성
수미상관	스타일북	시곗바늘
시대착오	시사만화	신진대사

신춘문예	신혼살림	신혼여행
쓰레기봉투	안보의식	안전사고
안전장치	애꿎덩어리	앵글로아메리카
야외무대	어제저녁	영양실조
영화감독	옛날이야기	올가을
올겨울	올봄	올여름
우리나라	우편배달부	운동선수
육체노동	이중생활	이해관계
인공위성	인수인계	인스턴트커피
일련번호	읽을거리	자급자족
자연환경	자유기구	자유방임
자유분방	잠금장치	잠재의식
저명인사	전기다리미	전원주택
전자가스	전자계산기	전자시계
정면충돌	정보기관	주삿바늘
주식회사	중상모략	지난가을
지난겨울	지난봄	지난여름
진공청소기	집주인	창씨개명
천연기념물	천연자원	취사도구
카드놀이	크리스마스카드	타임머신
토마토소스	투신자살	파이프라인
풍자만화	필기도구	함석지붕
합성수지	허심탄회	허튼수작
협동조합	혼수상태	환경오염
활동사진	활자인간	회전의자

• 〈교통〉과 붙어 합성어를 이루는 말들

교통경찰	교통대란	교통도덕
교통마비	교통사고	교통수단
교통순경	교통안전	교통정리
교통지옥	교통질서	

→ 〈교통〉과 띄어 쓰는 말들

교통 기관	교통 도시	교통 법규
교통 신호		

• 〈자기〉와 붙어 합성어를 이루는 말들

자기광고	자기금융	자기기계

자기기만	자기도취	자기만족
자기모순	자기반성	자기변명
자기변호	자기비판	자기선전
자기소개	자기실현(=자아실현)	
자기신용	자기염오(=자기혐오)	
자기완성	자기의식(=자의식)	
자기주장	자기중심	

→ 〈자기〉와 띄어 쓰는 말들

자기 과시	자기 연민	자기 성찰
자기 멸시	자기 모집	자기 부정
자기 소외	자기 소화(=자가 분해)	
자기 역학	자기 원인	자기 통제
자기 자본	자기 복제	자기 암시

제7장 문장 부호 [한글 맞춤법 부록]

문장 부호는 글에서 문장의 구조를 드러내거나 글쓴이의 의도를 전달하기 위하여 사용하는 부호이다. 문장 부호의 이름과 사용법은 다음과 같이 정한다.

1 마침표(.)

1) 서술, 명령, 청유 등을 나타내는 문장의 끝에 쓴다.

젊은이는 나라의 기둥입니다.   제 손을 꼭 잡으세요.

집으로 돌아갑시다.   가는 말이 고와야 오는 말이 곱다.

붙임 1 직접 인용한 문장의 끝에는 쓰는 것을 원칙으로 하되, 쓰지 않는 것을 허용한다(ㄱ을 원칙으로 하고, ㄴ을 허용함).

ㄱ. 그는 "지금 바로 떠나자."라고 말하며 서둘러 짐을 챙겼다.

ㄴ. 그는 "지금 바로 떠나자"라고 말하며 서둘러 짐을 챙겼다.

(열린책들) 다음과 같이 쓴다.

그는 〈지금 바로 떠나자〉라고 말하며 서둘러 짐을 챙겼다.

붙임 2 용언의 명사형이나 명사로 끝나는 문장에는 쓰는 것을 원칙으로 하되, 쓰지 않는 것을 허용한다(ㄱ을 원칙으로 하고, ㄴ을 허용함).

ㄱ. 목적을 이루기 위하여 몸과 마음을 다하여 애를 씀.

ㄴ. 목적을 이루기 위하여 몸과 마음을 다하여 애를 씀

ㄱ. 결과에 연연하지 않고 끝까지 최선을 다하기.

ㄴ. 결과에 연연하지 않고 끝까지 최선을 다하기

ㄱ. 신입 사원 모집을 위한 기업 설명회 개최.

ㄴ. 신입 사원 모집을 위한 기업 설명회 개최

ㄱ. 내일 오전까지 보고서를 제출할 것.

ㄴ. 내일 오전까지 보고서를 제출할 것

다만, 제목이나 표어에는 쓰지 않음을 원칙으로 한다.

압록강은 흐른다   꺼진 불도 다시 보자   건강한 몸 만들기

(열린책들)

① 문장 끝에 괄호 속의 부연 설명이 들어간 경우, 마침표는 괄호 밖에 찍는다.

교사는 그를 손짓으로 불렀다(그러나 똑바로 쳐다보지는 않았다).

② 인용문의 출전을 각주로 표시하지 않을 경우, 마침표는 다음과 같이 찍는다.

이리하여 하늘과 땅과 그 가운데 있는 모든 것이 다 이루어졌다.(「창세기」2장 1절)

2) 아라비아 숫자만으로 연월일을 표시할 때 쓴다.

1919. 3. 1.   10. 1.~10. 12.

3) 특정한 의미가 있는 날을 표시할 때 월과 일을 나타내는 아라비아 숫자 사이에 쓴다.

3.1 운동   8.15 광복

붙임 이때는 마침표 대신 가운뎃점을 쓸 수 있다.

3·1 운동   8·15 광복

4) 장, 절, 항 등을 표시하는 문자나 숫자 다음에 쓴다.

가. 인명   ㄱ. 머리말   I. 서론   1. 연구 목적

붙임 〈마침표〉 대신 〈온점〉이라는 용어를 쓸 수 있다.

2 물음표(?)

1) 의문문이나 의문을 나타내는 어구의 끝에 쓴다.

점심 먹었어?   이번에 가시면 언제 돌아오세요?

제가 부모님 말씀을 따르지 않을 리가 있겠습니까?

남북이 통일되면 얼마나 좋을까?

다섯 살짜리 꼬마가 이 멀고 험한 곳까지 혼자 왔다?

지금?   뭐라고?   네?

붙임 1 한 문장 안에 몇 개의 선택적인 물음이 이어질 때는 맨 끝의 물음에만 쓰고, 각 물음이 독립적일 때는 각 물음의 뒤에 쓴다.

너는 중학생이냐, 고등학생이냐?

너는 여기에 언제 왔니? 어디서 왔니? 무엇 하러 왔니?

붙임 2 의문의 정도가 약할 때는 물음표 대신 마침표를 쓸 수 있다.

도대체 이 일을 어쩐단 말이냐.

이것이 과연 내가 찾던 행복일까.

다만, 제목이나 표어에는 쓰지 않음을 원칙으로 한다.

역사란 무엇인가

아직도 담배를 피우십니까

2) 특정한 어구의 내용에 대하여 의심, 빈정거림 등을 표시할 때, 또는 적절한 말을 쓰기 어려울 때 소괄호 안에 쓴다.

우리와 의견을 같이할 사람은 최 선생(?) 정도인 것 같다.

30점이라, 거참 훌륭한(?) 성적이군.

우리 집 강아지가 가출(?)을 했어요.

3) 모르거나 불확실한 내용임을 나타낼 때 쓴다.

최치원(857~?)은 통일 신라 말기에 이름을 떨쳤던 학자이자 문장가이다.

조선 시대의 시인 강백(1690?~1777?)의 자는 자청이고, 호는 우곡이다.

3 느낌표(!)

1) 감탄문이나 감탄사의 끝에 쓴다.

이거 정말 큰일이 났구나!   어머!

붙임 감탄의 정도가 약할 때는 느낌표 대신 쉼표나 마침표를 쓸 수 있다.

어, 벌써 끝났네.   날씨가 참 좋군.

2) 특별히 강한 느낌을 나타내는 어구, 평서문, 명령문, 청유문에 쓴다.

청춘! 이는 듣기만 하여도 가슴이 설레는 말이다.

이야, 정말 재밌다!

지금 즉시 대답해!

앞만 보고 달리자!

3) 물음의 말로 놀람이나 항의의 뜻을 나타내는 경우에 쓴다.

이게 누구야!   내가 왜 나빠!

4) 감정을 넣어 대답하거나 다른 사람을 부를 때 쓴다.

네!   네, 선생님!

흥부야!   언니!

4 쉼표(,)

1) 같은 자격의 어구를 열거할 때 그 사이에 쓴다.

근면, 검소, 협동은 우리 겨레의 미덕이다.

충청도의 계룡산, 전라도의 내장산, 강원도의 설악산은 모두 국립 공원이다.

집을 보러 가면 그 집이 내가 원하는 조건에 맞는지, 살기에 편한지, 망가진 곳은 없는지 확인해야 한다.

5보다 작은 자연수는 1, 2, 3, 4이다.

다만, (가) 쉼표 없이도 열거되는 사항임이 쉽게 드러날 때는 쓰지 않을 수 있다.

아버지 어머니께서 함께 오셨어요.

네 돈 내 돈 다 합쳐 보아야 만 원도 안 되겠다.

(나) 열거할 어구들을 생략할 때 사용하는 줄임표 앞에는 쉼표를 쓰지 않는다.

광역시: 광주, 대구, 대전……

2) 짝을 지어 구별할 때 쓴다.

닭과 지네, 개와 고양이는 상극이다.

3) 이웃하는 수를 개략적으로 나타낼 때 쓴다.

5, 6세기   6, 7, 8개

열린책들 〈6~7개〉와 같이 쓴다. 〈60~70세〉도 〈6, 70세〉 혹은 〈6~70세〉라고 쓰지 않는다.

4) 열거의 순서를 나타내는 어구 다음에 쓴다.

첫째, 몸이 튼튼해야 한다.

마지막으로, 무엇보다 마음이 편해야 한다.

5) 문장의 연결 관계를 분명히 하고자 할 때 절과 절 사이에 쓴다.

콩 심은 데 콩 나고, 팥 심은 데 팥 난다.

저는 신뢰와 정직을 생명과 같이 여기고 살아온바, 이번 비리 사건과는 무관하다는 점을 분명히 밝힙니다.

떡국은 설날의 대표적인 음식인데, 이걸 먹어야 비로소 나이도 한 살 더 먹는다고 한다.

6) 같은 말이 되풀이되는 것을 피하기 위하여 일정한 부분을 줄여서 열거할 때 쓴다.

여름에는 바다에서, 겨울에는 산에서 휴가를 즐겼다.

7) 부르거나 대답하는 말 뒤에 쓴다.

지은아, 이리 좀 와 봐.

네, 지금 가겠습니다.

8) 한 문장 안에서 앞말을 〈곧〉, 〈다시 말해〉 등과 같은 어구로 다시 설명할 때 앞말 다음에 쓴다.

책의 서문, 곧 머리말에는 책을 지은 목적이 드러나 있다.

원만한 인간관계는 말과 관련한 예의, 즉 언어 예절을 갖추는 것에서 시작된다.

호준이 어머니, 다시 말해 나의 누님은 올해로 결혼한 지 20년이 된다.

나에게도 작은 소망, 이를테면 나만의 정원을 가졌으면 하는 소망이 있어.

9) 문장 앞부분에서 조사 없이 쓰인 제시어나 주제어의 뒤에 쓴다.

돈, 돈이 인생의 전부이더냐?

열정, 이것이야말로 젊은이의 가장 소중한 자산이다.

지금 네가 여기 있다는 것, 그것만으로도 나는 충분히 행복해.

저 친구, 저러다가 큰일 한번 내겠어.

그 사실, 넌 알고 있었지?

10) 한 문장에 같은 의미의 어구가 반복될 때 앞에 오는 어구 다음에 쓴다.

그의 애국심, 몸을 사리지 않고 국가를 위해 헌신한 정신을 우리는 본받아야 한다.

11) 도치문에서 도치된 어구들 사이에 쓴다.

이리 오세요, 어머님.

다시 보자, 한강수야.

12) 바로 다음 말과 직접적인 관계에 있지 않음을 나타낼 때 쓴다.

갑돌이는, 울면서 떠나는 갑순이를 배웅했다.

철원과, 대관령을 중심으로 한 강원도 산간 지대에 예년보다 일찍 첫눈이 내렸습니다.

13) 문장 중간에 끼어든 어구의 앞뒤에 쓴다.

나는, 솔직히 말하면, 그 말이 별로 탐탁지 않아.

영호는 미소를 띠고, 속으로는 화가 치밀어 올라 잠시라도 견딜 수 없을 만큼 괴로웠지만, 그들을 맞았다.

붙임 1 이때는 쉼표 대신 줄표를 쓸 수 있다.

나는 — 솔직히 말하면 — 그 말이 별로 탐탁지 않아.

영호는 미소를 띠고 — 속으로는 화가 치밀어 올라 잠시라도 견딜 수 없을 만큼 괴로웠지만 — 그들을 맞았다.

붙임 2 끼어든 어구 안에 다른 쉼표가 들어 있을 때는 쉼표 대신 줄표를 쓴다.

이건 내 것이니까 — 아니, 내가 처음 발견한 것이니까 — 절대로 양보할 수 없다.

14) 특별한 효과를 위해 끊어 읽는 곳을 나타낼 때 쓴다.

내가, 정말 그 일을 오늘 안에 해낼 수 있을까?

이 전투는 바로 우리가, 우리만이, 승리로 이끌 수 있다.

15) 짧게 더듬는 말을 표시할 때 쓴다.

선생님, 부, 부정행위라니요? 그런 건 새, 생각조차 하지 않았습니다.

붙임 〈쉼표〉 대신 〈반점〉이라는 용어를 쓸 수 있다.

열린책들

① 문장 혹은 구문의 나열에서 마침표 자리에 사용한다.

그 노인은 늘 불평이 많았다. 아들 얼굴을 1년에 한 번 보기가 어렵다, 지급된 신발이 맞지 않아 발이 아프다, 음식이 엉망이다, 자원봉사자라는 애들이 와서는 과자를 먹으며 놀고 있다 등등.

② 따옴표, 괄호, 낫표와 같이 올 때는 바깥에 둔다.

〈세계사〉에는 〈일본사〉, 〈중국사〉, 〈서양사〉 등이 포함된다.

『르 몽드』, 『더 타임스』, 『프랑크푸르터 알게마이네 차이퉁』 등의 유력지.

③ 그러나 대화의 낫표 속에서는 반점이 들어가는 경우가 있다.

「그러면,」 그녀가 말했다. 「돈이 이제 이것뿐이네요.」

이것은 좋은 용법이라고 볼 수 없으므로 가능하면 분리된 대화를 합치는 것이 바람직하다.

5 가운뎃점(·)

1) 열거할 어구들을 일정한 기준으로 묶어서 나타낼 때 쓴다.

민수·영희, 선미·준호가 서로 짝이 되어 윷놀이를 하였다.

지금의 경상남도·경상북도, 전라남도·전라북도, 충청남도·충청북도 지역을 예부터 삼남이라 일러 왔다.

2) 짝을 이루는 어구들 사이에 쓴다.

한(韓)·이(伊) 양국 간의 무역량이 늘고 있다.

우리는 그 일의 참·거짓을 따질 겨를도 없었다.

하천 수질의 조사·분석

빨강·초록·파랑이 빛의 삼원색이다.

다만, 이때는 가운뎃점을 쓰지 않거나 쉼표를 쓸 수도 있다.

한(韓) 이(伊) 양국 간의 무역량이 늘고 있다.

우리는 그 일의 참 거짓을 따질 겨를도 없었다.

하천 수질의 조사, 분석

빨강, 초록, 파랑이 빛의 삼원색이다.

3) 공통 성분을 줄여서 하나의 어구로 묶을 때 쓴다.

상·중·하위권   금·은·동메달

통권 제54·55·56호

붙임 이때는 가운뎃점 대신 쉼표를 쓸 수 있다.

상, 중, 하위권   금, 은, 동메달

통권 제54, 55, 56호

→ 가운뎃점은 앞말과 뒷말에 붙여 쓴다.

(열린책들) 되도록 사용하지 않고, 쉼표로 대체한다. 서양 이름 사이에서 쓰지 않는다.

① 제임스 마라·브루스 밴든버그 공저.

② 서명한 사람은 마라·밴든버그 등이었다.

①의 경우에는 마라가 제임스와는 떨어져 보이고 브루스와는 결합되어 보이며, ②의 경우에는 마라 밴든버그라는 사람의 구식(일본식) 표기 같아 보인다.

6 쌍점 full colon (:)

1) 표제 다음에 해당 항목을 들거나 설명을 붙일 때 쓴다.

문방사우: 종이, 붓, 먹, 벼루

일시: 2014년 10월 9일 10시

흔하진 않지만 두 자로 된 성씨도 있다.(예: 남궁, 선우, 황보)

올림표(♯): 음의 높이를 반음 올릴 것을 지시한다.

2) 희곡 등에서 대화 내용을 제시할 때 말하는 이와 말한 내용 사이에 쓴다.

김 과장: 난 못 참겠다.

아들: 아버지, 제발 제 말씀 좀 들어 보세요.

3) 시와 분, 장과 절 등을 구별할 때 쓴다.

오전 10:20(오전 10시 20분)

두시언해 6:15(두시언해 제6권 제15장)

4) 의존명사 〈대〉가 쓰일 자리에 쓴다.

65:60(65대 60)   청군:백군(청군 대 백군)

붙임 쌍점의 앞은 붙여 쓰고 뒤는 띄어 쓴다. 다만, (3)과 (4)에서는 쌍점의 앞뒤를 붙여 쓴다.

(열린책들) 1), 2)와 같은 경우에는 쌍점의 앞은 붙이고 뒤는 한 칸 띄어 쓴다. 3), 4)와 같은 경우에는 쌍점의 앞뒤를 반 칸씩 띄어 쓴다.

(열린책들) **쌍반점 semicolon (;)**

쌍반점은 우리 글에서는 원래 쓰지 않고 영어권에서 쓰는 문장 부호이다. 그래서 국어에서는 이 용법에 대한 규정이 따로 마련되어 있지 않다. 이 쌍반점은 영어권에서는 문장을 자세하게 풀이할 때 쓰는 부호이지만, 우리말에서는 풀어서 써주거나, 부득이한 경우 줄표(—)나 쌍점(:) 등으로 대체하며, 참고 문헌, 인용, 출처 등의 정보가 여러 개 나열될 때 구분을 위해서만 사용하기로 한다.

7 빗금(/)

1) 대비되는 두 개 이상의 어구를 묶어 나타낼 때 그 사이에 쓴다.

먹이다 / 먹히다   남반구 / 북반구   금메달 / 은메달 / 동메달

(   )이/가 우리나라의 보물 제1호이다.

2) 기준 단위당 수량을 표시할 때 해당 수량과 기준 단위 사이에 쓴다.

100미터/초   1,000원/개

3) 시의 행이 바뀌는 부분임을 나타낼 때 쓴다.

산에 / 산에 / 피는 꽃은 / 저만치 혼자서 피어 있네

다만, 연이 바뀜을 나타낼 때는 두 번 겹쳐 쓴다.

산에는 꽃 피네 / 꽃이 피네 / 갈 봄 여름 없이 / 꽃이 피네 // 산에 / 산에 /
피는 꽃은 / 저만치 혼자서 피어 있네

붙임 빗금의 앞뒤는 1)과 2)에서는 붙여 쓰며, 3)에서는 띄어 쓰는 것
을 원칙으로 하되 붙여 쓰는 것을 허용한다.

단, 1)에서 대비되는 어구가 두 어절 이상인 경우에는 빗금의 앞뒤를
띄어 쓸 수 있다.

[열린책들] 편집상 빗금의 앞뒤 띄어쓰기

① 낱말이나 짧은 구문의 연결에서는 앞뒤 반 칸씩 띄어 쓴다.

② 문장(시, 노래 등)이나 긴 구문의 연결에서는 앞뒤 모두 한 칸씩 띄어 쓴다.

8 큰따옴표(" ")

1) 글 가운데에서 직접 대화를 표시할 때 쓴다.

"어머니, 제가 가겠어요."

"아니다. 내가 다녀오마."

2) 말이나 글을 직접 인용할 때 쓴다.

나는 "어, 광훈이 아니냐?" 하는 소리에 깜짝 놀랐다.

밤하늘에 반짝이는 별들을 보면서 "나는 아무 걱정도 없이 가을 속의 별
들을 다 헬 듯합니다."라는 시구를 떠올렸다.

편지의 끝머리에는 이렇게 적혀 있었다. "할머니, 편지에 사진을 동봉했
다고 하셨지만 봉투 안에는 아무것도 없었어요."

[열린책들] 1)의 경우에는 홑낫표를, 2)와 같은 경우에는 홑화살괄호를
쓴다.

[열린책들] 큰따옴표는 각주, 참고 문헌에서 로마자 논문 제목을 표시할
때 사용한다.

S. Freud, "Das Unheimliche", *Studienausgabe 10* (Frankfurt am Main: Suhrkamp Verlag, 1972).

→ 각주, 참고 문헌에서 로마자 저서를 번역 병기 없이 표시할 경우 따옴표 없이 이탤릭체를 사용한다.

Paul Auster, *The New York Trilogy* (New York: Penguin Books, 1987).

저자, 책 제목(발행 장소: 출판사, 발행 연도)

9 작은따옴표(' ')

1) 인용한 말 안에 있는 인용한 말을 나타낼 때 쓴다.

그는 "여러분! '시작이 반이다.'라는 말 들어 보셨죠?"라고 말하며 강연을 시작했다.

2) 마음속으로 한 말을 적을 때 쓴다.

나는 '일이 다 틀렸나 보군.' 하고 생각하였다.

'이번에는 꼭 이기고야 말겠어.' 호연이는 마음속으로 몇 번이나 그렇게 다짐하며 주먹을 불끈 쥐었다.

[열린책들] 작은따옴표 대신 화살괄호를 사용한다.

그는 〈여러분!《시작이 반이다》라는 말 들어 보셨죠?〉라고 말하며 강연을 시작했다.

〈이번에는 꼭 이기고야 말겠어.〉 호연이는 마음속으로 몇 번이나 그렇게 다짐하며 주먹을 불끈 쥐었다.

10 소괄호(( ))

1) 주석이나 보충적인 내용을 덧붙일 때 쓴다.

니체(독일의 철학자)의 말을 빌리면 다음과 같다.

2014. 12. 19.(금)

문인화의 대표적인 소재인 사군자(매화, 난초, 국화, 대나무)는 고결한 선비 정신을 상징한다.

2) 우리말 표기와 원어 표기를 아울러 보일 때 쓴다.

기호(嗜好), 자세(姿勢)　　　　커피(coffee), 에티켓(étiquette)

[열린책들] 로마자(영어, 프랑스어, 독일어, 라틴어, 러시아어 등)는 괄호 없이 병기한다.

커피coffee는 기호식품이다.

토마스 만Thomas Mann은『부덴브로크가의 사람들*Buddenbrooks*』을 스물네 살에 썼다.

3) 생략할 수 있는 요소임을 나타낼 때 쓴다.
학교에서 동료 교사를 부를 때는 이름 뒤에 '선생(님)'이라는 말을 덧붙인다.
광개토(대)왕은 고구려의 전성기를 이끌었던 임금이다.

4) 희곡 등 대화를 적은 글에서 동작이나 분위기, 상태를 드러낼 때 쓴다.
현우: (가쁜 숨을 내쉬며) 왜 이렇게 빨리 뛰어?
"관찰한 것을 쓰는 것이 습관이 되었죠. 그러다 보니, 상상력이 생겼나 봐
요." (웃음)

5) 내용이 들어갈 자리임을 나타낼 때 쓴다.
우리나라의 수도는 (   )이다.
다음 빈칸에 알맞은 조사를 쓰시오.
민수가 할아버지(   ) 꽃을 드렸다.

6) 항목의 순서나 종류를 나타내는 숫자나 문자 등에 쓴다.
사람의 인격은 (1) 용모, (2) 언어, (3) 행동, (4) 덕성 등으로 표현된다.
(가) 동해, (나) 서해, (다) 남해

→ 여는 소괄호는 뒷말에 붙여 쓰고 닫는 소괄호는 앞말에 붙여 쓴다. 4)와 6)의
　여는 소괄호는 앞말과 띄어 쓴다.

열린책들 의 소괄호 사용법
한자와 일본어를 밝힐 때 쓴다.
『무정(無情)』은……
일본에서는 이것을 스기(すぎ)라고 부른다.

→ 일본어나 중국어의 한자는 한국어의 한자 발음과 다르더라도 소괄호를 쓴다.
　기무라(木村)라는 이름이었다. / 베이징(北京)에 다녀왔다.

11 중괄호({ })

1) 같은 범주에 속하는 여러 요소를 세로로 묶어서 보일 때 쓴다.

주격 조사 { 이 / 가 }　　　　국가의 3요소 { 영토 / 국민 / 주권 }

2) 열거된 항목 중 어느 하나가 자유롭게 선택될 수 있음을 보일 때 쓴다.
아이들이 모두 학교{에, 로, 까지} 갔어요.

12 대괄호([ ])

1) 괄호 안에 또 괄호를 쓸 필요가 있을 때 바깥쪽의 괄호로 쓴다.
어린이날이 새로 제정되었을 당시에는 어린이들에게 경어를 쓰라고 하였
다.[윤석중 전집(1988), 70쪽 참조]

이번 회의에는 두 명〔이혜정(실장), 박철용(과장)〕만 빼고 모두 참석했습니다.

2) 고유어에 대응하는 한자어를 함께 보일 때 쓴다.

나이〔年歲〕　　　　　　낱말〔單語〕　　　　　　손발〔手足〕

→ 고유어의 한자음을 아울러 보일 때나 로마자로 된 약칭의 뜻을 함께 보일 때도 쓴다.

낱말〔단어〕　　　　　손발〔수족〕　　　　　자유 무역 협정〔FTA〕

3) 원문에 대한 이해를 돕기 위해 설명이나 논평 등을 덧붙일 때 쓴다.

그것〔한글〕은 이처럼 정보화 시대에 알맞은 과학적인 문자이다.

신경준의 『여암전서』에 "삼각산은 산이 모두 돌 봉우리인데, 그 으뜸 봉우리를 구름 위에 솟아 있다고 백운(白雲)이라 하며〔이하 생략〕"

그런 일은 결코 있을 수 없다〔원문에는 '업다'임〕.

열린책들 편집 매뉴얼에서는 〔　〕로 표기했으나, 실제 편집에서는 대괄호는 [ ] 모양을 사용한다.

13 겹낫표(『　』)와 겹화살괄호(《　》)

책의 제목이나 신문 이름 등을 나타낼 때 쓴다.

우리나라 최초의 민간 신문은 1896년에 창간된 『독립신문』이다.

『훈민정음』은 1997년에 유네스코 세계 기록 유산으로 지정되었다.

《한성순보》는 우리나라 최초의 근대 신문이다.

윤동주의 유고 시집인 《하늘과 바람과 별과 시》에는 31편의 시가 실려 있다.

붙임 겹낫표나 겹화살괄호 대신 큰따옴표를 쓸 수 있다.

우리나라 최초의 민간 신문은 1896년에 창간된 "독립신문"이다.

윤동주의 유고 시집인 "하늘과 바람과 별과 시"에는 31편의 시가 실려 있다.

열린책들 겹낫표는 책으로 볼 수 있는 것, 즉 단행본, 장편소설, 소설집, 희곡집과 신문(일간, 주간, 월간, 계간, 부정기 간행물 등)을 표시할 때 쓴다.

움베르토 에코의 『장미의 이름』.

14 홑낫표(「　」)와 홑화살괄호(〈　〉)

1) 소제목, 그림이나 노래와 같은 예술 작품의 제목, 상호, 법률, 규정 등을 나타낼 때 쓴다.

「국어 기본법 시행령」은 「국어 기본법」에서 위임된 사항과 그 시행에 필요한 사항을 규정함을 목적으로 한다.

이 곡은 베르디가 작곡한 「축배의 노래」이다.

사무실 밖에 「해와 달」이라고 쓴 간판을 달았다.

〈한강〉은 사진집 《아름다운 땅》에 실린 작품이다.

백남준은 2005년에 〈엄마〉라는 작품을 선보였다.

붙임 홑낫표나 홑화살괄호 대신 작은따옴표를 쓸 수 있다.

사무실 밖에 '해와 달'이라고 쓴 간판을 달았다.

'한강'은 사진집 "아름다운 땅"에 실린 작품이다.

열린책들 의 홑낫표 사용법

① 글 가운데서 직접 대화를 표시할 때에 쓴다.

「전기가 없었을 때는 어떻게 책을 보았을까?」

「그야 등잔불을 켜고 보았겠지.」

② 책의 형태가 아닌 인쇄물, 그 자체로 책이 되기 어려운 작품(중편소설, 단편소설), 논문, TV 시리즈, 영화, 연극, 오페라, 노래, 교향곡, 음반명, 미술 작품, 전시회 이름 등등을 표시할 때 사용한다.

오페라 「라 보엠」 중 아리아 「그대의 찬 손」.

폴 고갱의 「타이티의 여인들」.

→ 홑낫표 안에 또 홑낫표를 써야 하는 경우엔 홑낫표 대신 홑화살괄호를 쓴다.

　「그런 곳에서 〈운명 교향곡〉이 들리다니, 신기한 일이지.」

열린책들 의 홑화살괄호 사용법

① 인용할 때 쓴다.

〈사람은 사회적 동물이다〉라고 말한 학자가 있다.

② 강조할 때나 원서에서 이탤릭체로 된 부분을 표기할 때 쓴다.

지금 필요한 것은 〈지식〉이 아니라 〈휴식〉입니다.

③ 마음속으로 한 생각을 나타낼 때 쓴다.

〈맙소사! 도대체 무슨 생각을 하고 여기까지 온 거지?〉

→ 홑화살괄호 안에 또 홑화살괄호를 써야 하는 경우엔 홑화살괄호 대신 겹화살괄호를 쓴다.

　〈이집트에서 《소마》라고 부른 음료인가 보군!〉

15 줄표(──)

제목 다음에 표시하는 부제의 앞뒤에 쓴다.

이번 토론회의 제목은 '역사 바로잡기 ── 근대의 설정 ──'이다.

'환경 보호 ── 숲 가꾸기 ──'라는 제목으로 글짓기를 했다.

다만, 뒤에 오는 줄표는 생략할 수 있다.

이번 토론회의 제목은 '역사 바로잡기 ── 근대의 설정'이다.

'환경 보호 — 숲 가꾸기'라는 제목으로 글짓기를 했다.

붙임 줄표의 앞뒤는 띄어 쓰는 것을 원칙으로 하되, 붙여 쓰는 것을 허용한다.

(열린책들) 줄표(2배선)의 앞뒤는 모두 띄어 쓴다.

16 붙임표 (-)

1) 차례대로 이어지는 내용을 하나로 묶어 열거할 때 각 어구 사이에 쓴다.
멀리뛰기는 도움닫기-도약-공중 자세-착지의 순서로 이루어진다.
김 과장은 기획-실무-홍보까지 직접 발로 뛰었다.

2) 두 개 이상의 어구가 밀접한 관련이 있음을 나타내고자 할 때 쓴다.
드디어 서울-북경의 항로가 열렸다.   원-달러 환율
남한-북한-일본 삼자 관계

(열린책들) 출발지와 도착지를 나타내는 경우에는 띄어 쓰거나 붙임표를 사용하고, 물결표는 사용하지 않는다.

서울~부산(×)

17 물결표 (~)

기간이나 거리 또는 범위를 나타낼 때 쓴다.
9월 15일~9월 25일   김정희(1786~1856)
서울~천안 정도는 출퇴근이 가능하다.
이번 시험의 범위는 3~78쪽입니다.

붙임 물결표 대신 붙임표를 쓸 수 있다.
9월 15일-9월 25일   김정희(1786-1856)
서울-천안 정도는 출퇴근이 가능하다.
이번 시험의 범위는 3-78쪽입니다.

(열린책들) 의 물결표 사용법
수의 범위를 나타낼 때 쓴다. 이때 숫자가 중복되더라도 의미를 정확히 전달하기 위하여 생략하지 않는다.

12~13시간 자는 것 같다.
1970~1980년대에나 통용되던 방식이다.
B.C. 650~B.C. 560.

18 드러냄표 (˙)와 밑줄 (___)

문장 내용 중에서 주의가 미쳐야 할 곳이나 중요한 부분을 특별히 드러내 보일 때 쓴다.

한글의 본디 이름은 훈민정음이다.

중요한 것은 왜 사느냐가 아니라 어떻게 사느냐이다.

지금 필요한 것은 지식이 아니라 실천입니다.

다음 보기에서 명사가 아닌 것은?

붙임 드러냄표나 밑줄 대신 작은따옴표를 쓸 수 있다.

한글의 본디 이름은 '훈민정음'이다.

중요한 것은 '왜 사느냐'가 아니라 '어떻게 사느냐'이다.

지금 필요한 것은 '지식'이 아니라 '실천'입니다.

다음 보기에서 명사가 '아닌' 것은?

(열린책들) 에서는 드러냄표 대신 가능하면 화살괄호를 쓴다.

19 숨김표(○, ×)

→ ○는 동그라미표, ×는 가새표 또는 가위표라고 한다.

1) 금기어나 공공연히 쓰기 어려운 비속어임을 나타낼 때, 그 글자의 수효만큼 쓴다.

배운 사람 입에서 어찌 ○○○란 말이 나올 수 있느냐?

그 말을 듣는 순간 ×××란 말이 목구멍까지 치밀었다.

2) 비밀을 유지해야 하거나 밝힐 수 없는 사항임을 나타낼 때 쓴다.

1차 시험 합격자는 김○영, 이○준, 박○순 등 모두 3명이다.

육군 ○○ 부대 ○○○명이 작전에 참가하였다.

그 모임의 참석자는 김×× 씨, 정×× 씨 등 5명이었다.

20 빠짐표(□)

1) 옛 비문이나 문헌 등에서 글자가 분명하지 않을 때 그 글자의 수효만큼 쓴다.

大師爲法主□□賴之大□薦

2) 글자가 들어가야 할 자리를 나타낼 때 쓴다.

훈민정음의 초성 중에서 아음(牙音)은 □□□의 석 자다.

21 줄임표(……)

1) 할 말을 줄였을 때 쓴다.

"어디 나하고 한번……." 하고 민수가 나섰다.

(열린책들) 〈어디 나하고 한번……〉 하고 철수가 나섰다.

2) 말이 없음을 나타낼 때 쓴다.

"빨리 말해!"

"……."

열린책들 「빨리 말해!」/「…….」

3) 문장이나 글의 일부를 생략할 때 쓴다.

'고유'라는 말은 문자 그대로 본디부터 있었다는 뜻은 아닙니다. …… 같은 역사적 환경에서 공동의 집단생활을 영위해 오는 동안 공동으로 발견된, 사물에 대한 공동의 사고방식을 우리는 한국의 고유 사상이라 부를 수 있다는 것입니다.

4) 머뭇거림을 보일 때 쓴다.

"우리는 모두…… 그러니까…… 예외 없이 눈물만…… 흘렸다."

붙임 1 점은 가운데에 찍는 대신 아래쪽에 찍을 수도 있다.

"어디 나하고 한번…….." 하고 민수가 나섰다.

"실은…… 저 사람…… 우리 아저씨일지 몰라."

➜ 점을 아래에 찍는 경우에도 마침표가 필요할 때에는 마침표를 찍어야 한다. 마침표를 포함하면 아래에 일곱 점을 찍는 셈이다.

붙임 2 점은 여섯 점을 찍는 대신 세 점을 찍을 수도 있다.

"어디 나하고 한번…." 하고 민수가 나섰다.

"실은… 저 사람… 우리 아저씨일지 몰라."

➜ 마침표의 사용 여부는 여섯 점과 다르지 않다.

붙임 3 줄임표는 앞말에 붙여 쓴다. 다만, 3)에서는 줄임표의 앞뒤를 띄어 쓴다.

열린책들

① 급격하게 말이 중단됨을 나타낼 때 줄표(2배선)를 쓰기도 한다(주로 외국 소설 대화문에서). 이때 마침표는 찍지 않는다. 그리고 줄표의 앞은 띄어 주고 뒤의 홑낫표와는 붙인다.

「이상하지 않아요? 이렇게 조용하고 또 —」

순간, 꽝 하는 굉음과 함께 땅이 흔들리며 모두 넘어졌다.

② 말줄임표의 세 번째와 네 번째 점 사이의 간격이 달라붙지 않도록 조정한다.

③ 문단의 맨 앞에 등장하는 말줄임표는 뒷말에 붙여 쓴다.

……그는 말 옆을 지나 앞으로 뛰어나가 사람들이 말의 눈, 바로 눈동자를 치는 광경을 보았다.

■ 개정 문장 부호 규정

1988년에 한글 맞춤법 규정의 부록으로 처음 고시되어 시행되던 문장 부호 규정이 2014년 10월 27일에 개정되어 2015년 1월 1일부터 시행되었다. 개정된 문장 부호 규정은 2010년, 2011년 국립 국어원이 추진한 두 차례의 연구 용역을 통해 2012년 작성된 「문장 부호 지침서(안)」를 토대로 10여 차례에 걸쳐 학계, 교육계, 출판계, 언론계의 의견을 수렴하는 과정과 공청회를 거쳐 마련된 것이다.

개정된 규정은 의미상 중요한 몇 가지 변화를 담고 있다. 부호의 이름에 대하여 보편적으로 더 많이 사용되고 있는 이름을 대표 이름으로 인정한 점(〈온점〉보다 〈마침표〉, 〈고리점〉보다 〈쉼표〉를 대표 이름으로 삼음), 현실 언어생활을 적극적으로 반영한 점(가령 줄임표를 마침표 세 개로 쓰는 것도 허용, 실제로 사용되고 있으나 정의되지 않았던 「 」, 『 』, 〈 〉, 《 》 등의 기능을 규정), 항의 분류 단계를 부호 중심으로 간명하게 한 점(가령 〈물음표〉를 〈종지부〉의 하위 항목으로 두었던 데서 〈물음표〉 항으로 직접 노출) 등이 두드러진 변화라고 할 수 있다.

제2부　표준어 규정

일러두기

이 〈표준어 규정〉은 문화 체육 관광부 고시 제2017−13호(2017. 3. 28.)이다.

제1장 총칙

1 제1항 표준어는 교양 있는 사람들이 두루 쓰는 현대 서울말로 정함을 원칙으로 한다.

2 제2항 외래어는 따로 사정한다.

제2장 발음 변화에 따른 표준어 규정

제1절 자음

3 제3항 다음 단어들은 거센소리를 가진 형태를 표준어로 삼는다 (ㄱ을 표준어로 삼고, ㄴ을 버림).

ㄱ	ㄴ	비고
끄나풀	끄나불	
나팔-꽃	나발-꽃	
녘	녁	동~, 들~, 새벽~, 동 틀 ~.
부엌	부억	
살-쾡이	삵-괭이	
칸	간	① ~막이, 빈~, 방 한 ~. ② 〈초가삼간, 윗간〉의 경우에는 〈간〉임.
털어-먹다	떨어-먹다	재물을 다 없애다.

4 제4항 다음 단어들은 거센소리로 나지 않는 형태를 표준어로 삼는다(ㄱ을 표준어로 삼고, ㄴ을 버림).

ㄱ	ㄴ	비고
가을-갈이	가을-카리	
거시기	거시키	
분침	푼침	

5 제5항 어원에서 멀어진 형태로 굳어져서 널리 쓰이는 것은, 그것을 표준어로 삼는다(ㄱ을 표준어로 삼고, ㄴ을 버림).

ㄱ	ㄴ	비고
강낭-콩	강남-콩	

ㄱ	ㄴ	비고
고삿	고샅	겉~, 속~.
사글-세	삭월-세	〈월세〉는 표준어임.
울력-성당	위력-성당	떼를 지어서 으르고 협박하는 일.

다만, 어원적으로 원형에 더 가까운 형태가 아직 쓰이고 있는 경우에는, 그것을 표준어로 삼는다(ㄱ을 표준어로 삼고, ㄴ을 버림).

ㄱ	ㄴ	비고
갈비	가리	~구이, ~찜, 갈빗-대.
갓모	갈모	① 사기 만드는 물레 밑 고리.
		② 〈갈모〉는 갓 위에 쓰는, 유지로 만든 우비.
굴-젓	구-젓	
말-곁	말-겻	
물-수란	물-수랄	
밀-뜨리다	미-뜨리다	
적-이	저으기	적이-나, 적이나-하면.
휴지	수지	

6 제6항 다음 단어들은 의미를 구별함이 없이, 한 가지 형태만을 표준어로 삼는다(ㄱ을 표준어로 삼고, ㄴ을 버림).

ㄱ	ㄴ	비고
돌	돐	생일, 주기.
둘-째	두-째	〈제2, 두 개째〉의 뜻.
셋-째	세-째	〈제3, 세 개째〉의 뜻.
넷-째	네-째	〈제4, 네 개째〉의 뜻.
빌리다	빌다	① 빌려주다, 빌려 오다.
		② 〈용서를 빌다〉는 〈빌다〉임.

다만, 〈둘째〉는 십단위 이상의 서수사에 쓰일 때에 〈두째〉로 한다.

ㄱ	ㄴ	비고
열두-째		열두 개째의 뜻은 〈열둘째〉로.
스물두-째		스물두 개째의 뜻은 〈스물둘째〉로.

7 제7항 수컷을 이르는 접두사는 〈수-〉로 통일한다(ㄱ을 표준어로 삼고, ㄴ을 버림).

ㄱ	ㄴ	비고
수-꿩	수-퀑 / 숫-꿩	〈장끼〉도 표준어임.
수-나사	숫-나사	
수-놈	숫-놈	
수-사돈	숫-사돈	
수-소	숫-소	〈황소〉도 표준어임.
수-은행나무	숫-은행나무	

다만 1) 다음 단어에서는 접두사 다음에서 나는 거센소리를 인정한다. 접두사 〈암-〉이 결합되는 경우에도 이에 준한다(ㄱ을 표준어로 삼고, ㄴ을 버림).

ㄱ	ㄴ	비고
수-캉아지	숫-강아지	
수-캐	숫-개	
수-컷	숫-것	
수-키와	숫-기와	
수-탉	숫-닭	
수-탕나귀	숫-당나귀	
수-톨쩌귀	숫-돌쩌귀	
수-돼지	숫-돼지	
수-평아리	숫-병아리	

다만 2) 다음 단어의 접두사는 〈숫-〉으로 한다(ㄱ을 표준어로 삼고, ㄴ을 버림).

ㄱ	ㄴ	비고
숫-양	수-양	
숫-염소	수-염소	
숫-쥐	수-쥐	

제2절 모음

8 제8항 양성 모음이 음성 모음으로 바뀌어 굳어진 다음 단어는 음성 모음 형태를 표준어로 삼는다(ㄱ을 표준어로 삼고, ㄴ을 버림).

ㄱ	ㄴ	비고
깡충-깡충	깡총-깡총	큰말은 〈껑충껑충〉임.
-둥이	-동이	←童-이. 귀-, 막-, 선-,

발음에 따른 규정

		쌍-, 검-, 바람-, 흰-.
발가-숭이	발가-송이	센말은 〈빨가숭이〉, 큰말은 〈벌거숭이, 뻘거숭이〉임.
보퉁이	보통이	
봉죽	봉족	← 奉足. ~꾼, ~ 들다.
뻗정-다리	뻗장-다리	
아서, 아서라	앗아, 앗아라	하지 말라고 금지하는 말.
오뚝-이	오똑-이	부사도 〈오뚝-이〉임.
주추	주초	← 柱礎. 주춧-돌.

다만, 어원 의식이 강하게 작용하는 다음 단어에서는 양성 모음 형태를 그대로 표준어로 삼는다(ㄱ을 표준어로 삼고, ㄴ을 버림).

ㄱ	ㄴ	비고
부조(扶助)	부주	~금, 부줏-술.
사돈(査頓)	사둔	밭~, 안~.
삼촌(三寸)	삼춘	시~, 외~, 처~.

9 제9항 〈ㅣ〉 역행 동화 현상에 의한 발음은 원칙적으로 표준 발음으로 인정하지 아니하되, 다만 다음 단어들은 그러한 동화가 적용된 형태를 표준어로 삼는다(ㄱ을 표준어로 삼고, ㄴ을 버림).

ㄱ	ㄴ	비고
-내기	-나기	서울-, 시골-, 신출-, 풋-.
냄비	남비	
동댕이-치다	동당이-치다	

붙임 1 다음 단어는 〈ㅣ〉 역행 동화가 일어나지 아니한 형태를 표준어로 삼는다(ㄱ을 표준어로 삼고, ㄴ을 버림).

ㄱ	ㄴ	비고
아지랑이	아지랭이	

붙임 2 기술자에게는 〈-장이〉, 그 외에는 〈-쟁이〉가 붙는 형태를 표준어로 삼는다(ㄱ을 표준어로 삼고, ㄴ을 버림).

ㄱ	ㄴ	비고
미장이	미쟁이	
유기장이	유기쟁이	
멋쟁이	멋장이	

소금쟁이	소금장이	
담쟁이-덩굴	담장이-덩굴	
골목쟁이	골목장이	
발목쟁이	발목장이	

10 제10항 다음 단어는 모음이 단순화한 형태를 표준어로 삼는다 (ㄱ을 표준어로 삼고, ㄴ을 버림).

ㄱ	ㄴ	비고
괴팍-하다	괴팍-하다/ 괴팩-하다	
-구면	-구면	
미루-나무	미류-나무	←美柳~.
미륵	미력	←彌勒. ~보살, ~불, 돌~.
여느	여늬	
온-달	왼-달	만 한 달.
으레	으례	
케케-묵다	켸켸-묵다	
허우대	허위대	
허우적-허우적	허위적-허위적	허우적-거리다.

11 제11항 다음 단어에서는 모음의 발음 변화를 인정해, 발음이 바뀌어 굳어진 형태를 표준어로 삼는다(ㄱ을 표준어로 삼고, ㄴ을 버림).

ㄱ	ㄴ	비고
-구려	-구료	
깍쟁이	깍정이	① 서울~, 알~, 찰~. ② 도토리, 상수리 등의 받침은 〈깍정이〉임.
나무라다	나무래다	
미수	미시	미숫-가루.
바라다	바래다	〈바램[所望]〉은 비표준어임.
상추	상치	~쌈.
시러베-아들	실업의-아들	
주책	주착	←主着. ~망나니, ~없다.
지루-하다	지리-하다	←支離.
튀기	트기	
허드레	허드래	허드렛-물, 허드렛-일.
호루라기	호루루기	

12 제12항 〈웃-〉 및 〈윗-〉은 명사 〈위〉에 맞추어 〈윗-〉으로 통일한다(ㄱ을 표준어로 삼고, ㄴ을 버림).

ㄱ	ㄴ	비고
윗-넓이	웃-넓이	
윗-눈썹	웃-눈썹	
윗-니	웃-니	
윗-당줄	웃-당줄	
윗-덧줄	웃-덧줄	
윗-도리	웃-도리	
윗-동아리	웃-동아리	준말은 〈윗동〉임.
윗-막이	웃-막이	
윗-머리	웃-머리	
윗-목	웃-목	
윗-몸	웃-몸	~ 운동.
윗-바람	웃-바람	
윗-배	웃-배	
윗-벌	웃-벌	
윗-변	웃-변	수학 용어.
윗-사랑	웃-사랑	
윗-세장	웃-세장	
윗-수염	웃-수염	
윗-입술	웃-입술	
윗-잇몸	웃-잇몸	
윗-자리	웃-자리	
윗-중방	웃-중방	

다만 1) 된소리나 거센소리 앞에서는 〈위-〉로 한다(ㄱ을 표준어로 삼고, ㄴ을 버림).

ㄱ	ㄴ	비고
위-짝	웃-짝	
위-쪽	웃-쪽	
위-채	웃-채	
위-층	웃-층	
위-치마	웃-치마	
위-턱	웃-턱	~구름(上層雲).
위-팔	웃-팔	

다만 2) 〈아래, 위〉의 대립이 없는 단어는 〈웃-〉으로 발음되는 형태를 표준어로 삼는다(ㄱ을 표준어로 삼고, ㄴ을 버림).

ㄱ	ㄴ	비고
웃-국	윗-국	
웃-기	윗-기	
웃-돈	윗-돈	
웃-비	윗-비	~걷다.
웃-어른	윗-어른	
웃-옷	윗-옷	

13 제13항 한자 〈구(句)〉가 붙어 이루어진 단어는 〈귀〉로 읽는 것을 인정하지 아니하고, 〈구〉로 통일한다(ㄱ을 표준어로 삼고, ㄴ을 버림).

ㄱ	ㄴ	비고
구법(句法)	귀법	
구절(句節)	귀절	
구점(句點)	귀점	
결구(結句)	결귀	
경구(警句)	경귀	
경인구(警人句)	경인귀	
난구(難句)	난귀	
단구(短句)	단귀	
단명구(短命句)	단명귀	
대구(對句)	대귀	~법(對句法).
문구(文句)	문귀	
성구(成句)	성귀	~어(成句語).
시구(詩句)	시귀	
어구(語句)	어귀	
연구(聯句)	연귀	
인용구(引用句)	인용귀	
절구(絶句)	절귀	

다만, 다음 단어는 〈귀〉로 발음되는 형태를 표준어로 삼는다(ㄱ을 표준어로 삼고, ㄴ을 버림).

ㄱ	ㄴ	비고
귀-글	구-글	
글-귀	글-구	

제3절 준말

14 제14항 준말이 널리 쓰이고 본말이 잘 쓰이지 않는 경우에는, 준말만을 표준어로 삼는다(ㄱ을 표준어로 삼고, ㄴ을 버림).

ㄱ	ㄴ	비고
귀찮다	귀치 않다	
김	기음	~매다.
똬리	또아리	
무	무우	~강즙, ~말랭이, ~생채, 가랑~, 갓~, 왜~, 총각~.
미다	무이다	① 털이 빠져 살이 드러나다. ② 찢어지다.
뱀	배암	
뱀-장어	배암-장어	
빔	비음	설~, 생일~.
샘	새암	~바르다, ~바리.
생-쥐	새앙-쥐	
솔개	소리개	
온-갖	온-가지	
장사-치	장사-아치	

15 제15항 준말이 쓰이고 있더라도, 본말이 널리 쓰이고 있으면 본말을 표준어로 삼는다(ㄱ을 표준어로 삼고, ㄴ을 버림).

ㄱ	ㄴ	비고
경황-없다	경-없다	
궁상-떨다	궁-떨다	
귀이-개	귀-개	
낌새	낌	
낙인-찍다	낙-하다/ 낙-치다	
내왕-꾼	냉-꾼	
돗-자리	돗	
뒤웅-박	뒝-박	
뒷물-대야	뒷-대야	
마구-잡이	막-잡이	
맵자-하다	맵자다	모양이 제격에 어울리다.
모이	모	

ㄱ	ㄴ	비고
벽-돌	벽	
부스럼	부럼	정월 보름에 쓰는 〈부럼〉은 표준어임.
살얼음-판	살-판	
수두룩-하다	수둑-하다	
암-죽	암	
어음	엄	
일구다	일다	
죽-살이	죽-살	
퇴박-맞다	퇴-맞다	
한통-치다	통-치다	

붙임 다음과 같이 명사에 조사가 붙은 경우에도 이 원칙을 적용한다 (ㄱ을 표준어로 삼고, ㄴ을 버림).

ㄱ	ㄴ	비고
아래-로	알-로	

16 제16항 준말과 본말이 다 같이 널리 쓰이면서 준말의 효용이 뚜렷이 인정되는 것은, 두 가지를 다 표준어로 삼는다(ㄱ은 본말이며, ㄴ은 준말임).

ㄱ	ㄴ	비고
거짓-부리	거짓-불	작은말은 〈가짓부리, 가짓불〉임.
노을	놀	저녁~.
막대기	막대	
망태기	망태	
머무르다	머물다	┐ 모음 어미가 연결될
서두르다	서둘다	│ 때에는 준말의 활용형을
서투르다	서툴다	┘ 인정하지 않음.
석새-삼베	석새-베	
시-누이	시-뉘/시-누	
오-누이	오-뉘/오-누	
외우다	외다	외우며, 외워 : 외며, 외어.
이기죽-거리다	이죽-거리다	
찌꺼기	찌끼	〈찌꺽지〉는 비표준어임.

제4절 단수 표준어

17 제17항 비슷한 발음의 몇 형태가 쓰일 경우, 그 의미에 아무런 차이가 없고, 그중 하나가 더 널리 쓰이면, 그 한 형태만을 표준어로 삼는다(ㄱ을 표준어로 삼고, ㄴ을 버림).

ㄱ	ㄴ	비고
거든-그리다	거둥-그리다	① 거든하게 거두어 싸다. ② 작은말은 〈가든-그리다〉임.
구어-박다	구워-박다	사람이 한군데에서만 지내다.
귀-고리	귀엣-고리	
귀-띔	귀-틤	
귀-지	귀에-지	
까딱-하면	까땍-하면	
꼭두-각시	꼭둑-각시	
내색	나색	감정이 나타나는 얼굴빛.
내숭-스럽다	내흉-스럽다	
냠냠-거리다	얌냠-거리다	냠냠-하다.
냠냠-이	얌냠-이	
너(四)	네	~ 돈, ~ 말, ~ 발, ~ 푼.
넉(四)	너/네	~ 냥, ~ 되, ~ 섬, ~ 자.
다다르다	다닫다	
댑-싸리	대-싸리	
더부룩-하다	더뿌룩-하다/ 듬뿌룩-하다	
-던	-든	선택, 무관의 뜻을 나타내는 어미는 〈-든〉임. 가-든(지) 말-든(지), 보-든(가) 말-든(가).
-던가	-든가	
-던걸	-든걸	
-던고	-든고	
-던데	-든데	
-던지	-든지	
-(으)려고	-(으)ㄹ려고/ -(으)ㄹ라고	
-(으)려야	-(으)ㄹ려야/ -(으)ㄹ래야	
망가-뜨리다	망그-뜨리다	

멸치	며루치 / 메리치	
반빗-아치	반비-아치	〈반빗〉 노릇을 하는 사람.
		찬비(饌婢).
		〈반비〉는 밥 짓는 일을 맡은
		계집종.
보습	보십 / 보섭	
본새	뽄새	
봉숭아	봉숭화	〈봉선화〉도 표준어임.
뺨-따귀	뺌-따귀 /	〈뺨〉의 비속어임.
	뺨-따구니	
뻐개다(斫)	뻐기다	두 조각으로 가르다.
뻐기다(誇)	뻐개다	뽐내다.
사자-탈	사지-탈	
상-판대기	쌍-판대기	
서(三)	세 / 석	~ 돈, ~ 말, ~ 발, ~ 푼.
석(三)	세	~ 냥, ~ 되, ~ 섬, ~ 자.
설령(設令)	서령	
-습니다	-읍니다	먹습니다, 갔습니다, 없습니다,
		있습니다, 좋습니다.
		모음 뒤에는 〈-ㅂ니다〉임.
시름-시름	시늠-시늠	
씀벅-씀벅	썸벅-썸벅	
아궁이	아궁지	
아내	안해	
어-중간	어지-중간	
오금-팽이	오금-탱이	
오래-오래	도래-도래	돼지 부르는 소리.
-올시다	-올습니다	
옹골-차다	공골-차다	
우두커니	우두머니	작은말은 〈오도카니〉임.
잠-투정	잠-투세 /	
	잠-주정	
재봉-틀	자봉-틀	발~, 손~.
짓-무르다	짓-물다	
짚-북데기	짚-북세기	〈짚북더기〉도 비표준어임.
쪽	짝	편(便). 이~, 그~, 저~
		다만, 〈아무-짝〉은 〈짝〉임.
천장(天障)	천정	〈천정부지(天井不知)〉는 〈천정〉임.
코-맹맹이	코-맹녕이	
흉-업다	흉-헙다	

발음에 따른 구정

179

제5절 복수 표준어

18 제18항 다음 단어는 ㄱ을 원칙으로 하고, ㄴ도 허용한다.

ㄱ	ㄴ	비고
네	예	
쇠-	소-	-가죽, -고기, -기름, -머리, -뼈.
괴다	고이다	물이 ~, 밑을 ~.
꾀다	꼬이다	어린애를 ~, 벌레가 ~.
쐬다	쏘이다	바람을 ~.
죄다	조이다	나사를 ~.
쬐다	쪼이다	볕을 ~.

19 제19항 어감의 차이를 나타내는 단어 또는 발음이 비슷한 단어들이 다 같이 널리 쓰이는 경우에는, 그 모두를 표준어로 삼는다(ㄱ, ㄴ을 모두 표준어로 삼음).

ㄱ	ㄴ	비고
거슴츠레-하다	게슴츠레-하다	
고까	꼬까	~신, ~ 옷.
고린-내	코린-내	
교기(驕氣)	갸기	교만한 태도.
구린-내	쿠린-내	
꺼림-하다	께름-하다	
나부랭이	너부렁이	

제3장 어휘 선택의 변화에 따른 표준어 규정

제1절 고어

20 제20항 사어(死語)가 되어 쓰이지 않게 된 단어는 고어로 처리하고, 현재 널리 사용되는 단어를 표준어로 삼는다(ㄱ을 표준어로 삼고, ㄴ을 버림).

ㄱ	ㄴ	비고
난봉	봉	
낭떠러지	낭	

설거지-하다	설겆다	
애달프다	애닯다	
오동-나무	머귀-나무	
자두	오얏	

제2절 한자어

21 제21항 고유어 계열의 단어가 널리 쓰이고 그에 대응되는 한자어 계열의 단어가 용도를 잃게 된 것은, 고유어 계열의 단어만을 표준어로 삼는다(ㄱ을 표준어로 삼고, ㄴ을 버림).

ㄱ	ㄴ	비고
가루-약	말-약	
구들-장	방-돌	
길품-삯	보행-삯	
까막-눈	맹-눈	
꼭지-미역	총각-미역	
나뭇-갓	시장-갓	
늙-다리	노닥다리	
두껍-닫이	두껍-창	
떡-암죽	병-암죽	
마른-갈이	건-갈이	
마른-빨래	건-빨래	
메-찰떡	반-찰떡	
박달-나무	배달-나무	
밥-소라	식-소라	큰 놋그릇.
사래-논	사래-답	묘지기나 마름이 부쳐 먹는 땅.
사래-밭	사래-전	
삯-말	삯-마	
성냥	화곽	
솟을-무늬	솟을-문(~紋)	
외-지다	벽-지다	
움-파	동-파	
잎-담배	잎-초	
잔-돈	잔-전	
조-당수	조-당죽	
죽데기	피-죽	〈죽더기〉도 비표준어임.
지겟-다리	목-발	지게 동발의 양쪽 다리.
짐-꾼	부지-군(負持-)	

푼-돈	분-전/푼-전	
흰-말	백-말/부루-말	〈백마〉는 표준어임.
흰-죽	백-죽	

22 제22항 고유어 계열의 단어가 생명력을 잃고 그에 대응되는 한자어 계열의 단어가 널리 쓰이면, 한자어 계열의 단어를 표준어로 삼는다(ㄱ을 표준어로 삼고, ㄴ을 버림).

ㄱ	ㄴ	비고
개다리-소반	개다리-밥상	
겸-상	맞-상	
고봉-밥	높은-밥	
단-벌	홑-벌	
마방-집	마바리-집	馬房~.
민망-스럽다/	민주-스럽다	
면구-스럽다		
방-고래	구들-고래	
부항-단지	뜸-단지	
산-누에	멧-누에	
산-줄기	멧-줄기/멧-발	
수-삼	무-삼	
심-돋우개	불-돋우개	
양-파	둥근-파	
어질-병	어질-머리	
윤-달	군-달	
장력-세다	장성-세다	
제석	젯-돗	
총각-무	알-무/	
	알타리-무	
칫-솔	잇-솔	
포수	총-댕이	

제3절 방언

23 제23항 방언이던 단어가 표준어보다 더 널리 쓰이게 된 것은, 그것을 표준어로 삼는다. 이 경우, 원래의 표준어는 그대로 표준어로 남겨 두는 것을 원칙으로 한다(ㄱ을 표준어로 삼고, ㄴ도 표준어로 남겨 둠).

ㄱ	ㄴ	비고
멍게	우렁쉥이	
물-방개	선두리	
애-순	어린-순	

24 제24항 방언이던 단어가 널리 쓰이게 됨에 따라 표준어이던 단어가 안 쓰이게 된 것은, 방언이던 단어를 표준어로 삼는다(ㄱ을 표준어로 삼고, ㄴ을 버림).

ㄱ	ㄴ	비고
귀밑-머리	귓-머리	
까-뭉개다	까-무느다	
막상	마기	
빈대-떡	빈자-떡	
생인-손	생안-손	준말은 〈생-손〉임.
역-겹다	역-스럽다	
코-주부	코-보	

제4절 단수 표준어

25 제25항 의미가 똑같은 형태가 몇 가지 있을 경우, 그중 어느 하나가 압도적으로 널리 쓰이면, 그 단어만을 표준어로 삼는다(ㄱ을 표준어로 삼고, ㄴ을 버림).

ㄱ	ㄴ	비고
-게끔	-게시리	
겸사-겸사	겸지-겸지 / 겸두-겸두	
고구마	참-감자	
고치다	낫우다	병을 ~.
골목-쟁이	골목-자기	
광주리	광우리	
괴통	호구	자루를 박는 부분.
국-물	멀-국 / 말-국	
군-표	군용-어음	
길-잡이	길-앞잡이	〈길라잡이〉도 표준어임.
까치-발	까치-다리	선반 따위를 받치는 물건.
꼬창-모	말뚝-모	꼬챙이로 구멍을 뚫으면서 심는 모.

나룻-배	나루	〈나루(津)〉는 표준어임.
납-도리	민-도리	
농-지거리	기롱-지거리	다른 의미의 〈기롱지거리〉는 표준어임.
다사-스럽다	다사-하다	간섭을 잘하다.
다오	다구	이리 ~.
담배-꽁초	담배-꼬투리/ 담배-꽁치/ 담배-꽁추	
담배-설대	대-설대	
대장-일	성냥-일	
뒤져-내다	뒤어-내다	
뒤통수-치다	뒤꼭지-치다	
등-나무	등-칡	
등-때기	등-떠리	〈등〉의 낮은말.
등잔-걸이	등경-걸이	
떡-보	떡-충이	
똑딱-단추	딸꼭-단추	
매-만지다	우미다	
먼-발치	먼-발치기	
며느리-발톱	뒷-발톱	
명주-붙이	주-사니	
목-메다	목-맺히다	
밀짚-모자	보릿짚-모자	
바가지	열-바가지/ 열-박	
바람-꼭지	바람-고다리	튜브의 바람을 넣는 구멍에 붙은, 쇠로 만든 꼭지.
반-나절	나절-가웃	
반두	독대	그물의 한 가지.
버젓-이	뉘연-히	
본-받다	법-받다	
부각	다시마-자반	
부끄러워-하다	부끄리다	
부스러기	부스럭지	
부지깽이	부지팽이	
부항-단지	부항-항아리	부스럼에서 피고름을 빨아내기 위하여 부항을 붙이는 데 쓰는, 자그마한 단지.

붉으락-푸르락	푸르락-붉으락	
비켜-덩이	옆-사리미	김맬 때에 흙덩이를 옆으로 빼내는 일, 또는 그 흙덩이.
빙충-이	빙충-맞이	작은말은 〈뱅충이〉.
빠-뜨리다	빠-치다	〈빠트리다〉도 표준어임.
뻣뻣-하다	왜긋다	
뿜-내다	느물다	
사로-잠그다	사로-채우다	자물쇠나 빗장 따위를 반 정도만 걸어 놓다.
살-풀이	살-막이	
상투-쟁이	상투-꼬부랑이	상투 튼 이를 놀리는 말.
새앙-손이	생강-손이	
샛-별	새벽-별	
선-머슴	풋-머슴	
섭섭-하다	애운-하다	
속-말	속-소리	국악 용어 〈속소리〉는 표준어임.
손목-시계	팔목-계/ 팔뚝-시계	
손-수레	손-구루마	〈구루마〉는 일본어임.
쇠-고랑	고랑-쇠	
수도-꼭지	수도-고동	
숙성-하다	숙-지다	
순대	골집	
술-고래	술-꾸러기/ 술-부대/ 술-보/술-푸대	
식은-땀	찬-땀	
신기-롭다	신기-스럽다	〈신기하다〉도 표준어임.
쌍동-밤	쪽-밤	
쏜살-같이	쏜살-로	
아주	영판	
안-걸이	안-낚시	씨름 용어.
안다미-씌우다	안다미-시키다	제가 담당할 책임을 남에게 넘기다.
안쓰럽다	안-슬프다	
안절부절-못하다	안절부절-하다	
앉은뱅이-저울	앉은-저울	
알-사탕	구슬-사탕	
암-내	곁땀-내	

앞-지르다	따라-먹다	
애-벌레	어린-벌레	
얕은-꾀	물탄-꾀	
언뜻	펀뜻	
언제나	노다지	
얼룩-말	워라-말	
열심-히	열심-로	
입-담	말-담	
자배기	너벅지	
전봇-대	전선-대	
쥐락-펴락	펴락-쥐락	
-지만	-지만서도	←-지마는.
짓고-땡	지어땡/	
	짓고-땡이	
짧은-작	짜른-작	
찹-쌀	이-찹쌀	
청대-콩	푸른-콩	
칡-범	갈-범	

제5절 복수 표준어

26 제26항 한 가지 의미를 나타내는 형태 몇 가지가 널리 쓰이며 표준어 규정에 맞으면, 그 모두를 표준어로 삼는다.

복수 표준어	비고
가는-허리 / 잔-허리	
가락-엿 / 가래-엿	
가뭄 / 가물	
가엾다 / 가엽다	가엾어 / 가여워, 가엾은 / 가여운.
감감-무소식 / 감감-소식	
개수-통 / 설거지-통	〈설겆다〉는 〈설거지-하다〉로.
개숫-물 / 설거지-물	
갱-엿 / 검은-엿	
-거리다 / -대다	가물-, 출렁-.
거위-배 / 횟-배	
것 / 해	내 ~, 네 ~, 뉘 ~.
게을러-빠지다 / 게을러-터지다	
고깃-간 / 푸줏-간	〈고깃-관, 푸줏-관, 다림-방〉은 비표준어임.

186

곰곰 / 곰곰-이
관계-없다 / 상관-없다
교정-보다 / 준-보다
구들-재 / 구재
귀퉁-머리 / 귀퉁-배기 　　〈귀퉁이〉의 비어임.
극성-떨다 / 극성-부리다
기세-부리다 / 기세-피우다
기승-떨다 / 기승-부리다
깃-저고리 / 배내-옷 /
배냇-저고리
꼬까 / 때때 / 고까 　　　　~신, ~옷.
꼬리-별 / 살-별
꽃-도미 / 붉-돔
나귀 / 당-나귀
날-걸 / 세-뿔 　　　　　　윷판의 쨀밭 다음의 셋째 밭.
내리-글씨 / 세로-글씨
넝쿨 / 덩굴 　　　　　　　〈덩쿨〉은 비표준어임.
녘 / 쪽 　　　　　　　　　동~, 서~.
눈-대중 / 눈-어림 / 눈-짐작
느리-광이 / 느림-보 / 늘-보
늦-모 / 마냥-모 　　　　　← 만이앙-모.
다기-지다 / 다기-차다
다달-이 / 매-달
-다마다 / -고말고
다박-나룻 / 다박-수염
닭의-장 / 닭-장
댓-돌 / 툇-돌
덧-창 / 겉-창
독장-치다 / 독판-치다
동자-기둥 / 쪼구미
돼지-감자 / 뚱딴지
되우 / 된통 / 되게
두동-무니 / 두동-사니 　　윷놀이에서, 두 동이 한데 어울려
　　　　　　　　　　　　　가는 말.

뒷-갈망 / 뒷-감당
뒷-말 / 뒷-소리
들락-거리다 / 들랑-거리다
들락-날락 / 들랑-날랑
딴-전 / 딴-청

땅-콩 / 호-콩
땔-감 / 땔-거리
-뜨리다 / -트리다   깨-, 떨어-, 쏟-.
뜬-것 / 뜬-귀신
마룻-줄 / 용총-줄   돛대에 매어 놓은 줄.
                                 〈이어줄〉은 비표준어임.

마-파람 / 앞-바람
만장-판 / 만장-중(滿場中)
만큼 / 만치
말-동무 / 말-벗
매-갈이 / 매-조미
매-통 / 목-매
먹-새 / 먹음-새   〈먹음-먹이〉는 비표준어임.
멀찌감치 / 멀찌가니 / 멀찍이
멱통 / 산-멱 / 산-멱통
면-치레 / 외면-치레
모-내다 / 모-심다   모-내기, 모-심기.
모쪼록 / 아무쪼록
목판-되 / 모-되
목화-씨 / 면화-씨
무심-결 / 무심-중
물-봉숭아 / 물-봉선화
물-부리 / 빨-부리
물-심부름 / 물-시중
물추리-나무 / 물추리-막대
물-타작 / 진-타작
민둥-산 / 벌거숭이-산
밑-층 / 아래-층
바깥-벽 / 밭-벽
바른 / 오른(右)   ~손, ~쪽, ~편.
발-모가지 / 발-목쟁이   〈발목〉의 비속어임.
버들-강아지 / 버들-개지
벌레 / 버러지   〈벌거지, 벌러지〉는 비표준어임.
변덕-스럽다 / 변덕-맞다
보-조개 / 볼-우물
보통-내기 / 여간-내기 /   〈행-내기〉는 비표준어임.
예사-내기
볼-따구니 / 볼-퉁이 /   〈볼〉의 비속어임.
볼-때기

부침개-질 / 부침-질 / 지짐-질	〈부치개-질〉은 비표준어임.
불똥-앉다 / 등화-지다 / 등화-앉다	
불-사르다 / 사르다	
비발 / 비용(費用)	
뾰두라지 / 뾰루지	
살-쾡이 / 삵	삵-피.
삽살-개 / 삽사리	
상두-꾼 / 상여-꾼	〈상도-꾼, 향도-꾼〉은 비표준어임.
상-씨름 / 소-걸이	
생 / 새앙 / 생강	
생-뿔 / 새앙-뿔 / 생강-뿔	〈쇠뿔〉의 형용.
생-철 / 양-철	① 〈서양-철〉은 비표준어임. ② 〈生鐵〉은 〈무쇠〉임.
서럽다 / 섧다	〈설다〉는 비표준어임.
서방-질 / 화냥-질	
성글다 / 성기다	
-(으)세요 / -(으)셔요	
송이 / 송이-버섯	
수수-깡 / 수숫-대	
술-안주 / 안주	
-스레하다 / -스름하다	거무-, 발그-.
시늉-말 / 흉내-말	
시새 / 세사(細沙)	
신 / 신발	
신주-보 / 독보(櫝褓)	
심술-꾸러기 / 심술-쟁이	
쑥쓰레-하다 / 쑥쓰름-하다	
아귀-세다 / 아귀-차다	
아래-위 / 위-아래	
아무튼 / 어떻든 / 어쨌든 / 하여튼 / 여하튼	
앉음-새 / 앉음-앉음	
알은-척 / 알은-체	
애-갈이 / 애벌-갈이	
애꾸눈-이 / 외눈-박이	〈외대-박이, 외눈-퉁이〉는 비표준어임.
양념-감 / 양념-거리	

어금버금-하다 / 어금지금-하다	
어기여차 / 어여차	
어림-잡다 / 어림-치다	
어이-없다 / 어처구니-없다	
어저께 / 어제	
언덕-바지 / 언덕-배기	
얼렁-뚱땅 / 엄벙-뗑	
여왕-벌 / 장수-벌	
여쭈다 / 여쭙다	
여태 / 입때	〈여직〉은 비표준어임.
여태-껏 / 이제-껏 / 입때-껏	〈여직-껏〉은 비표준어임.
역성-들다 / 역성-하다	〈편역-들다〉는 비표준어임.
연-달다 / 잇-달다	
엿-가락 / 엿-가래	
엿-기름 / 엿-길금	
엿-반대기 / 엿-자박	
오사리-잡놈 / 오색-잡놈	〈오합-잡놈〉은 비표준어임.
옥수수 / 강냉이	~떡, ~묵, ~ 밥, ~튀김.
왕골-기직 / 왕골-자리	
외겹-실 / 외올-실 / 홑-실	〈홑겹-실, 올-실〉은 비표준어임.
외손-잡이 / 한손-잡이	
욕심-꾸러기 / 욕심-쟁이	
우레 / 천둥	우렛-소리, 천둥-소리.
우지 / 울-보	
을러-대다 / 을러-메다	
의심-스럽다 / 의심-쩍다	
-이에요 / -이어요	
이틀-거리 / 당-고금	학질의 일종임.
일일-이 / 하나-하나	
일찌감치 / 일찌거니	
입찬-말 / 입찬-소리	
자리-옷 / 잠-옷	
자물-쇠 / 자물-통	
장가-가다 / 장가-들다	〈서방-가다〉는 비표준어임.
재롱-떨다 / 재롱-부리다	
제-가끔 / 제-각기	
좀-처럼 / 좀-체	〈좀-체로, 좀-해선, 좀-해〉는 비표준어임.
줄-꾼 / 줄-잡이	

중신 / 중매	
짚-단 / 짚-뭇	
쪽 / 편	오른~, 왼~.
차차 / 차츰	
책-씻이 / 책-거리	
척 / 체	모르는~, 잘난~.
천연덕-스럽다 / 천연-스럽다	
철-따구니 / 철-딱서니 /	〈철-때기〉는 비표준어임.
철-딱지	
추어-올리다 / 추어-주다	
축-가다 / 축-나다	
침-놓다 / 침-주다	
통-꼭지 / 통-젖	통에 붙은 손잡이.
파자-쟁이 / 해자-쟁이	점치는 이.
편지-투 / 편지-틀	
한턱-내다 / 한턱-하다	
해웃-값 / 해웃-돈	〈해우-차〉는 비표준어임.
혼자-되다 / 홀로-되다	
흠-가다 / 흠-나다 / 흠-지다	

제3부 외래어 표기법

일러두기

이 〈외래어 표기법〉은 문화 체육 관광부 고시 제2017-14호 (2017. 3. 28)이다.
열린책들 은 현재 열린책들에서 적용하는 원칙이다.
➜는 주의해야 할 내용이거나 구분을 해야 할 필요가 있을 때 표시했다.

제1장 표기의 기본 원칙

1 제1항 외래어는 국어의 현용 24자모만으로 적는다.

2 제2항 외래어의 1 음운은 원칙적으로 1 기호로 적는다.

3 제3항 받침에는 〈ㄱ, ㄴ, ㄹ, ㅁ, ㅂ, ㅅ, ㅇ〉만을 쓴다.

4 제4항 파열음 표기에는 된소리를 쓰지 않는 것을 원칙으로 한다.

→ 문화 체육 관광부는 2004년 12월 24일 말레이인도네시아어, 타이어, 베트남
  어 등 동남아시아 3개 언어의 외래어 표기법을 고시하면서 된소리 표기(ㄲ,
  ㄸ, ㅃ)를 허용했다.

5 제5항 이미 굳어진 외래어는 관용을 존중하되, 그 범위와 용례는
따로 정한다.

제2장 표기 일람표 / 제3장 표기 세칙

외래어는 표 1~19[1]에 따라 표기한다.

표 1 국제 음성 기호와 한글 대조표

자음			반모음		모음	
국제 음성 기호	한글		국제 음성 기호	한글	국제 음성 기호	한글
	모음 앞	자음 앞 또는 어말				
p	ㅍ	ㅂ, 프	j	이*	i	이
b	ㅂ	브	ɥ	위	y	위
t	ㅌ	ㅅ, 트	w	오, 우*	e	에
d	ㄷ	드			ø	외
k	ㅋ	ㄱ, 크			ɛ	에
g	ㄱ	그			ɛ̃	앵
f	ㅍ	프			œ	외
v	ㅂ	브			œ̃	욍
θ	ㅅ	스			æ	애
ð	ㄷ	드			a	아
s	ㅅ	스			ɑ	아
z	ㅈ	즈			ɑ̃	앙
ʃ	시	슈, 시			ʌ	어
ʒ	ㅈ	지			ɔ	오
ts	ㅊ	츠			ɔ̃	옹
dz	ㅈ	즈			o	오
tʃ	ㅊ	치			u	우
dʒ	ㅈ	지			ə**	어
m	ㅁ	ㅁ			ɚ	어
n	ㄴ	ㄴ				
ɲ	니*	뉴				
ŋ	ㅇ	ㅇ				
l	ㄹ, ㄹㄹ	ㄹ				
r	ㄹ	르				
h	ㅎ	흐				
ç	ㅎ	히				
x	ㅎ	흐				

* [j], [w]의 〈이〉와 〈오, 우〉 그리고 [ɲ]의 〈니〉는 모음과 결합할 때 제3장 표기 세칙에 따른다.

** 독일어의 경우에는 〈에〉, 프랑스어의 경우에는 〈으〉로 적는다.

1 1986년 고시본에는 다섯 개의 표가 제시되었으나, 1992년, 1995년, 2004년 그리고 2005년에 각각 추가로 고시됨에 따라, 표는 열아홉 개로 늘어났다.

제1절 영어의 표기

표 1에 따라 적되, 다음의 사항에 유의하여 적는다.

1 제1항 무성 파열음([p], [t], [k])

1) 짧은 모음 다음의 어말 무성 파열음([p], [t], [k])은 받침으로 적는다.

gap[gæp] 갭   cat[kæt] 캣

book[buk] 북

2) 짧은 모음과 유음·비음([l], [r], [m], [n]) 이외의 자음 사이에 오는 무성 파열음([p], [t], [k])은 받침으로 적는다.

apt[æpt] 앱트   setback[setbæk] 셋백

act[ækt] 액트

3) 위 경우 이외의 어말과 자음 앞의 [p], [t], [k]는 〈으〉를 붙여 적는다.

stamp[stæmp] 스탬프   cape[keip] 케이프

nest[nest] 네스트   part[pɑːt] 파트

desk[desk] 데스크   make[meik] 메이크

apple[æpl] 애플   mattress[mætris] 매트리스

chipmunk[tʃipmʌŋk] 치프멍크   sickness[siknis] 시크니스

2 제2항 유성 파열음([b], [d], [g])

어말과 모든 자음 앞에 오는 유성 파열음은 〈으〉를 붙여 적는다.

bulb[bʌlb] 벌브   land[lænd] 랜드

zigzag[zigzæg] 지그재그   lobster[lɔbstə] 로브스터

kidnap[kidnæp] 키드냅   signal[signəl] 시그널

3 제3항 마찰음([s], [z], [f], [v], [θ], [ð], [ʃ], [ʒ])

1) 어말 또는 자음 앞의 [s], [z], [f], [v], [θ], [ð]는 〈으〉를 붙여 적는다.

mask[mɑːsk] 마스크   jazz[dʒæz] 재즈

graph[græf] 그래프   olive[ɔliv] 올리브

thrill[θril] 스릴   bathe[beið] 베이드

2) 어말의 [ʃ]는 〈시〉로 적고, 자음 앞의 [ʃ]는 〈슈〉로, 모음 앞의 [ʃ]는 뒤따르는 모음에 따라 〈샤〉, 〈섀〉, 〈셔〉, 〈셰〉, 〈쇼〉, 〈슈〉, 〈시〉로 적는다.

flash[flæʃ] 플래시   shrub[ʃrʌb] 슈러브

shark[ʃɑːk] 샤크   shank[ʃæŋk] 섕크

fashion[fæʃən] 패션   sheriff[ʃerif] 셰리프

shopping[ʃɔpiŋ] 쇼핑   shoe[ʃuː] 슈
shim[ʃim] 심

3) 어말 또는 자음 앞의 [ʒ]는 〈지〉로 적고, 모음 앞의 [ʒ]는 〈ㅈ〉으로 적는다.
mirage[mirɑːʒ] 미라지   vision[viʒən] 비전

4 제4항 파찰음([ts], [dz], [tʃ], [dʒ])
1) 어말 또는 자음 앞의 [ts], [dz]는 〈츠〉, 〈즈〉로 적고, [tʃ], [dʒ]는 〈치〉, 〈지〉
로 적는다.
Keats[kiːts] 키츠   odds[ɔdz] 오즈
switch[switʃ] 스위치   bridge[bridʒ] 브리지
Pittsburgh[pitsbəːg] 피츠버그   hitchhike[hitʃhaik] 히치하이크

2) 모음 앞의 [tʃ], [dʒ]는 〈ㅊ〉, 〈ㅈ〉으로 적는다.
chart[tʃɑːt] 차트   virgin[vəːdʒin] 버진

5 제5항 비음([m], [n], [ŋ])
1) 어말 또는 자음 앞의 비음은 모두 받침으로 적는다.
steam[stiːm] 스팀   corn[kɔːn] 콘
ring[riŋ] 링   lamp[læmp] 램프
hint[hint] 힌트   ink[iŋk] 잉크

2) 모음과 모음 사이의 [ŋ]은 앞 음절의 받침 〈ㅇ〉으로 적는다.
hanging[hæŋiŋ] 행잉   longing[lɔŋiŋ] 롱잉

6 제6항 유음([l])
1) 어말 또는 자음 앞의 [l]은 받침으로 적는다.
hotel[houtel] 호텔   pulp[pʌlp] 펄프

2) 어중의 [l]이 모음 앞에 오거나, 모음이 따르지 않는 비음([m], [n]) 앞에 올
때에는 〈ㄹㄹ〉로 적는다. 다만, 비음([m], [n]) 뒤의 [l]은 모음 앞에 오더라도
〈ㄹ〉로 적는다.
slide[slaid] 슬라이드   film[film] 필름
helm[helm] 헬름   swoln[swouln] 스월른
Hamlet[hæmlit] 햄릿   Henley[henli] 헨리

7 제7항 장모음
장모음의 장음은 따로 표기하지 않는다.

team[tiːm] 팀   route[ruːt] 루트

8 제8항 중모음²([ai], [au], [ei], [ɔi], [ou], [auə])

중모음은 각 단모음의 음가를 살려서 적되, [ou]는 〈오〉로, [auə]는
〈아워〉로 적는다.

time[taim] 타임   house[haus] 하우스
skate[skeit] 스케이트   oil[ɔil] 오일
boat[bout] 보트   tower[tauə] 타워

9 제9항 반모음([w], [j])

1) [w]는 뒤따르는 모음에 따라 [wə], [wɔ], [wou]는 〈워〉, [wɑ]는 〈와〉,
[wæ]는 〈왜〉, [we]는 〈웨〉, [wi]는 〈위〉, [wu]는 〈우〉로 적는다.

word[wəːd] 워드   want[wɔnt] 원트
woe[wou] 워   wander[wɑndə] 완더
wag[wæg] 왜그   west[west] 웨스트
witch[witʃ] 위치   wool[wul] 울

2) 자음 뒤에 [w]가 올 때에는 두 음절로 갈라 적되, [gw], [hw], [kw]는 한
음절로 붙여 적는다.

swing[swiŋ] 스윙   twist[twist] 트위스트
penguin[peŋgwin] 펭귄   whistle[hwisl] 휘슬
quarter[kwɔːtə] 쿼터

3) 반모음 [j]는 뒤따르는 모음과 합쳐 〈야〉, 〈얘〉, 〈여〉, 〈예〉, 〈요〉, 〈유〉,
〈이〉로 적는다. 다만, [d], [l], [n] 다음에 [jə]가 올 때에는 각각 〈디어〉, 〈리
어〉, 〈니어〉로 적는다.

yard[jɑːd] 야드   yank[jæŋk] 얭크
yearn[jəːn] 연   yellow[jelou] 옐로
yawn[jɔːn] 욘   you[juː] 유
year[jiə] 이어   Indian[indjən] 인디언
battalion[bətæljən] 버탤리언   union[juːnjən] 유니언

10 제10항 복합어³

1) 따로 설 수 있는 말의 합성으로 이루어진 복합어는 그것을 구성하고 있는
말이 단독으로 쓰일 때의 표기대로 적는다.

  2 이 〈중모음(重母音)〉은 〈이중 모음(二重母音)〉으로, 〈중모음(中母音)〉과 혼동하지
않도록 한다.
  3 이 〈복합어〉는 학교 문법 용어에 따르면 〈합성어〉가 된다.

cuplike[kʌplaik] 컵라이크
bookend[bukend] 북엔드
headlight[hedlait] 헤드라이트
touchwood[tʌtʃwud] 터치우드
sit-in[sitin] 싯인
bookmaker[bukmeikə] 북메이커
flashgun[flæʃgʌn] 플래시건
topknot[tɔpnɔt] 톱놋

2) 원어에서 띄어 쓴 말은 띄어 쓴 대로 한글 표기를 하되, 붙여 쓸 수도 있다.
Los Alamos[los æləmous] 로스 앨러모스 / 로스앨러모스
top class[tɔp klæs] 톱 클래스 / 톱클래스

열린책들 〈로스〉는 모두 붙인다.
〈톱〉은 〈외래어 표기 용례집〉의 띄어쓰기를 따른다.
[예] top-down 톱다운 / top star 톱스타 / top class 톱클래스
원어에서 띄어 쓴 말들의 띄어쓰기는 일차적으로 국어사전과 〈외래어
표기 용례집〉을 따른다. 지명은 불가피한 경우가 아니면 모두 붙여
적는다.

열린책들 그 밖의 준칙
① 어말의 −a[ə]는 〈아〉로 적는다.
Georgia 조지아
② 어말의 -s[z]는 〈스〉로 적는다.
James 제임스   Fowles 파울스
Times 타임스
→ 영어의 소유격 〈's〉의 표기
    관용적인 쓰임이 널리 퍼져 있는 경우를 제외하고 어말의 〈s〉는 〈스〉로 적는
    것이 원칙이다.
    Queens/Queen's 퀸스   Sotheby's 소더비스
③ [ə]의 음가를 가지는 i와 y는 〈이〉로 적는다.
Halifax 핼리팩스
④ −ton은 모두 〈턴〉으로 적는다.
Canton 캔턴
⑤ 접두사 Mac−, Mc−은 자음 앞에서는 〈맥〉으로, 모음 앞에서는 〈매크〉로
적되, c나 k, q 앞에서는 〈매〉로, l 앞에서는 〈매클〉로 적는다.
MacMillan 맥밀런   MacAuley 매콜리
McKinley 매킨리

제2절 독일어의 표기

표 1을 따르고, 제1절(영어의 표기 세칙)을 준용한다. 다만, 독일어의 독특한 것은 그 특징을 살려서 다음과 같이 적는다.

1 제1항 [r]
1) 자음 앞의 [r]는 〈으〉를 붙여 적는다.

Hormon[hɔrmoːn] 호르몬　　　　　Hermes[hɛrmɛs] 헤르메스

2) 어말의 [r]와 〈-er[ər]〉는 〈어〉로 적는다.

Herr[hɛr] 헤어　　　　　　　　　Rasur[razuːr] 라주어
Tür[tyːr] 튀어　　　　　　　　　Ohr[oːr] 오어
Vater[faːtər] 파터　　　　　　　　Schiller[ʃilər] 실러

3) 복합어 및 파생어의 선행 요소가 [r]로 끝나는 경우는 2)의 규정을 준용한다.

verarbeiten[fɛrarbaitən] 페어아르바이텐
zerknirschen[tsɛrknirʃən] 체어크니르셴
Fürsorge[fyːrzorgə] 퓌어조르게
Vorbild[foːrbilt] 포어빌트
außerhalb[ausəhalp] 아우서할프
Urkunde[uːrkundə] 우어쿤데
Vaterland[faːtərlant] 파터란트

2 제2항 어말의 파열음은 〈으〉를 붙여 적는 것을 원칙으로 한다.

Rostock[rɔstɔk] 로스토크　　　　Stadt[ʃtat] 슈타트

3 제3항 철자〈berg〉,〈burg〉는〈베르크〉,〈부르크〉로 통일해서 적는다.

Heidelberg[haidəlbɛrk, -bɛrç] 하이델베르크
Hamburg[hamburk, -burç] 함부르크

4 제4항 [ʃ]
1) 어말 또는 자음 앞에서는 〈슈〉로 적는다.

Mensch[menʃ] 멘슈　　　　　　Mischling[miʃliŋ] 미슐링

2) [y], [ø] 앞에서는 〈시〉으로 적는다.

Schüler[ʃyːlər] 쉴러　　　　　　schön[ʃøːn] 쇤

3) 그 밖의 모음 앞에서는 뒤따르는 모음에 따라 〈샤, 쇼, 슈〉 등으로 적는다.

Schatz[ʃats] 샤츠   schon[ʃoːn] 숀
Schule[ʃuːlə] 슐레   Schelle[ʃɛlə] 셸레

5 제5항 [ɔy]로 발음되는 äu, eu는 〈오이〉로 적는다.
läuten[lɔytən] 로이텐   Fräulein[frɔylain] 프로일라인
Europa[ɔyroːpa] 오이로파   Freundin[frɔyndin] 프로인딘

제3절 프랑스어의 표기

표 1에 따르고, 제1절(영어의 표기 세칙)을 준용한다. 다만, 프랑스어
의 독특한 것은 그 특징을 살려서 다음과 같이 적는다.

1 제1항 파열음([p], [t], [k]; [b], [d], [g])
1) 어말에서는 〈으〉를 붙여서 적는다.
soupe[sup] 수프   tête[tɛt] 테트
avec[avɛk] 아베크   baobab[baɔbab] 바오바브
ronde[rɔ̃ːd] 롱드   bague[bag] 바그

2) 구강 모음과 무성 자음 사이에 오는 무성 파열음(〈구강 모음+무성 파열음
+무성 파열음 또는 무성 마찰음〉의 경우)은 받침으로 적는다.
septembre[sɛptãːbr] 셉탕브르   apte[apt] 압트
octobre[ɔktɔbr] 옥토브르   action[aksjɔ̃] 악시옹

2 제2항 마찰음([ʃ], [ʒ])
1) 어말과 자음 앞의 [ʃ], [ʒ]는 〈슈〉, 〈주〉로 적는다.
manche[mãːʃ] 망슈   piège[pjɛːʒ] 피에주
acheter[aʃte] 아슈테   dégeler[deʒle] 데줄레

2) [ʃ]가 [ə], [w] 앞에 올 때에는 뒤따르는 모음과 합쳐 〈슈〉로 적는다.
chemise[ʃəmiːz] 슈미즈   chevalier[ʃəvalje] 슈발리에
choix[ʃwa] 슈아   chouette[ʃwɛt] 슈에트

3) [ʃ]가 [y], [œ], [ø] 및 [j], [ɥ] 앞에 올 때에는 〈시〉으로 적는다.
chute[ʃyt] 쉬트   chuchoter[ʃyʃɔte] 쉬쇼테
pêcheur[pɛʃœːr] 페쇠르   shunt[ʃœ̃ːt] 쉉트
fâcheux[faʃø] 파쇠   chien[ʃjɛ̃] 시앵
chuinter[ʃɥɛ̃te] 쉬앵테

3 제3항 비자음([ɲ])

1) 어말과 자음 앞의 [ɲ]는 〈뉴〉로 적는다.

campagne[kɑ̆paɲ] 캉파뉴   dignement[diɲmɑ̃] 디뉴망

2) [ɲ]가 〈아, 에, 오, 우〉 앞에 올 때에는 뒤따르는 모음과 합쳐 각각 〈냐, 녜, 뇨, 뉴〉로 적는다.

saignant[sɛɲɑ̃] 세냥   peigner[peɲe] 페녜
agneau[aɲo] 아뇨   mignon[miɲɔ̃] 미뇽

3) [ɲ]가 [ə], [w] 앞에 올 때에는 뒤따르는 소리와 합쳐 〈뉴〉로 적는다.

lorgnement[lɔrɲəmɑ̃] 로르뉴망   baignoire[bɛɲwɑːr] 베뉴아르

4) 그 밖의 [ɲ]는 〈ㄴ〉으로 적는다.

magnifique[maɲifik] 마니피크   guignier[giɲje] 기니에
gagneur[gaɲœːr] 가뇌르   montagneux[mɔ̃taɲø] 몽타뇌
peignures[pɛɲyːr] 페뉘르

4 제4항 반모음([j])

1) 어말에 올 때에는 〈유〉로 적는다.

Marseille[marsɛj] 마르세유   taille[tɑːj] 타유

2) 모음 사이의 [j]는 뒤따르는 모음과 합쳐 〈예, 얭, 야, 양, 요, 용, 유, 이〉 등으로 적는다. 다만, 뒷모음이 [ø], [œ]일 때에는 〈이〉로 적는다.

payer[peje] 페예   billet[bijɛ] 비예
moyen[mwajɛ̃] 무아얭   pleiade[plejad] 플레야드
ayant[ɛjɑ̃] 에양   noyau[nwajo] 누아요
crayon[krɛjɔ̃] 크레용   voyou[vwaju] 부아유
cueillir[kœjiːr] 쾨이르   aïeul[ajœl] 아이욀
aïeux[ajø] 아이외

3) 그 밖의 [j]는 〈이〉로 적는다.

hier[jɛːr] 이에르   Montesquieu[mɔtɛskjø] 몽테스키외
champion[ʃɑ̃pjɔ̃] 샹피옹   diable[djɑːbl] 디아블

5 제5항 반모음([w])

[w]는 〈우〉로 적는다.

alouette[alwɛt] 알루에트   douane[dwan] 두안
quoi[kwa] 쿠아   toi[twa] 투아

세로 텍스트: 프랑스어

표 2 에스파냐어 자모와 한글 대조표

자모	한글 모음 앞	한글 자음 앞·어말	보기
b	ㅂ	브	biz 비스, blandon 블란돈, braceo 브라세오
c	ㅋ, ㅅ	ㄱ, ㅋ	colcren 콜크렌, Cecilia 세실리아, coccion 콕시온, bistec 비스텍, dictado 딕타도
ch	ㅊ	—	chicharra 치차라
d	ㄷ	드	felicidad 펠리시다드
f	ㅍ	프	fuga 푸가, fran 프란
g	ㄱ, ㅎ	그	ganga 강가, geologia 헤올로히아, yungla 융글라
h	—	—	hipo 이포, quehacer 케아세르
j	ㅎ	—	jueves 후에베스, reloj 렐로
k	ㅋ	크	kapok 카포크
l	ㄹ, ㄹㄹ	ㄹ	lacrar 라크라르, Lulio 룰리오, ocal 오칼
ll	이*	—	llama 야마, lluvia 유비아
m	ㅁ	ㅁ	membrete 멤브레테
n	ㄴ	ㄴ	noche 노체, flan 플란
ñ	니*	—	ñoñez 뇨녜스, mañana 마냐나
p	ㅍ	ㅂ, 프	pepsina 펩시나, plantón 플란톤
q	ㅋ	—	quisquilla 키스키야
r	ㄹ	르	rascador 라스카도르
s	ㅅ	스	sastreria 사스트레리아
t	ㅌ	트	tetraetro 테트라에트로
v	ㅂ	—	viudedad 비우데다드
x	ㅅ, ㄱㅅ	ㄱ스	xenón 세논, laxante 락산테, yuxta 육스타
z	ㅅ	스	zagal 사갈, liquidez 리키데스
w	오·우*	—	walkirias 왈키리아스
y	이*	—	yungla 융글라
a	아		braceo 브라세오
e	에		reloj 렐로
i	이		Lulio 룰리오
o	오		ocal 오칼
u	우		viudedad 비우데다드

*ll, y, ñ, w의 〈이, 이, 니, 오·우〉는 다른 모음과 결합할 때 합쳐서 1음절로 적는다.

제4절 에스파냐어의 표기

표 2에 따라 적되, 다음과 같은 특징을 살려서 적는다.

1 제1항 gu, qu

gu, qu는 i, e 앞에서는 각각 〈ㄱ, ㅋ〉으로 적고, o 앞에서는 〈구, 쿠〉로 적는다. 다만, a 앞에서는 그 a와 합쳐 〈과, 콰〉로 적는다.

guerra 게라	queso 케소
Guipuzcoa 기푸스코아	quisquilla 키스키야
antiguo 안티구오	Quórum 쿠오룸
Nicaragua 니카라과	Quarai 콰라이

2 제2항 같은 자음이 겹치는 경우에는 겹치지 않은 경우와 같이 적는다. 다만, -cc-는 〈ㄱㅅ〉으로 적는다.

carrera 카레라	carretera 카레테라
acción 악시온	

3 제3항 c, g

c와 g 다음에 모음 e와 i가 올 때에는 c는 〈ㅅ〉으로, g는 〈ㅎ〉으로 적고, 그 외는 〈ㅋ〉과 〈ㄱ〉으로 적는다.

Cecilia 세실리아	cifra 시프라
georgico 헤오르히코	giganta 히간타
coquito 코키토	gato 가토

→ 카탈루냐어는 에스파냐어와 달리 j와 ge, gi를 〈ㅎ〉으로 적지 않고 〈ㅈ〉으로 적는다.

   Jaume Collet-Serra 자우메 코예트세라
   Gerard Piqué 제라르 피케

4 제4항 x

x가 모음 앞에 오되 어두일 때에는 〈ㅅ〉으로 적고, 어중일 때에는 〈ㄱㅅ〉으로 적는다.

xilofono 실로포노	laxante 락산테

5 제5항 l

어말 또는 자음 앞의 l은 받침 〈ㄹ〉로 적고, 어중의 l이 모음 앞에 올 때에는 〈ㄹㄹ〉로 적는다.

ocal 오칼   colcren 콜크렌

blandon 블란돈   Cecilia 세실리아

6 제6항 nc, ng

c와 g 앞에 오는 n은 받침 〈ㅇ〉으로 적는다.

blanco 블랑코   yungla 융글라

표 3 이탈리아어 자모와 한글 대조표

자모	한글		보기
	모음 앞	자음 앞·어말	
b	ㅂ	브	Bologna 볼로냐, bravo 브라보
c	ㅋ, ㅊ	크	Como 코모, Sicilia 시칠리아, credo 크레도
ch	ㅋ	—	Pinocchio 피노키오, cherubino 케루비노
d	ㄷ	드	Dante 단테, drizza 드리차
f	ㅍ	프	Firenze 피렌체, freddo 프레도
g	ㄱ, ㅈ	그	Galileo 갈릴레오, Genova 제노바, gloria 글로리아
h	—	—	hanno 안노, oh 오
l	ㄹ, ㄹㄹ	ㄹ	Milano 밀라노, largo 라르고, palco 팔코
m	ㅁ	ㅁ	Machiavelli 마키아벨리, mamma 맘마 Campanella 캄파넬라
n	ㄴ	ㄴ	Nero 네로, Anna 안나, divertimento 디베르티멘토
p	ㅍ	프	Pisa 피사, prima 프리마
q	ㅋ	—	quando 콴도, queto 퀘토
r	ㄹ	르	Roma 로마, Marconi 마르코니
s	ㅅ	스	Sorrento 소렌토, asma 아스마, sasso 사소
t	ㅌ	트	Torino 토리노, tranne 트란네
v	ㅂ	브	Vivace 비바체, manovra 마노브라
z	ㅊ	—	nozze 노체, mancanza 만칸차
a	아		abituro 아비투로, capra 카프라
e	에		erta 에르타, padrone 파드로네
i	이		infamia 인파미아, manica 마니카
o	오		oblio 오블리오, poetica 포에티카
u	우		uva 우바, spuma 스푸마

(자음 rows: b~z / 모음 rows: a~u)

제5절 이탈리아어의 표기

표 3에 따르고, 다음과 같은 특징을 살려서 적는다.

1 제1항 gl

i 앞에서는 〈ㄹㄹ〉로 적고, 그 밖의 경우에는 〈글ㄹ〉로 적는다.

paglia 팔리아   egli 엘리   gloria 글로리아
glossa 글로사

2 제2항 gn

뒤따르는 모음과 합쳐 〈냐〉, 〈녜〉, 〈뇨〉, 〈뉴〉, 〈니〉로 적는다.

montagna 몬타냐   gneiss 녜이스   gnocco 뇨코

gnu 뉴   ogni 오니

3 제3항 sc

sce는 〈셰〉로, sci는 〈시〉로 적고, 그 밖의 경우에는 〈스ㅋ〉으로 적는다.

crescendo 크레셴도   scivolo 시볼로   Tosca 토스카

scudo 스쿠도

4 제4항 같은 자음이 겹쳤을 때에는 겹치지 않은 경우와 같이 적는다. 다만, -mm-, -nn-의 경우는 〈ㅁㅁ〉, 〈ㄴㄴ〉으로 적는다.

Puccini 푸치니   buffa 부파   allegretto 알레그레토

carro 카로   rosso 로소   Abruzzo 아브루초

gomma 곰마   bisnonno 비스논노

5 제5항 c, g

1) c와 g는 e, i 앞에서 각각 〈ㅊ〉, 〈ㅈ〉으로 적는다.

cenere 체네레   genere 제네레   cima 치마

gita 지타

2) c와 g 다음에 ia, io, iu가 올 때에는 각각 〈차, 초, 추〉, 〈자, 조, 주〉로 적는다.

caccia 카차   micio 미초

6 제6항 qu

qu는 뒤따르는 모음과 합쳐 〈콰, 퀘, 퀴〉 등으로 적는다. 다만, o 앞에서는 〈쿠〉로 적는다.

soqquadro 소콰드로   quello 퀠로   quieto 퀴에토

quota 쿠오타

7 제7항 l, ll

어말 또는 자음 앞의 l, ll은 받침으로 적고, 어중의 l, ll이 모음 앞에 올 때에는 〈ㄹㄹ〉로 적는다.

sol 솔   polca 폴카   Carlo 카를로

quello 퀠로

표 4 일본어의 가나와 한글 대조표

가나	한글	
	어두	어중·어말
ア イ ウ エ オ	아 이 우 에 오	아 이 우 에 오
カ キ ク ケ コ	가 기 구 게 고	카 키 쿠 케 코
サ シ ス セ ソ	사 시 스 세 소	사 시 스 세 소
タ チ ツ テ ト	다 지 쓰 데 도	타 치 쓰 테 토
ナ ニ ヌ ネ ノ	나 니 누 네 노	나 니 누 네 노
ハ ヒ フ ヘ ホ	하 히 후 헤 호	하 히 후 헤 호
マ ミ ム メ モ	마 미 무 메 모	마 미 무 메 모
ヤ イ ユ エ ヨ	야 이 유 에 요	야 이 유 에 요
ラ リ ル レ ロ	라 리 루 레 로	라 리 루 레 로
ワ (ヰ) ウ (ヱ) ヲ	와 (이) 우 (에) 오	와 (이) 우 (에) 오
ン		ㄴ
ガ ギ グ ゲ ゴ	가 기 구 게 고	가 기 구 게 고
ザ ジ ズ ゼ ゾ	자 지 즈 제 조	자 지 즈 제 조
ダ ヂ ヅ デ ド	다 지 즈 데 도	다 지 즈 데 도
バ ビ ブ ベ ボ	바 비 부 베 보	바 비 부 베 보
パ ピ プ ペ ポ	파 피 푸 페 포	파 피 푸 페 포
キャ キュ キョ	갸 규 교	캬 큐 쿄
ギャ ギュ ギョ	갸 규 교	갸 규 교
シャ シュ ショ	샤 슈 쇼	샤 슈 쇼
ジャ ジュ ジョ	자 주 조	자 주 조
ニャ ニュ ニョ	냐 뉴 뇨	냐 뉴 뇨
チャ チュ チョ	자 주 조	차 추 초
ヒャ ヒュ ヒョ	햐 휴 효	햐 휴 효
ビャ ビュ ビョ	뱌 뷰 뵤	뱌 뷰 뵤
ピャ ピュ ピョ	퍄 퓨 표	퍄 퓨 표
ミャ ミュ ミョ	먀 뮤 묘	먀 뮤 묘
リャ リュ リョ	랴 류 료	랴 류 료

제6절 일본어의 표기

표 4에 따르고, 다음 사항에 유의하여 적는다.

1 제1항 촉음(促音) [ッ(ㄱ)]는 〈ㅅ〉으로 통일해서 적는다.

サッポロ 삿포로   トットリ 돗토리   ヨッカイチ 욧카이치

2 제2항 장모음

장모음은 따로 표기하지 않는다.

キュウシュウ(九州) 규슈　　　　　ニイガタ(新潟) 니가타

トウキョウ(東京) 도쿄　　　　　オオサカ(大阪) 오사카

표 5 중국어의 발음 부호와 한글 대조표

성모(聲母)			
음의 분류	한어 병음 자모	주음 부호	한글
중순성(重脣聲)	b	ㄅ	ㅂ
	p	ㄆ	ㅍ
	m	ㄇ	ㅁ
순치성(脣齒聲)	f	ㄈ	ㅍ
설첨성(舌尖聲)	d	ㄉ	ㄷ
	t	ㄊ	ㅌ
	n	ㄋ	ㄴ
	l	ㄌ	ㄹ
설근성(舌根聲)	g	ㄍ	ㄱ
	k	ㄎ	ㅋ
	h	ㄏ	ㅎ
설면성(舌面聲)	j	ㄐ	ㅈ
	q	ㄑ	ㅊ
	x	ㄒ	ㅅ
교설첨성 (翹舌尖聲)	zh[zhi]	ㄓ	ㅈ[즈]
	ch[chi]	ㄔ	ㅊ[츠]
	sh[shi]	ㄕ	ㅅ[스]
	r[ri]	ㄖ	ㄹ[르]
설치성(舌齒聲)	z[zi]	ㄗ	ㅉ[쯔]
	c[ci]	ㄘ	ㅊ[츠]
	s[si]	ㄙ	ㅆ[쓰]

운모(韻母)			
음의 분류	한어 병음 자모	주음 부호	한글
단운(單韻)	a	ㄚ	아
	o	ㄛ	오
	e	ㄜ	어
	ê	ㄝ	에
	yi(i)	ㄧ	이
	wu(u)	ㄨ	우
	yu(u)	ㄩ	위
복운(複韻)	ai	ㄞ	아이
	ei	ㄟ	에이
	ao	ㄠ	아오
	ou	ㄡ	어우

중국어

부성운(附聲韻)		an	ㄢ	안
		en	ㄣ	언
		ang	ㄤ	앙
		eng	ㄥ	엉
권설운(捲舌韻)		er(r)	ㄦ	얼
결합 운모(結合韻母)	제치류(齊齒類)	ya(ia)	ㄧㄚ	야
		yo	ㄧㄛ	요
		ye(ie)	ㄧㄝ	예
		yai	ㄧㄞ	야이
		yao(iao)	ㄧㄠ	야오
		you(iou, iu)	ㄧㄡ	유
		yan(ian)	ㄧㄢ	옌
		yin(in)	ㄧㄣ	인
		yang(iang)	ㄧㄤ	양
		ying(ing)	ㄧㄥ	잉
	합구류(合口類)	wa(ua)	ㄨㄚ	와
		wo(uo)	ㄨㄛ	워
		wai(uai)	ㄨㄞ	와이
		wei(ui)	ㄨㄟ	웨이(우이)
		wan(uan)	ㄨㄢ	완
		wen(un)	ㄨㄣ	원(운)
		wang(uang)	ㄨㄤ	왕
		weng(ong)	ㄨㄥ	웡(웅)
	촬구류(撮口類)	yue(ue)	ㄩㄝ	웨
		yuan(uan)	ㄩㄢ	위안
		yun(un)	ㄩㄣ	윈
		yong(iong)	ㄩㄥ	융

[　]는 단독 발음될 경우의 표기임.
(　)는 자음이 선행할 경우의 표기임.

	b	p	m	f	d	t	n	l	g	k	h
a	아	바	파	마	파	다	타	나	라	가	카	하
an	안	반	판	만	판	단	탄	난	란	간	칸	한
ang	앙	방	팡	망	팡	당	탕	낭	랑	강	캉	항
ai	아이	바이	파이	마이	파이	다이	타이	나이	라이	가이	카이	하이
ao	아오	바오	파오	마오	파오	다오	타오	나오	라오	가오	카오	하오
e	어	버	퍼	머	퍼	더	터	너	러	거	커	허
en	언	번	펀	먼	펀	던		넌		건	컨	헌
eng	엉	벙	펑	멍	펑	덩	텅	넝	렁	겅	컹	헝
ei	에이	베이	페이	메이	페이	데이	테이	네이	레이	게이		헤이
er	얼											
i		비	피	미		디	티	니	리			
in		빈	핀	민				닌	린			
ing		빙	핑	밍		딩	팅	닝	링			
ia						댜			랴			
ian		볜	폔	몐		뎬	톈	녠	롄			
iang								냥	량			
iao		뱌오	퍄오	먀오		댜오	탸오	냐오	랴오			
ie		볘	폐	몌		뎨	톄	녜	례			
iong												
iu				뮤		듀		뉴	류			
o	오	보	포	모	포				로			
ong						둥	퉁	눙	룽	궁	쿵	훙
ou	어우		퍼우	머우	퍼우	더우	터우	너우	러우	거우	커우	허우
u		부	푸	무	푸	두	투	누	루	구	쿠	후
un						둔	툰		룬	군	쿤	훈
ua										과	콰	화
uan						돤	퇀	놴	롼			
uang										광	쾅	황
uai										과이	콰이	화이
ue								눼	뤠			
ui						두이	투이			구이	쿠이	후이
uo						둬	퉈	눠	뤄	궈	쿼	훠
v(ü)								뉘	뤼			
	b	p	m	f	d	t	n	l	g	k	h

중국어

zh	ch	sh	r	j	q	x	z	c	s	y	w	
자	차	사					짜	차	싸	야	와	a
잔	찬	산	란				짠	찬	싼	옌	완	an
장	창	상	랑				짱	창	쌍	양	왕	ang
자이	차이	사이					짜이	차이	싸이		와이	ai
자오	차오	사오	라오				짜오	차오	싸오	야오		ao
저	처	서	러				쩌	처	써	예		e
전	천	선	런				쩐	천	썬		원	en
정	청	성	렁				쩡	청	썽		웡	eng
제이		세이									웨이	ei
												er
즈	츠	스	르	지	치	시	쯔	츠	쓰	이		i
				진	친	신				인		in
				징	칭	싱				잉		ing
				자	차	샤						ia
				젠	첸	셴						ian
				장	창	샹						iang
				자오	차오	샤오						iao
				제	체	세						ie
				중	충	슝						iong
				주	추	슈						iu
										요	워	o
중	충		룽				쭝	충	쑹	융		ong
저우	처우	서우	러우				쩌우	처우	써우	유		ou
주	추	수	루	쥐	취	쉬	쭈	추	쑤	위	우	u
준	춘	순	룬	쥔	췬	쉰	쭌	춘	쑨	윈		un
		촤	솨									ua
좐	촨	솬	롼	쥐안	취안	쉬안	짠	촨	쏸	위안		uan
좡	촹	솽										uang
좌이	촤이	솨이										uai
				줴	췌	쉐					웨	ue
주이	추이	수이	루이				쭈이	추이	쑤이			ui
줘	춰	숴	뤄				쭤	춰	쒀			uo
												v(ü)
zh	ch	sh	r	j	q	x	z	c	s	y	w	

* 표 5 〈주음 부호와 한글 대조표〉의 구체적 적용이 어렵다는 단점을 보완하고자 영문으로 표기된 중국 인명·지명 등에 적용할 수 있는 대조표를 만들었다. 중국어에서 직접 표기를 전환해야 할 경우엔 중국어 사전 병음 표기를 이용해 찾는다.

제7절 중국어의 표기

표 5에 따르고, 다음 사항에 유의하여 적는다.

1 제1항 성조는 구별하여 적지 아니한다.

2 제2항 〈ㅈ, ㅉ, ㅊ〉으로 표기되는 자음(ㄐ,ㄗ, ㄓ, ㄑ,ㄔ, ㄘ) 뒤의 〈ㅑ, ㅖ, ㅛ, ㅠ〉음은 〈ㅏ, ㅔ, ㅗ, ㅜ〉로 적는다.

ㄐㅣㄚ 쟈→자   ㄐㅣㄝ 졔→제

표 6 폴란드어 자모와 한글 대조표

자모	한글		보기
	모음 앞	자음 앞·어말	
b	ㅂ	ㅂ, 브, 프	burak 부라크, szybko 십코, dobrze 도브제, chleb 흘레프
c	ㅊ	츠	cel 첼, Balicki 발리츠키, noc 노츠
ć	—	치	dać 다치
d	ㄷ	드, 트	dach 다흐, zdrowy 즈드로비, słodki 스워트키, pod 포트
f	ㅍ	프	fasola 파솔라, befsztyk 베프슈티크
g	ㄱ	ㄱ, 그, 크	góra 구라, grad 그라트, targ 타르크
h	ㅎ	흐	herbata 헤르바타, Hrubieszów 흐루비에슈프
k	ㅋ	ㄱ, 크	kino 키노, daktyl 닥틸, król 크룰, bank 반크
l	ㄹ, ㄹㄹ	ㄹ	lis 리스, kolano 콜라노, motyl 모틸
m	ㅁ	ㅁ, 므	most 모스트, zimno 짐노, sam 삼
n	ㄴ	ㄴ	nerka 네르카, dokument 도쿠멘트, dywan 디반
ń	—	ㄴ	Gdańsk 그단스크, Poznań 포즈난
p	ㅍ	ㅂ, 프	para 파라, Słupsk 스움스크, chłop 흐워프
r	ㄹ	르	rower 로베르, garnek 가르네크, sznur 슈누르
s	ㅅ	스	serce 세르체, srebro 스레브로, pas 파스
ś	—	시	ślepy 실레피, dziś 지시
t	ㅌ	트	tam 탐, matka 마트카, but 부트
w	ㅂ	브, 프	Warszawa 바르샤바, piwnica 피브니차, krew 크레프
z	ㅈ	즈, 스	zamek 자메크, zbrodnia 즈브로드니아, wywóz 비부스
ź	—	지, 시	gwoździk 그보지지크, więź 비엥시
ż	ㅈ, 시*	주, 슈, 시	żyto 지토, różny 루주니, łyżka 위슈카, straż 스트라시
ch	ㅎ	흐	chory 호리, kuchnia 쿠흐니아, dach 다흐
dz	ㅈ	즈, 츠	dziura 지우라, dzwon 즈본, mosiądz 모시옹츠
dź	—	치	niedźwiedź 니에치비에치
dż, drz	ㅈ	치	drzewo 제보, łódż 워치
cz	ㅊ	치	czysty 치스티, beczka 베치카, klucz 클루치

	sz	시*	슈, 시	szary 샤리, musztarda 무슈타르다, kapelusz 카펠루시
자음	rz	ス, 시*	주, 슈, 시	rzeka 제카, Przemyśl 프셰미실, kołnierz 코우니에시
반모음	j	이*		jasny 야스니, kraj 크라이
	ł	우		łono 워노, głowa 그워바, bułka 부우카, kanał 카나우
모음	a	아		trawa 트라바
	ą	옹		trąba 트롱바, mąka 몽카, kąt 콩트, tą 통
	e	에		zero 제로
	ę	엥, 에		kępa 켕파, węgorz 벵고시, Częstochowa 쳉스토호바, proszę 프로셰
	i	이		zima 지마
	o	오		udo 우도
	ó	우		próba 프루바
	u	우		kula 쿨라
	y	이		daktyl 닥틸

* ż, sz, rz의 〈시〉와 j의 〈이〉는 뒤따르는 모음과 결합할 때 합쳐서 1음절로 적는다.

제8절 폴란드어의 표기

표 6에 따르고, 다음과 같은 특징을 살려서 적는다.

1 제1항 k, p
어말과 유성 자음 앞에서는 〈으〉를 붙여 적고, 무성 자음 앞에서는 받침으로 적는다.

zamek 자메크   mokry 모크리
Słupsk 스웁스크

2 제2항 b, d, g
1) 어말에 올 때에는 〈프〉, 〈트〉, 〈크〉로 적는다.
od 오트

2) 유성 자음 앞에서는 〈브〉, 〈드〉, 〈그〉로 적는다.
zbrodnia 즈브로드니아

3) 무성 자음 앞에서 b, g는 받침으로 적고, d는 〈트〉로 적는다.
Grabski 그랍스키   odpis 오트피스

3 제3항 w, z, ź, dz, ż, rz, sz

1) w, z, ź, dz가 무성 자음 앞이나 어말에 올 때에는 〈프, 스, 시, 츠〉로 적는다.

zabawka 자바프카   obraz 오브라스

2) ż와 rz는 모음 앞에 올 때에는 〈ㅈ〉으로 적되, 앞의 자음이 무성 자음일 때에는 〈시〉로 적는다. 유성 자음 앞에 올 때에는 〈주〉, 무성 자음 앞에 올 때에는 〈슈〉, 어말에 올 때에는 〈시〉로 적는다.

Rzeszów 제슈프   Przemyśl 프셰미실
grzmot 그주모트   łóżko 우슈코
pęcherz 펭헤시

3) sz는 자음 앞에서는 〈슈〉, 어말에서는 〈시〉로 적는다.

koszt 코슈트   kosz 코시

4 제4항 ł

1) ł는 뒤따르는 모음과 결합할 때 합쳐서 적는다(łi는 〈워〉로 적는다). 다만, 자음 뒤에 올 때에는 두 음절로 갈라 적는다.

łono 워노   głowa 그워바

2) ół는 〈우〉로 적는다.

przjyaciół 프시야치우

5 제5항 l

어중의 l이 모음 앞에 올 때에는 〈ㄹㄹ〉로 적는다.

olej 올레이

6 제6항 m

어두의 m이 l, r 앞에 올 때에는 〈으〉를 붙여 적는다.

mleko 믈레코   mrówka 므루프카

7 제7항 ę

ę은 〈엥〉으로 적는다. 다만, 어말의 ę는 〈에〉로 적는다.

ręka 렝카   proszę 프로셰

8 제8항 〈ㅈ〉, 〈ㅊ〉으로 표기되는 자음(c, z) 뒤의 이중 모음은 단모음으로 적는다.

stacja 스타차   fryzjer 프리제르

표 7 체코어 자모와 한글 대조표

자모	한글 모음 앞	한글 자음 앞·어말	보기
b	ㅂ	ㅂ, 브, 프	barva 바르바, obchod 옵호트, dobrý 도브리, jeřab 예르자프
c	ㅊ	츠	cigareta 치가레타, nemocnice 네모츠니체, nemoc 네모츠
č	ㅊ	치	Čapek 차페크, kulečnik 쿨레치니크, míč 미치
d	ㄷ	드, 트	dech 데흐, divadlo 디바들로, led 레트
ď	디*	디, 티	ďábel 댜벨, loďka 로티카, hruď 흐루티
f	ㅍ	프	fík 피크, knoflík 크노플리크
g	ㄱ	ㄱ, 그, 크	gramofon 그라모폰
h	ㅎ	흐	hadr 하드르, hmyz 흐미스, bůh 부흐
ch	ㅎ	흐	choditi 호디티, chlapec 흘라페츠, prach 프라흐
k	ㅋ	ㄱ, 크	kachna 카흐나, nikdy 니크디, padák 파다크
l	ㄹ, ㄹㄹ	ㄹ	lev 레프, šplhati 슈플하티, postel 포스텔
m	ㅁ	ㅁ, 므	most 모스트, mrak 므라크, podzim 포드짐
n	ㄴ	ㄴ	noha 노하, podmínka 포드민카
ň	니*	ㄴ	němý 네미, sáňky 산키, Plzeň 플젠
p	ㅍ	ㅂ, 프	Praha 프라하, koroptev 코롭테프, strop 스트로프
qu	ㅋㅂ	—	quasi 크바시
r	ㄹ	르	ruka 루카, harmonika 하르모니카, mír 미르
ř	ㄹㅈ	르주, 르슈, 르시	řeka 르제카, námořník 나모르주니크, hořký 호르슈키, kouř 코우르시
s	ㅅ	스	sedlo 세들로, máslo 마슬로, nos 노스
š	시*	슈, 시	šaty 샤티, Šternberk 슈테른베르크, koš 코시
t	ㅌ	트	tam 탐, matka 마트카, bolest 볼레스트
ť	티*	티	tělo 텔로, štěstí 슈테스티, oběť 오베티
v	ㅂ	브, 프	vysoký 비소키, knihovna 크니호브나, kov 코프
w	ㅂ	브, 프	
x**	ㄱㅅ, ㅈ	ㄱㅅ	xerox 제록스, saxofón 삭소폰
z	ㅈ	즈, 스	zámek 자메크, pozdní 포즈드니,

219

			bez 베스
ž	ㅈ	주, 슈, 시	žižka 지슈카, žvěřina 주베르지나, Brož 브로시

j		이*	jaro 야로, pokoj 포코이

	a, á	아	balík 발리크, komár 코마르
	e, ě	에	dech 데흐, léto 레토
	ě	예	sěst 세스트, věk 베크
모음	i, í	이	kino 키노, míra 미라
	o, ó	오	obec 오베츠, nervózni 네르보즈니
	u, ú, ů	우	buben 부벤, úrok 우로크, dům 둠
	y, ý	이	jazýk 야지크, líný 리니

* d', ň, š, t', j의 〈디, 니, 시, 티, 이〉는 뒤따르는 모음과 결합할 때 합쳐서 1음절로 적는다.
** x는 개별 용례에 따라 한글 표기를 정한다.

제9절 체코어의 표기

표 7에 따르고, 다음과 같은 특징을 살려서 적는다.

1 제1항 k, p
어말과 유성 자음 앞에서는 〈으〉를 붙여 적고, 무성 자음 앞에서는 받침으로 적는다.
mozek 모제크   koroptev 코롭테프

2 제2항 b, d, d', g
1) 어말에 올 때에는 〈프〉, 〈트〉, 〈티〉, 〈크〉로 적는다.
led 레트

2) 유성 자음 앞에서는 〈브〉, 〈드〉, 〈디〉, 〈그〉로 적는다.
ledvina 레드비나

3) 무성 자음 앞에서 b, g는 받침으로 적고, d, d'는 〈트〉, 〈티〉로 적는다.
obchod 옵호트   odpadky 오트파트키

3 제3항 v, w, z, ř, ž, š
1) v, w, z가 무성 자음 앞이나 어말에 올 때에는 〈프, 프, 스〉로 적는다.
hmyz 흐미스

2) ř, ž가 유성 자음 앞에 올 때에는 〈르주〉, 〈주〉, 무성 자음 앞에 올 때에는
〈르슈〉, 〈슈〉, 어말에 올 때에는 〈르시〉, 〈시〉로 적는다.

námořník 나모르주니크   hořký 호르슈키
kouř 코우르시

3) š는 자음 앞에서는 〈슈〉, 어말에서는 〈시〉로 적는다.

puška 푸슈카   myš 미시

4 제4항 l, lj
어중의 l, lj가 모음 앞에 올 때에는 〈ㄹㄹ〉, 〈ㄹ리〉로 적는다.

kolo 콜로

5 제5항 m
m이 r 앞에 올 때에는 〈으〉를 붙여 적는다.

humr 후므르

6 제6항 자음에 〈예〉가 결합되는 경우에는 〈예〉 대신에 〈에〉로 적
는다. 다만, 자음이 〈ㅅ〉인 경우에는 〈세〉로 적는다.

věk 베크   šest 셰스트

체코어

표 8 세르보크로아트어 자모와 한글 대조표

자모	한글 모음 앞	한글 자음 앞·어말	보기
b	ㅂ	브	bog 보그, drobnjak 드로브냐크, pogreb 포그레브
c	ㅊ	츠	cigara 치가라, novac 노바츠
č	ㅊ	치	čelik 첼리크, točka 토치카, kolač 콜라치
ć, tj	ㅊ	치	naći 나치, sestrić 세스트리치
d	ㄷ	드	desno 데스노, drvo 드르보, medved 메드베드
dž	ㅈ	지	džep 제프, narudžba 나루지바
đ, dj	ㅈ	지	Đurađ 주라지
f	ㅍ	프	fasada 파사다, kifla 키플라, šaraf 샤라프
g	ㄱ	그	gost 고스트, dugme 두그메, krug 크루그
h	ㅎ	흐	hitan 히탄, šah 샤흐
k	ㅋ	ㄱ, 크	korist 코리스트, krug 크루그, jastuk 야스투크
l	ㄹ, ㄹㄹ	ㄹ	levo 레보, balkon 발콘, šal 샬
lj	리*, ㄹ리*	ㄹ	ljeto 레토, pasulj 파술
m	ㅁ	ㅁ, 므	malo 말로, mnogo 므노고, osam 오삼
n	ㄴ	ㄴ	nos 노스, banka 반카, loman 로만
nj	니*	ㄴ	Njegoš 네고시, svibanj 스비반
p	ㅍ	ㅂ, 프	peta 페타, opština 옵슈티나, lep 레프
r	ㄹ	르	riba 리바, torba 토르바, mir 미르
s	ㅅ	스	sedam 세담, posle 포슬레, glas 글라스
š	시*	슈, 시	šal 샬, vlasništvo 블라스니슈트보, broš 브로시
t	ㅌ	트	telo 텔로, ostrvo 오스트르보, put 푸트
v	ㅂ	브	vatra 바트라, olovka 올로브카, proliv 프롤리브
z	ㅈ	즈	zavoj 자보이, pozno 포즈노, obraz 오브라즈
ž	ㅈ	주	žena 제나, izložba 이즐로주바, muž 무주
j	이*		pojas 포야스, zavoj 자보이, odjelo 오델로

자음 / 반모음

222

	a	아	bakar 바카르
모음	e	에	cev 체브
	i	이	dim 딤
	o	오	molim 몰림
	u	우	zubar 주바르

* lj, nj, š, j의 〈리, 니, 시, 이〉는 뒤따르는 모음과 결합할 때 합쳐서 1음절로 적는다.

제10절 세르보크로아트어의 표기

표 8에 따르고, 다음과 같은 특징을 살려서 적는다.

1 제1항 k, p
k, p는 어말과 유성 자음 앞에서는 〈으〉를 붙여 적고, 무성 자음 앞에서는 받침으로 적는다.

jastuk 야스투크   opština 옵슈티나

2 제2항 l, lj
어중의 l, lj가 모음 앞에 올 때에는 〈ㄹㄹ〉, 〈ㄹ리〉로 적는다.

kula 쿨라   Ljubljana 류블랴나

3 제3항 m
어두의 m이 l, r, n 앞에 오거나 어중의 m이 r 앞에 올 때에는 〈으〉를 붙여 적는다.

mlad 믈라드   mnogo 므노고
smrt 스므르트

4 제4항 š
š는 자음 앞에서는 〈슈〉, 어말에서는 〈시〉로 적는다.

šljivovica 슐리보비차   Niš 니시

5 제5항 자음에 〈예〉가 결합되는 경우에는 〈예〉 대신에 〈에〉로 적는다. 다만, 자음이 〈ㅅ〉인 경우에는 〈셰〉로 적는다.

bjedro 베드로   sjedlo 셰들로

표 9 루마니아어 자모와 한글 대조표

자모	한글 모음 앞	한글 자음 앞·어말	보기
b	ㅂ	브	bibliotecă 비블리오테커, alb 알브
c	ㅋ, ㅊ	ㄱ, ㅋ	Cîntec 큰테크, Cine 치네, factură 팍투러
d	ㄷ	드	Moldova 몰도바, Brad 브라드
f	ㅍ	프	Focşani 폭샤니, Cartof 카르토프
g	ㄱ, ㅈ	그	Galaţi 갈라치, Gigel 지젤, hering 헤린그
h	ㅎ	흐	haţeg 하체그, duh 두흐
j	ㅈ	지	Jiu 지우, Cluj 클루지
k	ㅋ	—	kilogram 킬로그람
l	ㄹ, ㄹㄹ	ㄹ	bibliotecă 비블리오테커, hotel 호텔
m	ㅁ	ㅁ	Maramureş 마라무레슈, Avram 아브람
n	ㄴ	ㄴ, 느	Nucet 누체트, Bran 브란, pumn 품느
p	ㅍ	ㅂ, 프	pianist 피아니스트, septembrie 셉템브리에, cap 카프
r	ㄹ	르	radio 라디오, dor 도르
s	ㅅ	스	Sibiu 시비우, pas 파스
ş	시*	슈	Şag 샤그, Mureş 무레슈
t	ㅌ	트	telefonist 텔레포니스트, bilet 빌레트
ţ	ㅊ	츠	ţigară 치가러, braţ 브라츠
v	ㅂ	브	Victoria 빅토리아, Braşov 브라쇼브
x**	ㄱㅅ, ㄱㅈ	크스, ㄱㅅ	taxi 탁시, examen 에그자멘
z	ㅈ	즈	ziar 지아르, autobuz 아우토부즈
ch	ㅋ	—	Cheia 케이아
gh	ㄱ	—	Gheorghe 게오르게
a	아		Arad 아라드
ă	어		Bacău 바커우
e	에		Elena 엘레나
i	이		pianist 피아니스트
î, â	으		Cîmpina 큼피나, România 로므니아
o	오		Oradea 오라데아
u	우		Nucet 누체트

(왼쪽 세로: 자음 / 모음)

* ş의 〈시〉는 뒤따르는 모음과 결합할 때 합쳐서 I음절로 적는다.

** x는 개별 용례에 따라 한글 표기를 정한다.

(왼쪽 세로 탭: 제3부 외래어 표기법)

제11절 루마니아어의 표기

표 9에 따르고, 다음과 같은 특징을 살려서 적는다.

1 제1항 c, p
어말과 유성 자음 앞에서는 〈으〉를 붙여 적고, 무성 자음 앞에서는 받침으로 적는다.

cap 카프   Cîntec 큰테크

factură 팍투러   septembrie 셉템브리에

2 제2항 c, g
c, g는 e, i 앞에서는 각각 〈ㅊ〉, 〈ㅈ〉으로, 그 밖의 모음 앞에서는 〈ㅋ〉, 〈ㄱ〉으로 적는다.

cap 카프   centru 첸트루

Galaţi 갈라치   Gigel 지젤

3 제3항 l
어중의 l이 모음 앞에 올 때에는 〈ㄹㄹ〉로 적는다.

clei 클레이

4 제4항 n
n이 어말에서 m 뒤에 올 때는 〈으〉를 붙여 적는다.

lemn 렘느   pumn 품느

5 제5항 e
e는 〈에〉로 적되, 인칭 대명사 및 동사 este, era 등의 어두 모음 e는 〈예〉로 적는다.

Emil 에밀   eu 예우

el 엘   este 예스테

era 예라

표 10 헝가리어 자모와 한글 대조표

자모	한글		보기
	모음 앞	자음 앞·어말	
자음			
b	ㅂ	브	bab 버브, ablak 어블러크
c	ㅊ	츠	citrom 치트롬, nyolcvan 뇰츠번, arc 어르츠
cs	ㅊ	치	csavar 처버르, kulcs 쿨치
d	ㄷ	드	daru 더루, medve 메드베, gond 곤드
dzs	ㅈ	지	dzsem 젬
f	ㅍ	프	elfog 엘포그
g	ㄱ	그	gumi 구미, nyugta 뉴그터, csomag 초머그
gy	ㅈ	지	gyár 자르, hagyma 허지머, nagy 너지
h	ㅎ	흐	hal 헐, juh 유흐
k	ㅋ	ㄱ, 크	béka 베커, keksz 켁스, szék 세크
l	ㄹ, ㄹㄹ	ㄹ	len 렌, meleg 멜레그, dél 델
m	ㅁ	ㅁ	málna 말너, bomba 봄버, álom 알롬
n	ㄴ	ㄴ	néma 네머, bunda 분더, pihen 피헨
ny	니*	니	nyak 녀크, hányszor 하니소르, irány 이라니
p	ㅍ	ㅂ, 프	árpa 아르퍼, csipke 칩케, hónap 호너프
r	ㄹ	르	róka 로커, barna 버르너, ár 아르
s	시*	슈, 시	sál 샬, puska 푸슈카, aratás 어러타시
sz	ㅅ	스	alszik 얼시크, asztal 어스털, húsz 후스
t	ㅌ	트	ajto 어이토, borotva 보로트버, csont 촌트
ty	ㅊ	치	atya 어처
v	ㅂ	브	vesz 베스, évszázad 에브사저드, enyv 에니브
z	ㅈ	즈	zab 저브, kezd 케즈드, blúz 블루즈
zs	ㅈ	주	zsák 자크, tőzsde 퇴주데, rozs 로주
반모음			
j		이*	ajak 어여크, fej 페이, január 여누아르
ly		이*	lyuk 유크, mélység 메이셰그, király 키라이
모음			
a		어	lakat 러커트
á		아	máj 마이
e		에	mert 메르트
é		에	mész 메스
i		이	isten 이슈텐
í		이	sí 시

제3부 외래어 표기법

모음	o	오	torna 토르너
	ó	오	róka 로커
	ö	외	sör 쇠르
	ő	외	nő 뇌
	u	우	bunda 분더
	ú	우	hús 후시
	ü	위	füst 퓌슈트
	ű	위	fű 퓌

*ny, s, j, ly의 〈니, 시, 이, 이〉는 뒤따르는 모음과 결합할 때 합쳐서 1음절로 적는다.

제12절 헝가리어의 표기

표 10에 따르고, 다음과 같은 특징을 살려서 적는다.

1 제1항 k, p
어말과 유성 자음 앞에서는 〈으〉를 붙여 적고, 무성 자음 앞에서는 받침으로 적는다.

ablak 어블러크   csipke 칩케

2 제2항 bb, cc, dd, ff, gg, ggy, kk, ll, lly, nn, nny, pp, rr, ss, ssz, tt, tty는 b, c, d, f, g, gy, k, l, ly, n, ny, p, r, s, sz, t, ty와 같이 적는다. 다만, 어중의 nn, nny와 모음 앞의 ll은 〈ㄴㄴ〉, 〈ㄴ니〉, 〈ㄹㄹ〉로 적는다.

között 쾨죄트   dinnye 딘네
nulla 눌러

3 제3항 l
어중의 l이 모음 앞에 올 때에는 〈ㄹㄹ〉로 적는다.

olaj 올러이

4 제4항 s
s는 자음 앞에서는 〈슈〉, 어말에서는 〈시〉로 적는다.

Pest 페슈트   lapos 러포시

5 제5항 자음에 〈ye〉가 결합되는 경우에는 〈예〉 대신에 〈에〉로 적는다. 다만, 자음이 〈ㅅ〉인 경우에는 〈셰〉로 적는다.

nyer 네르   selyem 셰옘

표 11 스웨덴어 자모와 한글 대조표

자모	한글		보기
	모음 앞	자음 앞·어말	
자음			
b	ㅂ	ㅂ, 브	bal 발, snabbt 스납트, Jacob 야코브
c	ㅋ, ㅅ	ㄱ	Carlsson 칼손, Celsius 셀시우스, Ericson 에릭손
ch	시*	크	charm 샤름, och 오크
d	ㄷ	드	dag 다그, dricka 드리카, Halmstad 할름스타드
dj	이*	—	Djurgården 유르고르덴, adjö 아예
ds	—	스	Sundsvall 순스발
f	ㅍ	프	Falun 팔룬, luft 루프트
g	ㄱ		Gustav 구스타브, helgon 헬곤
	이*		Göteborg 예테보리, Geijer 예이예르, Gislaved 이슬라베드
		이(lg, rg)	älg 엘리, Strindberg 스트린드베리, Borg 보리
		ㅇ(n 앞)	Magnus 망누스, Ragnar 랑나르, Agnes 앙네스
		ㄱ (무성음 앞)	högst 획스트
		그	Grönberg 그뢴베리, Ludvig 루드비그
gj	이*	—	Gjerstad 예르스타드, Gjörwell 예르벨
h	ㅎ	적지 않음	Hälsingborg 헬싱보리, hyra 휘라, Dahl 달
hj	이*	—	Hjälmaren 엘마렌, Hjalmar 얄마르, Hjort 요르트
j	이*	—	Jansson 얀손, Jönköping 옌셰핑, Johansson 요한손, börja 뵈리아, fjäril 피에릴, mjuk 미우크, mjöl 미엘
k	ㅋ, 시*	ㄱ, 크	Karl 칼, Kock 코크, Kungsholm 쿵스홀름, Kerstin 셰르스틴, Norrköping 노르셰핑, Lysekil 뤼세실, oktober 옥토베르, Fredrik 프레드리크, kniv 크니브
ck	ㅋ	ㄱ, 크	vacker 바케르, Stockholm 스톡홀름, bock 보크
kj	시*	—	Kjell 셸, Kjula 슐라
l	ㄹ, ㄹㄹ	ㄹ	Linköping 린셰핑, tala 탈라, tal 탈
lj	이*, ㄹ리	ㄹ리	Ljusnan 유스난, Södertälje 쇠데르텔리에, detalj 데탈리
m	ㅁ	ㅁ	Malmö 말뫼, samtal 삼탈,

제3부 외래어 표기법

			hummer 홈메르
n	ㄴ	ㄴ	Norrköping 노르셰핑, Vänern 베네른, land 란드
		적지 않음 (m 다음)	Karlshamn 칼스함
ng	ㅇ	ㅇ	Borlänge 볼렝에, kung 쿵, lång 롱
nk	ㅇㅋ	ㅇ, ㅇㅋ	anka 앙카, Sankt 상트, bank 방크
p	ㅍ	ㅂ, ㅍ	Piteå 피테오, knappt 크납트, Uppsala 웁살라, kamp 캄프
qv	ㅋㅂ	—	Malmqvist 말름크비스트, Lindqvist 린드크비스트
r	ㄹ	르	röd 뢰드, Wilander 빌란데르, Björk 비에르크
rl	ㄹㄹ	ㄹ	Erlander 엘란데르, Karlgren 칼그렌, Jarl 얄
s	ㅅ	스	sommar 솜마르, Storvik 스토르비크, dans 단스
sch	시*	슈	Schack 샤크, Schein 셰인, revansch 레반슈
sj	시*	—	Nässjö 네셰, sjukhem 슈크헴, Sjöberg 셰베리
sk	스크, 시*	—	Skoglund 스코글룬드, Skellefteå 셀레프테오, Skövde 셰브데, Skeppsholmen 솁스홀멘
skj	시*	—	Hammarskjöld 함마르셸드, Skjöldebrand 셸데브란드
stj	시*	—	Stjärneborg 셰르네보리, Oxenstjerna 옥센셰르나
t	ㅌ	ㅅ, ㅌ	Göta 예타, Botkyrka 봇쉬르카, Trelleborg 트렐레보리, båt 보트
th	ㅌ	트	Luther 루테르, Thunberg 툰베리
ti	시*	—	lektion 렉숀, station 스타숀
tj	시*	—	tjeck 셰크, Tjåkkå 쇼코, tjäna 셰나, tjugo 슈고
v, w	ㅂ	브	Sverige 스베리예, Wasa 바사, Swedenborg 스베덴보리, Eslöv 에슬뢰브
x	ㄱㅅ	ㄱㅅ	Axel 악셀, Alexander 알렉산데르, sex 섹스
z	ㅅ	—	Zachris 사크리스, zon 손, Lorenzo 로렌소
a	아		Kalix 칼릭스, Falun 팔룬,

모음			Alvesta 알베스타
	e	에	Enköping 엔셰핑, Svealand 스베알란드
	ä	에	Mälaren 멜라렌, Vänern 베네른, Trollhättan 트롤헤탄
	i	이	Idre 이드레, Kiruna 키루나
	å	오	Åmål 오몰, Västerås 베스테로스, Småland 스몰란드
	o	오	Boden 보덴, Stockholm 스톡홀름, Örebro 외레브로
	ö	외, 에	Östersund 외스테르순드, Björn 비에른, Linköping 린셰핑
	u	우	Umeå 우메오, Luleå 룰레오, Lund 룬드
	y	위	Ystad 위스타드, Nynäshamn 뉘네스함, Visby 비스뷔

* dj, g, gj, hj, j, lj의 〈이〉와 ch, k, kj, sch, sj, sk, skj, stj, ti, tj의 〈시〉가 뒤따르는 모음과 결합할 때에는 합쳐서 1음절로 적는다. 다만, j는 표기 세칙 제4항, 제11항을 따른다.

제13절 스웨덴어의 표기

표 11에 따르고, 다음과 같은 특징을 살려서 적는다.

1 제1항
1) b, g가 무성 자음 앞에 올 때에는 받침 〈ㅂ, ㄱ〉으로 적는다.
snabbt 스납트   högst 획스트

2) k, ck, p, t는 무성 자음 앞에서 받침 〈ㄱ, ㄱ, ㅂ, ㅅ〉으로 적는다.
oktober 옥토베르   Stockholm 스톡홀름
Uppsala 웁살라   Botkyrka 봇쉬르카

2 제2항 c는 〈ㅋ〉으로 적되, e, i, ä, y, ö 앞에서는 〈ㅅ〉으로 적는다.
campa 캄파   Celsius 셀시우스

3 제3항 g
1) 모음 앞의 g는 〈ㄱ〉으로 적되, e, i, ä, y, ö 앞에서는 〈이〉로 적고 뒤따르는 모음과 합쳐 적는다.
Gustav 구스타브   Göteborg 예테보리

2) lg, rg의 g는 〈이〉로 적는다.
älg 엘리   Borg 보리

3) n 앞의 g는 〈ㅇ〉으로 적는다.
Magnus 망누스

4) 무성 자음 앞의 g는 받침 〈ㄱ〉으로 적는다.
högst 획스트

5) 그 밖의 자음 앞과 어말에서는 〈그〉로 적는다.
Ludvig 루드비그   Greta 그레타

4 제4항 j
j는 자음과 모음 사이에 올 때에 앞의 자음과 합쳐서 적는다.
fjäril 피에릴   mjuk 미우크
kedja 셰디아   Björn 비에른

5 제5항 k
k는 〈ㅋ〉으로 적되 e, i, ä, y, ö 앞에서는 〈시〉로 적고, 뒤따르는 모음
과 합쳐 적는다.
Kungsholm 쿵스홀름   Norrköping 노르셰핑

6 제6항 l
어말 또는 자음 앞의 l은 받침 〈ㄹ〉로 적고, 어중의 l이 모음 앞에 올
때에는 〈ㄹㄹ〉로 적는다.
folk 폴크   tal 탈
tala 탈라

7 제7항 lj
어두의 lj는 〈이〉로 적되 뒤따르는 모음과 합쳐 적고, 어중의 lj는
〈ㄹ리〉로 적는다.
Ljusnan 유스난   Södertälje 쇠데르텔리에

8 제8항 n
n은 어말에서 m 다음에 올 때 적지 않는다.
Karlshamn 칼스함   namn 남

9 제9항 nk
nk는 자음 t 앞에서는 〈ㅇ〉으로, 그 밖의 경우에는 〈ㅇㅋ〉로 적는다.
anka 앙카   Sankt 상트

punkt 풍트   bank 방크

10 제10항 sk

sk는 〈스크〉으로 적되 e, i, ä, y, ö 앞에서는 〈시〉로 적고, 뒤따르는 모음과 합쳐 적는다.

Skoglund 스코글룬드   skuldra 스쿨드라
skål 스콜   skörd 셰르드
skydda 쉬다

11 제11항 ö

ö는 〈외〉로 적되 g, j, k, kj, lj, skj 다음에서는 〈에〉로 적고, 앞의 〈이〉 또는 〈시〉와 합쳐서 적는다. 다만, jö 앞에 그 밖의 자음이 올 때에는 j는 앞의 자음과 합쳐 적고, ö는 〈에〉로 적는다.

Örebro 외레브로   Göta 예타
Jönköping 옌셰핑   Björn 비에른
Björling 비엘링   mjöl 미엘

12 제12항 같은 자음이 겹치는 경우에는 겹치지 않은 경우와 같이 적는다. 단, mm, nn은 모음 앞에서 〈ㅁㅁ〉, 〈ㄴㄴ〉으로 적는다.

Kattegatt 카테가트   Norrköping 노르셰핑
Uppsala 웁살라   Bromma 브롬마
Dannemora 단네모라

표 12 노르웨이어 자모와 한글 대조표

자모	한글		보기
	모음 앞	자음 앞·어말	
b	ㅂ	ㅂ, 브	Bodø 보되, Ibsen 입센, dobb 도브
c	ㅋ, ㅅ	ㅋ	Jacob 야코브, Vincent 빈센트
ch	ㅋ	ㅋ	Joachim 요아킴, Christian 크리스티안
d	ㄷ		Bodø 보되, Norden 노르덴
	적지 않음 (장모음 뒤)		spade 스파에
		적지 않음 (ld, nd의 d)	Arnold 아르놀, Harald 하랄, Roald 로알, Aasmund 오스문, Vigeland 비겔란, Svendsen 스벤센
		적지 않음 (장모음+rd)	fjord 피오르, Sigurd 시구르, gård 고르, nord 노르, Halvard 할바르, Edvard 에드바르
		드 (단모음+rd)	ferd 페르드, Rikard 리카르드
		적지 않음 (장모음 뒤)	glad 글라, Sjaastad 쇼스타
		드	dreng 드렝, bad 바드
f	ㅍ	프	Hammerfest 함메르페스트, biff 비프
g	ㄱ		gå 고, gave 가베
	이*		gigla 이글라, gyllen 윌렌
		적지 않음 (이중 모음 뒤와 ig, lig)	haug 헤우, deig 데이, Solveig 솔베이, farlig 팔리
		ㅇ(n 앞)	Agnes 앙네스, Magnus 망누스
		ㄱ(무성음 앞)	sagtang 삭탕
		그	grov 그로브, berg 베르그, helg 헬그
gj	이*	—	Gjeld 옐, gjenta 옌타
h	ㅎ		Johan 요한, Holm 홀름
		적지 않음	Hjalmar 얄마르, Hvalter 발테르, Krohg 크로그
j	이*	—	Jonas 요나스, Bjørn 비에른, fjord 피오르, Skodje 스코디에, Evje 에비에, Tjeldstø 티엘스퇴
k	ㅋ, 시*	ㄱ, ㅋ	Rikard 리카르드, Kirsten 시르스텐, Kyndig 쉰디, Køyra 셰위라, lukt 룩트, Erik 에리크
kj	시*	—	Kjerschow 셰르쇼브,

233

제3부 외래어 표기법

	자모			보기
자음	l	ㄹ, ㄹㄹ	ㄹ	Kjerulf 셰룰프, Mikkjel 미셀 Larvik 라르비크, Ålesund 올레순, sol 솔
	m	ㅁ	ㅁ	Moss 모스, Trivandrum 트리반드룸
	n	ㄴ	ㄴ	Namsos 남소스, konto 콘토
	ng	ㅇ	ㅇ	Lange 랑에, Elling 엘링, tvang 트방
	nk	ㅇㅋ	ㅇ, ㅇㅋ	ankel 앙켈, punkt 풍트, bank 방크
	p	ㅍ	ㅂ, ㅍ	pels 펠스, september 셉템베르, sopp 소프
	qu	ㅋㅂ	—	Quisling 크비슬링
	r	ㄹ	르	Ringvassøy 링바쇠위, Lillehammer 릴레함메르
	rl	ㄹㄹ	ㄹ	Øverland 외벨란
	s	ㅅ	스	Namsos 남소스, Svalbard 스발바르
	sch	시*	슈	Schæferhund 셰페르훈, Frisch 프리슈
	sj	시*	—	Sjaastad 쇼스타, Sjoa 쇼아
	sk	스ㅋ, 시*	스크	skatt 스카트, Skienselv 시엔스엘브, skram 스크람, Ekofisk 에코피스크
	skj	시*	—	Skjeggedalsfoss 셰게달스포스, Skjåk 쇼크
	t	ㅌ	ㅅ, 트	metal 메탈, husets 후셋스, slet 슬레트, lukt 룩트
			적지 않음 (어말 관사 et)	huset 후세, møtet 뫼테, taket 타케
	th	ㅌ	트	Dorthe 도르테, Matthias 마티아스, Hjorth 요르트
	tj	시*	—	tjern 셰른, tjue 슈에
	v, w	ㅂ	브	varm 바름, Kjerschow 셰르쇼브
모음	a	아		Hamar 하마르, Alta 알타
	aa, å	오		Aall 올, Aasmund 오스문, Kåre 코레, Vesterålen 베스테롤렌, Vestvågøy 베스트보괴위, Ålesund 올레순
	au	애우		haug 헤우, lauk 레우크, grauk 그레우크
	æ	에		være 베레, Svolvær 스볼베르
	e	에		esel 에셀, fare 파레
	eg	에이, 에그		regn 레인, tegn 테인, negl 네일, deg 데그, egg 에그
	ø	외, 에		Løken 뢰켄, Gjøvik 예비크, Bjørn 비에른

234

	i	이	Larvik 라르비크, Narvik 나르비크
모음	ie	이	Grieg 그리그, Nielsen 닐센, Lie 리
	o	오	Lonin 로닌, bok 보크, bord 보르, fjorten 피오르텐
	øg	외위	døgn 되윈, løgn 뢰윈
	øy	외위	høy 회위, røyk 뢰위크, nøytral 뇌위트랄
	u	우	Ålesund 올레순, Porsgrunn 포르스그룬
	y	위	Stjernøy 스티에르뇌위, Vestvågøy 베스트보괴위

* g, gj, j, lj의 〈이〉와 k, kj, sch, sj, sk, skj, tj의 〈시〉가 뒤따르는 모음과 결합할 때에는 합쳐서
한 음절로 적는다. 다만 j는 표기 세칙 제5항, 제12항을 따른다.

제14절 노르웨이어의 표기

표 12에 따르고, 다음과 같은 특징을 살려서 적는다.

1 제1항
1) b, g가 무성 자음 앞에 올 때에는 받침 〈ㅂ, ㄱ〉으로 적는다.
Ibsen 입센   sagtang 삭탕

2) k, p, t는 무성 자음 앞에서 받침 〈ㄱ, ㅂ, ㅅ〉으로 적는다.
lukt 룩트   september 셉템베르
husets 후셋스

2 제2항 c
c는 〈ㅋ〉으로 적되, e, i, y, æ, ø 앞에서는 〈ㅅ〉으로 적는다.
Jacob 야코브   Vincent 빈센트

3 제3항 d
1) 모음 앞의 d는 〈ㄷ〉으로 적되, 장모음 뒤에서는 적지 않는다.
Bodø 보되   Norden 노르덴
(장모음 뒤) spade 스파에

2) ld, nd의 d는 적지 않는다.
Harald 하랄   Aasmund 오스문

3) 장모음＋rd의 d는 적지 않는다.
fjord 피오르   nord 노르

Halvard 할바르

4) 단모음+rd의 d는 어말에서는 〈드〉로 적는다.

ferd 페르드   mord 모르드

5) 장모음+d의 d는 적지 않는다.

glad 글라   Sjaastad 쇼스타

6) 그 밖의 경우에는 〈드〉로 적는다.

dreng 드렝   bad 바드

→ 모음의 장단에 대해서는 노르웨이어 발음을 보여 주는 사전을 참조하여야 한다.

4 제4항 g

1) 모음 앞의 g는 〈ㄱ〉으로 적되 e, i, y, æ, ø 앞에서는 〈이〉로 적고 뒤따르는 모음과 합쳐 적는다.

god 고드   gyllen 윌렌

2) g는 이중 모음 뒤와 ig, lig에서는 적지 않는다.

haug 헤우   deig 데이
Solveig 솔베이   fattig 파티
farlig 팔리

3) n 앞의 g는 〈ㅇ〉으로 적는다.

Agnes 앙네스   Magnus 망누스

4) 무성 자음 앞의 g는 받침 〈ㄱ〉으로 적는다.

sagtang 삭탕

5) 그 밖의 자음 앞과 어말에서는 〈그〉로 적는다.

berg 베르그   helg 헬그
Grieg 그리그

5 제5항 j

j는 자음과 모음 사이에 올 때에 앞의 자음과 합쳐서 적는다.

Bjørn 비에른   fjord 피오르
Skodje 스코디에   Evje 에비에
Tjeldstø 티엘스퇴

6 제6항 k

k는 〈ㅋ〉으로 적되 e, i, y, æ, ø 앞에서는 〈시〉로 적고, 뒤따르는 모음과 합쳐 적는다.

Rikard 리카르드   Kirsten 시르스텐

7 제7항 l

어말 또는 자음 앞의 l은 받침 〈ㄹ〉로 적고, 어중의 l이 모음 앞에 올 때에는 〈ㄹㄹ〉로 적는다.

sol 솔   Quisling 크비슬링

8 제8항 nk

nk는 자음 t 앞에서는 〈ㅇ〉으로, 그 밖의 경우에는 〈ㅇㅋ〉로 적는다.

punkt 풍트   bank 방크

9 제9항 sk

sk는 〈스ㅋ〉로 적되 e, i, y, æ, ø 앞에서는 〈시〉로 적고, 뒤따르는 모음과 합쳐 적는다.

skatt 스카트   Skienselv 시엔스엘브

10 제10항 t

1) 어말 관사 et의 t는 적지 않는다.

huset 후세   møtet 뫼테
taket 타케

2) 다만, 어말 관사 et에 s가 첨가되면 받침 〈ㅅ〉으로 적는다.

husets 후셋스

11 제11항 eg

1) eg는 n, l 앞에서 〈에이〉로 적는다.

regn 레인   tegn 테인
negl 네일

2) 그 밖의 경우에는 〈에그〉로 적는다.

deg 데그   egg 에그

12 제12항 ø

ø는 〈외〉로 적되 g, j, k, kj, lj, skj 다음에서는 〈에〉로 적고, 앞의 〈이〉 또는 〈시〉와 합쳐서 적는다. 다만, jø 앞에 그 밖의 자음이 올 때에는 j는 앞의 자음과 합쳐 적고 ø는 〈에〉로 적는다.

Bodø 보되　　　　　　　　　　Gjøvik 예비크
Bjørn 비에른

13 제13항　같은 자음이 겹치는 경우에는 겹치지 않은 경우와 같이 적는다. 단, mm, nn은 모음 앞에서 〈ㅁ ㅁ〉, 〈ㄴ ㄴ〉으로 적는다.

Moss 모스　　　　　　　　　　Mikkjel 미셸
Matthias 마티아스　　　　　　Hammerfest 함메르페스트

표 13 덴마크어 자모와 한글 대조표

| 자모 | 한글 | | 보기 |
	모음 앞	자음 앞·어말	
자음			
b	ㅂ	ㅂ, 브	Bornholm 보른홀름, Jacobsen 야콥센, Holstebro 홀스테브로
c	ㅋ, ㅅ	크	cafeteria 카페테리아, centrum 센트룸, crosset 크로세트
ch	시*	크	Charlotte 샤를로테, Brochmand 브로크만, Grønbech 그뢴베크
d	ㄷ		Odense 오덴세, dansk 단스크, vendisk 벤디스크
		적지 않음 (ds, dt, ld, nd, rd)	plads 플라스, Grundtvig 그룬트비, kridt 크리트, Lolland 롤란, Öresund 외레순, hård 호르
		드(ndr)	andre 안드레, vandre 반드레
		드	dreng 드렝
f	ㅍ	프	Falster 팔스테르, flod 플로드, ruf 루프
g	ㄱ		give 기베, general 게네랄, gevær 게베르, hugge 후게
		적지 않음 (어미 ig)	herlig 헤를리, Grundtvig 그룬트비
		(u와 l 사이, borg, berg)	fugl 풀, kugle 쿨레, Nyborg 뉘보르, Frederiksberg 프레데릭스베르
		그	magt 마그트, dug 두그
h	ㅎ	적지 않음	Helsingør 헬싱외르, Dahl 달
hj	이*	—	hjem 옘, hjort 요르트, Hjøring 예링
j	이*	—	Jensen 옌센, Esbjerg 에스비에르, Skjern 스키에른
k	ㅋ	ㄱ, 크	København 쾨벤하운, køre 쾨레, Skære 스케레, Frederikshavn 프레데릭스하운, Holbæk 홀베크
l	ㄹ, ㄹㄹ	ㄹ	Lolland 롤란, Falster 팔스테르
m	ㅁ	ㅁ	Møn 뮌, Bornholm 보른홀름
n	ㄴ	ㄴ	Rønne 뢰네, Fyn 퓐
ng	ㅇ	ㅇ	Helsingør 헬싱외르, Hjøring 예링
nk	ㅇㅋ	ㅇㅋ	ankel 앙켈, Munk 뭉크
p	ㅍ	ㅂ, 프	hoppe 호페, september 셉템베르, spring 스프링, hop 호프
qu	크ㅂ	—	Taanquist 톤크비스트
r	ㄹ	ㄹ	Rønne 뢰네, Helsingør 헬싱외르

239

	s, sc	ㅅ	ㅅ	Sorø 소뢰, Roskilde 로스킬레, Århus 오르후스, scene 세네
	sch	시*	슈	Schæfer 셰페르
	sj	시*	—	Sjælland 셸란, sjal 샬, sjus 슈스
	t	ㅌ	ㅅ, 트	Tønder 퇴네르, stå 스토, vittig 비티, nattkappe 낫카페, træde 트레데, streng 스트렝, hat 하트, krudt 크루트
	th	ㅌ	트	Thorshavn 토르스하운, Thisted 티스테드
자음	v	ㅂ		Vejle 바일레, dvale 드발레, pulver 풀베르, rive 리베, lyve 뤼베, løve 뢰베
		우 (단모음 뒤)		doven 도우엔, hoven 호우엔, oven 오우엔, sove 소우에
			적지 않음(lv)	halv 할, gulv 굴
			우-(av, æv øv, ov, ev)	gravsten 그라우스텐, København 쾨벤하운, Thorshavn 토르스하운, jævn 예운, Støvle 스퇴울레, lov 로우, rov 로우, Hjelmslev 옐름슬레우
			브	arv 아르브
	x	ㄱㅅ	ㄱㅅ	Blixen 블릭센, sex 섹스
	z	ㅅ	—	zebra 세브라
모음	a	아		Falster 팔스테르, Randers 라네르스
	æ	에		Næstved 네스트베드, træ 트레, fæ 페, mæt 메트
	aa, å	오		Kierkegaard 키르케고르, Århus 오르후스, lås 로스
	e	에		Horsens 호르센스, Brande 브라네
	eg	아이		negl 나일, segl 사일, regn 라인
	ej	아이		Vejle 바일레, Sejerø 사이에뢰
	ø	외		Rønne 뢰네, Ringkøbing 링쾨빙, Sorø 소뢰
	øg	오이		nøgle 노일레, øgle 오일레, løgn 로인, døgn 도인
	øj	오이		Højer 호이에르, øje 오이에
	i	이		Ribe 리베, Viborg 비보르
	ie	이		Niels 닐스, Nielsen 닐센, Nielson 닐손
	o	오		Odense 오덴세, Svendborg 스벤보르
	u	우		Århus 오르후스, Toflund 토플룬

240

| | y | 위 | Fyn 퓐, Thy 튀 |

*hj, j의 〈이〉와 sch, sj의 〈시〉가 뒤따르는 모음과 결합할 때 합쳐서 1음절로 적는다. 다만, j는
표기 세칙 제5항을 따른다.

제15절 덴마크어의 표기

표 13에 따르고, 다음과 같은 특징을 살려서 적는다.

1 제1항
1) b는 무성 자음 앞에서 받침 〈ㅂ〉으로 적는다.

Jacobsen 야콥센   Jakobsen 야콥센

2) k, p, t는 무성 자음 앞에서 받침 〈ㄱ, ㅂ, ㅅ〉으로 적는다.

insekt 인섹트   september 셉템베르
nattkappe 낫카페

2 제2항 c
c는 〈ㅋ〉으로 적되 e, i, y, æ, ø 앞에서는 〈ㅅ〉으로 적는다.

campere 캄페레   centrum 센트룸

3 제3항 d
1) ds, dt, ld, nd, rd의 d는 적지 않는다.

plads 플라스   kridt 크리트
fødte 푀테   vold 볼
Kolding 콜링   Öresund 외레순
Jylland 윌란   hård 호르
bord 보르   nord 노르

2) 다만, ndr의 d는 〈드〉로 적는다.

andre 안드레   vandre 반드레

3) 그 밖의 경우에는 〈드〉로 적는다.

dreng 드렝

4 제4항 g
1) 어미 ig의 g는 적지 않는다.

vældig 벨디   mandig 만디
herlig 헤를리   lykkelig 뤼켈리

Grundtvig 그룬트비

2) u와 l 사이의 g는 적지 않는다.

fugl 풀   kugle 쿨레

3) borg, berg의 g는 적지 않는다.

Nyborg 뉘보르   Esberg 에스베르
Frederiksberg 프레데릭스베르

4) 그 밖의 자음 앞과 어말에서는 〈그〉로 적는다.

magt 마그트   dug 두그

5 제5항 j

자음과 모음 사이에 올 때에 앞의 자음과 합쳐서 적는다.

Esbjerg 에스비에르   Skjern 스키에른
Kjellerup 키엘레루프   Fjellerup 피엘레루프

6 제6항 l

어말 또는 자음 앞의 l은 받침 〈ㄹ〉로 적고, 어중의 l이 모음 앞에 올
때에는 〈ㄹ ㄹ〉로 적는다.

Holstebro 홀스테브로   Lolland 롤란

7 제7항 v

1) 모음 앞의 v는 〈ㅂ〉으로 적되, 단모음 뒤에서는 〈우〉로 적는다.

Vejle 바일레   dvale 드발레
pulver 풀베르   rive 리베
lyve 뤼베   løve 뢰베
doven 도우엔   hoven 호우엔
oven 오우엔   sove 소우에

2) lv의 v는 묵음일 때 적지 않는다.

halv 할   gulv 굴

3) av, æv, øv, ov, ev에서는 〈우〉로 적는다.

gravsten 그라우스텐   havn 하운
København 쾨벤하운   Thorshavn 토르스하운
jævn 예운   Støvle 스퇴울레
lov 로우   rov 로우
Hjelmslev 옐름슬레우

4) 그 밖의 경우에는 〈브〉로 적는다.

arv 아르브

→ 묵음과 모음의 장단에 대해서는 덴마크어의 발음을 보여 주는 사전을 참조
하여야 한다.

8 제8항 같은 자음이 겹치는 경우에는 겹치지 않은 경우와 같이 적
는다.

lykkelig 뤼켈리   hoppe 호페

Hjørring 예링   blomme 블로메

Rønne 뢰네

표 14 말레이인도네시아어 자모와 한글 대조표

자모	한글		보기
	모음 앞	자음 앞·어말	
b	ㅂ	ㅂ, 브	Bali 발리, Abdul 압둘, Najib 나집, Bromo 브로모
c	ㅊ	츠	Ceto 체토, Aceh 아체, Mac 마츠
d	ㄷ	ㅅ, 드	Denpasar 덴파사르, Ahmad 아맛, Idris 이드리스
f	ㅍ	ㅂ	Fuji 푸지, Arifin 아리핀, Jusuf 유숩
g	ㄱ	ㄱ, 그	gamelan 가믈란, gudeg 구득, Nugroho 누그로호
h	ㅎ	—	Halmahera 할마헤라, Johor 조호르, Ipoh 이포
j	ㅈ	즈	Jambi 잠비, Majapahit 마자파힛, mikraj 미크라즈
k	ㅋ	ㄱ, 크	Kalimantan 칼리만탄, batik 바틱, Krakatau 크라카타우
kh	ㅎ	ㄱ, 크	khas 하스, akhbar 악바르, Fakhrudin 파크루딘
l	ㄹ, ㄹㄹ	ㄹ	Lombok 롬복, Palembang 팔렘방, Bangsal 방살
m	ㅁ	ㅁ	Maluku 말루쿠, bemo 베모, Iram 이람
n	ㄴ	ㄴ	Nias 니아스, Sukarno 수카르노, Prambanan 프람바난
ng	응	ㅇ	Ngarai 응아라이, bonang 보낭, Bandung 반둥
p	ㅍ	ㅂ, 프	Padang 파당, Yap 얍, Suprana 수프라나
q	ㅋ	ㄱ	furqan 푸르칸, Taufiq 타우픽
r	ㄹ	르	ringgit 링깃, Rendra 렌드라, asar 아사르
s	ㅅ	스	Sabah 사바, Brastagi 브라스타기, Gemas 게마스
t	ㅌ	ㅅ, 트	Timor 티모르, Jakarta 자카르타, Rahmat 라맛, Trisno 트리스노
v	ㅂ	—	Valina 발리나, Eva 에바, Lovina 로비나
x	ㅅ	—	xenon 세논
z	ㅈ	즈	zakat 자캇, Azlan 아즐란, Haz 하즈

반모음	w	오, 우	Wamena 와메나, Badawi 바다위
	y	이	Yudhoyono 유도요노, Surabaya 수라바야
모음	a	아	Ambon 암본, sate 사테, Pancasila 판차실라
	e	에, 으	Ende 엔데, Ampenan 암페난, Pane 파네, empat 음팟, besar 브사르, gendang 근당
	i	이	Ibrahim 이브라힘, Biak 비악, trimurti 트리무르티
	o	오	Odalan 오달란, Barong 바롱, komodo 코모도
	u	우	Ubud 우붓, kulit 쿨릿, Dampu 담푸
이중모음	ai	아이	ain 아인, Rais 라이스, Jelai 즐라이
	au	아우	aula 아울라, Maumere 마우메레, Riau 리아우
	oi	오이	Amboina 암보이나, boikot 보이콧

제16절 말레이인도네시아어의 표기

표 14에 따르고, 다음과 같은 특징을 살려서 적는다.

1 제1항 유음이나 비음 앞에 오는 파열음은 〈으〉를 붙여 적는다.

Prambanan 프람바난   Trisno 트리스노
Ibrahim 이브라힘   Fakhrudin 파크루딘
Tasikmalaya 타시크말라야   Supratman 수프라트만

2 제2항 sy

sy는 뒤따르는 모음과 합쳐서 〈샤, 셰, 시, 쇼, 슈〉 등으로 적는다. 구철자 sh는 sy와 마찬가지로 적는다.

Syarwan 샤르완   Paramesywara 파라메시와라
Syed 솃   Shah 샤

3 제3항 인도네시아어의 구철자 dj와 tj는 신철자 j, c와 마찬가지로 적는다.

Djakarta 자카르타   Jakarta 자카르타
Banda Atjeh 반다아체   Banda Aceh 반다아체

4 제4항 인도네시아어의 구철자 j와 sj는 y, sy와 마찬가지로 적는다.

Jusuf 유숩   Yusuf 유숩

Sjarifuddin 샤리푸딘   Syarifuddin 샤리푸딘

5 제5항 인도네시아어의 구철자 bh와 dh는 신철자 b, d와 마찬가지로 적는다.

Bhinneka 비네카   Binneka 비네카

Yudhoyono 유도요노   Yudoyono 유도요노

6 제6항 인도네시아어의 구철자 ch는 신철자 kh와 마찬가지로 적는다.

Chairil 하이릴   Khairil 하이릴

Bacharuddin 바하루딘   Bakharuddin 바하루딘

7 제7항 말레이시아어의 구철자 ch는 신철자 c와 마찬가지로 적는다.

Changi 창이   Cangi 창이

Kuching 쿠칭   Kucing 쿠칭

8 제8항 말레이시아어 철자법에 따라 표기한 gh, th는 각각 g, t와 마찬가지로 적는다.

Ghazali 가잘리   baligh발릭   Mahathir 마하티르 (말레이시아어 철자법)

Gazail 가잘리   balig 발릭   Mahatir 마하티르 (인도네시아어 철자법)

9 제9항 어중의 l이 모음 앞에 올 때에는 〈ㄹㄹ〉로 적는다.

Palembang 팔렘방   Malik 말릭

10 제10항 같은 자음이 겹쳐 나올 때에는 한 번만 적는다.

Hasanuddin 하사누딘   Mohammad 모하맛

Mappanre 마판레   Bukittinggi 부키팅기

11 제11항 반모음 w는 뒤의 모음과 합쳐 〈와〉, 〈웨〉 등으로 적는다. 자음 뒤에 w가 올 때에는 두 음절로 갈라 적되, 앞에 자음 k가 있으면 〈콰〉, 〈퀘〉 등으로 한 음절로 붙여 적는다.

Megawati 메가와티   Anwar 안와르

kwartir 콰르티르   kweni 퀘니

12 제12항 반모음 y는 뒤의 모음과 합쳐 〈야〉, 〈예〉 등으로 적으며 앞에 자음이 있을 경우에는 그 자음까지 합쳐 적는다. 다만 g나 k가 y 앞에 올 때에는 합쳐 적지 않고 뒤 모음과만 합쳐 적는다.

Yadnya 야드냐   tanya 타냐
satya 사탸   Yogyakarta 욕야카르타

13 제13항 e는 [e]와 [ə] 두 가지로 소리 나므로 발음을 확인하여 [e]는 〈에〉로 [ə]는 〈으〉로 적는다. 다만, ye의 e가 [ə]일 때에는 ye를 〈여〉로 적는다.

Ampenan 암페난   sate 사테
Cirebon 치르본   kecapi 크차피
Yeh Sani 예사니   Nyepi 녀피

14 제14항 같은 모음이 겹쳐 나올 때에는 한 번만 적는다.

Pandaan 판단   saat 삿

15 제15항 인도네시아어의 구철자 중모음 표기 oe, ie는 신철자 u, i와 마찬가지로 〈우〉, 〈이〉로 적는다.

Bandoeng 반둥   Bandung 반둥
Habibie 하비비   Habibi 하비비

표 15 타이어 자모와 한글 대조표

제3부 외래어 표기법

로마자	타이어 자모	한글		보기
		모음 앞	자음 앞·어말	
b	บ	ㅂ	ㅂ	baht 밧, Chonburi 촌부리, kulab 꿀랍
c	จ	ㅉ	—	Caolaw 짜올라우
ch	ฉ ช ฌ	ㅊ	ㅅ	Chiang Mai 치앙마이, buach 부앗
d	ฎ ด	ㄷ	ㅅ	Dindaeng 딘댕, Rad Burana 랏부라나, Samed 사멧
f	ฝ ฟ	ㅍ	—	Maefaluang 매팔루앙
h	ห ฮ	ㅎ	—	He 헤, Lahu 라후, Mae Hong Son 매홍손
k	ก	ㄲ	ㄱ	Kaew 깨우, malako 말라꼬, Rak Mueang 락므앙, phrik 프릭
kh	ข ฃ ค ฅ ฆ	ㅋ	ㄱ	Khaosan 카오산, lakhon 라콘, Caroenrachphakh 짜른랏팍
l	ล ฬ	ㄹ, ㄹㄹ	ㄴ	lamyai 람야이, Thalang 탈랑, Sichol 시촌
m	ม	ㅁ	ㅁ	Maikhao 마이카오, mamuang 마무앙, khanom 카놈, Silom 실롬
n	ณ น	ㄴ	ㄴ	Nan 난, Ranong 라농, Arun 아룬, Huahin 후아힌
ng	ง	응-	ㅇ	nga 응아, Mongkut 몽꿋, Chang 창
p	ป	ㅃ	ㅂ	Pimai 삐마이, Paknam 빡남, Nakhaprathip 나카쁘라팁
ph	ผ พ ภ	ㅍ	ㅂ	Phuket 푸껫, Phicit 피찟, Saithiph 사이팁
r	ร	ㄹ	ㄴ	ranat 라낫, thurian 투리안

s	ซ ศ ษ ส	ㅅ	ㅅ	Siam 시암, Lisu 리수, Saket 사껫
t	ฏ ต	ㄸ	ㅅ	Tak 딱, Satun 사뚠, natsin 낫신, Phuket 푸껫
th	ฐ ฑ ฒ ถ ท ธ	ㅌ	ㅅ	Tham Boya 탐보야, Thon Buri 톤부리, thurian 투리안, song thaew 송태우, Pathumthani 빠툼타니, Chaiyawath 차이야왓

반모음	y	ญ ย	이	lamyai 람야이, Ayutthaya 아유타야
	w	ว	오, 우	Wan Songkran 완송끄란, Malaiwong 말라이웡, song thaew 송태우

모음	a	◌ั ◌า	아	Akha 아카, kapi 까삐, lang sad 랑삿, Phanga 팡아
	e	เ◌ะ เ◌	에	Erawan 에라완, Akhane 아카네, Panare 빠나레
	i	◌ิ ◌ี	이	Sire 시레, linci 린찌, krabi 끄라비, Lumphini 룸피니
	o	โ◌ะ โ◌ เ◌าะ ◌อ	오	khon 콘, Loi 로이, namdokmai 남독마이, Huaito 후아이또
	u	◌ุ ◌ู	우	thurian 투리안, Chonburi 촌부리, Satun 사뚠
	ae	แ◌ะ แ◌	애	kaeng daeng 깽댕, Maew 매우, Bangsaen 방샌, Kaibae 까이배
	oe	เ◌อะ เ◌อ	으	Mai Mueangdoem 마이 므앙듬
	ue	◌ึ ◌ื	으	kaeng cued 깽쭛, Maeraphueng 매라픙, Buengkum 붕꿈

제17절 타이어의 표기

표 15에 따르고, 다음과 같은 특징을 살려서 적는다.

1 제1항 유음 앞에 오는 파열음은 〈으〉를 붙여 적는다.

Nakhaprathip 나카쁘라팁   Krung Thep 끄룽텝

Phraya 프라야   Songkhram 송크람

2 제2항 모음 사이에서 l은 〈ㄹㄹ〉로, ll은 〈ㄴㄹ〉로 적는다.

thale 탈레   malako 말라꼬

Sillapaacha 신라빠차   Kallasin 깐라신

3 제3항 같은 자음이 겹쳐 있을 때에는 겹치지 않은 경우와 같이 적는다. -pph-, -tth- 등 같은 계열의 자음이 겹쳐 나올 때에도 겹치지 않은 경우와 같이 적는다. 다만, -mm-, -nn-의 경우에는 〈ㅁㅁ〉, 〈ㄴㄴ〉으로 적는다.

Suwit Khunkitti 수윗 쿤끼띠   Pattani 빠따니

Ayutthaya 아유타야   Thappharangsi 타파랑시

Thammamongkhon 탐마몽콘   Lanna Thai 란나타이

4 제4항 관용적 로마자 표기에서 c 대신 쓰이는 j는 c와 마찬가지로 적는다.

Janthaphimpha 짠타핌파   Jit Phumisak 찟 푸미삭

5 제5항 sr와 thr는 모음 앞에서 s와 마찬가지로 〈ㅅ〉으로 적는다.

Intharasuksri 인타라숙시   Sri Chang 시창

Bangthrai 방사이

6 제6항 반모음 y

반모음 y는 모음 사이, 또는 어두에 있을 때에는 뒤의 모음과 합쳐 〈야, 예〉 등으로 적으며, 자음과 모음 사이에 있을 때에는 앞의 자음과는 갈라 적고 뒤의 모음과는 합쳐 적는다.

khaoniyao 카오니야오   yai 야이

Adunyadet 아둔야뎃   lamyai 람야이

제3장 어례어 표기법

7 제7항 반모음 w

반모음 w는 뒤의 모음과 합쳐 〈와〉, 〈웨〉 등으로 적는다. 자음 뒤에 w가 올 때에는 두 음절로 갈라 적되, 앞에 자음 k, kh가 있으면 〈꽈〉, 〈콰〉, 〈꿰〉, 〈퀘〉 등으로 한 음절로 붙여 적는다.

Suebwongli 습웡리   Sukhumwit 수쿰윗
Huaikhwang 후아이쾅   Maenamkhwe 매남퀘

8 제8항 관용적 로마자 표기에서 사용되는 or는 〈오〉로 적고, oo는 〈우〉로, ee는 〈이〉로 적는다.

Korn 꼰   Somboon 솜분
Meechai 미차이

표 16 베트남어 자모와 한글 대조표

자모	한글		보기
	모음 앞	자음 앞·어말	
b	ㅂ	—	Bao 바오, bo 보
c, k, q	ㄲ	ㄱ	cao 까오, khac 칵, kiêt 끼엣, lăk 락, quan 꽌
ch	ㅉ	ㄱ	cha 짜, bach 박
d, gi	ㅈ	—	duc 죽, Du'o'ng 즈엉, gia 자, giây 저이
đ	ㄷ	—	đan 단, Đinh 딘
g, gh	ㄱ	—	gai 가이, go 고, ghe 개, ghi 기
h	ㅎ	—	hai 하이, hoa 호아
kh	ㅋ	—	Khai 카이, khi 키
l	ㄹ, ㄹㄹ	—	lâu 러우, long 롱, My Lay 밀라이
m	ㅁ	ㅁ	minh 민, măm 맘, tôm 똠
n	ㄴ	ㄴ	Nam 남, non 논, bun 분
ng, ngh	응	ㅇ	ngo 응오, ang 앙, đông 동, nghi 응이, nghê 응에
nh	니	ㄴ	nhât 녓, nho'n 년, minh 민, anh 아인
p	ㅃ	ㅂ	put 뿟, chap 짭
ph	ㅍ	—	Pham 팜, pho' 퍼
r	ㄹ	—	rang 랑, rôi 로이
s	ㅅ	—	sang 상, so 소
t	ㄸ	ㅅ	tam 땀, têt 뗏, hat 핫
th	ㅌ	—	thao 타오, thu 투
tr	ㅉ	—	Trân 쩐, tre 쩨
v	ㅂ	—	vai 바이, vu 부
x	ㅆ	—	xanh 싸인, xeo 쌔오
a	아		an 안, nam 남
ă	아		ăn 안, Đăng 당, măc 막
â	어		ân 언, cân 껀, lâu 러우
e	애		em 앰, cheo 쩨오
ê	에		êm 엠, chê 쩨, Huê 후에
i	이		in 인, dai 자이
y	이		yên 옌, quy 꾸이
o	오		ong 옹, bo 보
ô	오		ôm 옴, đông 동
o'	어		o'n 언, so'n 선, mo'i 머이
u	우		um 움, cung 꿍
u'	으		u'n 은, tu' 뜨

	ia	이어	kia 끼어, ria 리어
이 중 모 음	iê	이에	chiêng 찌엥, diêm 지엠
	ua	우어	lua 루어, mua 무어
	uô	우오	buôn 부온, quôc 꾸옥
	u'a	으어	cu'a 끄어, mu'a 므어, su'a 스어
	u'o'	으어	ru'o'u 르어우, phu'o'ng 프엉

제18절 베트남어의 표기

표 16에 따르고, 다음과 같은 특징을 살려서 적는다.

1 제1항 nh는 이어지는 모음과 합쳐서 한 음절로 적는다. 어말이나 자음 앞에서는 받침 〈ㄴ〉으로 적되, 그 앞의 모음이 a인 경우에는 a와 합쳐 〈아인〉으로 적는다.

Nha Trang 냐짱   Hô Chi Minh 호찌민
Thanh Hoa 타인호아   Đông Khanh 동카인

2 제2항 qu
qu는 이어지는 모음이 a일 경우에는 합쳐서 〈꽈〉로 적는다.

Quang 꽝   hat quan ho 핫꽌호
Quôc 꾸옥   Quyên 꾸옌

3 제3항 y
y는 뒤따르는 모음과 합쳐서 한 음절로 적는다.

yên 옌   Nguyên 응우옌

4 제4항 l
어중의 l이 모음 앞에 올 때에는 〈ㄹㄹ〉로 적는다.

klông put 끌롱뿟   Pleiku 쁠래이꾸
Ha Long 할롱   My Lai 밀라이

다만, 인명의 성과 이름은 별개의 단어로 보아 이 규칙을 적용하지 않는다.

Thê Lu' 테르   Chê Lan Viên 쩨란비엔

표 17 포르투갈어 자모와 한글 대조표

자모	한글		보기
	모음 앞	자음 앞·어말	
b	ㅂ	브	bossa nova 보사노바, Abreu 아브레우
c	ㅋ, ㅅ	ㄱ	Cabral 카브랄, Francisco 프란시스쿠, aspecto 아스펙투
ç	ㅅ	—	saraça 사라사, Eça 에사
ch	시*	—	Chaves 샤베스, Espichel 이스피셸
d	ㄷ, ㅈ	드	escudo 이스쿠두, Bernardim 베르나르딩, Dias 지아스(브)
f	ㅍ	프	fado 파두, Figo 피구
g	ㄱ, ㅈ	그	Saramago 사라마구, Jorge 조르즈, Portalegre 포르탈레그르, Guerra 게하
h	—	—	Henrique 엔히크, hostia 오스티아
j	ㅈ	—	Aljezur 알제주르, panja 판자
l	ㄹ, ㄹㄹ	ㄹ, 우	Lisboa 리스보아, Manuel 마누엘, Melo 멜루, Salvador 사우바도르(브)
lh	리리*	—	Coelho 코엘류, Batalha 바탈랴
m	ㅁ	ㅁ, ㅇ	Moniz 모니스, Humberto 움베르투, Camocim 카모싱
n	ㄴ	ㄴ, ㅇ	Natal 나탈, António 안토니우, Angola 앙골라, Rondon 혼동
nh	니*	—	Marinha 마리냐, Matosinhos 마토지뉴스
p	ㅍ	프	Pedroso 페드로주, Lopes 로페스, Prado 프라두
q	ㅋ	—	Aquilino 아킬리누, Junqueiro 중케이루
r	ㄹ, ㅎ	ㄹ	Freire 프레이르, Rodrigues 호드리게스, Cardoso 카르도주
s	ㅅ, ㅈ	스, 즈	Salazar 살라자르, Barroso 바호주, Egas 에가스, mesmo 메즈무
t	ㅌ, ㅊ	트	Tavira 타비라, Garrett 가헤트, Aracati 아라카치(브)
v	ㅂ	—	Vicente 비셴트, Oliveira 올리베이라
x	시*, ㅈ	스	Xira 시라, exame 이자므, exportar 이스포르타르
z	ㅈ	스	fazenda 파젠다, Diaz 디아스
a	아		Almeida 알메이다, Egas 에가스
e	에, 이, 으		Elvas 엘바스, escudo 이스쿠두, Mangualde 망구알드, Belmonte 베우몬치(브)
i	이		Amalia 아말리아, Vitorino 비토리누

자음

모음

	o	오, 우	Odemira 오데미라, Melo 멜루, Passos 파수스
	u	우	Manuel 마누엘, Guterres 구테흐스
이중모음	ai	아이	Sampaio 삼파이우, Cascais 카스카이스
	au	아우	Bauru 바우루, São Paulo 상파울루
	ãe	앙이	Guimarães 기마랑이스, Magalhães 마갈랑이스
	ão	앙	Durão 두랑, Fundão 푼당
	ei	에이	Ribeiro 히베이루, Oliveira 올리베이라
	eu	에우	Abreu 아브레우, Eusebio 에우제비우
	iu	이우	Aeminium 아에미니웅, Ituiutaba 이투이우타바
	oi	오이	Coimbra 코임브라, Goiás 고이아스
	ou	오	Lousã 로장, Mogadouro 모가도루
	õe	옹이	Camões 카몽이스, Pilões 필롱이스
	ui	우이	Luis 루이스, Cuiabá 쿠이아바

* ch의 〈시〉, lh의 〈리〉, nh의 〈니〉, x의 〈시〉가 뒤따르는 모음과 결합할 때에는 합쳐서 한 음절로 적는다.
* k, w, y는 외래어나 외래어에서 파생된 포르투갈식 어휘 또는 국제적으로 통용되는 약자나 기호의 표기에서 사용되는 것으로 포르투갈어 알파벳에 속하지 않으므로 해당 외래어 발음에 가깝게 표기한다.
* (브)는 브라질 포르투갈어에 적용되는 표기이다.

제19절 포르투갈어의 표기

표 17에 따르고, 다음과 같은 특징을 살려서 적는다. 다만, 〈브라질 포르투갈어에서〉라는 단서가 붙은 조항은 브라질 지명·인명의 표기에만 적용한다.

1 제1항 c, g
c, g는 a, o, u 앞에서는 각각 〈ㅋ, ㄱ〉으로 적고, e, i 앞에서는 〈ㅅ, ㅈ〉으로 적는다.

Cabral 카브랄   Camocim 카모싱
Egas 에가스   Gil 질

2 제2항 gu, qu
a, o, u 앞에서는 각각 〈구, 쿠〉로 적고, e, i 앞에서는 〈ㄱ, ㅋ〉으로 적는다.

Iguaçú 이구아수   Araquari 아라쿠아리
Guerra 게하   Aquilino 아킬리누

3 제3항 d, t

d, t는 ㄷ, ㅌ으로 적는다. 다만, 브라질 포르투갈어에서 i 앞이나 어말
e 및 어말 -es 앞에서는 〈ㅈ, ㅊ〉으로 적는다.

Amado 아마두 Costa 코스타

Diamantina 디아만티나 Diamantina 지아만치나(브)

Alegrete 알레그레트 Alegrete 알레그레치(브)

Montes 몬트스 Montes 몬치스(브)

4 제4항 어말의 -che는 〈시〉로 적는다.

Angoche 앙고시 Peniche 페니시

5 제5항 l

1) 어중의 l이 모음 앞에 오거나 모음이 따르지 않는 비음 앞에 오는 경우
에는 〈ㄹㄹ〉로 적는다. 다만, 비음 뒤의 l은 모음 앞에 오더라도 〈ㄹ〉로
적는다.

Carlos 카를루스 Amalia 아말리아

2) 어말 또는 자음 앞의 l은 받침 〈ㄹ〉로 적는다. 다만, 브라질 포르투갈어에
서 자음 앞이나 어말에 오는 경우에는 〈우〉로 적되, 어말에 -ul이 오는 경우
에는 〈울〉로 적는다.

Sul 술 Azul 아줄

Gilberto 질베르투 Gilberto 지우베르투(브)

Caracol 카라콜 Caracol 카라코우(브)

6 제6항 m, n

m, n은 각각 ㅁ, ㄴ으로 적고, 어말에서는 모두 받침 〈ㅇ〉으로 적는
다. 어말 -ns의 n도 받침 〈ㅇ〉으로 적는다.

Manuel 마누엘 Moniz 모니스

Campos 캄푸스 Vincente 빈센트

Santarém 산타렝 Rondon 혼동

Lins 링스 Rubens 후벵스

7 제7항 ng, nc, nq

ng, nc, nq 연쇄에서 〈g, c, q〉가 〈ㄱ〉이나 〈ㅋ〉으로 표기되면 〈n〉은 받
침 〈ㅇ〉으로 적는다.

Angola 앙골라 Angelo 안젤루

Branco 브랑쿠 Francisco 프란시스쿠

제3부 외래어 표기법

Conquista 콩키스타   Junqueiro 중케이루

8 제8항 r

r는 어두나 n, l, s 뒤에 오는 경우에는 〈ㅎ〉으로 적고, 그 밖의 경우에는 〈ㄹ, 르〉로 적는다.

Ribeiro 히베이루   Henrique 엔히크
Bandeira 반데이라   Salazar 살라자르

9 제9항 s

1) 어두나 모음 앞에서는 〈ㅅ〉으로 적고, 모음 사이에서는 〈ㅈ〉으로 적는다.

Salazar 살라자르   Afonso 아폰수
Barroso 바호주   Gervasio 제르바지우

2) 무성 자음 앞이나 어말에서는 〈스〉로 적고, 유성 자음 앞에서는 〈즈〉로 적는다.

Fresco 프레스쿠   Soares 소아르스
mesmo 메즈무   comunismo 코무니즈무

10 제10항 sc, sç, xc

sc와 xc는 e, i 앞에서 〈ㅅ〉으로 적는다. sç는 항상 〈ㅅ〉으로 적는다.

Nascimento 나시멘투   piscina 피시나
excelente 이셀렌트   cresça 크레사

11 제11항 x

x는 〈시〉로 적되, 어두 e와 모음 사이에 오는 경우에는 〈ㅈ〉으로 적는다.

Teixeira 테이셰이라   lixo 리슈
exame 이자므   exemplo 이젬플루

12 제12항 같은 자음이 겹치는 경우에는 겹치지 않은 경우와 같이 적는다. 다만, rr는 〈ㅎ, 흐〉로, ss는 〈ㅅ, 스〉로 적는다.

Garrett 가헤트   Barroso 바호주
Mattoso 마토주   Toress 토레스

13 제13항 o

o는 〈오〉로 적되, 어말이나 -os의 o는 〈우〉로 적는다.

Nobre 노브르   António 안토니우

Melo 멜루   Saramago 사라마구
Passos 파수스   Lagos 라구스

14 제14항 e
e는 〈에〉로 적되, 어두 무강세 음절에서는 〈이〉로 적는다. 어말에서
는 〈으〉로 적되, 브라질 포르투갈어에서는 〈이〉로 적는다.
Montemayor 몬테마요르   Estremoz 이스트레모스
Chifre 시프르   Chifre 시프리(브)
de 드   de 지(브)

15 제15항 -es
1) p, b, m, f, v 다음에 오는 어말 −es는 〈−에스〉로 적는다.
Lopes 로페스   Gomes 고메스
Neves 네베스   Chaves 샤베스

2) 그 밖의 어말 −es는 〈−으스〉로 적는다. 다만, 브라질 포르투갈어에서는
〈−이스〉로 적는다.
Soares 소아르스   Pires 피르스
Dorneles 도르넬리스(브)   Correntes 코헨치스(브)

→ 포르투갈어 강세 규칙은 다음과 같다.
　① 자음 l, r, z, 모음 i, u, 비음 im, um, ã, ão, ões로 끝나는 단어는 마지막
　음절에 강세가 온다.
　② á, é, ê, ó, ô, í, ú 등과 같이 단어에 강세 표시가 있는 경우는 그곳에
　강세가 온다.
　③ 그 밖의 경우에는 끝에서 두 번째 음절에 강세가 온다.

표 18 네덜란드어 자모와 한글 대조표

자모	한글		보기
	모음 앞	자음 앞·어말	
b	ㅂ	ㅂ, 브, 프	Borst 보르스트, Bram 브람, Jacob 야코프
c	ㅋ	ㄱ, ㅋ	Campen 캄펀, Nicolaas 니콜라스, topic 토픽, scrupel 스크뤼펄
	ㅅ		cyaan 시안, Ceelen 세일런
ch	ㅎ	흐	Volcher 폴허르, Utrecht 위트레흐트
d	ㄷ	ㅅ, 드, 트	Delft 델프트, Edgar 엣하르, Hendrik 헨드릭, Helmond 헬몬트
f	ㅍ	프	Flevoland 플레볼란트, Graaf 흐라프
g	ㅎ	흐	Goes 후스, Limburg 림뷔르흐
h	ㅎ	—	Heineken 헤이네컨, Hendrik 헨드릭
j	이*	—	Jongkind 용킨트, Jan 얀, Jeroen 예룬
k	ㅋ	ㄱ, 크	Kok 콕, Alkmaar 알크마르, Zierikzee 지릭제이
kw(qu)	ㅋㅂ	—	kwaliteit 크발리테이트, kwellen 크벨런, kwitantie 크비탄시
l	ㄹ, ㄹㄹ	ㄹ	Lasso 라소, Friesland 프리슬란트, sabel 사벌
m	ㅁ	ㅁ	Meerssen 메이르선, Zalm 잘름
n	ㄴ	ㄴ	Nijmegen 네이메헌, Jansen 얀선
ng	ㅇ	ㅇ	Inge 잉어, Groningen 흐로닝언
p	ㅍ	ㅂ, 프	Peper 페퍼르, Kapteyn 캅테인, Koopmans 코프만스
r	ㄹ	르	Rotterdam 로테르담, Asser 아서르
s	ㅅ	스	Spinoza 스피노자, Hals 할스
sch	ㅅㅎ	스	Schiphol 스히폴, Escher 에스허르, typisch 티피스
sj	시*	시	sjaal 샬, huisje 하위셔, ramsj 람시, fetisj 페티시
t	ㅌ	ㅅ, 트	Tinbergen 틴베르헌, Gerrit 헤릿, Petrus 페트뤼스
ts	ㅊ	츠	Aartsen 아르천, Beets 베이츠
v	ㅂ, ㅍ	브	Veltman 펠트만, Einthoven 에인트호번, Weltevree 벨테브레이
w	ㅂ	—	Wim 빔
y	이	이	cyaan 시안, Lyonnet 리오넷, typisch 티피스, Verwey 페르베이
z	ㅈ	—	Zeeman 제이만, Huizinga 하위징아

(자음)

259

	a	아	Asser 아서르, Frans 프란스
모음	e	에, 어	Egmont 에흐몬트, Frederik 프레데릭, Heineken 헤이네컨, Lubbers 뤼버르스, Campen 캄펀
	i	이	Nicolaas 니콜라스, Tobias 토비아스
	ie	이	Pieter 피터르, Vries 프리스
	o	오	Onnes 오너스, Vondel 폰덜
	oe	우	Boer 부르, Boerhaave 부르하버
	u	위	Utrecht 위트레흐트, Petrus 페트뤼스
	eu	외	Europort 외로포르트, Deurne 되르너
	uw	위	ruw 뤼, duwen 뒤언, Euwen 에위언
이중 모음	ou(w), au(w)	아우	Bouts 바우츠, Bouwman 바우만, Paul 파울, Lauwersmeer 라우에르스메이르
	ei, ij	에이	Heike 헤이커, Bolkestein 볼케스테인, Ijssel 에이설
	ui(uy)	아위	Huizinga 하위징아, Zuid-Holland 자위트홀란트, Buys 바위스
	aai	아이	draaien 드라이언, fraai 프라이, zaait 자이트, Maaikes 마이커스
	ooi	오이	Booisman 보이스만, Hooites 호이터스
	oei	우이	Boeijinga 부잉아, moeite 무이터
	eeuw	에이우	Leeuwenhoek 레이우엔훅, Meeuwes 메이우어스
	ieuw	이우	Lieuwma 리우마, Rieuwers 리우어르스

• j의 〈이〉, sj의 〈시〉가 뒤따르는 모음과 결합할 때에는 합쳐서 한 음절로 적는다.

제20절 네덜란드어의 표기

표 18에 따르고, 다음과 같은 특징을 살려서 적는다.

1 제1항 p, t, k

무성 파열음 p, t, k는 자음 앞이나 어말에 올 경우에는 각각 받침 〈ㅂ, ㅅ, ㄱ〉으로 적는다. 다만, 앞 모음이 이중 모음이거나 장모음 (같은 모음을 겹쳐 적는 경우)인 경우와 앞이나 뒤의 자음이 유음 이나 비음인 경우에는 〈프, 트, 크〉로 적는다.

Wit 빗	Gennip 헤닙
Kapteyn 캅테인	september 셉템버르
Petrus 페트뤼스	Arcadelt 아르카덜트
Hoop 호프	Eijkman 에이크만

2 제2항 b, d

유성 파열음 b, d가 어말에 올 경우에는 각각 〈프, 트〉로 적고, 어중에 올 경우에는 앞이나 뒤의 자음이 유음이나 비음인 경우와 앞 모음이 이중 모음이거나 장모음(같은 모음을 겹쳐 적는 경우)인 경우에는 〈브, 드〉로 적는다. 그 외에는 모두 받침 〈ㅂ, ㅅ〉으로 적는다.

Bram 브람	Hendrik 헨드릭
Jakob 야코프	Edgar 엣하르
Zeeland 제일란트	Koenraad 쿤라트

3 제3항 v

v가 어두에 올 경우에는 〈ㅍ, 프〉로 적고, 그 외에는 모두 〈ㅂ, 브〉로 적는다.

Veltman 펠트만	Vries 프리스
Grave 흐라버	Weltevree 벨테브레이

4 제4항 c

c는 차용어에 쓰이므로 해당 언어의 발음에 따라 〈ㅋ〉이나 〈ㅅ〉으로 적는다.

Nicolaas 니콜라스	Hendricus 헨드리퀴스
cyaan 시안	Franciscus 프란시스퀴스

5 제5항 g, ch

g, ch는 〈ㅎ〉으로 적되, 차용어의 경우에는 해당 언어의 발음에 따라 적는다.

gulden 휠던	Haag 하흐
Hooch 호흐	Volcher 폴허르
Eugene 외젠	Michael 미카엘

6 제6항 -tie는 〈시〉로 적는다.

natie 나시	politie 폴리시

7 제7항 l

어중의 l이 모음 앞에 오거나 모음이 따르지 않는 비음 앞에 올 때에는 〈ㄹㄹ〉로 적는다. 다만, 비음 뒤의 l은 모음 앞에 오더라도 〈ㄹ〉로 적는다.

Tiele 틸러	Zalm 잘름

Berlage 베를라허   Venlo 펜로

8 제8항 nk

k 앞에 오는 n은 받침 〈ㅇ〉으로 적는다.

Frank 프랑크   Hiddink 히딩크
Benk 벵크   Wolfswinkel 볼프스빙컬

9 제9항 같은 자음이 겹치는 경우에는 겹치지 않은 경우와 같이 적
는다.

Hobbema 호베마   Ballot 발롯
Emmen 에먼   Gennip 헤닙

10 제10항 e

e는 〈에〉로 적는다. 다만, 2음절 이상에서 마지막 음절에 오는 e와 어
말의 e는 모두 〈어〉로 적는다.

Dennis 데니스   Breda 브레다
Stevin 스테빈   Peter 페터르
Heineken 헤이네컨   Campen 캄펀

11 제11항 같은 모음이 겹치는 경우에는 겹치지 않은 경우와 같이 적
는다. 다만 ee는 〈에이〉로 적는다.

Hooch 호흐   Mondriaan 몬드리안
Kees 케이스   Meerssen 메이르선

12 제12항 -ig는 〈어흐〉로 적는다.

tachtig 타흐터흐   hartig 하르터흐

13 제13항 -berg는 〈베르흐〉로 적는다.

Duisenberg 다위센베르흐   Mengelberg 멩엘베르흐

14 제14항 over-는 〈오버르〉로 적는다.

Overijssel 오버레이설   overkomst 오버르콤스트

15 제15항 모음 è, é, ê, ë는 〈에〉로 적고, ï는 〈이〉로 적는다.

carré 카레   casuïst 카수이스트
drieëntwintig 드리엔트빈터흐

표 19 러시아어 자모와 한글 대조표

로마자	러시아 자모	한글 모음 앞	한글 자음 앞	한글 어말	보기
b	б	ㅂ	ㅂ, 브	프	Bolotov (Болотов) 볼로토프, Bobrov (Бобров) 보브로프, Kurbskii (Курбский) 쿠릅스키, Gleb (Глеб) 글레프
ch	ч	ㅊ	치		Goncharov (Гончаров) 곤차로프, Manechka (Манечка) 마네치카, Yakubovich (Якубович) 야쿠보비치
d	д	ㄷ	ㅅ, 드	트	Dmitrii (Дмитрий) 드미트리, Benediktov (Бенедиктов) 베네딕토프, Nakhodka (Находка) 나홋카, Voskhod (Восход) 보스호트
f	ф	ㅍ	ㅂ, 프	프	Fyodor (Фёдор) 표도르, Yefremov (Ефремов) 예프레모프, Iosif (Иосиф) 이오시프
g	г	ㄱ	ㄱ, 그	크	Gogol' (Гоголь) 고골, Musorgskii (Мусоргский) 무소륵스키, Bogdan (Богдан) 보그단, Andarbag (Андарбаг) 안다르바크
kh	х	ㅎ	흐		Khabarovsk (Хабаровск) 하바롭스크, Akhmatova (Ахматова) 아흐마토바, Oistrakh (Ойстрах) 오이스트라흐
k	к	ㅋ	ㄱ, 크	크	Kalmyk (Калмык) 칼미크, Aksakov (Аксаков) 악사코프, Kvas (Квас) 크바스, Vladivostok (Владивосток) 블라디보스토크
l	л	ㄹ, ㄹㄹ	ㄹ		Lenin (Ленин) 레닌, Nikolai (Николай) 니콜라이, Krylov (Крылов) 크릴로프, Pavel (Павел) 파벨
m	м	ㅁ	ㅁ, 므	ㅁ	Mikhaiil (Михайл) 미하일, Maksim (Максим) 막심,

자음

					Mtsensk (Мценск) 므첸스크
n	н	ㄴ	ㄴ		Nadya (Надя) 나댜, Stefan (Стефан) 스테판
p	п	ㅍ	ㅂ, 프	ㅍ	Pyotr (Пётр) 표트르, Rostopchina (Ростопчина) 로스톱치나, Pskov (Псков) 프스코프, Maikop (Майкоп) 마이코프
r	р	ㄹ	르		Rybinsk (Рыбинск) 리빈스크, Lermontov (Лермонтов) 레르몬토프, Artyom (Артём) 아르툠
s	с	ㅅ	ㅅ		Vasilii (Василий) 바실리, Stefan (Стефан) 스테판, Boris (Борис) 보리스
sh	ш	시*	시		Shelgunov (Шелгунов) 셸구노프, Shishkov (Шишков) 시시코프
shch	щ	시*	시		Shcherbakov (Щербаков) 셰르바코프, Shirets (Щирец) 시레츠, borshch (борщ) 보르시
t	т	ㅌ	ㅅ, 트	트	Tat'yana (Татьяна) 타티야나, Khvatkov (Хватков) 흐밧코프, Tver' (Тверь) 트베리, Buryat (Бурят) 부랴트
tch	тч	ㅊ	—		Gatchina (Гатчина) 가치나, Tyutchev (Тютчев) 튜체프
ts	ц, тс	ㅊ	츠		Kapitsa (Капица) 카피차, Tsvetaeva (Цветаева) 츠베타예바, Bryatsk (Брятск) 브랴츠크, Yakutsk (Якутск) 야쿠츠크
v	в	ㅂ	ㅂ, 브	ㅍ	Verevkin (Веревкин) 베렙킨, Dostoevskii (Достоевский) 도스토옙스키, Vladivostok (Владивосток) 블라디보스토크, Markov (Марков) 마르코프
z	з	ㅈ	즈, 스 · 스		Zaichev (Зайчев) 자이체프, Kuznetsov (Кузнецов) 쿠즈네초프, Agryz (Агрыз) 아그리스

zh	ж	ス	ス, 시	시	Zhadovskaya (Жадовская) 자돕스카야, Zhdanov (Жданов) 즈다노프, Luzhkov (Лужков) 루시코프, Kebezh (Кебеж) 케베시
j/i	й	이		이	Yurii (Юрий) 유리, Andrei (Андрей) 안드레이, Belyi (Белый) 벨리
a	а		아		Aksakov (Аксаков) 악사코프, Abakan (Абакан) 아바칸
e	е э		에, 예		Petrov (Петров) 페트로프, Evgenii (Евгений) 예브게니, Alekseev (Алексеев) 알렉세예프, Ertel' (Эртель) 에르텔
i	и		이		Ivanov (Иванов) 이바노프, Iosif (Иосиф) 이오시프
o	о		오		Khomyakov (Хомяков) 호먀코프, Oka (Ока) 오카
u	у		우		Ushakov (Ушаков) 우샤코프, Sarapul (Сарапул) 사라풀
y	ы		이		Saltykov (Салтыков) 살티코프, Kyra (Кыра) 키라, Belyi (Белый) 벨리
ya	я		야		Yasinskii (Ясинский) 야신스키, Adygeya (Адыгея) 아디게야
yo	ё		요		Solov'yov (Соловьёв) 솔로비요프, Artyom (Артём) 아르툠
yu	ю		유		Yurii (Юрий) 유리, Yurga (Юрга) 유르가

(모음)

* sh(ш), shch(щ)의 〈시〉가 뒤따르는 모음과 결합할 때에는 합쳐서 한 음절로 적는다.

제21절 러시아어의 표기

표 19에 따르고, 다음과 같은 특징을 살려서 적는다.

1 제1항 p(п), t(т), k(к), b(б), d(д), g(г), f(ф), v(в)
파열음과 마찰음 f(ф), v(в)는 무성 자음 앞에서는 앞 음절의 받침으로 적고, 유성 자음 앞에서는 〈으〉를 붙여 적는다.

Sadko (Садко) 삿코   Agryz (Агрыз) 아그리스

Akbaur (Акбаур) 아크바우르

Rostopchina (Ростопчина) 로스톱치나

Akmeizm (Акмеизм) 아크메이즘   Rubtsovsk (Рубцовск) 룹촙스크

Bryatsk (Брятск) 브랴츠크   Lopatka (Лопатка) 로팟카

Yefremov (Ефремов) 예프레모프

Dostoevskii (Достоевский) 도스토옙스키

2 제2항 z(з), zh(ж)

z(з)와 zh(ж)는 유성 자음 앞에서는 〈즈〉로 적고 무성 자음 앞에서
는 각각 〈스, 시〉로 적는다.

Nazran' (Назрань) 나즈란

Nizhnii Tagil (Нижний Тагил) 니즈니타길

Ostrogozhsk (Острогожск) 오스트로고시스크

Luzhkov (Лужков) 루시코프

3 제3항 지명의 -grad(град)와 -gorod(город)는 관용을 살려 각각
〈-그라드〉, 〈-고로드〉로 표기한다.

Volgograd (Волгоград) 볼고그라드

Kaliningrad (Калининград) 칼리닌그라드

Slavgorod (Славгород) 슬라브고로드

4 제4항 자음 앞의 -ds(дс)-는 〈츠〉로 적는다.

Petrozavodsk (Петрозаводск) 페트로자보츠크

Vernadskii (Вернадский) 베르나츠키

5 제5항 어말 또는 자음 앞의 l(л)은 받침 〈ㄹ〉로 적고, 어중의 l이
모음 앞에 올 때에는 〈ㄹㄹ〉로 적는다.

Pavel (Павел) 파벨

Nikolaevich (Николаевич) 니콜라예비치

Zemlya (Земля) 제믈랴

Tsimlyansk (Цимлянск) 치믈랸스크

6 제6항 l'(ль), m(м)이 어두 자음 앞에 오는 경우에는 각각 〈리〉,
〈므〉로 적는다.

L'bovna (Льбовна) 리보브나   Mtsensk (Мценск) 므첸스크

7 제7항 같은 자음이 겹치는 경우에는 겹치지 않은 경우와 같이 적는다. 다만, mm(м м), nn(н н)은 모음 앞에서 〈ㅁ ㅁ〉, 〈ㄴ ㄴ〉으로 적는다.

Gippius (Гиппиус) 기피우스   Avvakum (Аввакум) 아바쿰

Odessa (Одесса) 오데사   Akkol' (Акколь) 아콜

Sollogub (Соллогуб) 솔로구프   Anna (Анна) 안나

Gamma (Гамма) 감마

8 제8항 e(e, э)

e(e, э)는 자음 뒤에서는 〈에〉로 적고, 그 외의 경우에는 〈예〉로 적는다.

Aleksei (Алексей) 알렉세이

Egvekinot (Егвекинот) 예그베키노트

9 제9항 연음 부호 '(ь)

연음 부호 '(ь)은 〈이〉로 적는다. 다만 l', m', n'(ль, мь, нь)이 자음 앞이나 어말에 오는 경우에는 적지 않는다.

L'bovna (Льбовна) 리보브나   Igor' (Игорь) 이고리

Il'ya (Илья) 일리야   D'yakovo (Дьяково) 디야코보

Ol'ga (Ольга) 올가   Perm' (Пермь) 페름

Ryazan' (Рязань) 랴잔   Gogol' (Гоголь) 고골

10 제10항 dz(дз), dzh(дж)는 각각 z, zh와 같이 적는다.

Tetradze (Тетрадзе) 테트라제

Tadzhikistan (Таджикистан) 타지키스탄

제22절 열린책들에서 사용하던 러시아어 표기법

러시아어의 표기 원칙은 정식으로 고시되어 있지 않다가, 2005년에 포르투갈어, 네덜란드어와 함께 고시되었다. 열린책들은 〈도스또예프스끼 전집〉 등 오랜 기간 러시아 문학을 출판하면서 정확한 러시아어 발음에 맞는 표기 원칙을 독자적으로 제안·사용해 온 바 있다. 그러나 2021년 『도스토옙스키 탄생 200주년 기념판 세트』부터 고시된 외래어 표기법을 따르기로 했다. 여기에 열린책들의 〈러시아어 자모와 한글 대조표〉와 〈러시아어 표기 세칙〉을 참고로 싣는다. (2018년 개정)

로마자	러시아 자모	한글			보기
		모음 앞	자음 앞	어말	
b	б	ㅂ	ㅂ, 브	ㅃ	유성 자음 앞에서는 〈브〉, 무성 자음 앞에서는 받침 〈ㅂ〉으로 적는다. Bolotov (Болотов) 볼로또프, Bobrov (Бобров) 보브로프, Kurbskii (Курбский) 꾸릅스끼, Gleb (Глеб) 글레쁘
ch	ч	ㅊ	치		Goncharov (Гончаров) 곤차로프, Manechka (Манечка) 마네치까, Iakubovich (Якубович) 야꾸보비치
d	д	ㄷ, ㅈ	ㅅ, ㄷ	뜨	유성 자음 앞에서는 〈드〉, 무성 자음 앞에서는 받침 〈ㅅ〉으로 적는다. ia(я), e(e), i(и), io(ё), iu(ю), '(ь) 앞에서는 〈ㅈ〉으로 적는다. 관용에 따른 무성음화 예외에 관해서는 별도로 정한다. 단, -grad는 예외로 인정하지 않는다. Dmitrii (Дмитрий) 드미뜨리, Benediktov (Бенедиктов) 베네직또프, Nakhodka (Находка) 나홋까, Voskhod (Восход) 보스호뜨, Petrograd (Петроград) 뻬뜨로그라뜨
f	ф	ㅍ	프		Fiodor (Фёдор) 표도르, Efremov (Ефремов) 예프레모프, Iosif (Иосиф) 이오시프
g	г	ㄱ	ㄱ, 그	ㄲ	유성 자음 앞에서는 〈그〉, 무성 자음 앞에서는 받침 〈ㄱ〉으로 적는다. 관용에 따른 무성음화 예외에 관해서는 별도로 정한다. 단, -burg는 예외로 인정하지 않는다. Gogol' (Гоголь) 고골, Musorgskii (Мусоргский) 무소릅스끼, Bogdan (Богдан) 보그단, Andarbag (Андарбаг) 안다르바끄, Peterburg (Петербург) 뻬쩨르부르끄
kh	х	ㅎ	흐		Khabarovsk (Хабаровск) 하바로프스끄, Akhmatova (Ахматова) 아흐마또바, Oistrakh (Ойстрах) 오이스뜨라흐

자음

자음	k	к	ㄲ	ㄱ, 끄	끄	유성 자음 앞에서는 〈끄〉, 무성 자음 앞에서는 받침 〈ㄱ〉으로 적는다. Kalmyk (Калмык) 깔미끄, Aksakov (Аксаков) 악사꼬프, Kvas (Квас) 끄바스, Vladivostok (Владивосток) 블라지보스또끄
	l	л	ㄹ, ㄹㄹ	ㄹ		모음 사이에서는 〈ㄹㄹ〉, 그 밖의 위치에서는 〈ㄹ〉로 적는다. Lenin (Ленин) 레닌, Nikolai (Николай) 니꼴라이, Krylov (Крылов) 끄릴로프, Pavel (Павел) 빠벨
	m	м	ㅁ	ㅁ, 므	ㅁ	Mikhail (Михаил) 미하일, Maksim (Максим) 막심, Mtsensk (Мценск) 므첸스끄
	n	н	ㄴ	ㄴ		Nadia (Надя) 나자, Stepan (Степан) 스쩨빤
	p	п	ㅃ	ㅂ, 쁘	쁘	유성 자음 앞에서는 〈쁘〉, 무성 자음 앞에서는 받침 〈ㅂ〉으로 적는다. Piotr (Пётр) 뾰뜨르, Rostopchina (Ростопчина) 로스똡치나, Pskov (Псков) 쁘스꼬프, Maikop (Майкоп) 마이꼬쁘
	r	р	ㄹ	르		Rybinsk (Рыбинск) 리빈스끄, Lermontov (Лермонтов) 레르몬또프, Artiom (Артём) 아르쫌
	s	с	ㅅ	스		Vasilii (Василий) 바실리, Stepan (Степан) 스쩨빤, Boris (Борис) 보리스
	sh	ш	시	시		뒤에 오는 〈아〉, 〈에〉, 〈이〉, 〈오〉, 〈우〉와 합쳐 〈샤〉, 〈셰〉, 〈시〉, 〈쇼〉, 〈슈〉로 적는다. 자음 앞이나 어말에 오면 〈시〉로 적는다. Shelgunov (Шелгунов) 셸구노프, Shishkov (Шишков) 시시꼬프
	shch	щ	시	시		뒤에 오는 〈아〉, 〈에〉, 〈이〉, 〈오〉, 〈우〉와 합쳐 〈샤〉, 〈셰〉, 〈시〉, 〈쇼〉, 〈슈〉로 적는다. 자음 앞이나 어말에 오면 〈시〉로 적는다. sh(ш)와 동일하게 취급한다.

자음

					Shcherbakov (Щербаков) 셰르바꼬프, Shchirets (Щирец) 시레쯔, borshch (борщ) 보르시
t	т	ㄸ, ㅉ	ㅅ, ㄸ	ㄸ	ia(я), e(e), i(и), io(ё), iu(ю), '(ь) 앞에서는 〈ㅉ〉으로 적는다. 무성 자음 앞에서는 받침 〈ㅅ〉으로 적는다. Tat'iana (Татьяна) 따찌야나, Khvatkov (Хватков) 흐밧꼬프, Tver' (Тверь) 뜨베리, Buriat (Бурят) 부랴뜨
ts	ц	ㅉ	쯔		Kapitsa (Капица) 까삐짜, Tsvetaeva (Цветаева) 쯔베따예바, Briatsk (Брятск) 브랴쯔끄, Iakutsk (Якутск) 야꾸쯔끄
v	в	ㅂ	ㅍ, 브	ㅍ	유성 자음 앞에서는 〈브〉, 무성 자음 앞에서는 〈ㅍ〉로 적는다. Verevkin (Веревкин) 베레프낀, Dostoevskii (Достоевский) 도스또예프스끼, Vladivostok (Владивосток) 블라지보스또끄, Markov (Марков) 마르꼬프
z	з	ㅈ	즈, ㅅ	ㅅ	모음 앞에서는 〈ㅈ〉, 유성 자음 앞에서는 〈즈〉, 무성 자음 앞 또는 어말에서는 〈ㅅ〉로 적는다. Zaichev (Зайчев) 자이체프, Kuznetsov (Кузнецов) 꾸즈네쪼프, Agryz (Агрыз) 아그리스
zh	ж	ㅈ	즈, 시	시	모음 앞에서는 〈ㅈ〉, 유성 자음 앞에서는 〈즈〉, 무성 자음 앞 또는 어말에서는 〈시〉로 적는다. Zhadovskaia (Жадовская) 자도프스까야, Zhdanov (Жданов) 즈다노프, Luzhkov (Лужков) 루시꼬프, Kebezh (Кебеж) 께베시
j/i	й	이	이		-ii(ий), -yi(ый), -'i(ьй)에서는 〈이이〉로 겹쳐 적지 않고 〈이〉로 표기한다. Iurii (Юрий) 유리, Andrei (Андрей) 안드레이, Belyi (Белый) 벨리

모음	a	a	아	Aksakov (Аксаков) 악사꼬프, Abakan (Абакан) 아바깐
	e	e	에, 예	자음 뒤에 오면 〈에〉, 어두와 그 밖의 위치에서는 〈예〉로 표기한다. Petrov (Петров) 뻬뜨로프, Evgenii (Евгений) 예브게니, Alekseev (Алексеев) 알렉세예프
		э	에	Ertel' (Эртель) 에르쩰, Aeroflot (Аэрофлот) 아에로플로뜨
	i	и	이	Ivanov (Иванов) 이바노프, Iosif (Иосиф) 이오시프
	ia	я	야	〈ㅈ, ㅉ, ㅊ〉 뒤에서는 〈아〉로 적는다. Iasinskii (Ясинский) 야신스끼, Adygeia (Адыгея) 아디게야, Berdiaev (Бердяев) 베르자예프
	io	ё	요	〈ㅈ, ㅉ, ㅊ〉 뒤에서는 〈오〉로 적는다. Solov'iov (Соловьёв) 솔로비요프, Artiom (Артём) 아르쫌
	iu	ю	유	〈ㅈ, ㅉ, ㅊ〉 뒤에서는 〈우〉로 적는다. Iurii (Юрий) 유리, Iurga (Юрга) 유르가, Serdiukova (Сердюкова) 세르주꼬바
	o	o	오	Khomiakov (Хомяков) 호먀꼬프, Oka (Ока) 오까
	u	y	우	Ushakov (Ушаков) 우샤꼬프, Sarapul (Сарапул) 사라뿔
	y	ы	이	Saltykov (Салтыков) 살띠꼬프, Kyra (Кыра) 끼라, Belyi (Белый) 벨리

열린책들 러시아어의 표기

표에 따르고, 다음과 같은 특징을 살려서 적는다.

1 제1항 파열음 p(п), k(к), t(т)를 된소리로 적는다. 무성음화된 b(б), g(г), d(д)도 된소리로 적는다.

Stalin (Сталин) 스딸린

Leonid (Леонид) 레오니뜨

2 제2항 구개음화

• ia, e, i, io, iu, ' (я, е, и, ё, ю, ь) 앞에 d(д)와 t(т)가 올 때 적용한다.

[예외] a, e(⟨예⟩가 아닌 ⟨에⟩일 때), y, o, u, ' ' (а, э, ы, о, у, ъ) 앞에서는 구개음화가 일어나지 않는다.

Vladimir (Владимир) 블라지미르

Tat'iana (Татьяна) 따찌야나

Potemkin (Потёмкин) 뽀쫌낀

Tiutchev (Тютчев) 쭈체프

Saltykov (Салтыков) 살띠꼬프 (구개음화 적용 안 함)

3 제3항 표준 표기법에서는 -grad와 -gorod는 관용을 살려 각각 ⟨-그라드⟩, ⟨-고로드⟩로 표기하지만 열린책들에서는 예외로 인정하지 않고 발음대로 ⟨-그라뜨⟩, ⟨-고로뜨⟩로 표기한다. 참고로 -burg도 ⟨-부르끄⟩로 표기한다.

Leningrad (Ленинград) 레닌그라뜨

Novgorod (Новгород) 노브고로뜨

Ekaterinburg (Екатеринбург) 예까쩨린부르끄

4 제4항 f(ф)와 무성음화된 v(в)는 모음 앞에서는 ⟨ㅍ⟩, 자음 앞이나 어말에서는 ⟨프⟩로 적고 표준 표기법처럼 앞 음절의 받침으로는 사용하지 않는다.

Dostoevskii 도스또예프스끼   Kavkaz 까프까스

5 제5항 경음 부호

경음 부호(ъ)에 대해서는 표준 표기법에 언급이 없으나 열린책들에서는 경음 부호 앞뒤를 따로 분리하여 발음한다. 로마자 병기 시 필요할 경우 쌍어깻점(")으로 바꾸어 쓴다.

ob"ekt (объект) 오브옉뜨   pod"iom (подъём) 뽀드욤

6 제6항 연음 부호

연음 부호(ь)는 표준 표기법과 동일하게 ⟨이⟩로 적는다. l', m', n'(ль, мь, нь)이 자음 앞이나 어말에 오는 경우에는 적지 않는데, 단 l'(ль)이 어두 자음 앞에 오는 경우에는 ⟨리⟩로 적는다.

L'bovna (Льбовна) 리보브나   Igor' (Игорь) 이고리

Ol'ga (Ольга) 올가   Riazan' (Рязань) 랴잔

7 제7항 러시아어의 로마자 전사는 다음 표를 따른다.

대문자/소문자	바꾸어 쓰기	대문자/소문자	바꾸어 쓰기	대문자/소문자	바꾸어 쓰기
А а	a	К к	k	Х х	kh
Б б	b	Л л	l	Ц ц	ts
В в	v	М м	m	Ч ч	ch
Г г	g	Н н	n	Ш ш	sh
Д д	d	О о	o	Щ щ	shch
Е е	e	П п	p	Ъ ъ	ˮ
Ё ё	io	Р р	r	Ы ы	y
Ж ж	zh	С с	s	Ь ь	ʼ
З з	z	Т т	t	Э э	e
И и	i	У у	u	Ю ю	iu
Й й	i	Ф ф	f	Я я	ia

관용화된 표기나 프랑스 및 독일식 표기도 예외 없이 바꿔 준다.

Chekhov ← Tschechow 체호프

Pushkin ← Pouchkine 뿌시낀

제4장 인명, 지명 표기의 원칙

제1절 표기 원칙

1 제1항 외국의 인명, 지명의 표기는 제1장, 제2장, 제3장의 규정을 따르는 것을 원칙으로 한다.

2 제2항 제3장에 포함되어 있지 않은 언어권의 인명, 지명은 원지음을 따르는 것을 원칙으로 한다.

Ankara 앙카라   Gandhi 간디

3 제3항 원지음이 아닌 제3국의 발음으로 통용되고 있는 것은 관용을 따른다.

Hague 헤이그   Caesar 시저

열린책들 셰익스피어 작품에서만 〈시저〉라고 하고 나머지는 〈카이사르〉로 쓴다. 다만 그리스 신화의 신 〈무사〉는 영어식 표기인 〈뮤즈〉로 쓴다.

4 제4항 고유 명사의 번역명이 통용되는 경우 관용을 따른다.
Pacific Ocean 태평양   Black Sea 흑해

5 (열린책들) 외국의 인명, 지명 중 두 가지 이상의 표기가 있는 경우에는 한 책 안에서 통일하되, ㄱ을 원칙으로 한다.

ㄱ	ㄴ
Spain 스페인	에스파냐
Australia 오스트레일리아	호주
Golden Gate Bridge 골든 게이트교	금문교

6 (준칙) 인명은 원어에서 띄어 쓴 대로 한글 표기를 하며, 지명은 불가피한 경우가 아니면 모두 붙여 적는다.

제2절 동양의 인명, 지명 표기

1 제1항 중국 인명은 과거인과 현대인을 구분하여 과거인은 종전의 한자음대로 표기하고, 현대인은 원칙적으로 중국어 표기법에 따라 표기하되, 필요한 경우 한자를 병기한다.
(열린책들) 과거인과 현대인의 구분은 19세기 말 제국주의 침략 시기를 기점으로 한다.
공자 / 구양수 / 노자 / 두보 / 소동파 / 왕유 / 유종원 / 이백 / 하유
루쉰(魯迅) / 리롄제(李連杰) / 마오쩌둥(毛澤東) / 쑨원(孫文)
장제스(蔣介石) / 후진타오(胡錦濤)

2 제2항 중국의 역사 지명으로서 현재 쓰이지 않는 것은 우리 한자음대로 하고, 현재 지명과 동일한 것은 중국어 표기법에 따라 표기하되, 필요한 경우 한자를 병기한다.

3 제3항 일본의 인명과 지명은 과거와 현대의 구분 없이 일본어 표기법에 따라 표기하는 것을 원칙으로 하되, 필요한 경우 한자를 병기한다.

4 제4항 중국 및 일본의 지명 가운데 한국 한자음으로 읽는 관용이 있는 것은 이를 허용한다.
東京 도쿄 / 동경   京都 교토 / 경도   上海 상하이 / 상해
臺灣 타이완 / 대만   黃河 황허 / 황하
(열린책들) 우리 한자음은 되도록 사용하지 않는다.

제3절 바다, 섬, 강, 산 등의 표기 세칙

1 제1항 바다는 〈해(海)〉로 통일한다.

홍해　　　　　　　　발트해　　　　　　　　아라비아해

2 제2항 우리나라를 제외하고 섬은 모두 〈섬〉으로 통일한다.

타이완섬　　　　　　　　코르시카섬

(우리나라: 제주도, 울릉도)

3 제3항 한자 사용 지역(일본, 중국)의 지명이 하나의 한자로 되어 있을 경우, 〈강〉, 〈산〉, 〈호〉, 〈섬〉 등은 겹쳐 적는다.

온타케산(御岳)　　　　　　　　주장강(珠江)

도시마섬(利島)　　　　　　　　하야카와강(早川)

위산산(玉山)

4 제4항 지명이 산맥, 산, 강 등의 뜻이 들어 있는 것은 〈산맥〉, 〈산〉, 〈강〉 등을 겹쳐 적는다.

Rio Grande 리오그란데강　　　　Monte Rosa 몬테로사산

Mont Blanc 몽블랑산　　　　Sierra Madre 시에라마드레산맥

제4절 열린책들에서 사용하는 기타 외래어 표기 원칙

1 영어 등 기타 다른 언어로 표시된 인명, 지명은 해당 언어에 맞게 표기한다.

뉘른베르크Nürnberg ← 누렘베르크Nuremberg(영어식)

트리어Trier ← 트레브Trève(프랑스어식)

류블랴나Ljubljana ← 라이바흐Laibach(독일어식)

알렉산드로스 대왕 ← 알렉산더 대왕(영어식)

알렉산데르 3세 ← 알렉산더 3세(교황)

요제프 라칭거Joseph Ratzinger ← 요제프 라칭어

→ 국호나 지역명이 변경된 경우에 최근의 명칭으로 통일해서는 안 되고 저작물 속의 시대 배경에 적절한 것으로 써야 한다.

　아비시니아 / 에티오피아: 1930년대의 〈아비시니아 위기〉를 〈에티오피아 위기〉로 쓸 수 없다.

　버마 / 미얀마: 조지 오웰의 『버마 일기』는 『미얀마 일기』로 쓸 수 없다.

2 중세의 라틴어 이름이 근대어로 표시된 경우에 되도록 라틴어 원형을 살려 준다.

니콜라우스 쿠자누스Nicolaus Cusanus ← Nikolas von Cusa/Nicholas of Cusa

페트루스 아벨라르두스Petrus Abelardus ← Pierre Abélard

안셀무스Anselmus ← Anselm

3 중세 인명 중 출신지를 표시한 것을 성(姓)으로 오해해서는 안 된다.

Bernard de Clairvaux의 표기:

클레르보의 베르나르(원칙)

베르나르 드 클레르보(허용)

베르나르(반복적으로 언급될 때 허용)

클레르보/드 클레르보(둘 다 틀림)

4 하나의 이름으로 보아야 하는 것들(특히 〈찾아보기〉 작성할 때 주의).

토마스 아퀴나스(→ 아퀴나스는 성이 아님)

마르쿠스 아우렐리우스

디오게네스 라에르티우스

알베르투스 마그누스

→ 로저 베이컨Roger Bacon과 프랜시스 베이컨Francis Bacon은 본문에서는 항상 풀 네임을 쓴다.

단, 〈찾아보기〉에서는 다음과 같이 정리한다.

① 세례명의 한글 발음 가나다순(로저/프랜시스)

베이컨Bacon, Roger

베이컨Bacon, Francis

② 세례명의 알파벳순

베이컨Bacon, Francis

베이컨Bacon, Roger

위의 두 가지 방식이 있으나 열린책들 에서는 ②의 방식으로 한다.

5 붙임표(-)로 이어진 외래어 단어는 붙여 쓴다.

Claude Lévi-Strauss 클로드 레비스트로스

Maurice Merleau-Ponty 모리스 메를로퐁티

Alpes-de-Haute-Provence 알프드오트프로방스

Aix-en-Provence 엑상프로방스

Île-de-France 일드프랑스

6 외래어의 띄어쓰기는 외래어 표기법의 용례에 따르고, 원어의 띄어쓰기에 따라 적는 것을 원칙으로 하되, 우리말에서 붙여 쓰는 것이 관용화되어 있는 경우에는 그에 따른다. 다음의 예들은 틀리기 쉬우므로 특히 주의한다.

Leonardo da Vinci 레오나르도 다빈치
Pietro da Cortona 피에트로 다 코르토나

Jean Valjean 장발장
Jean Anouilh 장 아누이

Charles André Joseph Pierre-Marie de Gaulle 샤를 드골
Charles Augustin de Coulomb 샤를 오귀스탱 드 쿨롱

José de Acosta 호세 데 아코스타
Fra Giovanni da Fiesole Angelico 프라 안젤리코

→ 〈돈Don〉이 붙은 인명은 그 의미상 붙여 쓰기 어려우므로 띄어 쓴다. 단 〈돈키호테〉는 예외적으로 붙여 쓴다.
　　돈 조반니
　　돈 카를로스
　　돈 후안
　　돈키호테/돈키호테형 인물

→ 〈시티〉, 〈오브〉는 붙인다.
　　Kansas City 캔자스시티
　　Atlantic City 애틀랜틱시티
　　Mexico City 멕시코시티
　　Salt Lake City 솔트레이크시티
　　Isle of Wight 아일오브와이트
　　Cornwall and Isles of Scilly 콘월 아일스오브실리
　　Port of Spain 포트오브스페인

7 각국의 행정 구역명은 가급적 원어 발음대로 표기하되, 미국의 state(주)처럼 그에 해당하는 정확한 용어가 우리말에 있을 때는 그 용어를 적어 준다(영국 제외). 참고로 아래에 주요 국가의 행정 구역 명칭을 정리했다.

국가	행정 구역명
일본	광역 자치 단체인 도도부현과 기초 자치 단체인 시정촌(특별구를 포함)으로 구성. 시의 일부는 행정상의 정령 지정 도시나 특례시, 중핵시 등으로 지정되어 있음.

일본	• 도·도·부·현 광역 자치 단체인 도〔都(と)〕, 도쿄도〕, 도〔道(どう)〕, 홋카이도〕, 부〔府(ふ)〕, 오사카부와 교토부〕, 현〔県(けん)〕, 나머지 43개〕을 묶어 이르는 말로 인구는 60만 명(돗토리현)에서부터 1400만 명(도쿄도)까지 분포. • 시·정·촌 지방 자치 제도의 기초 자치 단체인 시〔市(し)〕, 정〔町(ちょう)〕, 촌〔村(そん)〕을 묶어 이르는 말로, 시는 인구가 5만 명 이상이어야 함. • 군(郡)은 정(町)이나 촌(村)이 속해 있는 명목상의 행정 구역. 군청이나 군 의회는 없으며 정이나 촌이 시(市)가 되면 군에서 벗어남.
중국	4개 계층의 행정 구역이 피라미드 형태로 이루어져 있음. • 성급행정구(省級行政區) 직할시(直轄市), 성(省), 자치구(自治區), 특별행정구(特別行政區) • 지급행정구(地級行政區) 지급시(地級市), 지구(地區), 자치주(自治州), 맹(盟) • 현급행정구(縣級行政區) 시할구(市轄區), 현급시(縣級市), 현(縣), 자치현(自治縣), 기(旗), 자치기(自治旗), 특구(特區), 임구(林區) • 향급행정구(鄕級行政區) 진(鎭), 향(鄕), 소목(蘇木), 민족향(民族鄕), 민족소목(民族蘇木), 현할구(縣轄區), 가도(街道)
러시아	지역과 거주 주민에 따라 구분된 85개의 연방 구성체로 이루어져 있음. • 연방 관구: 총 8개의 연방 관구로 나뉘며, 각 연방 관구는 중앙 정부에서 임명한 관리에 의해 관리됨. • 22개 공화국: 러시아인 이외의 민족 거주지. 명목상으로는 연방에서 탈퇴할 권리가 있는 자치령. • 3개 연방시: 모스크바와 상트페테르부르크, 세바스토폴. 독립적인 행정 기능을 수행하는 주요 도시. • 46개 주: 가장 일반적인 행정 구역으로, 연방이 임명한 주지사와 선거로 뽑힌 의회가 존재함. • 9개 크라이: 주와 비슷하지만, 좀 더 외진 곳에 있고 인구도 적음. • 1개 자치주: 유대인 자치구. • 4개 자치구: 일반적으로 소수 민족이 많이 거주함.
미국	• 주 state: 50개의 주와 워싱턴 D.C.로 이루어져 있음. • 카운티 county: 각 주는 카운티로 나누어짐. 루이지애나주에서는 카운티 대신 패리시 parish를, 알래스카주에서는 버로 borough를 사용. • 시티 city·타운 town·빌리지 village: 카운티는 다시 시티·타운·

미국	빌리지 및 학구·특별구 등의 자치체로 나뉨.
독일	• 16개 주: 연방주인 분데스란트Bundesland(약칭 란트Land)와 3개 독립 시(베를린, 브레멘, 함부르크)로 구성됨. • 게마인데Gemeinde: 기초 행정 단위.
프랑스	• 레지옹région: 자율적인 행정권을 갖고 있는 18개의 주 통합 지역. • 데파르트망département: 레지옹 아래 있는 95개 행정 구역. • 아롱디스망 데파르트망탈arrondissement départemental: 데파르트망 아래 있는 332개 행정 구역(그 아래 2,054개의 캉통canton이 있으나 행정 단위라기보다는 일종의 〈선거구〉 개념). • 코뮌commune: 36,644개(파리, 마르세유, 리옹의 코뮌은 45개 아롱디스망 뮈니시팔arrondissement municipal로 나뉨).
영국	영국의 경우 4개 국가에서 한 용어가 서로 다른 행정 범위를 나타내기도 하므로 유의하여 사용해야 한다. 잉글랜드를 제외한 스코틀랜드, 웨일스, 북아일랜드에서 가장 큰 행정 단위를 표시하는 용어는 모두 〈주〉로 표기하기로 한다. • 잉글랜드: 8개의 지역region으로 크게 나뉘고, 지역은 카운티county로, 카운티는 다시 지구district로 나뉨. • 스코틀랜드: 32개 주council area로 나뉨. • 웨일스: 22개 주unitary authority로 나뉨. • 북아일랜드: 26개 주district로 나뉨.

8 주요 도로명 정리

도로명
영어 • 큰길 avenue, boulevard, highway (autobahn, auto-estrada, autoroute, autostrada, autostrasse, byway, expressway, freeway, motorway, pike), road, street • 작은 길 alley, bay, bend, branch, drive, driveway, copse, gardens, gate, grove, heights, highlands, knoll, lane, laneway, manor, mews, pathway, run, spur, terrace, trace, trail, vale, view, walk, way, wynd • 막다른 길 close, cour, cove, place, point • 길의 모양을 딴 이름 beltway, circle, crescent, diagonal, loop, quadrant, ring road, square

영어	• 지형을 반영한 이름 canyon, causeway, grade, hill, parkway, ridge • 쓰임새에 따른 이름 approach, bypass, circuit, crossing, esplanade, frontage road, interstate, landing, mall, parade, park, plaza, promenade, quay, speedway, stravenue, turnpike
프랑스어	• 도시의 도로 avenue(도시의 큰 도로. 가로수길), boulevard(보통 4차선 이상의 넓은 대로), cité(대단지를 따라서 낸 공용로), passage(샛길. 아케이드. 상점가), rue(도시의 도로. 일반적으로 avenue와 boulevard보다 넓지 않음) • 시골길 chemin(길. 주로 사람이나 동물의 보행길), clos(막다른 길), drève(차가 다니는 가로수길. 벨기에에서 주로 사용), rang(퀘벡 지역의 시골길), sente/sentier(작은 오솔길) • 골목길 cul-de-sac(막다른 골목), impasse(막다른 골목), résidence (주택 단지 내의 길), ruelle(골목길), venelle(골목길), villa(개인 주거 단지 내의 길 혹은 막힌 길) • 산책로 allée(작은 가로수길. 산책로), mail(산책로. 주로 널따라 잔디밭을 끼고 있는 도로), promenade(산책로) • 교차로 carrefour(교차로. 사거리), giratoire(회전 교차로), rond-point(원형 교차로. 로터리) • 둑길 및 비탈길 berge(제방. 둑길. 경사면), côte(비탈길), degré(높이가 서로 다른 두 길을 연결하는 계단식 골목길), descente(내리막길), digue(둑길), escalier(계단길), montée(오르막길), quai(강변로), rampe(비탈길) • 광장 및 안뜰 cour(안뜰. 건물의 안뜰을 지나는 길), esplanade(광장), jardin (정원. 공원), parvis(성당 앞 광장), place(광장), placette(소광장), square(도심 공원 속 광장), traboule(건물 안뜰을 가로지르는 연결로) • 다리 및 연결로 gaffe(두 길을 연결하는 보행로), liaison(주요 도로들을 연결하

프랑스어	는 도로), passerelle(인도교, 육교), pont(다리), route(주로 도시 간의 연결로나 국도) • 기타 chaussée(차로), traverse(지름길), voie(〈길〉의 가장 보편적인 개념. 육해공 온갖 길의 총칭) ＊ 도로 이름 앞에 grand(e)–, ancien(ne)–, nouveau(nouvelle)–, long(ue)– 같은 접사가 붙을 수 있다. ＊ 자주 쓰이는 도로명 boulevard, avenue, rue의 표기법 boulevard는 〈대로〉, avenue는 〈거리〉, rue는 〈로〉로 옮기는 것을 기본으로 하되, 책의 성격에 따라 번역자의 재량을 따른다.

제5절 열린책들의 원어 병기 원칙

1 로마자는 괄호 없이, 그리고 우리말과 띄어쓰기 없이 병기한다.

플라톤Platon은 민주정에도 반대했지만, 귀족정에도 호의적이지 않았다.

2 중국어와 일본어를 병기할 때는 소괄호를 쓴다. 우리말 한자음과 다르다고 해서 대괄호를 쓰지 않는다.

베이징(北京)/상하이(上海)/고베(神戸)/교토(京都)

3 로마자를 병기할 경우, 정자체를 쓴다.

알베르 카뮈Albert Camus/초콜릿chocolate

→ 병기한 로마자가 글줄 끝에 걸리는 등 분철이 필요할 경우 사전에 따라 끊어 쓴다. dic-tionary, diction-ary로 쓰고, dictio-nary 등으로 쓰지 않는다.

4 〈작품명〉을 병기할 때에는 책이나 책으로 간주할 수 있는 정기 간행물 그리고 신문만 이탤릭체로 쓰고, 나머지는 정자체를 쓴다.

1) 이탤릭체: 책, 신문
톨스토이의 『전쟁과 평화*War and Peace*』
과학 잡지 『네이처*Nature*』
『뉴욕 타임스*The New York Times*』

2) 정자체: 책이 아닌 것
헨리 폰다Henry Fonda 주연의 영화 「전쟁과 평화War and Peace」.
「라 보엠La Bohème」에 나오는 아리아 「그대의 찬 손Che gelida manina」

5 〈원서명〉을 표기할 때는 이탤릭체로 쓰고, 한국어와 병기하지 않고 원서명만 쓸 때는 낫표 안에 넣지 않는다.

→ 『The Spy Who Came in from the Cold』(×)

　　The Spy Who Came in from the Cold(○)

　　가능하면『번역 제목+원어 이탤릭』으로 표기하도록 한다.

1) 영어

『추운 나라에서 돌아온 스파이*The Spy Who Came in from the Cold*』

① 첫 글자는 대문자로 쓴다.

② 명사, 형용사, 동사, 부사, 대명사, 종속 접속사는 대문자로 쓴다.

③ 관사(a, an, the), 등위 접속사(and, but, for, nor, or 등), 전치사(about, for, in, on, with 등)는 소문자로 쓴다.

→ 미국 언론에서 통용되는 『AP 통신 스타일북』은 4자 이상의 전치사는 첫 글자를 대문자로 쓰도록 하고 있으니 참고할 것.

2) 프랑스어

프랑스어에서 첫 단어가 정관사로 시작하고 명사가 이어질 때, 이어지는 명사의 첫 글자를 대문자나 소문자 어느 것으로 써도 상관없다. 그러나 책에 따라 소문자나 대문자로 다르게 표기되어 있는 경우가 많기 때문에, 한쪽을 택했다면 통일해 주는 것이 바람직하다. 열린책들에서는 대문자를 사용하는 방식을 따른다.

① 첫 글자는 대문자로 쓴다.

아무것도 아닌 작은 일 *Un tout petit rien*

저물녘 맹수들의 싸움 *Combat de fauves au crépuscule*

→ 첫 단어가 형용사일 때, 뒤따르는 명사 역시 대문자로 쓴다.

　　제3인류 *Troisième Humanité*

　　슬픈 열대 *Tristes Tropiques*

② 정관사(le, la, les, l') 뒤에 이어 오는 명사의 첫 글자를 대문자로 쓴다.

밑줄 긋는 남자 *Le Souligneur*

매그레와 벤치의 사나이 *Maigret et l'Homme du banc*

도끼와 바이올린 *La Hache et le Violon*

→ 정관사+형용사(부사)+명사의 형태일 때

　　정관사와 명사 사이에 들어 있는 형용사(부사) 역시 대문자로 쓴다.

　　어린 왕자 *Le Petit Prince*

　　대장 몬 *Le Grand Meaulnes*

→ 부정관사(un, une, des)와 부분관사(du, de la, des, de l')에 주의한다: 대문자로 쓰지 않는다.

　　안개의 항구 *Le Port des brumes*(○)

　　안개의 항구 *Le port des brumes*(△)

　　안개의 항구 *Le Port des Brumes*(×)

　　안개의 항구 *Le Port Des Brumes*(×)

③ 고유 명사는 대문자로 쓴다.

웰컴 삼바 *Samba pour la France*

프랑스 대통령의 모자 *Le Chapeau de Mitterrand*

④ 제목이 문장일 때, 문장 첫 글자와 고유 명사만 대문자로 쓴다.

남자를 사랑해야 한다 *Il faut beaucoup aimer les hommes*

인생은 고요한 강물 *La vie est un long fleuve tranquille*

⑤ 병렬/열거형 제목일 때, 등위 접속사의 양쪽을 동등하게 취급하므로, 양쪽의
첫 글자를 둘 다 대문자로 쓴다.

에밀 *Émile ou De l'éducation*

천일야화 *Les Mille et Une Nuits*

3) 기타 언어

첫 글자는 항상 대문자로 표기한다. 대부분의 라틴어 계열 언어(이탈리아
어, 스페인어)는 고유 명사의 첫 글자를 제외한 모든 단어를 소문자로 표
기한다. 독일어는 모든 명사의 첫 글자를 대문자로 표기한다.

장미의 이름

The Name of the Rose(영)

Le Nom de la rose(혹은 *Le nom de la rose*)(프)

Il nome della rosa(원제)(이)

El nombre de la rosa(스페인)

Der Name der Rose(독)

연애 소설 읽는 노인

The Old Man Who Read Love Stories(영)

Le Vieux qui lisait des romans d'amour(혹은 *Le vieux qui lisait des
romans d'amour*)(프)

Il vecchio che leggeva romanzi d'amore(이)

Un viejo que leía novelas de amor(원제)(스페인)

Der Alte, der Liebesromane las(독)

향수 — 어느 살인자의 이야기

Perfume — The Story of a Murderer(영)

Le Parfum — Histoire d'un meurtrier(혹은 *Le parfum — Histoire
d'un meurtrier*)(프)

Il profumo(이)

El perfume: historia de un asesino(스페인)

Das Parfum — Die Geschichte eines Mörders(원제)(독)

6 원서명을 표기할 때는 해당 국가의 언어를 그대로 표기해 준다.

『카라마조프 씨네 형제들*Brat'ia Karamazovy*』

『나는 고양이로소이다(吾輩は猫である)』

7 작품 속의 효과를 위해 사용한 외국어 구절(러시아 소설 속의 프랑스어 구절 따위)의 경우, 기본적으로 원어를 먼저 제시하고 해석을 괄호 속에 넣어 붙인다.

「난데없이 Fortuna est caeca(운명은 맹목이다)라는 라틴어 구절이 나오자 그만 막혀 버리고 만 거지.」

→ 〈해석＋원문〉 병기의 방법이 적절한 경우도 있으므로 주의한다.

→ 그러나 〈원문이 미지의 것으로 주어진 경우〉에는 반드시 〈원문＋해석〉의 방법을 택해야 한다.

① 「Omne ignatum pro magnifico(모르는 것은 다 대단해 보이는 법)라고 적혔던데 도대체 무슨 뜻일까.」

② 「모르는 것은 다 대단해 보이는 법 Omne ignatum pro magnifico이라고 적혔던데 도대체 무슨 뜻일까.」

여기에서 ②의 경우는 해석이 이미 말해지고 있으므로 라틴어를 아는 화자가 그 격언의 숨은 의미를 모르겠다는 뜻밖에 되지 않는다.

8 각주가 붙은 항목의 경우에, 본문에서는 로마자나 한자를 병기하지 않고 각주로 내려 처리한다(한글이 아닌 것들은 되도록 노출시키지 않는다). 이때 각주에서 한글 표기를 반복하지 않는다.

본문: 랭보¹는……
각주: 1 Arthur Rimbaud(1854~1891). 프랑스의 시인.

제6절 열린책들의 주요 신문, 잡지명 표기 원칙

국립 국어원에서 고시한 외래어 용례집에는 외국 신문 잡지 이름을 표기하는 데 있어 원칙과 관용이 혼재해 있다.

열린책들은 외국 신문과 잡지는 해당 매체에서 공식 사용하는 제명을 그대로 표기함을 원칙으로 한다. 다만 영어권에서는 제명에서조차 관사 the를 제외하는 경우가 많으므로 열린책들에서는 표기의 간결함을 위해 영어권 신문과 잡지에는 〈더〉를 표기하지 않기로 한다.

아래는 세계 주요 신문과 잡지 목록이다.

1 미국

Chicago Tribune 시카고 트리뷴

Los Angeles Times 로스앤젤레스 타임스(《LA 타임스》 허용)

San Francisco Chronicle 샌프란시스코 크로니클

The Boston Globe 보스턴 글로브 ← 더 보스턴 글로브

The New York Times 뉴욕 타임스 ← 더 뉴욕 타임스

The Wall Street Journal 월 스트리트 저널 ← 더 월 스트리트 저널

The Washington Post 워싱턴 포스트 ← 더 워싱턴 포스트

The Village Voice(주간 신문) 빌리지 보이스 ← 더 빌리지 보이스

Fortune(주간 잡지) 포춘 ← 포춘/포천

New York Review of Books(격주간 잡지) 뉴욕 리뷰 오브 북스

Time(주간 잡지) 타임

Newsweek(주간 잡지) 뉴스위크

Publishers Weekly(주간 잡지) 퍼블리셔스 위클리

The New Yorker(주간 잡지) 뉴요커 ← 더 뉴요커

Kirkus Reviews(격월간 잡지) 커커스 리뷰

2 영국

Evening Standard 이브닝 스탠더드 ← 이브닝 스탠다드

Financial Times 파이낸셜 타임스

New Statesman 뉴 스테이츠먼 ← 뉴 스테이츠맨

The Daily Telegraph 데일리 텔레그래프 ← 더 데일리 텔레그래프

The Guardian 가디언 ← 더 가디언

The Independent 인디펜던트 ← 디 인디펜던트

The Observer(주간 신문) 옵서버 ← 디 옵서버

The Scotsman 스코츠먼 ← 더 스코츠맨/더 스코츠먼

The Times Literary Supplement(주간 신문) 타임스 리터러리 서플러먼트 ← 더 타임스 리터러리 서플러먼트 / TLS

London Review of Books(격주간 잡지) 런던 리뷰 오브 북스

The Economist(주간 잡지) 이코노미스트 ← 디 이코노미스트

→ *The Times* 더 타임스. 런던의 더 타임스에는 예외적으로 〈더〉를 붙인다. 타임스(×).

3 프랑스

Le Figaro 르 피가로 ← 피가로

Le Monde 르 몽드

Libération 리베라시옹

L'Express(주간 잡지) 렉스프레스

Le Nouvel Observateur(주간 잡지) 르 누벨 옵세르바퇴르
Le Point(주간 잡지) 르 푸앵
Télérama(주간 잡지) 텔레라마

4 독일

Die Zeit 디 차이트
Frankfurter Allgemeine Zeitung 프랑크푸르터 알게마이네 차이퉁
Süddeutsche Zeitung 쥐트도이체 차이퉁
Der Spiegel(주간 잡지) 데어 슈피겔, 슈피겔(관용)
Stern(주간 잡지) 슈테른

5 이탈리아

Corriere della Sera 코리에레 델라 세라 ← 일 코리에레 델라 세라
La Repubblica 라 레푸블리카 ← 레푸블리카
La Stampa 라 스탐파
L'Espresso(주간 잡지) 레스프레소
Panorama(주간 잡지) 파노라마

6 스페인

El Mundo 엘 문도
El País 엘 파이스
La Vanguardia 라 반과르디아

7 스위스

Le Temps (프랑스어) 르 탕
Neue Zürcher Zeitung (독어) 노이에 취르허 차이퉁

제5장 기타 언어의 표기[4]

1 제1항 이 표기 원칙은 1986년 현행 〈외래어 표기법〉이 제정되고 난 후 그에 따라 〈외래어 표기 용례집〉(지명·인명)을 발간할 때 〈일러두기〉에 세칙의 형태로 덧붙여진 규칙이다. 이 표기 원칙은 정식으로 고시된 것은 아니나, 외래어를 표기할 때에는 이 원칙도 함께 적용하고 있으므로 외래어 표기법에 준하는 규칙의 지위를 지닌다.

4 이 장의 항목 배열은 『열린책들 편집 매뉴얼』의 편집 원칙에 따라 재편집하였다. 그리고 라틴어 및 그리스어의 표기 원칙에는 (열린책들)이 사용해 온 표기 원칙 및 용례를 추가하였다.

2 제2항 한글 표기는 문교부 고시 〈외래어 표기법〉에 따라 하되, 동 표기법 제3장 〈표기 세칙〉에 포함되지 않은 언어권(이하 〈기타 언어권〉이라 함)에 대해서는 동 표기법의 원칙과 기본 정신에 입각하여 별도의 예규(다음 제1~3절)를 마련하였다. 따라서 기타 언어권의 지명과 인명의 표기는 〈외래어 표기법〉의 규정과 다음 제1~3절의 예규를 따르되, 명시되지 않은 사항은 영어의 표기 세칙(〈외래어 표기법〉제3장 제1절)을 준용한다.

3 제3항 -land 형의 지명은 복합어임을 무시하고 표기하되, 음가에 관계없이 영국, 미국, 캐나다, 오스트레일리아, 뉴질랜드에 있는 지명은 〈랜드〉로, 독일어, 네덜란드어 등의 지명은 〈란트〉로, 그 밖의 것은 〈란드〉로 적는다.

Scotland 스코틀랜드   Saarland 자를란트
Lapland 라플란드

제1절 기타 언어의 표기 원칙

1 제1항 철자 a, e, i, o, u는 각각 〈아, 에, 이, 오, 우〉로 적는 것을 원칙으로 한다.

2 제2항 ä는 그 음가가 [æ]인 경우에도 〈에〉로 적는다.
Sodankylä 소단퀼레

3 제3항 o(또는 ó 따위)는 음가가 [u]이더라도 〈오〉로 적는다.
Kraków 크라코프(1992년 폴란드어 표기법 제정으로 〈크라쿠프〉로 바뀜)
Lwów 르보프(1992년 폴란드어 표기법 제정으로 〈르부프〉로 바뀜)
단, 포르투갈어에서는 음가에 따라 〈오/ 우〉로 적는다.
Obidos 오비두스   Pedro 페드루

4 제4항 i는 그 음가가 [j]인 경우에도 뒤의 모음과 합치지 않고 따로 〈이〉로 적는다.
Iaşi 이아시   Ploieşti 플로이에슈티

5 제5항 [j]의 음가를 가지는 j는 뒤의 모음과 합쳐 〈야〉, 〈예〉 등으로 적으며, 앞에 자음이 있을 경우, 그 자음까지 합쳐 적는다. 단, 뒤의 모음과 합쳐 적을 수 없는 경우에는 〈이〉로 적는다.

Cetinje 체티네   Reykjavik 레이캬비크
Björneborg 비외르네보리

6 제6항 y가 모음 사이 또는 어두에 있을 때에는 뒤의 모음과 합쳐
〈야〉, 〈예〉 등으로 적으며, 자음과 모음 사이에 있을 때에는 앞의 자음
과만 합쳐서 적는다.

Yezd 예즈드   Jayapura 자야푸라
Akyab 아키아브   Konya 코니아

7 제7항 u는 뒤의 모음과 합치지 않고 따로 〈우〉로 적는다. 단, 앞에
자음 [k], [g], [h], [x]가 있으면 〈콰〉, 〈퀘〉 등으로 합쳐 적는데, 이때
뒤의 모음이 o이면 〈쿠오〉, 〈구오〉 등으로 적는다.

Suez 수에즈   Guardafui 과르다푸이
Mergui 메르귀   Kuopio 쿠오피오

8 제8항 [w]의 음가를 가지는 w는 뒤의 모음과 합쳐 〈와〉, 〈웨〉 등
으로 적는다. 앞에 자음이 있을 경우, 그 자음이 [k], [g], [h], [x]이면
그 자음까지 합쳐 〈콰〉, 〈퀘〉 등으로 적으며, 그 밖의 자음이면 〈으〉를
붙여 따로 적는다.

Wewak 웨와크   Gwader 과데르
Gondwana 곤드와나   Rwanda 르완다

9 제9항 파열음은 다음과 같이 적는다.

1) 어말의 파열음은 유성음([b], [d], [g]), 무성음([p], [t], [k]) 모두 〈으〉를
붙여 적는다.

Akyab 아키아브   Split 스플리트

2) 모음과 자음 사이에서 유성 파열음은 〈으〉를 붙여 적으며, 무성 파열음은
받침으로 적되, 뒤의 자음이 [l], [r], [m], [n]이면 〈으〉를 붙여 적는다.

Nagpur 나그푸르   Ecbatana 엑바타나
Paknam 파크남(2004년 타이어 표기법 제정으로 〈빡남〉으로 바뀜)

10 제10항 th는 〈ㅌ / 트〉로, ts는 〈ㅊ / 츠〉로 적는 것을 원칙으로 한다.
Bothnia 보트니아   Amritsar 암리차르

11 제11항 h는 자음 앞 또는 어말에서는 음가가 있더라도 표기하지
않는다.

Pahlavi 팔라비   Nineveh 니네베

12 제12항 n은 그 음가가 [n]이 아닌 경우에도 〈ㄴ〉으로 적는다. 단, [ŋ]일 때만은 받침 〈ㅇ〉으로 적는다.

İstanbul 이스탄불　　　　　　　Bengasi 벵가지

13 제13항 모음 사이의 ng은 [ŋ]음을 가지지 않더라도 〈ㄱ〉을 넣어 적는다.

Angaur 앙가우르　　　　　　　Groningen 그로닝겐

14 제14항 발음상 같은 자음이 겹치더라도 겹쳐 적지 않는다. 단, -mm-과 -nn-은 음가와 관계없이 겹쳐 적는다.

Philippus 필리푸스　　　　　　Annam 안남

15 제15항 어두의 M+자음, N+자음은 각각 〈음-〉, 〈은-〉으로 적되, Ng-은 〈응ㄱ〉로 적는다.

Mbandaka 음반다카　　　　　　Ndola 은돌라
Nkrumah 은크루마　　　　　　Nguesso 응궤소

16 제16항 포르투갈어에서,

1) ão는 o를 무시하고 〈앙〉으로 적는다.
João 주앙　　　　　　　　　　São 상

2) 자음 앞 또는 어말의 m과 n도 각각 받침 〈ㅁ〉, 〈ㄴ〉으로 적는다.
Campos 캄푸스　　　　　　　　Henrique 엔리케
Belém 벨렘

3) s는 모두 〈ㅅ/스〉로, z는 모두 〈ㅈ/즈〉로 적는다.
Vasco 바스코　　　　　　　　　Cruz 크루즈

17 제17항 인도 및 그 주변의 -ore형 지명은 〈오르〉로 적는다.
Bangalore 방갈로르　　　　　　Serampore 세람포르

제2절 라틴어의 표기 원칙

1 제1항 y는 〈이〉로 적는다.
Dionysius 디오니시우스

2 제2항 ae, oe는 각각 〈아이〉, 〈오이〉로 적는다.
Ptolemaeus 프톨레마이우스　　　poena 포이나

3 제3항 j는 뒤의 모음과 함께 〈야〉, 〈예〉 등으로 적으며, 어두의 I+ 모음도 〈야〉, 〈예〉 등으로 적는다.

Johannes 요한네스   Trajanus 트라야누스
Iustinus 유스티누스

4 제4항 s나 t 앞의 b와 어말의 b는 무성음이므로 [p]의 표기 방법에 따라 적는다.

substantia 숩스탄티아

5 제5항 c와 ch는 [k]의 표기 방법에 따라 적는다.
Cicero 키케로   Chimaera 키마이라

6 제6항 g나 c 앞의 n은 받침 〈ㅇ〉으로 적는다.
Longinus 롱기누스

7 제7항 v는 음가가 [w]인 경우에도 〈ㅂ〉으로 적는다.
Vergilius 베르길리우스

(열린책들) 각주에서 문헌 저자명의 표기가 본문의 표기와 충돌할 경우 통일시키지 않는다(통일시키면 문헌 정보를 훼손하는 결과가 되므로).
본문: 호라티우스Horatius
각주: Horaz, *Über Poetik*, übersetzt von E. Hartmann, Hanser, 1978.

제3절 그리스어의 표기 원칙

1 제1항 y는 〈이〉로 적는다.
Polybios 폴리비오스

(열린책들) 프랑스어 문헌에서는 입실론(Y)을 u로 전사하는 경우가 적지 않으므로 이를 〈우〉나 〈위〉로 표기하지 않도록 주의한다.

2 제2항 ae, oe, ou는 각각 〈아이〉, 〈오이〉, 〈우〉로 적는다.
Achaea 아카이아   Delphoe 델포이
Epikouros 에피쿠로스

3 제3항 c와 ch는 [k]의 표기 방법에 따라 적는다.
Cercyra 케르키라   Aischylos 아이스킬로스

4 제4항 g, c, ch, h 앞의 n은 받침 〈ㅇ〉으로 적는다.

ancyra 앙키라

5 (열린책들) 라틴식으로 되어 있는 것은 그리스식으로 고쳐서 표기한다. 그리고 c는 되도록 k로 바꾸어 준다.

Demokritos 데모크리토스(←Democritus 데모크리투스)
Empedokles 엠페도클레스(←Empedocles)

6 (열린책들) 콘스탄티노플 함락(1453년)을 기준으로 그 이전에 쓰이던 어휘는 고대 그리스어식 발음으로 전사하고, 이후 오늘날에 쓰이는 인명, 지명 등은 현대 그리스어식 발음으로 전사한다.

고대 그리스어의 로마자 전사는 다음 표를 따른다.

대문자/소문자	바꾸어 쓰기	대문자/소문자	바꾸어 쓰기
Α α	a	Μ μ	m
Αι αι	ai	Ν ν	n
Β β	b	Ξ ξ	x
Γ γ	g	Ο ο	o
γγ	ng	Οι οι	oi
γκ	nk	Ου ου	ou
γξ	nx	Π π	p
γχ	nch	Ρ ρ	r
Δ δ	d	Σ σ ς	s
Ε ε	e	Τ τ	t
Ει ει	ei	Υ υ	y
Ζ ζ	z	Υι υι	ui
Η η	ē	Φ φ	ph
Θ θ	th	Χ χ	ch
Ι ι	i	Ψ ψ	ps
Κ κ	k	Ω ω	ō
Λ λ	l	ʼ(모음 위)	h

(열린책들) 프랑스어 문헌에서는 입실론(Υ)을 u로 전사하는 경우가 적지 않으므로 로마자 병기 시 이를 y로 고쳐 주어야 한다.

현대 그리스어의 로마자 전사는 다음 표를 따른다.

대문자/소문자	바꾸어 쓰기	대문자/소문자	바꾸어 쓰기
A α	a	M μ	m
Aι αι	e	Mπ μπ	b
Aυ αυ	av	N ν	n
B β	v	Nτ ντ	d
Γ γ	g	Ξ ξ	x
γγ	ng	O o	o
Γκ γκ	g	Oι οι	i
γξ	nx	Oυ ου	ou
γχ	nkh	Π π	p
Δ δ	dh	P ρ	r
E ε	e	Σ σ ς	s
Eι ει	i	T τ	t
Eυ ευ	ev	Y υ	i
Z ζ	z	Yι υι	i
H η	i	Φ φ	f
Hυ ηυ	iv	X χ	kh
Θ θ	th	Ψ ψ	ps
I ι	i	Ω ω	o
K κ	k	Ωυ ωυ	ou
Λ λ	l		

■ 틀리기 쉬운 외국 고유명 표기 용례 [열린책들]

다음은 국립 국어원과 한국 신문방송 편집인 협회가 공동 주관하는 정부 언론 외래어 심의 공동위원회가 2009년 12월 제88차까지 심의 결정한 외래어 표기 문서 중에서, 자주 오르내리는 나라별 인명·지명 용례 위주로 선별해 실었다. 별도의 표시가 없는 것은 영어식 표기이다.

1) 인명

Aaron 에런(← 에어런) (Elvis Aaron Presley의 경우, 엘비스 에어런 프레슬리)

Adam 애덤 / 아당(프)

Alexandre Dumas 알렉상드르 뒤마(프)

Alfred 앨프리드(← 알프레드) / 알프레드(프) / 알프레트(독)

Allen 앨런(← 알렌)

Amélie Nothomb 아멜리 노통 / 노통브(프)
→ 작가는 〈노통브〉로 발음하길 원함.

Andrew 앤드루(← 앤드류)

Annie Leibovitz 애니 리버비츠(← 라이보비츠)

Ansel (Easton) Adams 앤설 (이스턴) 애덤스(← 안젤 이스턴 아담스)

Anthony 앤서니(← 안소니)

Antony 앤터니

Ariane Mnouchkine 아리안 므누슈킨(← 아리안느 므누쉬킨)

Arnold Schwarzenegger 아널드 슈워제네거(← 아놀드 슈왈츠제네거)

Arthur A. Miller 아서(← 아더) 밀러

Barbara 바버라(← 바바라) / 바르바라(프)

Béla Bartók 벨러 버르토크(← 벨라 바르톡)(헝)

Ben van Berkel 벤 판베르컬(← 벤 반 베르켈)(네덜란드)

Blanche 블란치 / 블랑슈(프)

Bobby 보비(← 바비)

Caesar 시저 / 카이사르(로마)

Carlo Gozzi 카를로 고치(← 고찌)(이)

Cedric 세드릭(← 케드릭)(영) / 세드리크(프)

Charlotte Brontë 샬럿 브론테

Christiaan Huygens 크리스티안 하위헌스(← 호이겐스)(네)

Constantin Brancuși 콘스탕탱 브랑쿠시(프) / Constantin Brâncuși 콘스탄틴 브른쿠시(루)

Daniel 대니얼(영) / 다니엘(프, 스, 독)

→ Samuel Daniel 새뮤얼 다니엘, John Frederic Daniell 존 프레더릭 다니엘

Daniel Defoe 대니얼 디포(← 다니엘 데포)

Dante Gabriel Rossetti 단테이 게이브리얼 로세티(← 단테 가브리엘 로제티)

Dustin Hoffman 더스틴 호프먼(← 호프만)

Dvořák 드보르자크(← 드보르작)(체코)

E(m)manuel(e) 에마뉘엘(프) / 에마누엘(독) / 에마누엘레(이)

Eastman 이스트먼(← 이스트만)

Edgar Allan Poe 에드거 앨런 포(← 에드가 알란 포우)

Edgar Rice Burroughs 에드거 라이스 버로스(← 버로우즈)

Emma 에마(← 엠마)(영, 프) / 엠마(이) / 옘마(러)

Eric Rohmer 에리크(← 에릭) 로메르(프)

Fianna Fail 피아나 팔(아일랜드 공화당명)(← 피아나 패일)

Finnegan 피니건(← 피네간)

Francis 프랜시스(← 프란시스) 코폴라

Frederick 프레더릭, Fredrick 프레드릭

Gardiner 가드너(← 가디너, 가르드너, 가르디너)

George Gershwin 조지 거슈윈(← 거쉰)

González 곤살레스(← 곤잘레스)(스페인)

Greg 그레그(← 그렉)

Gustave 귀스타브(프), Jean-Marie Gustave Le Clézio 장마리 귀스타브 르 클레지오, Gustave Flaubert 귀스타브 플로베르

György Lukács 죄르지(← 게오르그) 루카치(헝가리)

Hauptmann 하웁트만(← 하우프트만)(독)

Henri (Louis) Bergson 앙리 (루이) 베르그송(사전에는 〈베르그송〉으로 등재되어 있으나 프랑스에서는 〈베르크손〉으로 발음한다.)

Henrik Ibsen 헨리크(← 헨릭) 입센(노)

Hermione 허마이어니(영) / 에르미온(프) (← 헤르미온느)

Hilary (Mary) Mantel 힐러리 (메리) 맨틀(← 맨텔)

Immanuel Kant 이마누엘(← 임마누엘) 칸트

Ingmar Bergman 잉마르 베리만(← 잉그마르 베르이만)(스웨덴)

Irving Thalberg 어빙 솔버그(← 탈버그)

Isaac Newton 아이작 뉴턴(← 뉴튼)

Jack Nicholson 잭 니컬슨(← 니콜슨)

Jacob/Jakob 제이컵(영) / 자코브(프) / 야코프(독, 스위스, 네)

Jacobs 제이콥스

Jacobus 자코부스(이) / 야코뷔스(네)

James Cameron 제임스 캐머런(← 카메론)

Baptiste 바티스트(프) (Jean Baptiste Racine의 경우, 장 밥티스트 라신)

Jean Epstein 장 엡스탱(← 장 엡슈타인)(프)

Jean-François Millet 장프랑수아 밀레(← 미예)(프)

Jean-Luc Godard 장뤼크(← 장뤽) 고다르(프)

Jeremy Irons 제러미(← 제레미) 아이언스

Johan Huizinga 요한 하위징아(← 호이징거)(네)

Johann Christoph Friedrich von Schiller 요한 크리스토프 프리드 리히 폰 실러(← 쉴러)(독)

Johann Sebastian Bach 요한 제바스티안(← 세바스티안) 바흐(독)

John Hughes 존 휴스(← 존 휴그)

Joseph 조지프(영) / 조제프(프) / 요제프(독)

Joseph Biden 조지프 바이든(← 조셉 비던)

Julius 줄리어스 / 율리우스(독) / 줄리우스(로)

Karel Ćapek 카렐 차페크(← 차펙)(체코)

Kurt Vonnegut 커트 보니것(← 보네거트)

Leonard Cohen 레너드 코언(← 레오나르드 코헨)

Leszek Kołakowski 레셰크 코와코프스키(← 코와콥스키)(폴란드)

Lewis Carroll 루이스 캐럴(← 캐롤)

Lindsay 린지(← 린제이)

Louis Althusser 루이 알튀세르(← 루이 알튀세)

Luc Besson 뤼크 베송(← 뤽 베송)

Ludwig Mies van der Rohe 루트비히 미스 반데어로에(← 반 데 로에)

Luis Buñuel 루이스 부뉴엘(← 부뉘엘)(스페인)

Malcolm X 맬컴 엑스(← 말콤 X)

Marc 마크 / 마르크(독, 프)

Margaret 마거릿(← 마가렛)

Margaret Eleanor Atwood 마거릿 엘리너 애트우드(← 마가렛 엘레노 앳우드)

Marguerite Duras 마르그리트(← 마르게리트) 뒤라스

Martin Scorsese 마틴 스코세이지(← 스콜세지)

Maurice Maeterlinck 모리스 마테를링크(← 메테를링크)

Marlon Brando 말런(← 말론) 브랜도

Marshall McLuhan 마셜 매클루언(← 마샬 맥루한)

Marilyn Monroe 매릴린(← 마릴린) 먼로

Matthews 매슈스(← 매튜스)

M(a)cDonald 맥도널드(←맥도날드)

McKay 매케이

McKenzie 매켄지

Michael Douglas 마이클 더글러스(← 더글라스)

Mikhail Mikhailovich Bakhtin 미하일 미하일로비치 바흐친(← 바흐틴)(러)

Mircea Eliade 미르체아(← 미르치아) 엘리아데(루마니아)

Mireille Perrier 미레유 페리에(← 미레일 페리어)(프)

Muhammad 무함마드(← 무하마드)(이집트인의 경우 Mohamed도 〈무함마드〉로 읽는 경우가 많으므로 유의)

Nadine Gordimer 네이딘(← 나딘) 고디머

Naguib Mahfouz 나기브 마푸즈(← 나깁 마흐푸즈)(이집트)

Nathaniel Hawthorne 너새니얼(←너대니얼) 호손

Nicolas Cage 니컬러스(← 니콜라스) 케이지

Omar Khayyām 오마르 하이얌(← 카이얌)(페르시아)

Orhan Pamuk 오르한 파무크(← 파묵)(터키)

Orson Welles 오슨 웰스(← 오선 웰즈)

Patricia 퍼트리샤(← 패트리샤) / 파트리시아(프)

Paul 폴(영, 프) / 파울(독, 네)

Paul Cézanne 폴 세잔(← 세잔느)(프)

Peter 피터(영) / 페터(독) / 페테르 (노르웨이, 네덜란드, 덴마크, 스웨덴, 슬로바키아, 벨기에)

Pieter Brueghel 피터르 브뤼헐(← 브리겔, 브뢰겔)

Pina Bausch 피나 바우슈(← 바우쉬)(독)

Ralph 랠프(영) / 랄프(독, 오스트리아)

Raymond 레이먼드 / 레몽(프)

Richard Avedon 리처드 애버던(← 리차드 아베동)

Robert Altman 로버트 올트먼(← 알트만)

Robert Rauschenberg 로버트 라우션버그(← 로버트 로션버그)

Ronaldo 호나우두(브라질) / 호날두(포르투갈)

Roosevelt 루스벨트(← 루즈벨트)

Søren Aabye Kierkegaard 쇠렌 오뷔에 키르케고르(← 키에르케고르)(덴)

Samuel 새뮤얼(영) / 사뮈엘(프) / 사무엘(독)

Samuel Beckett 사뮈엘 베케트(← 새뮤얼 베킷)

Samuel Taylor Coleridge 새뮤얼 테일러 콜리지(← 코울리지)

Sergei Eisenstein 세르게이 예이젠시테인(← 아이젠슈타인)(러)

Sienkiewicz 시엔키에비치(← 셴키에비치)(폴)

Simon 사이먼(← 시몬)

Sindbad 신드바드 (← 신바드 / 신밧드)

Stein 스타인 / 슈타인(독 / 스위스, 오스트리아)

Sullivan 설리번(← 설리반)

Susan 수전(← 수잔)

Susan Sontag 수전 손태그(← 수잔 손탁)

Suzanne Scholte 수잰 숄티(← 수잔느 숄트)

Théodore de Banville 테오도르 드 방빌(← Théodore Faullain de Banville 테오도르 폴랭 드 방빌)(프)

Thomas 토머스(영) / 토마스(이, 독, 네) / 토마(프)

Truman Capote 트루먼 커포티(← 트루맨 카포티)

Tyrone Power 티론(← 타이론) 파워

Vincent van Gogh 빈센트 반 고흐(← 고호)(네)

Walter Benjamin 발터 베냐민(← 벤야민)(독)

Mae West 메이 웨스트

William Safire 윌리엄 새파이어(← 사파이어)

Xavier 그자비에(프) / 하비에르(스페인) / 사비에르(이)

2) 지명

Athina 아테네

Azteca 아스테카 왕국(← 아즈테카 왕국)

→ 13세기 아즈텍족이 멕시코 고원에 세운 왕국.

Belarus 벨라루스(← 벨로루시 / 백러시아)

→ 구소련 연방으로부터 독립해 1991년 벨라루스 공화국 선언.

Birmingham 버밍햄(미국 앨라배마주의 도시) / 버밍엄(영국 중부의 도시)

Burj Khalifa 부르즈 할리파(두바이)

Chişinău 키시너우 (←Kishinev구칭 키시뇨프 / 키시네프)

→ 1940년까지는 루마니아령, 1990년까지는 러시아령, 1991년에 비로소 독립해 몰도바 공화국 선언.

Cyprus 키프로스(← 사이프러스)

Edinburgh 에든버러(← 에딘버러)

Essex County 에식스 카운티(← 에섹스 카운티)

Geneva 제네바(영) / Genève 주네브(프)

→ 둘 다 사용되는 표기이나 열린책들 에서는 〈제네바〉로 쓴다.

Kaliningrad 칼리닌그라드

→ 〈Königsberg 쾨니히스베르크〉는 철학자 칸트의 출생지인 칼리닌그라드의 옛 독일어명(1255~1946). 현재는 러시아령.

Kolkata 콜카타(← 캘커타)

Las Vegas 라스베이거스(← 라스베가스)

Marseille 마르세유(← 마르세이유)

Massachusetts 매사추세츠(← 메사츄세츠)

Mumbai 뭄바이(← 봄베이)

Osman Türk 오스만 튀르크(← 오스만 투르크)

Pennsylvania 펜실베이니아(← 펜실베니아)

Rio de Janeiro 리우데자네이루(← 리오데자네이로)

Sankt Peterburg 상트페테르부르크(← 생페테르부르그)

Santa Barbara 산타바르바라(스) / 샌타바버라(미)

Stanford 스탠퍼드(← 스탠포드)

Swaziland 스와질란드(← 스와질랜드)

Thailand 타이(← 타일랜드)

Türkiye 튀르키예(← 터키)

Versailles 베르사유(← 베르사이유)

Vladivostok 블라디보스토크(← 블라디보스톡)

1) 베트남어와 타이어를 제외한 외래어에는 파열음에 된소리 표기를 하지 않는다.

brooch 브로치(← 브로찌)

cyber 사이버(← 싸이버)

2) ⟨f⟩는 모음 앞에서 ⟨ㅍ⟩으로 표기한다.

family 패밀리(← 훼밀리)

fighting 파이팅(← 화이팅)

fry pan 프라이팬(← 후라이팬)

3) 영어에서 어말의 [ʃ], [tʃ]는 ⟨시⟩, ⟨치⟩로 적는다.

bench 벤치(← 벤취)

British 브리티시(← 브리티쉬)

English 잉글리시(← 잉글리쉬)

leadership 리더십(← 리더쉽)

4) 모음 앞의 [tʃ], [dʒ]는 ⟨ㅊ⟩, ⟨ㅈ⟩으로 적어야 하는데, 이중 모음 ⟨ㅑ, ㅕ, ㅛ, ㅠ⟩를 사용하지 않는다. 국어에서는 이 환경에서 ⟨ㅏ, ㅓ, ㅗ, ㅜ⟩로 적어도 동일하게 발음이 되기 때문이다.

chart 차트(← 챠트)

leisure 레저(← 레져)

television 텔레비전(← 텔레비젼)

5) 장모음의 장음은 따로 표기하지 않으며 [ou]는 ⟨오⟩로 적는다.

bowl 볼(← 보울)

news 뉴스(← 뉴우스)

window 윈도(← 윈도우)

おおさか 오사카(← 오오사카)

6) 장모음 뒤의 어말 [p], [t], [k]에는 ⟨으⟩를 붙여 적어야 한다.

flute 플루트(← 플룻)

network 네트워크(← 네트웍)

tape 테이프(← 테잎)

[비교] carpet 카펫(← 카페트)

7) 두 번째 음절 이하에서 〈아〉는 〈어〉로 표기한다.

center 센터(← 센타)

data 데이터(← 데이타)

digital 디지털(← 디지탈)

dynamite 다이너마이트(← 다이나마이트)

original 오리지널(← 오리지날)

rotary 로터리(← 로타리)

royalty 로열티(← 로얄티)

8) 제1음절의 〈애〉나 〈얘〉를 〈아〉나 〈야〉로 잘못 표기하기 쉬운 예

balance 밸런스(← 발란스)

battery 배터리(← 밧데리)

sash 새시(← 샷시, 〈창틀〉로 순화)

→ chassis 섀시(자동차 따위의 차대)

9) 〈오〉로 써야 할 것들을 〈아〉나 〈어〉로 잘못 표기하기 쉬운 예

body 보디(← 바디)

concept 콘셉트(← 컨셉)

contents 콘텐츠(← 컨텐츠)

ironical 아이로니컬(← 아이러니컬) / irony 아이러니

shop 숍(← 샵)

technology 테크놀로지(← 테크놀러지)

top 톱(← 탑)

10) 〈어〉를 〈오〉로 잘못 표기하기 쉬운 예

air con 에어컨(← 에어콘)

baton 배턴(← 바톤)

carol 캐럴(← 캐롤)

directory 디렉터리(← 디렉토리)

front 프런트(← 프론트)

propose 프러포즈(← 프로포즈)

remote control 리모컨(← 리모콘)

sponge 스펀지(← 스폰지)

symbol 심벌(← 심볼)

11) 두 번째 음절 이하에서 〈이〉로 쓸 것을 영어 철자에 이끌려 〈에〉로 잘못 표기하는 예

chocolate 초콜릿(← 초콜렛)

message 메시지(← 메세지)

pamphlet 팸플릿(← 팜플렛)

12) 외래어로 된 상품명은 외래어 표기 규정에 따라 적는다.

Bosch 보슈(← 보쉬)

Cosmopolitan 코즈모폴리턴(← 코스모폴리탄)

McDonald's 맥도널드(← 맥도날드)

Michelin 미슐랭(← 미쉐린, 미셸린)

Photoshop 포토숍(← 포토샵)

Pierre Cardin 피에르 카르댕(← 가르댕)

Post-it 포스트잇(← 포스트-잇)

13) 영어식 지명은 현지 표기에 맞게 적는다.

Antwerpen 안트베르펜(← 앤트워프)

Bretagne 브르타뉴(← 브리타니)

Cataluña 카탈루냐(← 카탈로니아)

Firenze 피렌체(← 플로렌스)

Flandre(프) / Vlaanderen(네) 플랑드르(← 플랜더스)

Genova 제노바(← 제노아)

Kavkaz 캅카스(← 카프카스, 코카서스)

Kypros 키프로스(← 사이프러스)

Lhasa 라싸(← 라사)

Savoie 사부아(← 사보이)

Sicilia 시칠리아(← 시실리)

Toscana 토스카나(← 투스카니)

Venezia 베네치아(← 베니스)

Wien 빈(← 비엔나)

14) 정치적, 지리적, 역사적 요인 등으로 달라진 지명은 바뀌기 전의 이름을 일컫는지 후의 이름을 일컫는지 판단하여 표기한다.

캘커타Calcutta → 콜카타Kolkata

봄베이Bombay → 뭄바이Mumbai

버마→미얀마
벨로루시 / 백러시아→벨라루스

15) 그 밖의 틀리기 쉬운 것들
accent 악센트(←액센트)
accessory 액세서리(←악세사리)
ad lib 애드리브(←애드립)
agenda 어젠다(←아젠다, 어젠더)
alcohol 알코올(←알콜)
barbecue 바비큐(←바베큐)
brochure 브로슈어(←브로셔)
collector 컬렉터(←콜렉터)
doughnut 도넛(←도너츠)
encore 앙코르(←앵콜)
endorphine 엔도르핀(←엔돌핀)
enquête 앙케트(←앙케이트)
fanfare 팡파르(←팡파레)
glass 글라스(←글래스)
intelligentsia 인텔리 / 인텔리겐치아(←인텔리겐차)
monsieur 므시외(←무슈)
mystery 미스터리(←미스테리)
packing 패킹(←바킹)
pincers 펜치(←뻰치)
rent-a-car 렌터카(←렌트 카)

→ 모든 외래어의 발음은 해당 언어 사전에서 일일이 찾아보기 힘들고, 모든 단어가 사전에 등재되어 있지 않다. 따라서 자주 나오는 외래어를 중심으로 올바른 표기를 국어사전에서 확인하고, 그 표기대로 발음하는 규칙을 익혀 두는 것이 좋다.

→ 우리말 표기에서 〈산 / 산타 / 상트 / 샌 / 샌타 / 생 / 세인트〉는 뒤의 단어와 붙인다.
San Antonio 산안토니오

San Diego 샌디에이고
Santa Rosa 산타로사
Santa Fe 샌타페이
Sankt Peterburg 상트페테르부르크
Saint-Germain 생제르맹
Saint Helena 세인트헬레나
[비교] 성(聖) 베드로//성만찬

→ 우리말 표기에서 〈뉴/이스트/웨스트/사우스/노스〉는 다음 단어와
붙인다.
New South Wales 뉴사우스웨일스
East London 이스트런던
West Bengal 웨스트벵골 / West End 웨스트엔드
North Carolina 노스캐롤라이나

제4부 열린책들 편집 및
판면 디자인 원칙

제1장 열린책들 편집 원칙

1 이 원칙은 작성 및 편집하는 모든 원고에 적용한다. 단, 출판물의 성격에 따라 기타 필요한 사항이 있을 경우에는 〔열린책들〕 표기법에서 크게 벗어나지 않는 선에서 그 표기 세칙을 따로 정한다.

2 이 원칙의 규정 가운데 상호 모순이 있는 경우나 새로 규정해야 할 사항이 발견되면 이를 증보한다.

제1절 띄어쓰기

1 문장의 각 단어는 띄어 씀을 원칙으로 한다.
① 명사+명사, 동사/형용사+보조 용언, 고유 명사(성 + 이름, 성 + 호 제외)와 전문어는 띄어 씀을 원칙으로 하되, 국립 국어원 편찬의 『표준 국어 대사전』(이하 〈국어사전〉이라 함)에 표제어로 오른 복합어(합성어/파생어)는 붙여 쓴다.
국어사전에 〈영화배우〉, 〈달려들다〉 등의 단어들은 표제어로 올라 있으므로 붙여 써야 하고, 〈사용 불가〉, 〈그려 내다〉 등처럼 등재되어 있지 않으면 띄어 쓴다.
→ 복합어는 어떻게 구분하나?
　　귀에 익숙하고 한 단어로 굳어진 말처럼 보일 때는 반드시 국어사전을 확인해 본다. 처음에는 잘 구분이 가지 않고, 혼란스러운 단어들도 보이나, 반복해 찾다 보면 익숙해진다.
② 보조 용언은 띄어 쓰되, 한 글자로 된 본용언 뒤에 보조 용언이 따를 경우에는 붙여 쓴다.
해보다 / 사주다 / 해내다 / 따내다
→ 보여 주다.
③ 다만, 보조 용언 중 〈있다〉, 〈듯싶다〉, 〈듯하다〉, 〈성싶다〉, 〈성하다〉, 〈성부르다〉, 〈법하다〉는 한 글자 본용언 뒤에 오더라도 띄어 쓴다.
서 있다 / 갈 듯하다 / 올 듯싶다 / 할 성싶다

2 정부가 고시한 어문 규정인 〈한글 맞춤법〉, 〈표준어 규정〉, 〈외래어 표기법〉을 따른다.

3 외래어 표기 요령은 『열린책들 편집 매뉴얼』, 〈제3부 외래어 표기법〉의 〔열린책들〕 항목을 따른다.

4 모든 한글 및 외래어 표기는 국립 국어원 편찬의 『표준 국어 대사전』을 우선적으로 따른다.

→ 국립 국어원 홈페이지(www.korean.go.kr)의 〈표준 국어 대사전〉 또는 〈한국어 어문 규범〉(kornorms.korean.go.kr) 용례 찾기에 들어가면 빠르고 쉽게 검색할 수 있다.

5 화면 교열에서 〈훈글〉 활용 방법

화면상 오탈자가 아닌데도 붉은 줄이 가 있으면 띄어쓰기가 잘못된 것이므로 바로잡아 준다. 단, 띄어쓰기에 한해서는 완벽하게 바로잡히지 않는다는 점을 주의해야 하지만, 적중률이 매우 높은 편이므로 적극 활용한다.

① 반드시 붙여 써야 하는 합성어이므로 떨어져 있으면 붉은 줄이 가는 경우
대학교수 / 목적의식 / 반려동물 / 사고방식 / 사진작가 / 영화배우
달려들다 / 도와주다 / 잃어버리다
그리워하다 / 기뻐하다
셔츠블라우스 / 쇼트커트 / 쇼핑센터 / 슈퍼마켓

② 반드시 붙여 써야 하는데, 떨어져 있어도 붉은 줄이 가지 않는 경우
물어보다 / 찾아보다   -쯤 / 가량
오래전   아무것

③ 대부분 붙여 써야 하는데도, 붙여 쓰면 붉은 줄이 가는 경우
몇십 / 몇백 / 몇천 등

제2절   문장 부호

1 따옴표는 쓰지 않으며, 대사나 대화의 경우에는 홑낫표(「 」), 강조나 인용의 경우에는 화살괄호(〈 〉)를 쓴다.

[예외] 한글이 병기되지 않은 로마자 논문명의 경우에는 큰따옴표로 묶어 주고 정체를 쓴다. 단, 논문집이나 단행본으로 된 저서는 부호 없이 이탤릭체로 쓴다.

2 작품명에는 겹낫표(『 』)와 홑낫표를 사용한다.

① 겹낫표: 책으로 간주할 수 있는 것. 책, 장편소설, 중·단편집, 희곡집, 논문집, 잡지, 신문(일간, 주간, 월간, 계간, 부정기 간행물 등), 온라인 매체 역시 신문으로 간주하여 겹낫표로 묶는다.

② 홑낫표: TV 시리즈, 영화, 노래, 연극, 오페라, 교향곡, 미술 작품, 중편소설, 단편소설, 희곡, 논문 등.

카프카의 중단편집 『변신』에는 「변신」, 「시골 의사」 등이 실려 있다.

『구약 성서』「열왕기」 17장 10~16절 참조.

3 로마자 뒤에 괄호가 올 경우, 한 칸 띄어 쓰는 것이 영문 정서법의 원칙이다. 국문 정서법에는 아직 이에 해당하는 규정이 없으나, 최소한 달라붙지 않도록 자간을 넓히거나 반 칸 정도 떼어 간격을 조절한다.

4 같은 약물이 중복되는 것은 가능한 한 피한다.
① **낫표**: 대사(홑낫표) 속의 홑낫표(작품)는 화살괄호로 바꾸어 준다.
「어제 빔 벤더스 감독의 영화 〈파리, 텍사스〉를 봤어.」
② **괄호**: 괄호가 겹칠 때는 [( )]로 처리한다.

5 말줄임표는 가운데 높이의 6점(……)을 사용한다. 말줄임표 뒤의 마침표는 문장이 완료된 것으로 판단될 때 찍는다.
「그건…… 그러니까 그건 제가 할 수 있는 게…….」
인용문 등에서 중략을 할 경우에는 괄호를 치고 말줄임표를 써준다. 이때 괄호의 앞뒤로 한 칸씩 띄어 준다.
〈이제 만사가 전보다 어렵다. (……) 힘을 내라! 죽음이 모퉁이에 와 있다.〉
영문 속에서는 영문식 말줄임표 〈...〉를 쓴다.

제3절 인용문

1 단락(문단)으로 된 인용문은, 본문에서 위아래 1행씩 띄어 주고, 한 자 들여쓰기를 한다.

2 인용문의 글자 크기는 소설의 경우에는 본문과 같게, 이론서의 경우에는 본문보다 0.5포인트를 줄인다.

3 본문 속에 섞여 있을 때는 화살괄호(〈 〉)로 묶어 준다.

4 로마자 문장의 인용은 정자체로 표기한다.

제4절 교정 기호 사용법

1 자주 쓰는 교정 기호

기 호	내 용	기 호	내 용
○ ○	수정하기	ℳ	삭제하기
✓	삽입하기	∨	사이 띄기
∼	자리 바꾸기	⌒	붙이기
⊏	들여쓰기	⊐	내어쓰기
⑮	원래대로 두기	＞	줄 삽입하기
⌐	줄 바꿈표	⊇	줄 이음표

2 편집본에 표시한 교정 기호

몇 해 전에 새로운 여행용 가방이 시중에 나왔다. 비행기 여행자를 위해 특별히 고안된 것으로 바퀴가 달려 있고 손잡이를 잡아 늘일 수 있게 되어 있는 가방이다. 앞에서 끌고 갈 수 있으므로 운반하는데에 힘이 들지 않고, 탁송 화물로 신고 할 필요 없이 비행기 기내로 가지고 들어갈 수 있으며, 크기도 수하물 선반에 올려놓을 만하게 되어 있다. 비행기 여행뿐만 아니라 기차 여행을 할 때에도 더없이 좋은 가방이다. 그것은 요컨대 굉장한 발명품이었고, 역마직성(驛馬直星)인 나는 그 가방을 하나 샀다. 그런데 나는 이내한 가지 사실을 발견하고 쓸쓸함을 느끼지 않을 수 없었다. 그 가방들은 여섯 개의 직사각형으로 둘리고 마주 보는 면들이 똑같이 생긴 평행 육면체의형태를 이루고 있으며, 일반 여행용 가방들처럼 두 면은 넓고 나머지 네 면은 좁게 되어 있다.

— 움베르토 에코, 『세상의 바보들에게 웃으면서 화내는 방법』 중에서

제5절 각주와 참고 문헌

1 각주는 본문과 똑같은 폭으로 한 자 들여쓰기를 하고, 참고 문헌은 한 자 내어쓰기를 한다.

2 각주와 참고 문헌에서는 한자와 로마자 문장을 번역문 병기 없이 그대로 쓸 수 있다. 단, 국내에 번역서가 출간된 경우는 가급적 번역서의 서지 정보를 병기한다.

3 각주에 로마자 논저 제목을 표시할 경우, 기본적으로 미국식 표준

에 따른다. 단, 편집의 편의에 현저하게 도움이 될 때에는 원서의 체제를 따를 수 있다.

미국식 표준: 저자 이름(이름 + 성), "논문", *저서*, 번역자(출판지: 출판사, 발행 연도), 페이지.

György Lukács, "Thomas Mann", *Studies in European Realism*, trans. by Rodney Livingstone (London: Verso, 1971), pp. 42~45.

움베르토 에코, 「휴대폰을 사용하는 방법」, 『세상의 바보들에게 웃으면서 화내는 방법』, 이세욱 옮김(서울: 열린책들, 1999), 204~208면(혹은 pp. 204~208).

독일 문헌은 대개 출판 장소와 출판사를 표시할 때 괄호를 사용하지 않는 편이지만 바꾸어 준다.

Umberto Eco, *Baudolino*, übersetzt von Burkhart Kroeber (München: Carl Hanser, 2000).

4 참고 문헌은 각주 표기를 따르되, 로마자 저자의 이름을 〈성 + 이름〉순으로 표시한다(각주와 반대).

Lukács, György, "Thomas Mann", *Studies in European Realism*, trans. by Rodney Livingstone (London: Verso, 1971).

에코, 움베르토, 「휴대폰을 사용하는 방법」, 『세상의 바보들에게 웃으면서 화내는 방법』, 이세욱 옮김(서울: 열린책들, 1999), 204~208면.

Eco, Umberto, *Comment voyager avec un saumon*, traduit par Sylvain Berger (Paris: Grasset, 1998).

5 각주 표시

1) 〈ibid〉, 〈op. cit.〉 등은 되도록 사용하지 않고 〈위의 책〉, 〈앞의 책〉으로 바꾸어 준다.

〈ibid〉는 바로 위에 언급한 것과 같은 책 혹은 같은 페이지를, 〈op. cit.〉는 앞에 언급한 책(그 사이에 다른 책이 끼어 있는 경우)을 일컫는 말이다. 〈ibid〉는 〈같은 책(글)〉, 혹은 〈같은 책(또는 글), 페이지〉로, 〈op. cit.〉는 〈저자 이름, 앞의 책(글)〉, 혹은 〈저자 이름, 앞의 책(글), 페이지〉로 바꾸어 준다. 〈앞의 책(글)〉을 표기할 때는 저자 이름을 반드시 써줘야 한다. 단, 이전의 각주에 같은 저자의 문헌이 두 개 이상 언급되었을 때는 이 용어를 사용해서는 안 된다. 그 저자의 어떤 책을 가리키는지 알 수 없기 때문이다. (지나치게 많이 나와 작업이 번거로울 경우 원서에 준한다.)

2) 〈see〉, 〈cf.〉, 〈Vgl.〉 등의 지시어는 반드시 〈~을 보라〉, 〈~참조〉, 〈~과 비교〉 등으로 바꾸어 준다. 그 밖에 〈ff. 16〉은 〈16면 이하〉로, 〈n. 14〉는 〈주석 14〉 등으로 바꾸어 준다.

3) 원주와 옮긴이주는 구분 없이 일련번호를 부여한다.

4) 원주와 옮긴이주 중 개수가 적은 쪽을 택하여 원주(또는 옮긴이주)라고 각주 끝에 표시한다.

    1 에른스트 블로흐는 여기에서 하이네의 『하르츠 기행』을 암시하고 있다. 이하 모든 주는 옮긴이의 주이다.

    2 Newspeak. 오세아니아의 공용어. 신어의 구조와 원리에 대해서는 이 작품 부록을 참조하기 바람 — 원주.

→ 각주 번호를 괄호 없이 표기하며 마침표 처리에 주의한다.

5) 본문과 같은 체제로, 즉 한 자 들여쓰기로 편집한다.

6) 각주 표시와 약물이 겹칠 경우, 각주 표시가 나중에 온다.
〈사소한 진실〉,[3]
「Domine, ad adjuvandum me festina(주님, 빨리 저를 도와주세요).」[3a]
베케트,[1] 만초니,「라마르세예즈」[2] 뉴딜 시기의 미키 마우스, 로마 황금기의 베르길리우스가 그렇다.
〈단테가 말했듯이, 그는 직장(直腸)의 끝부분을 군대 신호의 도구로 사용했어.〉[3]

단, 각주 표시를 뒤로 보내서 혼란을 줄 경우에는 약물보다 앞설 수도 있다.
「오늘은 위대한 날이니 말입니다. 브랜디를 조금만 하도록 하죠. Strong was the wyn, and wel to drinke us leste(술은 알맞게 독하고 마음껏 술을 마실 수 있으니 이를 데 없는 낙이로다).[4]」

7) 각주 번호 뒤에 이어지는 설명에 숫자가 연달아 나오지 않도록 한다.
5 18세기 초에 반란을 일으킨 세벤 지방의 신교도들. (×)
5 세벤 지방의 신교도들. 18세기 초에 반란을 일으킴. (○)

6 참고 문헌 표시

1) 한국 저자, 동양 저자, 서양 저자를 구분하여 수록한다.
(간략할 경우에는 구분하지 않을 수도 있다.)

2) 우리말 혹은 한자어로 번역된 서양 문헌은 서양 저자 부분에 수록한다.
Eco, Umberto, *Comment voyager avec un saumon*, traduit par Sylvain Berger (Paris: Grasset, 1998).
_____,「휴대폰을 사용하는 방법」,『세상의 바보들에게 웃으면서 화내는 방법』, 이세욱 옮김(서울: 열린책들, 1999), 204~208면.

3) 본문에서 〈저자명+(발행 연도)〉를 언급하는 것으로 각주를 대신하는 전문적인 학술서인 경우, 참고 문헌에서 발행 연도는 반드시 저자명 뒤에 표시되

어야 한다.

Eco, Umberto(1998), *Comment voyager avec un saumon*, traduit par Sylvain Berger (Paris: Grasset).

7 찾아보기 index

찾아보기는 책 내용 중 중요한 단어나 구 따위를 쉽게 찾아볼 수 있도록 일정한 순서에 따라 배열해 놓은 목록을 말한다. 이렇게 단어나 구로 이루어진 〈항목entry〉에 〈참조 페이지 번호page reference〉를 부기하여 대개 다단으로 조판한다. 항목 아래에 〈하위 항목〉을 두는 방식으로 찾아보기 내에 체계와 분류를 담을 수도 있다.

페이지 번호는 최종 교정 및 편집 배열이 완료되어야 확정할 수 있기 때문에 일반적으로 찾아보기 작성은 편집의 최종 단계로 하게 된다. 하지만 편집 배열이 완료된 그때부터 찾아보기 작성을 시작하려고 생각해서는 편집 일정 관리를 효율적으로 하기 어렵다. 때로 방대하고 복잡한 작업이 되어 예상 밖의 많은 시일이 소요되면서 차질을 빚기도 한다. 그러므로 원고 작성, 원고 편집 단계에서부터 미리 찾아보기의 구조를 설계하고 항목의 목록을 뽑아 두는 등 준비를 하는 것이 좋다.

더 효율적인 방법은 원고 작성 및 편집 단계에서 찾아보기를 미리 작성하는 것이다. 편집 배열이 끝나지 않아 참조 페이지 번호가 확정되지 않은 상태라도 소프트웨어의 기능으로 그 문제를 해결할 수 있다. 원고 작성이나 조판에 활용되는 대부분의 워드 프로세서 프로그램과 편집 디자인용 소프트웨어는 본문 속에 찾아보기 정보를 미리 표시해 넣고, 언제든 그 정보를 바탕으로 찾아보기를 생성할 수 있는 기능을 갖고 있다. 이들 소프트웨어로 작성된 데이터 간에 찾아보기 정보가 호환될 수 있다. 이를 잘 활용하면 찾아보기 작성에 소요되는 시간을 획기적으로 줄일 수 있다. 그뿐만 아니라 이런 방식으로 만들어진 찾아보기는 그 문서 데이터 내에 참조 페이지 번호가 변수의 형태로 보존되기 때문에, 편집상의 변화로 페이지 구조가 크게 바뀌어도 정확한 참조 페이지를 다시 인식해 찾아보기를 재생성할 수 있다는 큰 이점이 있다.

많은 부분을 자동화로 해결할 수도 있다. 미리 작성된 항목 목록이 있으면 이를 소프트웨어에서 불러들이는 방식으로 원고 전체에 대해서 단번에 자동으로 찾아보기를 작성할 수 있다. 다만 다른 단어의 일부로 오인될 가능성이 있는 항목은 일괄 자동으로 처리하지 않도록 해야 한다.

본문 속에 찾아보기 항목 표시를 할 때 다음에 유의한다. 예를 들어 본문 속에서는 〈앤디〉, 〈워홀〉 또는 〈앤디 워홀〉 등의 다양한 변형 꼴이 등장하지만, 찾아보기 내에서는 〈워홀, 앤디Warhol, Andy〉처럼 성명에 원어가 병기된 형태로 표현되도록 해야 한다. 숫자나 로마자처럼 표기에 따른 정렬과 발음에 따른 정렬이 달라지는 경우도 대비가 필요하다(소프트웨어 상에서 찾아보기 항목 정보를 입력할 때 〈발음〉을 따로 입력할 수 있다).

찾아보기 작성에는 여러 가지 편집상의 판단이 필요하기 때문에 되도록 조판으로 넘어가기 전 단계, 즉 워드 프로세서 단계에서 편집자가 찾아보기 정보 표시를 완료하는 것이 좋다.

찾아보기 구조의 설계, 항목의 선정, 표기 방식 등에 있어서는 아래와 같은 원칙을 준수하도록 한다.

1) 찾아보기는 대개 인명과 개념어로만 만드나, 책의 특성에 따라 지명, 저서, 도판 혹은 특화된 항목으로 만들기도 한다.
➜ 『세계 영화 대사전』은 감독과 영화 제목 찾아보기가 추가되었다.

2) 교정 교열 및 편집 배열을 모두 마친 다음 단어나 구를 가나다순으로 정렬하고, 본문 페이지를 표시한다.

3) 외국 인명은 성과 이름을 모두 한글로 병기해 주는 것이 원칙이나 그럴 경우 찾아보기 항목이 길어져 일목요연해 보이지 않을 수 있으므로 성만 한글로 표기해도 된다.
바르트, 카를Barth, Karl(원칙)
바르트Barth, Karl(허용)
바르트Karl Barth(허용)
카를 바르트Karl Barth(불가)

4) 중국, 일본 인명은 원어명을 괄호 안에 한자로 표기하되 성, 이름순으로 모두 붙여 쓴다. 한글 병기 또한 성, 이름순으로 표기하되, 중국 인명은 모두 붙이고, 일본 인명은 성과 이름 사이를 띄어 쓴다.
구로사와 아키라(黑澤明)
원자바오(溫家寶)

5) 한글 표기가 같은 성일 경우, 성이 아닌 이름의 알파벳 순서에 따른다.
울프Woolf, Leonard
울프Wolfe, Thomas
울프Woolf, Virginia
(성을 알파벳순으로 한다면 토머스 울프가 가장 먼저 와야 하지만, 그것

은 무시한다.)

6) 중세 인물 중 지명이 이름으로 굳어진 인명은 찾아보기의 편의성을 위해 다음과 같이 표기한다.
윌리엄William of Ockham
존John of Salisbury

또는 다음과 같이 괄호 안에 출신지를 표기한다.
윌리엄(오컴)William of Ockham
존(솔즈베리)John of Salisbury

위의 경우들에는 찾아보기에
오컴의 윌리엄 → 윌리엄
과 같은 항목을 하나 넣어 주는 것이 좋다.
→ 단 위의 규정은 찾아보기의 편의를 위한 것으로, 지명이 포함된 중세 인물 표기의 보편적 원칙은 276페이지 참조.

7) 로마자로 시작하는 단어는 발음 나는 대로 읽어 가나다순으로 정렬해 끼워 넣는다. 숫자는 기타 항목으로 넣는다.
[예] 캐시미어
    KBO
    케이준

8) 항목이 세 페이지 이상 연속 등장할 때는 첫 페이지와 끝 페이지 사이에 물결표(~)를 넣어 표기한다.
바르트Barth, Karl 17~19
바르트Barthes, Roland 241~252

제2장 열린책들 판면 디자인

판면의 구성

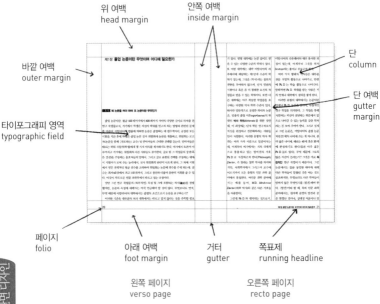

위 여백
head margin

안쪽 여백
inside margin

단
column

단 여백
gutter margin

바깥 여백
outer margin

타이포그래피 영역
typographic field

페이지
folio

아래 여백
foot margin

거터
gutter

쪽표제
running headline

왼쪽 페이지
verso page

오른쪽 페이지
recto page

열린책들 소설 판면의 예

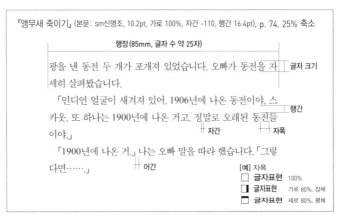

『앵무새 죽이기』 (본문: sm신명조, 10.2pt, 가로 100%, 자간 -110, 행간 16.4pt), p. 74, 25% 축소

행장(85mm, 글자 수 약 25자)

광을 낸 동전 두 개가 포개져 있었습니다. 오빠가 동전을 자
세히 살펴봤습니다.

「인디언 얼굴이 새겨져 있어. 1906년에 나온 동전이야. 스
카웃. 또 하나는 1900년에 나온 거고. 정말로 오래된 동전들
이야.」

「1900년에 나온 거.」 나는 오빠 말을 따라 했습니다. 「그렇
다면……」

글자 크기

행간

자간

자폭

어간

[예] 자폭
□ 글자표현 100%
■ 글자표현 가로 80%, 장체
▬ 글자표현 세로 80%, 평체

➡ 위 예문에서 실제 행간은 6.2pt이다. 편집 프로그램에 따라 행간 수치가 글자 크기까지 더해
져 표시되기도 한다.

제1절 공통 원칙

1 본문

① 본문 한글 서체는 SM체를 쓴다. 자간은 −110을 고정값으로 쓴다.

② 로마자 서체는 Times와 DIN, Helvetica를 사용한다.

→ 책의 성격 및 본문 디자인에 따라 바뀔 수 있다.

2 표제지

① 약표제와 표제의 위치는 본문 2행에 맞춘다.

② 로고는 본문 마지막 줄의 글자 밑선에 맞춘다.

③ 표제의 서체는 가능하면 표지 서체와 같게 한다. 부득이한 경우에는 신명조를 사용한다.

3 저작권 및 간기면

① 원저의 저작권 표기는 4페이지에 들어가며, 사철로 책매기하는 책의 경우에는 저작권 아래에 사철 책매기 방식을 다음과 같이 표기한다.

이 책은 실로 꿰매어 제본하는 정통적인 사철 방식으로 만들어졌습니다.
사철 방식으로 제본된 책은 오랫동안 보관해도 손상되지 않습니다.

② 한글 간기면은 책의 마지막 홀수 페이지에 넣는다.

• 제목: 신명조 12pt

• 본문: 윤고딕130 7pt, 가로 90%, 자간 −85

〈발행일, 지은이, 옮긴이, 발행인, 발행처, 한국어 저작권, ISBN〉은 윤고딕120 7pt, 가로 90%, 자간 −85

• 길이는 B6 판형의 경우 70mm, A5신판인 경우는 90mm를 유지한다.

→ 그 밖의 특이 판형은 기간 도서의 간기면을 참고로 하여 이 기본 원칙을 활용하면 된다.

4 각주

① 본문의 각주 표시

• 본문에 각주 번호를 표기할 때는 Times 13pt(자간 0, 위 첨자)를 사용하고, 반괄호 없이 번호만 표기한다.

[예] 파스칼[1]이 말하기를⋯⋯.

② 본문과 각주 간격

• 본문과 각주 사이의 간격은 한 행이 넘지 않도록 한다.

• 본문과 각주 사이의 구분 선은 넣지 않는다.

③ 각주 편집
• 각주 번호는 반괄호 없이 번호만 표기한다.
[예]본문: 파스칼[1]은…….
    각주: 1 Blaise Pascal (1623~1662). 프랑스의 수학자, 철학자.

제2절 본문 디자인 예시

1 열린책들 소설 기본 포맷
『제0호』
• 본문 포맷
  본문 판형: B6 변형(120×188mm)
  판면 여백: 상단 17.5mm / 하단 25mm / 안쪽 20mm / 바깥쪽 19mm
  본문 시작: 9행부터
• 타이포그래피
  본문
  첫 행 들여쓰기: 3.35mm
  23행, 행간 18.27pt
  한글: SM3신명조 03 10.4pt(자간 −110)
  한자: SM3신명조 03 9.36pt(자간 −75)
  로마자: Times New Roman Regular 10.4pt(자간 −5)
  숫자: Times New Roman Regular 10.4pt(자간 −5)
  장제목
  가운데정렬
  한글: Sandoll 고딕Neo1 06 SemiBold 9pt(자간 −5 가로 96%)
  로마자: DINPro Medium(자간 −20 가로 96%)
  각주 본문
  한글: SM3신명조 03 8pt(자간 −110 행간 12pt)

2 열린책들 소설 신(新)포맷
『창문 넘어 도망친 100세 노인』
• 본문 포맷
  본문 판형: B6(128×188mm)
  판면 여백: 상단 15.4mm / 하단 22.6mm / 안쪽 20mm / 바깥쪽 19mm
  본문 시작: 10행부터
• 타이포그래피
  본문
  첫 행 들여쓰기: 3.3mm

25행, 행간 17.3pt

한글: SM3신명조 03 10.36pt(자간 −110)

한자: SM3신명조 03 신명조 9.32pt(자간 −75)

로마자: Times New Roman Regular 10.36pt(자간 −5)

숫자: Times New Roman Regular 10.36pt(자간 −5)

장제목

가운데 정렬

한글: PNH친구녯 Regular 12.1pt(자간 −43)

로마자: PNH친구녯 Regular 12.1pt(자간 −43)

각주 본문

한글: SM3신명조 03 8pt(자간 −110 행간 12pt)

연보 본문

한글: SM3신명조 03 8.7pt(자간 −110 행간 13.5pt)

3 열린책들 인문서 포맷

『불만 시대의 자본주의』

• 본문 포맷

본문 판형: 신국판(152×224mm)

판면 여백: 상단 21.5mm / 하단 36mm / 안쪽 28.5mm / 바깥쪽 23.5mm

본문 시작: 10행부터

• 타이포그래피

본문

첫 행 들여쓰기: 3.35mm

23행, 행간 21pt

한글: SM3신명조 03 10.8pt(자간 −110)

한자: SM3신명조 03 9.72pt(자간 −75)

로마자: Times New Roman Regular 10.8pt(자간 −5)

숫자: Times New Roman Regular 10.8pt(자간 −5)

장제목

가운데 정렬

한글: 윤고딕 160 15pt(자간 −130)

로마자: Sandoll 고딕Neo1 09 15pt(자간 −30)

절제목

가운데 정렬

한글: 윤고딕 360 10pt(자간 −30)

중제목

왼쪽 정렬

한글: Sandoll 고딕Neo1 03 13pt(자간 -30 들여쓰기 3.35mm)

소제목

왼쪽 정렬

한글: Sandoll 고딕Neo1 07 10pt(자간 -20 들여쓰기 3.6mm)

각주 본문

한글: SM3신명조 03 8.5pt(자간 -110 행간 14pt)

미주 본문

한글: SM3신명조 03 8.3pt(자간 -110 행간 14pt)

찾아보기 본문

한글: SM3신명조 03 7.7pt(자간 -110 행간 12.5pt 2단)

4 열린책들/미메시스 예술서 포맷

『공간은 이야기로부터 시작한다』

• 본문 포맷

본문 판형: 크라운 변형(165×210mm)

판면 여백: 상단 26mm / 하단 38mm / 안쪽 18mm / 바깥쪽 12mm

• 타이포그래피

본문

첫 행 들여쓰기: 6mm

22행, 행간 19pt, 1단

한글: Sandoll 고딕Neo1 04 9.2pt(자간 -20)

한자: Sandoll 고딕Neo1 04 9.2pt(자간 -20)

로마자: Lucida Bright Regular 9.2pt(자간 -10 가로 91% 세로 93%)

숫자: Lucida Bright Regular 9.2pt(자간 -10 가로 91% 세로 93%)

장제목

왼쪽 정렬

한글: Sandoll 곧은부리 32pt(자간 -30)

캡션

한글: Sandoll 고딕Neo1 04 7.3pt(자간 -15)

→ 2024년 현재 인디자인InDesign을 기준으로 작성했다.

→ 파일 저작권을 취득한 글꼴(폰트)인지 확인하고 사용해야 한다. 문화 체육 관광
부 홈페이지에서 〈글꼴 파일 저작권 바로 알기〉 안내서를 다운로드할 수 있다.

제5부 편집자가 알아야 할
제작의 기초

제1장 책에 대하여

1 책의 형태

편집자가 책을 만들 때 책의 내용 못지않게 신경 써야 하는 것이 책의 형태를 결정하는 일이다. 책의 형태에 따라 가격이나 제작비, 제작 기간, 책의 내구성 등이 크게 달라지기 때문이다. 일반적으로 책의 형태는 책매기 방식에 따라 크게 **견장정**(하드커버)과 **연장정**(소프트커버=페이퍼백)으로 나뉜다.

원래 양장(洋裝)이라는 말은 한자 표기에서도 알 수 있듯 서양식 장정을 통틀어 가리킨다. 하드커버 형태의 서양 책이 동양에 소개되면서 양장이라는 말이 쓰인 것으로 보이는데, 오늘날 책의 구체적 형태를 지칭하는 단어로 쓰기에는 그 의미가 너무 광범위하다. 반면에 무선 책은 보통 페이퍼백을 지칭하는데, 무선(無線)이란 말은 책매기할 때 철사나 실을 이용하지 않는다는 뜻으로 그 의미가 너무 협소하다. 양장을 하지 않은 책도 실을 이용해 책매기할 수 있기 때문이다. 따라서 하드커버와 소프트커버의 의미를 담고 있는 대체 용어가 필요하다.

견장정은 접지된 내지를 철사나 실로 꿰맨 후 두꺼운 종이 따위로 표지를 만들고 이를 천이나 가죽 등(속칭 싸바리)으로 감싼 책매기 형태를 말한다. 여기에 다시 종이로 커버를 씌워서 표지가 오염되거나 파손되지 않게 한다. **연장정**은 일반적으로 내지를 접착제로 붙인 후(무선 책매기) 종이 한 장으로 표지를 만든 형태를 말한다. 외국에서는 대부분 **견장정**으로 책을 만들어 일정 기간 판매한 뒤, **연장정** 형태로 만들어 다시 저렴한 가격으로 판매한다. 우리나라는 두 가지가 혼합된 형태, 말하자면 책매기는 연장정처럼 접착제를 사용하되, **견장정**의 커버처럼 표지 날개를 안쪽으로 접어 넣는 형태가 일반적으로 많이 쓰인다.

견장정은 내구성이 좋아 오래 보관해도 손상이 적다는 장점이 있으나 **연장정**에 비해 제작비가 많이 들고, 제작 기간이 오래 걸리며, 무겁다는 단점이 있다. **연장정**은 가볍고 탄력이 있어 휴대하기가 편하고 가격이 저렴하다. 다만 표지와 책매기가 견고하지 못해 손상될 가능성이 있다. 편집자는 이와 같은 각각의 특징을 따져 본 뒤 저자의 지명도, 원고 분량, 보존성, 판매 기간, 제작 기간, 제작비 등을 고려해 책의 형태를 결정한다.

흔히 견장정으로 만드는 책	흔히 연장정으로 만드는 책
학술서	대중서 / 실용서
저명한 저자의 책	신인 저자의 책
면수가 많은 책	휴대하면서 읽을 만한 책
장기 보관이 예상되는 책	초반 대량 판매가 예상돼 제작을
중장기적인 판매를 예상하는 책	신속하게 해야 할 책
한정판이나 소장용 책	제작비를 절감해야 할 책

2 책의 구성

책의 각부 명칭

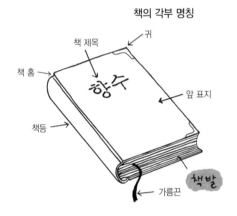

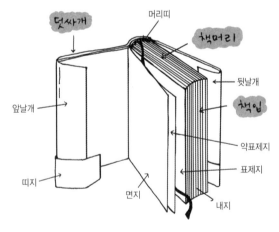

1) 책의 바깥쪽

- **표지cover** 대개 두꺼운 종이를 겹쳐 합지를 만들고 그 위에 종이나 천, 가죽 등을 싸서 만든다. 책 제목, 시리즈 제목, 저자·역자 등 저작권

자, 편자, 출판사명 등이 여기에 표시되어야 한다.

- 덧싸개jacket, dust jacket 견장정의 표지를 보호하기 위해 덧씌운다. 우리나라의 연장정에서는 이런 덧싸개의 형태로 표지를 만든다.
- 날개flap 표지나 덧싸개를 안쪽으로 꺾어 접어 넣는 부분이다. 앞날개front flap에는 대개 저자의 사진과 약력, 표지 디자이너의 이름 등을, 뒷날개back flap에는 시리즈나 다른 도서 소개, 혹은 언론평 등을 싣는데 특정한 원칙은 없다. 외국의 페이퍼백에는 대부분 날개가 없으나 우리나라에서는 날개까지 만드는 것이 일반적이다.
- 책등spine 책을 철하는 부분으로 여기에도 책 제목, 저·역자명, 출판사명 등이 기재된다.
- 면지endpaper 본문과 표지 사이에 넣어 책을 견고하게 만든다.
- 띠지bellyband 책에 광고 문구나 부가 설명을 넣을 때 쓰는데, 일본 출판사에서 많이 활용하고 있다. 서구에서는 거의 쓰지 않는 편이다.

2) 책의 안쪽
- 약표제지half title page(p.1) 대개 책 제목만 넣기 때문에 약표제지라고 한다.
- 저자 저작 목록advertisement(p.2) 외국 서적의 경우, 2페이지에 저자의 저작 목록을 기재하는 게 보편화되어 있다.
- 권두화frontispiece(p.2) 책과 관련 있는 사진이나 그림이 들어갈 경우, 표제지와 마주 보도록 편집한다.
- 표제지main title page/full title page(p.3) 표제지 혹은 표제면에는 책의 기본 서지 사항, 즉 서명, 저자명, 역자명, 출판사명이 들어간다. 외국 서적의 경우에는 출판지와 출간 연도도 병기한다.
- 간기면copyright page / imprint page(p.4) 표제지의 뒷면에는 저작권이나 출판 사항이 기재되는데, 이 페이지를 간기면(刊記面)이라고 한다. 우리나라에서는 본문이 끝난 다음 홀수 페이지에 간기면을 두는데, 표제지 뒤에 쓰는 경우가 늘고 있다. 간기면을 본문 뒤에 두는 경우에도 원저작물의 로마자 저작권 표시는 4페이지에 하는 것이 일반적이다.
- 본문 앞에 들어가는 것들
  정오표corrigenda 오해를 일으킬 정도로 심각한 오류가 본문 인쇄 후, 배포 전에 발견된 경우 오류를 표로 작성해 끼워 넣는다.
  헌사dedication 저자가 스승이나 가족 친지 등에게 바치는 글.
  제사epigraph 문학 작품에서 문두에 들어가는 인용문.
  서문foreword 저자가 아닌 다른 사람이 쓴 머리말.
  머리말preface
  감사의 말acknowledg(e)ments(본문 뒤에 들어가기도 함)
  일러두기explanatory note/편집자 노트editor's note(4페이지에 넣기도 함)

차례table of contents

도판 차례list of illustrations or tables 그림이나 도표의 차례.

약어표list of abbreviations 본문에 언급되는 핵심 용어.

• 본문 뒤에 들어가는 것들

감사의 말acknowledg(e)ments

부록appendix 본문과 관련 있는 보충 자료(원서에 속한 것: 연표, 지도, 조문 등).

미주endnotes

부록appendix(원서에 속하지 않은 것: 작품 평론 등)

용어 풀이glossary

참고 문헌bibliography/reference list 저술에 참고한 논문과 단행본 등의 문헌 목록.

옮긴이의 말translator's note

연보/연대표chronology

찾아보기index

③ 우리나라 전통 책의 각부 명칭

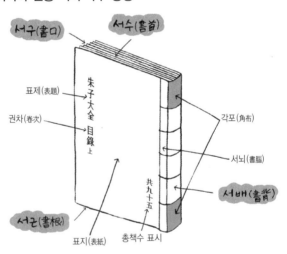

1) 책의 바깥쪽

• **표제(表題)** 책에 붙인 이름. 제명(題名) 혹은 제목(題目)으로 불리기도 한다.

• **서구(書口)** 서배의 맞은편으로, 판면을 펼치는 부분.

• **각포(角布)** 장정선의 상하 귀퉁이를 얇은 비단으로 감싸는 것. 책이 손상되는 것을 방지하고 책을 꾸미는 역할을 한다.

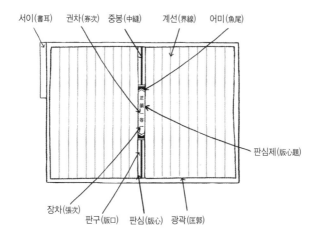

서이(書耳)　권차(券次)　중봉(中縫)　계선(界線)　어미(魚尾)

正（판심제）

판심제(版心題)

장차(張次)　판구(版口)　판심(版心)　광곽(匡郭)

2) 책의 안쪽

- **광곽(匡郭)** 책의 사주(四周)를 두른 검은 선. 변란(邊欄)이라고도 하며, 사주단변(四周單邊), 사주쌍변(四周雙邊), 좌우쌍변(左右雙邊) 등이 있다.

- **계선(界線)** 본문의 각 줄 사이를 구분하기 위해 그은 선. 간인본(刊印本)에 나타난다. 계선이 있으면 유계(有界), 없으면 무계(無界)라고 한다.

- **판심(版心)** 책장이 접힌 곳. 판구(版口)라고도 하며, 그 중앙에 묵선(墨線)이 있으면 흑구(黑口), 없으면 백구(白口)라 한다. 판심에도 서명이 붙어 있는데 이를 판심 서명 혹은 판심제(版心題)라 한다.

- **중봉(中縫)** 판면의 가운데 책이 접히는 곳. 페이지를 반으로 접는 기준을 삼기도 하고 서명이나 권수, 쪽수, 글자 수, 각서한 장인의 이름 등을 기록하는 데 쓰기도 한다.

- **어미(魚尾)** 판구 중간에 책 이름 따위를 적고 그 아래위를 물고기 꼬리 모양으로 장식한 것.

- **서이(書耳)** 광곽 바깥 변 위쪽에 있는 작은 네모 칸으로, 편명(編名)이나 서명 등의 간칭 및 약호를 표시하기 위하여 만들어 놓은 곳.

- **행관(行款)** 한 장에 수록된 본문의 행수와 한 행에 수록된 글자 수. 판심이 없는 경우는 한 장에 수록된 총 행수와 행에 수록된 자수를 일컬으며, 판심이 있는 책은 반엽(半葉)의 행자수를 표시한다.

- **간기(刊記)** 서적의 권말에 출판 연월일, 출판지, 출판자명, 출판 사정 등을 적은 부분.

4 책의 판형

종류 모든 종이는 크게 나누어 A계열의 종이와 B계열의 종이가 있다. 흔히 A계열은 국전지, B계열은 4×6전지라 부른다. A계열 종이는 B계열 종이의 약 70% 크기이다.

비율 종이의 비율은 1:1.414, 즉 1:$\sqrt{2}$이다.

판형 판형은 A계열의 종이를 쓸 때는 A4판, A5판, A6판 등으로, B계열 종이를 쓸 때는 B4판, B5판, B6판 등으로 부른다. A계열(국전지)을 16절한 것을 A5판, 국판(菊版)이라 부르며, B계열(4×6전지)을 32절한 것을 B6판, 4×6판이라고 한다.

→ 〈국판〉은 1882~1883년 일본이 미국에서 처음 신문용으로 종이를 들여와 16등분해서 책을 만들 때, ① 종이의 상표였던 달리아 꽃이 일본 왕실의 문장인 국화와 닮았고 ② 신문의 문(聞) 자가 국화(菊)의 기쿠와 발음이 같아서 붙은 이름이다. 또한 〈4×6판〉은 메이지 시대까지 일본에서 주로 사용하던 책 크기인 미농(美濃)판을 8배한 크기가 2자 6치×3자 6치(788mm×1,091mm)가 되고 이를 32절했을 때 크기가 4.2치×6.2치(128mm×188mm)가 되므로 우수리를 떼고 4×6판이라 일컫게 된 것이다. 두 판형 모두 일본식 용어가 우리나라에 들어와 쓰이게 된 것이므로 국제 표준 용어인 A계열, B계열 종이 등으로 바꿔 부르는 것을 권장한다.

1) 종이 크기
- A계열(국전지) 939mm×636mm
- B계열(4×6전지) 1,091mm×788mm
- 대국전지 1,020mm×720mm

2) 책의 판형

판형	호칭	절수	크기(mm)	예
A4판	국배판	8	210 × 297	여성지
A5판	국판	16	148 × 210	교과서
A6판	국반판	32	105 × 148	문고판
B4판	타블로이드	8	254 × 374	주간 신문
B5판	4×6배판	16	188 × 254	시사 주간지
B6판	4×6판	32	128 × 188	단행본
AB판	와이드판		210 × 257	
	크라운판		176 × 248	

→ A5신판 우리나라에서 가장 보편적인 판형을 A5신판이라고 하는데, 이는 정규격인 A5판(148×210mm)보다 약간씩 큰 153×224mm의 크기이며, 신국판이라고도 한다.

→ 변형판 이외에도 편집 디자인을 고려하여 와이드판, 크라운판 등 다양한 변형판을 사용할 수 있다.

■ 새 이름을 사용합시다 열린책들 편집 매뉴얼 캠페인

새 이름	현재 이름	설명
견장정 hardcover	양장(洋裝), 하드커버, 하드바운드	〈양장〉은 글자 그대로 하면 〈서양식 장정〉을 뜻하지만, 현재 통상적으로 하드커버를 가리키는 말로 사용된다. 딱딱한 재질의 표지로 책매기한다는 의미에서 〈경(硬)장정〉으로 부를 수도 있지만, 어감상 〈가벼운 장정〉이라는 느낌을 줄 수 있으므로 〈견장정(堅裝訂)〉이 더 적절할 듯하다.
연장정 softcover	소프트커버, 소프트바운드, 페이퍼백, 반양장(半洋裝)	종이 등 견고하지 않은 재질의 표지로 책매기한다는 의미에서 〈연장정(軟裝訂)〉으로 부른다.
덧싸개 jacket, dust jacket	커버	하드커버에서 표지를 보호하기 위해 덧씌우는 것. 하드커버와 소프트커버를 막론하고 내지와 함께 책매기된 겉 부분은 〈표지〉로 부르고, 그 위에 덧씌우는 재킷은 〈덧싸개〉로 부른다.
책등 spine	세나카 [背中(せなか)], 세네카(세나카의 잘못된 발음)	책을 매어 놓은 쪽의 겉으로 드러난 부분. 전통 고서에서는 〈서배(書背)〉라고 했으며 영어로도 〈등뼈〉를 의미하는 spine으로 쓴다. 같은 의미에서 〈책등〉으로 부를 수 있다.
입/책입 fore edge	배	책등의 맞은편 면. 한국 전통 고서에서는 〈서구(書口)〉라고 불렀다. 이 부분을 열면 글(말)이 나온다는 재미있는 의미를 지니고 있으므로 〈책입〉이라고 쓰기로 하자.
책머리 top edge	위, 천(天), 머리	책의 위쪽 면. 한국 전통 고서에서는 〈서수(書首)〉라고 불렀다. 이를 살려 〈책머리〉로 부르자.
책발 tail edge	아래, 지(地)	책의 아래쪽 면. 한국 전통 고서에서는 〈서근(書根)〉이라고 불렀다. 〈책뿌리〉라고 옮길 수 있으나 의미가 바로 파악되지 않는 점을 감안하여 〈책발〉로 부르자.

저작권 copyright	판권	현재 〈판권〉이라는 용어는 〈저작권〉과 구별되지 않고 혼용되어 쓰이고 있다. 그러나 〈판권〉은 여러 가지 의미로 해석할 수 있는 모호한 용어이므로, 〈창작물에 관한 독점적, 배타적 권리〉를 나타낼 때는 의미가 명확한 〈저작권〉이라는 용어를 쓰도록 한다.
간기면 imprint page, copyright page	판권면, 판권장, 판권	책의 저작권과 판쇄 등 서지 사항을 기재한 면. 〈판권〉이라는 용어는 의미가 모호할 뿐 아니라, 책과 관련된 모든 서지 사항이 표시되어 있는 면을 지칭하는 명칭으로 충분치 못하다. 말 그대로 〈책의 간행 기록〉이라는 의미를 지녔으며 한국의 전통 고서에서 이 부분을 가리키는 데 사용되었던 〈간기(刊記)〉 또는 〈간기면〉이라는 용어를 쓰도록 한다.
약표제half title **표제**main title **속표제**part title, divisional title	도비라(扉(とびら)) – 속도비라 – 장도비라, 내제지(內題紙)	도비라는 〈문〉을 뜻하는 비(扉) 자의 일본어 발음이다. 위치와 기능에 따라 〈약표제〉, 〈표제〉, 〈속표제〉 등으로 부른다.
쪽표제 running headline	하시라(柱(はしら)), 면주(面柱)	해당 면의 장이나 절 제목 등을 알려 주는 역할을 하므로 〈쪽표제〉라고 부른다.
교정쇄 galley, galley proof	교정스리 (校正刷り)	〈교정스리〉는 우리말과 일본어가 섞인 국적 불명의 용어이다. 국립 국어원에서는 〈교정쇄〉를 권장하고 있다.
바탕색을 깔다, 입히다 tints block	베다(べた)를 깔다	베다(密)는 〈빈틈이 없음, 온통〉 등을 뜻하는 일본어로, 면 전체를 한 색으로 인쇄하는 것을 말한다. 〈먹 베다를 깐다〉는 식으로 주로 표현되는데, 〈바탕〉으로 대체하여 〈검은 바탕을 깐다〉는 식으로 표현할 수 있다.
음영 tint	아미(網(あみ))	인쇄할 때나 화면에서 이미지를 구현할 때의 〈망점〉을 가리킨다. 〈아미를 준다〉고 하는 것은 망점 크기를 조정하여 인쇄의 농담을 조정한다는 뜻으로, 〈음영〉이라는 말로 대체하여 〈음영을 준다〉고 표현한다.

맞춤표, 가늠표 register mark	돈보(とんぼ)	2도 이상의 인쇄를 할 때 각 판을 정확히 일치시키는 데 쓰이는 표시. 생긴 모양이 잠자리 같다 하여 잠자리를 뜻하는 일본어 〈돈보〉라고 부르게 되었다는 설이 있다. 〈맞춤표〉 또는 〈가늠표〉로 부른다.
터잡기 imposition layout	하리코미 [張り込み(はりこみ)]	가장 일반적으로는, 인쇄된 전지를 접지했을 때 순서대로 쪽수가 나오도록 페이지들을 배치하여 인쇄판을 짜는 것을 말한다. 인쇄판에 들어가는 페이지들의 위치를 잡는 공정이므로 〈터잡기〉라고 부르도록 하자.
같이 터잡기 half sheet	돈 뎅 (どんでん)	앞뒤 면을 같은 판에 앉혀 앞뒤로 인쇄하여 전지에서 네 벌 또는 여러 벌의 같은 인쇄물이 나올 수 있도록 터를 잡는 방식. 앞뒤 면을 같은 판에 앉힌다는 의미에서 〈같이 터잡기〉로 부르도록 한다.
판굽기 platemaking	소부(燒付)	필름을 놓고 빛을 쬐어 인쇄판을 만들던 공정. 한자의 뜻과 공정의 특성을 살려 〈판굽기〉로 부른다.
책매기 binding	제본(製本)	제본(製本)은 일본식 한자어이다. 국립국어원에서는 〈책매기〉를 대체어로 권장하고 있다.
모양 따기	도무송(トムソン, 톰슨Thompson의 잘못된 발음)	목형을 이용하여 인쇄물을 원하는 모양으로 따내는 공정을 말한다.
누름 자국 내기	오시(おし)	종이가 잘 접히도록 접히는 부분을 미리 눌러 놓는 작업.

• 여기에 제안한 용어들에 관한 생각이나 더 좋은 의견이 있으시면 열린책들 홈페이지(www.openbooks.co.kr) 독자 게시판에 글을 남겨 주세요. 습관적으로 써왔던 용어들에 대한 의견을 주고받음으로써 적절하지 못한 표현들을 하나씩 고쳐 나가는 계기가 되었으면 합니다. 열린책들은 여러분의 다양한 의견을 기다립니다.

제2장 책 만들기

▌1▐ 본문 편집과 CTP 제작

1) 책이 만들어지는 과정

1 원고 작성	컴퓨터를 사용하여 문자 원고 및 그림 원고(사진, 일러스트)를 작성한다.
2 전자 편집	컴퓨터의 DTP(desktop publishing) 전용 소프트웨어를 이용하여 원고를 인쇄에 적합한 형태로 편집한다.
3 교정 교열	원고를 프린터로 출력하여 저자·역자와의 협의하에 교정 교열을 본다.
4 CTP 제작	최종 교정을 마친 다음 편집 데이터로 인쇄판(PS판)을 만든다.
5 인쇄	인쇄판을 인쇄기에 걸어 인쇄한다.
6 접지	판형이나 책매기 방식에 맞춰 인쇄된 종이를 접는다.
7 책매기	중철, 무선 책매기 또는 사철로 책매기한다.

2) 컴퓨터를 이용한 디지털 편집, 그리고 쿼크익스프레스와 인디자인

1990년대 DTP 시스템이 도입되면서 출판 환경에 큰 변화가 있었다. 활자나 사진 식자에 비해 신속한 수정과 변경이 가능할 뿐만 아니라, 일러스트레이션과 도판, 그래픽 엘리먼트의 배치가 손쉽고, 색상의 지정과 변환이 자유로워 레이아웃과 디자인의 획기적인 변화를 불러왔다. 그 후로 편집 디자인 프로그램으로 많이 활용되어 온 것은 흔글, 페이지메이커,

쿼크익스프레스 등이다. 각 프로그램은 텍스트 처리, 각주나 표, 색인의 처리, 그래픽 처리 등에서 저마다 강점을 달리해 책의 성격에 따라 다양하게 활용되어 왔는데, 가장 일반적으로 채택된 것은 매킨토시 환경의 쿼크익스프레스였다.

그러나 인디자인 프로그램이 등장하면서 또 한 번 변화의 시점을 맞았다. 인디자인은 기존 프로그램들이 갖고 있던 일반적 조판 기능 위에 섬세한 타이포그래피 조절 기능과 획기적으로 향상된 그래픽 처리 능력을 탑재했다. 벡터 그래픽을 프로그램 내부에서 생성하거나 외부에서 불러들여 포함시키는 일이 가능해졌고, 비트맵 그래픽의 투명도 병합 처리가 가능해졌다. 거의 모든 포맷의 그래픽 파일을 불러들이고 프로그램 내부에서 출력 색상을 제어할 수 있게 됐다. 또 자체 PDF 변환 기능이 있어 서체 에러 등의 출력 문제를 방지하고, 포토숍, 일러스트레이션, 애크로뱃 등의 어도비사 제품과의 연동이 손쉬워진 것도 강점으로 꼽는다. IBM PC와 매킨토시용이 모두 개발되어 있지만 IBM 환경에서 더 많이 이용되고 있다.

하지만 새 프로그램의 도입은 그리 간단치가 않다. 출판사는 오래전부터 구 버전으로 작업해 온 데이터들을 다량 보관하고 있고 때때로 그 내용을 수정해야 하므로 데이터의 변형 없이 호환되는지, 또 실제 프로그램을 이용할 디자이너들이 새 프로그램에 적응할 충분한 시간을 가졌는지, 하드웨어의 성능이 새 프로그램에 맞는지 등 여러 사항이 세세하게 고려되어야 한다.

2 터잡기 imposition layout

1) 따로 터잡기 sheetwise

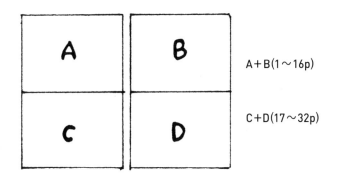

A+B(1〜16p)

C+D(17〜32p)

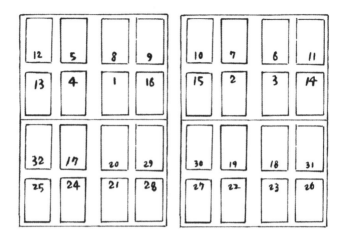

2) 같이 터잡기|half sheet

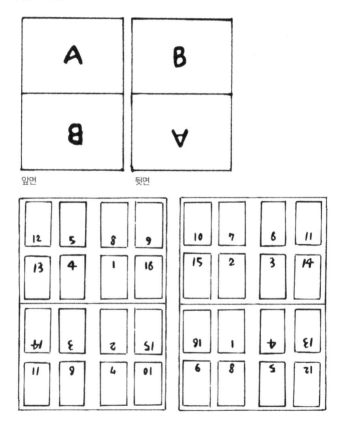

앞면　　　　　　뒷면

3) 앞면과 뒷면에 배열되는 페이지 구분 방법

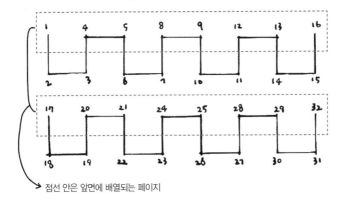

점선 안은 앞면에 배열되는 페이지

이 페이지 구분 방법은 부분적으로 4도 인쇄를 해야 하는 경우 유용하다. 예컨대 컬러 면이 4, 5, 11페이지에 있는 경우 11페이지의 그림을 12페이지로 옮겨 주면 컬러 면을 2대에서 1대로 줄일 수 있다.

3 종이

1) 종이에 대해
① **종이의 무게**: 종이의 무게는 평량으로 나타내는데, 평량은 가로 1m, 세로 1m 종이 한 장의 무게를 그램으로 나타낸 것이다(g/m²).
② **종이의 종류**: 중질지, 백상지(모조지), 아트지, MFC, 이라이트 등.
③ **종이의 크기**: A계열(국전지), B계열(4×6전지), 규격 외 종이 등.
④ **포장 단위**: 보통 두루마리roll로 감아 윤전 인쇄용으로 포장하는 것(권취지)과 낱장 인쇄용으로 포장하는 것(매엽지)이 있다. 낱장 종이는 연(連, ream) 단위로 유통되는데, 1연은 낱장 500매를 말한다.

2) 종이의 결
종이는 생산 과정에서 펄프의 섬유가 흐르는 방향에 따라 결이 생기는데, 종이의 긴 쪽으로 결이 평행한 것을 세로결(종목)이라고 하고, 짧은 쪽으로 결이 평행한 것을 가로결(횡목)이라고 한다. 종이의 결은 종이를 찢어 보았을 때 그 방향으로 쉽게 알 수 있다.
종이의 결은 인쇄나 책매기와 아주 중요한 관계가 있는데, 종이 결을 바르게 선택해야 책매기한 뒤에 책의 뒤틀림이 없다. 종이는 책을 철할 부분과 평행한 결을 사용한다.

A5신판 본문의 종이 결(점선은 종이를 찢었을 때 찢어지는 방향)

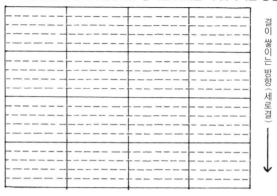

걸이 쌓이는 방향(세로결)

A5신판은 A계열 종이(국전지)를 16등분한 크기로, 긴 쪽과 평행한 종이를 써야 하므로 세로결을 쓴다.

A5신판 표지의 종이결

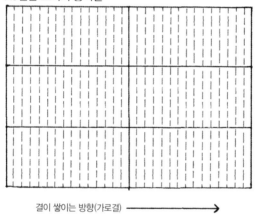

걸이 쌓이는 방향(가로결)

표지는 B계열 종이(4×6전지)를 길게 6등분해서(장 6절) 인쇄하는데, 철하는 부분이 짧은 쪽과 평행을 이루는 걸을 써야 하므로 가로결을 쓴다.

판형과 본문의 종이결

판형	절수	종이결
A4, B4판	8절	가로결
A5, B5판	16절	세로결
A6, B6판	32절	가로결

3) 종이 소요량 계산과 주문 방법

① 본문 종이 소요량

㉠ 주문의 한 예

<u>80g</u>	<u>미색 모조지</u>	<u>A계열</u>	<u>세로결</u>	<u>25연 100매</u>
평량	색깔, 종류	크기	결	소요량

㉡ 종이 소요량 계산 방법

- 종이는 연R 단위로 유통되므로 소요량은 연 단위로 계산한다.
- 종이 1연은 낱장sheet 500매이다.
- A5신판은 A계열 종이의 16절 크기이므로 1연은 500매×16절, 즉 8,000장이 되며 앞뒤 면에 16,000페이지를 인쇄할 수 있다.

따라서 A5신판 448페이지『창문 넘어 도망친 100세 노인』5,000부를 제작할 때는, 총 소요 페이지 ÷ 16,000(1연) = 필요 연 수가 나온다.

$$\underline{448페이지} \times \underline{5,000부} \div \underbrace{16,000페이지}_{1연 페이지} = \underbrace{140연}_{총 소요량(R)}$$

㉢ 손지율

인쇄와 책매기할 때 생기는 파지(파본)를 고려해 필요량(정미량)보다 종이를 더 발주해야 하는데 통상 5% 정도면 된다.

참고로 일본은 손지율을 8%로 정도로 보며 컬러 1도가 추가될 때마다 1%씩 더 발주한다. 그러나 여분의 종이(손지)에 비례해서 책이 더 많이 생산되는 것은 아니므로 적정량을 현명하게 발주해야 한다.

② 표지 종이 소요량

A5신판과 B6판 표지는 B계열 종이를 길게 6등분해 인쇄한다.

따라서 1연(500매)을 6절로 나누면 총 3,000장의 표지를 제작할 수 있으며, A5신판 5,000부를 제작할 때 필요한 연 수는 5,000부÷3,000장≒1.66연이 된다. 여기에 손지율 10%를 추가하면 약 1.8연, 즉 1연 400매가 된다.

③ 면지 종이 소요량

면지는 한 권에 총 4장(8페이지)이 들어가므로 A5신판의 경우 A계열 전지 1장(32페이지÷8)으로 4권, 1연이면 2,000부를 제작할 수 있다. 인쇄를 하지 않고 그대로 쓰는 경우 손지율이 높지 않으므로 여유분은 소량만 발주해도 된다.

4) 종이값

종이는 직접 종이를 생산하는 제지사와 유통만 전문으로 하는 지업사에서 구매가 가능하며, 종이값은 일반적으로 제지사들이 공시한 가격으로 정해진다. 제지사별로 종이값은 약간의 차이만 있을 뿐이어서 실제 종이값은 제지사와 지업사의 할인율, 출판사의 결제 방식 등에 따라 유동적으로 변한다.

종이 단가표

(부가세 별도)

종이의 종류	평량 (g/m²)	고시 가격(원/R)		비고
		A계열(국전지)	B계열(4×6전지)	
백색 모조지	80	49,600	71,400	본문
	100	61,460	88,470	
미색 모조지	80	51,090	73,540	본문
	100	63,300	91,130	
클라우드지	70	47,030	68,580	본문
	80	56,500	81,340	
미색 하이플러스지	90	60,110	86,550	본문
	100	66,500	95,740	
아트지	150	93,280	134,290	덧싸개, 표지
	200	124,380	179,050	
	250	155,470	223,810	
스노화이트지	150	93,280	134,290	덧싸개, 표지
	200	124,380	179,050	
	250	155,470	223,810	
인스퍼M 러프 (구. 몽블랑지)	100	118,500	170,610	고급 인쇄물
	130	154,060	221,770	
아르떼지	105	115,230	165,870	화보, 작품집
	160	175,580	252,760	
	210	230,440	331,740	

2023년 3월 국내 제지사에서 고시한 금액이다.

1) 오프셋 인쇄 과정

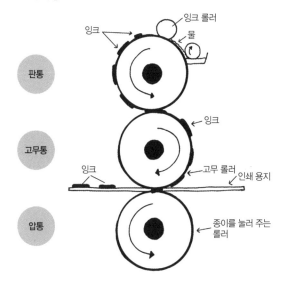

잉크가 인쇄판을 건 롤러에서 고무 롤러로 이동하면서 용지에 인쇄된다.

2) 인쇄판

인쇄판은 인쇄할 내용을 인쇄기에 부착하기 위해 고안된 알루미늄 판을 말한다. 요즘 흔히 쓰는 인쇄판은 PS판pre-sensitized plate이다.
PS판은 감광액을 덧씌운(도포한) 인쇄판이며, 포지티브와 네거티브 판이 있다. 인쇄판 비용은 대개 1도당 7,000~10,000원(부가세 별도) 선이다.

3) 본문 인쇄판 수 산정의 예
- A5신판은 16페이지로 인쇄판(대)을 만든다. B6판은 대부분 B계열 종이를 반으로 잘라 인쇄하므로 1대당 페이지 수는 A5신판과 동일하다.
- 도수만큼 인쇄판이 필요하다. 1도는 1판, 4도는 4판.
- 인쇄판 수 산정: 전체 페이지÷16(페이지)×인쇄 도수=인쇄판 수
  먼 1도의 경우 앞뒤 인쇄판을 동시에 걸어 인쇄하므로 인쇄판은 짝수로 준비해야 한다. 인쇄판이 홀수일 경우에는 1대를 추가한다.
- 전체 페이지가 16으로 나누어떨어지지 않고 0.25(4페이지), 0.5(8페이지)로 떨어지면 남은 페이지를 같이 터잡기한 인쇄판 2대를 추가한다.
  0.75(12페이지)로 떨어지면 종이 손실을 줄이도록 남은 페이지를 0.5(8페이지)와 0.25(4페이지)로 같이 터잡기한 인쇄판 4대를 추가한다.

[예] 288페이지=18판, 292/296페이지=20판, 300페이지=22판

4) CTP 인쇄

CTP란 computer to plate의 약자로, 편집 데이터를 필름으로 출력하는 과정을 거치지 않고, 바로 인쇄판을 제작하는 방식을 말한다. 필름 출력과 판굽기 과정이 없기 때문에 시간을 절약할 수 있다.

• CTP 과정: MAC/PC → 허브 Hub → CTP 출력 기기

① 장점

• 우수한 인쇄 품질: 과거 필름을 뽑을 때 생길 수 있었던 문제들, 즉 손상, 불완전 밀착, 먼지, 핀 불일치 등의 가능성이 원천적으로 사라졌다. 또한 필름으로 인쇄판을 제작했을 때보다 인쇄 품질이 우수하다. 필름으로 PS판을 만들었을 때 망점 3% 이하는 완벽히 재현되지 않았기 때문이다. 1%의 망점까지 재현하는 CTP 인쇄는 품질이 뛰어나다.

• 인쇄 준비 시간의 단축: 반점을 제거하거나 판을 다시 만드는 등의 소모 시간을 획기적으로 줄여 생산성을 높였다.

② 단점

• 사고 위험성: 작업이 완전히 완료된 데이터를 제공하지 않으면 곧바로 사고로 이어질 수 있다.

5) 인쇄비

인쇄비는 대개 1도 기준 연당 단가로 계산하는데, 인쇄 단가는 한쪽 면만을 인쇄하는 경우를 가정한 것이기 때문에 양면 인쇄를 하는 경우에는 인쇄 단가의 두 배를 계산하면 된다. 인쇄 단가는 대개 인쇄 부수에 따라 차등을 두는 것이 일반적이다.

인쇄 단가의 예(A계열 기준)

(부가세 별도)

부수별	1,000부	2,000부	3,000부	5,000부	10,000부 이상
1도	5,000원	4,000원	3,500원	3,000원	2,500원
양면(2도)	10,000원	8,000원	7,000원	6,000원	5,000원

표지 컬러 인쇄비는 대개 1도당 10,000원 내외다.

6) 스크린 선 수와 용지

스크린 선 수란 제판 카메라에 사용하는 스크린의 망점 밀도를 가리키는 것으로 1제곱인치당 망점 수를 말한다.

스크린 선 수	종이
60, 65, 70	윤전 인쇄용(신문용) 용지
75, 80	중질지(주간 잡지 등)
100	모조지(상질지), 서적 용지
120	코트지, 아트지, 스노화이트지

| 133, 150 | 슈퍼 아트지 |
| 175, 200 | 로열 아트지(화집, 사진집) |

최근에는 종이의 평활도가 좋아져서 신문 광고용 컬러 인쇄는 110선까지 가능하다.

5 책매기

1) 책매기 방법
책매기하는 방법에는 사철, 평철, 중철, 무선철 등이 있다.

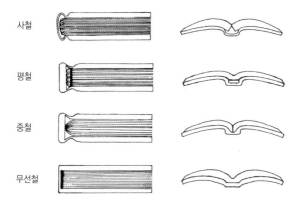

사철

평철

중철

무선철

2) 책매기 순서
① 연장정 책매기
전지 재단 → 16p 접지 → 정합 → 무선철 → 책입 재단 → 표지 씌우기 → 동시에 날개 접기 → 책머리, 책발 재단 → 포장
② 견장정 책매기
전지 재단 → 16p 접지 → 정합(별지나 면지도 함께) → 사철 → 책머리, 책발, 책입 재단 → 등 접착 → 가름끈 접착 → 등 굴리기 → 세양사 씌우기 → 표지 입히기 → 덧싸개 씌우기 → 포장
③ 접지
책매기할 때 페이지 순서대로 인쇄된 종이를 접는 것을 접지라고 한다. 접지는 4절, 8절, 16절, 32절과 같이 2의 제곱수로만 가능하다. 종이는 접을수록 두꺼워져서 16절, 32절로 접을 경우 정확하게 접지지 않기 쉬워 일반적으로 8절(16p) 접지를 한다. 150g 이상의 종이를 접지할 경우에는 4절(8p)로 접기도 한다. 또한, 판형이 너무 작은 경우 기계로 접지하는 것이 불가능할 수 있기 때문에 특수 판형일 때는 반드시 제본소와 협의하여 진행해야 한다.

→ 20절, 40절 등의 특수 절수도 기본적으로 종이를 8절 접지 기준으로 접는다.

　　[예] 20절은 8절, 8절, 4절로 하여 20절을 만들 수 있다.

3) 책매기 비용

① 연장정 책의 책매기 단가

A5신판 기준 1페이지당 55전 내외이며, 날개가 있는 책은 날개 접는 비용으로 40원 내외가 추가된다. (면지는 본문 단가의 3배)

[예] A5신판 320페이지 책의 책매기 비용 계산

$$(\underset{\text{총 페이지 \quad 면지}}{\underline{320 + 8 \times 3}}) \times \underset{\text{단가 \quad 날개 접기}}{\underline{0.55} + \underline{40}} = \underset{\text{1권당 책매기 비용}}{\underline{246원}}$$

여기에 엽서를 넣어 책매기하거나 광고지 등을 삽지할 때에는 1건당 20~25원 정도의 추가 비용이 들어간다.

② 견장정 책의 책매기 비용 단가

㉠ 사철 책매기(실 제본)와 무선철 책매기

(강력 접착제를 사용하는 소위 아지노 제본을 할 경우 단가가 달라진다.)

(부가세 별도)

구분	A5신판	B6판
사철(1p당)	1원 20전	1원
무선철(1p당)	60전	55전

㉡ 견장정 책 표지(합지)의 제작

책의 부피나 크기에 따라 사용하는 합지의 무게도 달라지는데, A5신판이나 B6판은 대개 1,800g 내외의 합지를 사용한다.

합지는 갱판지의 경우 800~2,000g까지 있다.

1,800g 갱판지를 합지로 사용할 경우 B6판은 전지 1장당 16권, A5신판은 10권을 제작할 수 있으며, 1연의 가격은 B계열은 1,197,400원, A계열은 838,180원 내외이다(1,600g B계열은 1,092,500원, A계열은 1,025,952원 내외).

㉢ 합지의 표면을 싸주는(싸바리) 재료는 포(布) 클로스, 로열 포 클로스, 지(紙) 클로스, 종이(레자크지, 밍크지, 구김주름지 등)를 사용하는데, 포 클로스는 1마당 B6판은 9권, A5신판은 7권을 제작할 수 있다.

포 클로스 단가는 1마당 1,650원이며, 로열 포 클로스 단가는 1마당 1,760원이고, 지 클로스 단가는 352원(단색), 396원(이중색)이다.

㉣ 견장정 책은 부속 자재가 여러 가지 들어가며, 표지 붙이기나 박 찍기 등의 추가 작업이 따르는데, 업계 평균 단가는 다음과 같다.

(부가세 별도)

구분	가름끈	머리띠	세양사	등지	표지 붙이기	박 찍기	덧싸개 씌우기	포장하기	계
단가	60원	60원	60원	60원	150원	100원	80원	50원	620원

제5부 제작의 기초

6 라미네이팅과 코팅

표지나 덧싸개 인쇄 후 오염 및 훼손을 방지하기 위해 라미네이팅 혹은 코팅(UV 코팅)을 하게 된다. 라미네이팅은 표면을 필름으로 씌우는 것으로 방식에 따라 열로 붙이는 건식과 접착제를 사용하는 습식으로, 광택의 유무에 따라 무광과 유광으로 나눈다. 최근에는 다양한 모양을 표현하는 무늬 라미네이팅 방식도 생겼다. 코팅은 액상의 코팅액을 발라서 건조시키는 것으로 라미네이팅보다 저렴하지만 품질은 다소 떨어지며 유광으로만 가능하다.

(부가세 별도)

구분	낱장 작업(장6절)	전지 작업
무광 라미네이팅	장당 40원	연당 65,000원
유광 라미네이팅	장당 35원	연당 55,000원
UV 코팅	낱장 작업 불가	연당 80,000원
		(판비는 cm²당 100원)

7 POD 시스템

POD란 print on demand의 약자로, 일반적인 출판 과정을 따르지 않고 개인의 요구와 필요에 맞춰 책을 만들어 주는 시스템이다. 흔히 맞춤형 출판이라고 한다. 디지털 인쇄 기술이 발전함에 따라 DTP가 정착되었고, 편집 프로그램이 일반화되면서 개인이 원하는 서적을 출판하는 일이 가능해졌다. 국내에서는 최근 2~3년 사이, 셀프 퍼블리싱 self-publishing이 이슈가 되었고, 소규모 독립/자가 출판이 활발히 이루어지고 있다.

POD 시스템은 권당 제작비가 비싸다는 단점이 있지만 절판된 도서를 복간하는 경우나 대학 교재, 수요가 적은 전공 서적을 만들어야 할 때, 출판사에서 책을 정식으로 출판하기 전에 최종 검토용으로 가제본을 만들고자 할 때 유용하다.

품질 또한 점점 개선되어 현재는 오프셋 인쇄 품질의 80~90%까지 재현하고 있다. 디지털 인쇄기 중 품질이 가장 뛰어나고 널리 쓰이는 기종으로 HP Indigo가 있는데, 이 때문에 인쇄 품질이 좋은 디지털 인쇄를 흔히 〈인디고 인쇄〉라고 부른다. 인디고는 잉크젯 방식과 레이저젯 방식이 있는데 주로 잉크젯 방식이 쓰이며, 압판과 압통이 있고 잉크를 롤러로 미는 압착형 인쇄라는 점에서 오프셋 인쇄와 인쇄 과정이 유사하다.

참고로 열린책들에서는 모든 책에 대해 제작 전에 POD 시스템을 통해 가제본을 만들고 있다. 완성본과 형태가 거의 유사한 가제본을 인

책매기

343

쇄 전에 미리 살펴봄으로써 제작 단계에서 나타날 수 있는 오류를 최소화하기 위함이다.

제작비 계산의 예
B6, 336페이지, 본문 1도의 가제본 1부 제작 비용

본문 (페이지당 70원)	표지 (날개 포함)	책매기	면지	총액 (부가세 별도)
23,520원	6,000원	3,000원	400원	32,920원

8 제작 단가 산정

대개의 출판사에서는 제작 업무를 편집부에서 하지 않는 경우가 많지만, 기획 단계에서부터 제작비 산정은 필수이며 제작 과정의 이해도에 따라 제작비도 절감할 수 있으므로 편집자는 반드시 기초적인 제작 과정을 알아야 한다.

요나스 요나손의 소설 『창문 넘어 도망친 100세 노인』의 1부당 제작 단가를 산출해 보자.
① 한국어 번역 저작권은 선불금 3,000달러(환율 1,200원), 로열티는 초판 1쇄(5,000부)까지 정가의 7%로, 그 후 판매 부수부터는 8%로 한다. 또한 번역료는 총 1,500매로 200자 원고지 1매당 5,000원을 주기로 한다.
② 본문 1도, 표지(연장정) 및 덧싸개(견장정) 인쇄는 4도 컬러로 하며, 발행 부수는 초판 1쇄 때는 5,000부, 정가는 잠정적으로 A안의 경우 16,800원, B안의 경우 15,800원으로 한다.

A안) 『창문 넘어 도망친 100세 노인』 B6판(4×6판) 견장정, 사철 책매기, 512페이지
- 표지: 128g 구김주름지 B계열 (1,580원/매, 1매당 9권) — 여분 15매
- 본문: 100g 백색 모조지 B계열 (88,490원/R) — 여분 1.5R
- 덧싸개: 200g CCP지 B계열 (260,000원/R, 전지 1장에 6권) — 여분 0.14연
- 면지: 120g 밍크지 B계열 (236,480원/R, 전지 1장에 8권) — 여분 0.05R
- 합지: 1,600g 합지 B계열 (1,167,600원/R, 전지 1장에 16권) — 여분 0.015R

B안) 『창문 넘어 도망친 100세 노인』 A5신판(신국판) 연장정, 무선 책매기, 448페이지

- 본문: 80g 클라우드지 A계열 (56,500원/R) — 여분 3R
- 표지: 250g CCP지 B계열 (321,890원/R, 전지 1장에 6권) — 여분 0.14R
- 면지: 120g 밍크지 B계열 (236,480원/R, 전지 1장에 5권) — 여분 0.1R

제작 단가 기준
- 표지 디자인 비용은 1,500,000원으로 정한다.
- 인쇄비는 1R 1도 기준으로 표지 10,000원, B계열의 경우 본문 4,000원, A계열의 경우 본문 3,000원으로 정하고, 인쇄판비는 1판당 8,000원으로 한다.
- 표지 및 덧싸개는 인쇄 후 무광 라미네이팅을 하며, 1R에 60,000원으로 한다.
- B6판 견장정의 책매기 비용은 1페이지당 1원으로 하고 부속 자재와 추가 작업은 권당 620원으로 한다. A5신판 연장정의 책매기 비용은 1페이지당 60전으로 하고 날개 접기는 권당 40원으로 한다.
- 제시된 모든 단가는 부가세 별도 금액이다.

제작 단가 기준을 참조하여 다음의 양식에 따라 제작 단가를 계산해 보고 그다음 페이지의 〈예〉와 비교해 본다.

1-1) A안

(단위: 원)

구분		
로열티(7%)		
선불금		
번역료		
표지 디자인비		
소계(A)		
종이	표지	
	본문	
	덧싸개	
	면지	
	합지	
소계(B)		
CTP 인쇄	덧싸개	
	본문	
소계(C)		
라미네이팅		
소계(D)		
책매기		
소계(E)		
기초 비용(A)		
순수 제작비(B~E)		
합계		
제작 단가		
2쇄 단가		

1-2) A안 견장정 예

구분		B6판 견장정, 512p, 정가 16,800원
로열티(7%)		14,800×0.07×5,000부=5,180,000①(선불금보다 많음)
선불금		3,000달러×@1,200=3,600,000②
번역료		1,500매×@5,000=7,500,000③
표지 디자인비		1,500,000④
소계(A)		14,180,000(①+③+④)
종이	표지	128g 구김주름지 570매×@1,580=900,600
	본문	100g 백색 모조지 B계열 81.5R×@88,490=7,211,935
	덧싸개	200g CCP지 B계열 1.8R×@260,000=468,000
	면지	120g 밍크지 B계열 1.3R×@236,480=307,424
	합지	1,600g 원방 0.64R×@1,167,600=747,264
소계(B)		9,635,223
CTP 인쇄	덧싸개	인쇄판 4×8,000=32,000 인쇄 4도×2R×10,000=80,000(R 단위로 적용한다)
	본문	인쇄판 32×8,000=256,000 인쇄 2도×80R×4,000=640,000
소계(C)		1,008,000
라미네이팅		라미네이팅(무광) 1.7R×60,000=102,000
소계(D)		102,000
책매기		〔(512+16)×1+620〕×5,000부=5,740,000
소계(E)		5,740,000
기초 비용(A)		14,180,000
순수 제작비(B~E)		16,485,223×1.1(부가세 10%)=18,133,745
합계		30,012,623
제작 단가		@6,463(=32,313,745÷5,000)
2쇄 단가		순수 제작 단가 @3,627(=18,133,745÷5,000)+ @1,184(저작권료 8%)=@4,811

제작 단가 산정

347

2-1) B안

구분		
로열티(7%)		
선불금		
번역료		
표지 디자인비		
소계(A)		
종이	표지	
	본문	
	덧싸개	
	면지	
	합지	
소계(B)		
CTP 인쇄	덧싸개	
	본문	
소계(C)		
라미네이팅		
소계(D)		
책매기		
소계(E)		
기초 비용(A)		
순수 제작비(B~E)		
합계		
제작 단가		
2쇄 단가		

2-2) B안 연장정 예

(단위: 원)

구분		A5신판 연장정, 448p, 정가 14,800원
로열티(7%)		13,800×0.07×5,000부=4,830,000①(선불금보다 많음)
선불금		3,000달러×@1,200=3,600,000②
번역료		1,500매×@5,000=7,500,000③
표지 디자인비		1,500,000④
소계(A)		13,830,000(①+③+④)
종이	표지	250g CCP지 B계열 1.8R×@321,890=579,402
	본문	80g 클라우드지 A계열 143R×@56,500=8,079,500
	덧싸개	
	면지	120g 밍크지 B계열 2.1R×@236,480=496,608
	합지	
소계(B)		9,155,510
CTP 인쇄	덧싸개	인쇄판 4×8,000=32,000 인쇄 4도×2R×10,000=80,000
	본문	인쇄판 28×8,000=224,000 인쇄 2도×140R×3,000=840,000
소계(C)		1,176,000
라미네이팅		라미네이팅(무광) 1.7R×60,000=102,000
소계(D)		102,000
책매기		〔(448+24)×0.6+40〕×5,000부=1,616,000
소계(E)		1,616,000
기초 비용(A)		13,830,000
순수 제작비(B~E)		12,049,510×1.1(부가세 10%)=13,254,461
합계		27,084,461
제작 단가		@5,417(=27,084,461÷5,000)
2쇄 단가		순수 제작 단가 @2,251(=13,254,461÷5,000)+ @1,104(저작권료 8%)=@3,755

9 전자책 제작하기

1) 제작 형식

전자책은 보통 PDF 형식과 EPUB 형식으로 만들 수 있다. 여기서는 종이책 출간 후 전자책을 제작하는 경우, 도서 편집자가 알아야 할 내용을 중심으로 설명하려고 한다.

- **PDF**: 그림이나 사진의 분량이 많은 경우(요리책, 만화, 여행서 등) PDF 전자책으로 제작한다. 종이책을 출판하기 위해 인디자인 등 출판 편집 프로그램을 사용해서 만든 최종 파일이 보통 PDF다. PDF 전자책은 종이책 인쇄를 위해 출력하는 PDF와 동일하다. 페이지가 고정되어 있고 종이책의 레이아웃이 그대로 살아 있다. 그래서 종이책 출력용 PDF를 조금만 손보면 전자책용 PDF를 발행할 수 있다. PDF 전자책 제작 시 유의할 점은 폰트 라이선스와 도판 사용권 등 전자책 발행에 대한 권한을 확인하는 것이다. 특히 폰트와 도판의 경우, 종이책 발행에 대한 권리만 확보하는 경우도 많아서 전자책 발행 권한을 확보했는지 반드시 확인해야 한다. 폰트의 경우 전자책 발행 권한이 없다면 다른 폰트로 교체할 수 있다.

- **EPUB**: EPUB 전자책의 경우, 화면의 크기에 따라 글자 수나 이미지 크기가 변하기 때문에 기기 환경에 따른 제약을 덜 받고 모바일 환경에서도 이용하기 좋다. 크게 ePUB2.0과 ePUB3.0으로 나뉘는데, 국내에서는 주로 ePUB2.0이 유통되고 있으며 ePUB3.0은 소리, 동영상 등 미디어 요소가 추가된 전자책이라고 생각하는 것이 일반적이다. 주로 어학, 아동 분야의 도서는 종이책에 부가 mp3 및 동영상이 있는 경우가 있는데, 이때 전자책을 보면서 부가 자료를 바로 이용할 수 있도록 ePUB3.0으로 제작한다. 그러나 ePUB3.0은 뷰어 및 기기 환경에 따라 원활하게 작동하지 않을 수 있고 제작비가 많이 들기 때문에 주로 문학, 인문, 경제 경영 분야의 도서는 ePUB2.0으로 제작한다. 보통 EPUB라 하면 ePUB2.0을 가리키며, 본 매뉴얼에서는 ePUB2.0을 기준으로 설명한다.

EPUB	PDF
글이 위주인 책	그림이나 사진이 위주인 책
소설, 에세이 같은 문학서	요리책, 여행서 같은 실용서
자기 계발서, 경제 경영서	잡지
아동서	만화책

* EPUB3.0 : 어학, 아동 분야가 많다.

제5부 제작의 기초

2) 전자책의 구성

전자책 시장에서 가장 널리 사용되는 EPUB는 HTML, CSS를 통해 구현되며, Text, Styles, Images, Fonts 등의 폴더로 구성된다. EPUB 제작을 위해 일반적으로 SIGIL이라는 무료 프로그램이 사용된다. SIGIL을 사용하여 제작한 전자책의 세부 구성을 살펴보기로 한다. EPUB 파일을 열면, 아래 그림과 같이 좌측 책 찾아보기(Book Browser)에 여러 폴더가 보이는데, 이는 Text, Styles, Images, Fonts 등을 중심으로 구성된다.

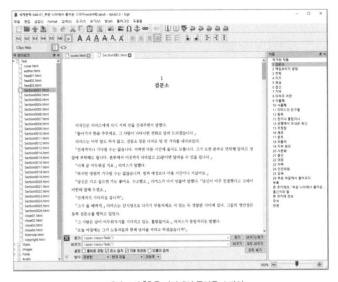

예시 도서 『추운 나라에서 돌아온 스파이』

예시 도서 『장미의 이름』(상)

① Text

HTML 파일이 있는 폴더이며 콘텐츠 분류에 따라 알기 쉽게 영문으로 표시하는데, 열린책들에서는 아래와 같은 명칭을 사용하고 있다.

- 표지 제목 – cover.html
- 작가 소개 – author.html
- 약표제, 표제, 저자의 말, 서문, 영문 저작권 표시 등 – head.html
- 속표제 – p01.html, p02.html, p03.html……
- 본문 – Section0001.html, Section0002.html, Section0003.html……
- 부록, 색인 등 – close.html
- 주석 – footnote.html
- 간기면 – copyright.html

② Styles

CSS 파일 폴더이다. CSS는 Cascading Style Sheets의 약자로, 웹 문서의 전반적인 스타일을 미리 저장해 둔 파일이다. CSS 파일에서는 폰트나 그 크기, 색, 간격 등 해당 전자책에 공통으로 적용될 요소를 지정하게 되며, TEXT 폴더 안의 각 HTML 파일에서 CSS 파일에 지정된 형식을 불러와서 적용시킨다.

CSS 파일에서는 폰트, 이미지, 표 설정, 컬러, 위치 등 다양한 설정 및 레이아웃을 만들 수 있으므로 도서의 특성에 따라 수정하여 사용한다. 일반적으로 자주 사용하는 설정의 경우 바로 HTML 언어로 작성하기보다는 CSS에서 설정하고 HTML에서 불러오는 것이 편리하다.

③ Images

책에 들어가는 이미지 파일을 모두 모아 두는 곳이다. 표지와 본문에 들어가는 이미지이며, HTML 파일에서 각 이미지의 위치를 불러와 구현하게 된다. CMYK(출력용)가 아닌 RGB(웹용) 이미지를 준비하며, 이미지당 용량은 이미지의 해상도에 따라 유동적으로 수정한다. 이미지 용량이 클 경우 전자책 파일 용량도 늘어난다. 전자책 파일의 크기가 너무 큰 경우 기기 및 뷰어에 따라 오류가 생기거나 페이지 구동에 시간이 오래 걸려 불편할 수 있다. 유통사마다 EPUB 파일의 용량 제한이 다르므로 제작하기 전에 미리 확인해야 한다. 이미지의 포맷은 JPG와 PNG로 하며 움직이는 GIF 이미지는 사용하지 않는 것이 좋다. 일부 OS 및 뷰어에서 작동하지 않기 때문이다.

④ Fonts

전자책에서 사용할 폰트 파일(확장자 ttf)을 준비한다. 전자책 폰트는 공중
송신에 문제가 없는 폰트를 사용한다. 2011년 12월 출판인 회의에서 전
자 출판 전용 서체인 〈KoPub 서체〉를 개발하여 배포하였으며 상업용으
로도 무료로 사용할 수 있다. 열린책들에서는 2021년부터 KoPubWorld
체를 사용하며, 본문 폰트는 KoPubWorldBatangLight.ttf를 기본으로 하
고 있다.

3) 전자책 유통 전 제작 과정
① 제작 준비 단계

- 배타적 발행권 계약 확인: 저자(번역자)와의 전자책 계약 여부를 확인
  한다. 국내서 전자책 인세 계약은 10~50퍼센트로 다양하며, 외서의 경
  우 보통 25퍼센트로 설정된다. 표지 이미지, 본문 사진, 일러스트 등 삽
  입 자료에 대해 전자책 사용이 가능한 전송권을 확보했는지 확인한다.
- 서체 라이선스 확인: 서체 사용 시 전자책 발행에 대한 권한을 가지는지
  확인한다.
- 도서 데이터 및 ISBN 준비: 종이책 최종 데이터를 준비한다(본문/표지
  원본 데이터-인디자인 또는 쿼크, 최종 PDF, 도서 내 삽입 이미지, 표
  지 이미지, 서지 정보 등).
  전자책에 필요한 서지 정보에는 종이책 간기면 정보(종이책 ISBN, 발
  행일, 저자 약력, 옮긴이 약력 등)와 전자책 ISBN 및 전자책 부가 기호,
  전자책 발행일, 전자책 가격이 있다. 전자책 ISBN 발급을 통해 해당 정
  보를 준비한다. 전자책 ISBN 발급은 종이책과 같이 ISBN·ISSN·납본
  시스템(https://www.nl.go.kr/seoji/)에서 신청한다.

② 전자책 제작하기

처음 전자책을 제작하거나 HTML 언어에 익숙하지 않은 경우, 기존 전자
책의 스타일(.css)를 응용하여 전자책 제작을 해볼 수 있다.
전자책 제작 시 종이책을 어떻게 전자책으로 구현할 것인지 설계해야 한
다(레이아웃, CSS 설계 등). 기본적으로 종이책 스타일이 지닌 특징을 살
리는 방향으로 진행한다. 특히 저작권 확보 여부에 따라 서체 교체, 이미
지 교체(생략) 및 위치 이동 등 작업이 이뤄져야 한다. SIGIL에서 Book
view와 Code View를 사용하여 적용된 코드가 올바르게 구현되는지를
확인하면서 제작하는 것이 좋다. Book View를 선택하면 구현된 화면을
볼 수 있고, Code View에서는 HTML 언어를 수정할 수 있다.

Book View 화면

Code View 화면

→ 열린책들 전자책 제작 프로세스

다음의 순서는 제작자 편의성 및 도서 특성에 따라 달라지기도 한다.

① SIGIL을 실행한다.

② Styles 폴더에 CSS 파일을 넣어 주거나, 기존 CSS 파일을 수정하여 도서에 맞게 적용한다.

③ Fonts 폴더에 폰트를 넣어 준다.

〈2024년 기준 열린책들에서 사용 중인 KoPub 폰트〉

KoPubWorldBatangBold.ttf

KoPubWorldBatangLight.ttf

KoPubWorldBatangMediumttf

KoPubWorldDotumBold.ttf

KoPubWorldDotumLight.ttf

KoPubWorldDotumMedium.ttf

④ Images 폴더에 표지 및 도서 내 삽입 이미지를 넣어 준다.

⑤ 종이책 최종 데이터의 인디자인 파일을 연다.

⑥ 파일-내보내기를 통하여 인디자인 파일을 HTML 파일로 변환/저장한다.

⑦ EDIT PLUS 등의 HTML 편집 프로그램으로 HTML 파일을 열어 본문을 로드한다.

⑧ SIGIL을 실행하고, HTML 편집 프로그램으로 본문을 복사하여 SIGIL의 HTML 파일에 섹션별로 나누어 붙인다.

⑨ SIGIL에서 필요 없는 코드들을 정리한다.

⑩ 종이책 본문 혹은 종이책 최종 본문 PDF와 비교하여 HTML 파일의 본문을 종이책에 가깝도록 레이아웃, 문단, 폰트 등을 잡아 준다.

⑪ 이미지와 주석 등 수동 작업으로 다루어야 하는 부분들을 처리한다.

⑫ 전자책의 메타데이터가 올바른지 확인한다.

⑬ 간기면에 전자책 발간일, 전자책 ISBN, 전자책 정가를 빠짐없이 기재한다.

4) 검수하기

전자책 검수 시 사용할 수 있는 서점 뷰어 및 단말기는 아래와 같다. 최소한 2개 이상의 뷰어를 통해 검수를 진행하는 것을 추천한다. 또한 모바일과 PC에서 다른 오류가 나타날 수 있으므로 각 환경에서 검수하는 것이 좋다.

- 스마트폰(서점사 앱): 리디북스, 예스24 eBook, 알라딘 eBook, 교보 eBook 등
- 전자책 단말기: Sam(교보문고), 크레마(예스24, 알라딘), 리디페이퍼(리디북스), 킨들(아마존) 등
- 태블릿: 아이패드, 갤럭시탭 등

전자책 제작

① 담당자는 레이아웃, 이미지, 장별 스타일, 서체 등이 의도대로 올바르게 구현되었는지 처음부터 마지막 페이지까지 확인한다.

② 개별 서체를 통해서만 볼 수 있는 특수 문자는 더 신경 써서 확인한다.

③ 차례 구성이 올바른지 확인한다.

④ 주석 링크, 인터넷 연결 등 링크가 적용된 부분들이 잘 구동하는지 테스트한다.

⑤ 간기면에 기재되어 있는 서지 정보가 올바른지 확인한다.

⑥ 뷰어에서 검색, 주석 팝업 등의 기능이 올바르게 작동하는지 확인한다.

⑦ 오류 검사 프로그램 pagina EPUB Checker에서 EPUB 파일을 불러와서 오류 검사를 한다.

pagina EPUB Checker 오류 검사 시 오류가 없이 정상적인 경우의 화면.
오류가 발생하면 해당 위치를 알려 준다.

⑧ PDF 전자책의 경우 반드시 RGB이어야 한다. Adobe PDF 프로그램 기준으로 도구-인쇄물 제작-색상 변환-변환 프로 파일에서 sRGB를 선택해서 적용한 후 파일을 저장한다.

부록 1

간기면 구성

1 간기면의 정의

간기면은 영어로는 imprint page 또는 copyright page라고 하는데, 이곳에 책과 관련된 모든 서지 사항을 기재한다. 도서명, 총서명, 부제, 지은이, 옮긴이, 발행인, 발행 출판사의 소재지, 출판사 등록 번호와 등록 일자, 판쇄 표시, 정가, ISBN 등이 포함된다.

2 기재 사항

간행물의 필수 기재 사항은 출판문화 산업 진흥법 제2조 3항과 동법 시행령 제3조에 나타나 있다.

1) 저자 및 역자

저자는 저작물을 창작한 사람으로, 〈저작물의 공표 매체에 그의 실명 또는 이명을 표시할 권리를 가지며〉(저작권법 제12조 1항), 〈배타적 발행권자는 저작 재산권자의 표지(標識)를 출판물에 하여야 한다〉(저작권법 제58조 3항, 시행령 제38조). 또 세계 저작권 협약상의 권리를 저작권자가 받고자 할 때에는 (C)나 ⓒ 기호로 표시하여야 한다. 저자나 역자는 가능하면 자세하게 소개한다. 지나친 미사여구를 사용해서 과장하는 느낌을 주지 말고 객관적인 사실에 기초하여 간결하게 정리하는 것이 좋다.

2) 저서명, 총서명, 부제

저자, 역자 표시와 더불어 반드시 기재해야 한다.

3) 발행 연월일

세계 저작권 협약에서는 〈발행〉을 〈저작물을 읽거나 시각에 의하여 인식할 수 있게 유형적으로 복제하고 이를 공중에게 제공하는 것〉이라고 정의한다. 따라서 발행일은 해당 저작물이 실제로 공중에게 제공된 실질적인 배포일이다. 발행일을 결정할 때는 배포 일정을 고려해 예상 제작 완료일로부터 일주일 정도 늦춰 잡는 것이 좋다. 동양권(한국, 일본, 중국 등)과

달리 서양에서는 대개 발행 연도만 표기한다. 발행 연월일은 때로 지적 재산권의 유효 시점이 되기도 한다.

4) 판쇄 표시

출판물의 판쇄는 책의 이력서와 같다. 과거에는 판edition과 쇄print 표시를 명확히 구분하지 않았다. 요즈음의 출판물에는 거의 판쇄 표시를 구분해서 하는 편이나 아직도 판본 표시를 부정확하게 쓰는 경우가 많다. 판(版)은 인쇄된 저작물의 결정체를 가리킨다. 쇄(刷)는 글자 그대로 같은 저작물을 인쇄한 횟수를 나타낸다. 흔히 〈재판을 찍는다〉는 말을 많이 쓰는데, 단순한 오탈자 수정만 해서 다시 찍는 경우〈재쇄를 찍는다〉고 해야 옳다. 독일 출판물에서는 인쇄 부수를 함께 병기하기도 한다. 판을 좀 더 세분하면 다음과 같다.

- 초판first edition 처음 제작된 판본.
- 개정판revised edition 초판의 내용 일부를 바꾼 판본.
- 증보판enlarged edition 초판의 내용을 늘려서 보완한 판본.
- 신판new edition 내용의 증감 없이 초판의 판면을 새로 편집한 것.
- 이외에도 재판second edition, 제3판third edition…… 제15판15th edition 등으로 판본에 따라 표기를 명확히 해야 한다.

→ 표지, 가격, ISBN이 바뀌어도 내용에 변화가 없으면 다시 납본하지 않아도 되지만 개정판과 증보판은 내용에 변화가 있기 때문에 새로 납본해야 한다. 납본에 관련한 구체적인 사항은 423페이지를 참조한다.

5) 발행인

발행인은 저작물의 복제와 배포권을 가지는 배타적 발행권자/출판권자 (저작권법 제57조, 제63조)를 말하는데, 출판사 신고필증에 기재된 사람과 동일해야 한다.

6) 정가

책값은 내용이나 독자층에 따라 출판사에서 정하는데, 대개 시집은 얼마 정도, 소설은 얼마 정도 하는 식으로 출판계에서 통용되는 가격 선이 있다. 책값은 간기면보다 뒤표지에 표시하는 것이 책값 인상이나 표지 교체 시에 편리하다.

7) ISBN

ISBN은 국제 표준 도서 번호이며, 영국에서 개발되어 1967년부터 사용되었다(1971년 ISO 공식 제도로 채택).

ISBN은 간기면에는 물론 뒤표지에도 바코드와 함께 표시해야 하는데, 규정상 뒤표지의 아래쪽에서 1cm 이상, 책등에서 1cm 이상 공간을 두고 (±2mm) 표시하게 되어 있다. 바코드는 컴퓨터의 바코드 생성 프로그램에서 번호만 입력하면 만들어진다.

8) CIP

CIP 관리 번호는 출판 시 도서 목록 번호로, ISBN과 함께 국립 중앙 도서관에서 번호를 부여받아 간기면에 기재해 왔다. 그러나 CIP 도입 후 20여 년이 흐른 시점에 전문가 자문 및 관련 기관 의견 수렴 후 2020년 12월 31일 자로 CIP 폐지를 결정했다. 이제 서지 정보를 통한 신간 도서 홍보는 ISBN 도서 정보를 통해서만 할 수 있다. 단, 2020년 12월 31일 이전 발급받은 CIP 정정 신청은 계속해서 가능하다(seoji.nl.go.kr, 전화 02-590-0700).

9) 저작권 표시

저작권 표시는 표제지의 뒷면(4페이지)이나 본문이 끝난 제일 마지막 홀수 페이지의 간기면에 표시하게 되어 있는데, 국내 저작물의 경우는 (C) 기호 다음에 저작자 이름과 초판 발행 연도를 기재한다.

번역물의 경우는 표시 사항이 계약서에 명시되어 있으므로 반드시 계약서를 확인하고 표시해야 한다. 간기면을 책의 본문 뒤에 두는 경우라도 로마자 저작권 표시는 표제지 뒷면에 하는 것이 일반적이다.

③ 열린책들 간기면의 구성 용례

1) 한글 간기면

열린책들 세계문학 288 아내·세 자매

옮긴이 오종우 1965년 서울에서 태어나 고려대학교 노어노문학과를 졸업하고 동 대학교 대학원에서 체호프 연구로 석사와 박사 학위를 받았으며 모스크바 국립 대학교에서 수학했다. 현재 성균관대학교 러시아어문학과 교수로 재직 중이다. 지은 책으로 『예술적 상상력』, 『무엇이 인간인가』, 『예술 수업』, 『체호프의 코미디와 진실』과 『대지의 숨 — 러시아의 숨표들』 등이 있고, 옮긴 책으로 안톤 체호프의 『벚꽃 동산』, 『개를 데리고 다니는 부인』을 비롯해 『러시아 희곡』(공역), 『영화의 형식과 기호』 등이 있으며, 문학과 예술에 관한 다수의 논문을 발표하였다.

지은이 안톤 체호프 **옮긴이** 오종우 **발행인** 홍예빈·홍유진
발행처 주식회사 열린책들 **주소** 경기도 파주시 문발로 253 파주출판도시
전화 031-955-4000 **팩스** 031-955-4004 **홈페이지** www.openbooks.co.kr
Copyright (C) 주식회사 열린책들, 2024, *Printed in Korea.*
ISBN 978-89-329-1288-2 04890 **ISBN** 978-89-329-1499-2 (세트)
발행일 2024년 2월 20일 세계문학판 1쇄

→ 한국어 저작권 표기

   (C) 저작권자명, 2024, *Printed in Korea.*

간기면 구성

옮긴이 **임호경** 1961년에 태어나 서울대학교 불어교육과를 졸업했다. 파리 제8대학에서 문학 박사 학위를 취득했으며, 현재 전문 번역가로 활동하고 있다. 옮긴 책으로는 피에르 르메트르의 『오르부아르』, 『사흘 그리고 한 인생』, 『화재의 색』, 『우리 슬픔의 거울』, 에마뉘엘 카레르의 『왕국』, 『러시아 소설』, 『요가』, 요나스 요나손의 『킬러 안데르스와 그의 친구 둘』, 『셈을 할 줄 아는 까막눈이 여자』, 『창문 넘어 도망친 100세 노인』, 베르나르 베르베르의 『신』(공역), 『카산드라의 거울』, 조르주 심농의 『리버티 바』, 『센 강의 춤집에서』, 『누런 개』, 『갈레 씨, 홀로 죽다』, 앙투안 갈랑의 『천일야화』, 로런스 베누티의 『번역의 윤리』, 스티그 라르손의 〈밀레니엄 시리즈〉, 파울로 코엘료의 『승자는 혼자다』, 기욤 뮈소의 『7년 후』 등이 있다.

대단한 세상

발행일 2024년 3월 20일 초판 1쇄

지은이 피에르 르메트르
옮긴이 임호경
발행인 홍예빈 · 홍유진
발행처 주식회사 열린책들

경기도 파주시 문발로 253 파주출판도시
전화 031-955-4000 팩스 031-955-4004
www.openbooks.co.kr

2) 로마자 저작권 표시

로마자 저작권은 4페이지에 출간 계약서 사항대로 적으며, 중개 에이전시명은 생략할 수도 있다. 에이전시의 중개 사항을 간기면에 표시하는 나라는 일본과 우리나라뿐이다. 계약서에 명시되어 있지 않는 한 표시하지 않는 것을 원칙으로 한다. 이때 저서명과 지은이는 대문자로 표시한다.

→ 문장에는 마침표를 찍는 것에 주의! 문장에서 첫 자는 대문자로(고유 명사도 첫 자는 대문자) 쓴다.

- 에이전시를 표시하지 않은 경우

『샴페인 친구』

PÉTRONILLE by AMÉLIE NOTHOMB

Copyright (C) Éditions Albin Michel – Paris 2014
Korean Translation Copyright (C) The Open Books Co. 2016
Cover Photograph Copyright (C) Renaud Monfourny
All rights reserved.

- 에이전시를 표시한 경우

『호밀빵 햄 샌드위치』

HAM ON RYE by CHARLES BUKOWSKI

Copyright (C) 1982 by Charles Bukowski
Korean Translation Copyright (C) 2016 by The Open Books Co.
All rights reserved.

Published by arrangement with HarperCollins Publishers
through EYA (Eric Yang Agency).

3) 한글 간기면과 로마자 저작권이 함께 표시된 경우

4페이지에 그림이 들어가는 등 로마자 저작권을 표시할 공간이 없는 부득이한 경우에는 한국어 저작권과 같이 표시한다.

파리 스케치 **글·그림** 장자크 상페 **발행인** 홍예빈·홍유진 **발행처** 주식회사 열린책들 **주소** 경기도 파주시 문발로 253 파주출판도시 **대표 전화** (031) 955-4000 **팩스** (031) 955-4004 **홈페이지** www.openbooks.co.kr Copyright (C) 주식회사 열린책들, 2004, *Printed in Korea.* ISBN 978-89-329-1894-5 03860 **발행일** 2004년 6월 1일 초판 1쇄 2009년 12월 20일 초판 3쇄 2005년 6월 10일 2판 1쇄 2018년 7월 15일 신판 1쇄

UN PEU DE PARIS by JEAN- JACQUES SEMPÉ
Copyright (C) Sempé, éditions Gallimard, 2001
Korean Translation Copyright (C) The Open Books Co., 2004, 2018

간기면 구성

저작권 계약

1 역사

세계 최초의 저작권법은 1710년 영국 앤 여왕법이다. 우리나라는 1908년 당시의 일본 저작권법을 도입하였다가, 1957년 새 법이 제정되었고, 1987년 전면 개정이 된 이래로 1996년, 2006년과 2009년에 다시 개정되었다.

한-EU 자유 무역 협정FTA에 따른 저작권법 개정안이 2011년 6월 23일 국회 본회의에서 의결되었고, 이와 관련한 저작권법 시행령의 개정령과 함께 6월 30일 공포되어 2011년 7월 1일부터 시행되었다.

또한 2008년 발의한 한-미 자유 무역 협정FTA의 국내 이행을 위한 저작권법 개정안이 2011년 11월 22일 국회를 통과하여 2011년 12월 2일 공포되었다. 이 법률은 2012년 3월 15일 한-미 FTA 발효와 동시에 시행되고 있다.

저작권법은 저작권법(법률)과 저작권법 시행령(대통령령), 저작권법 시행 규칙(문화 체육 관광부)을 두어 시행하고 있다.

2 국내 저작권 환경

우리나라는 1987년 세계 저작권 협약UCC에 가입하였고, 1995년에는 WTO 지적 소유권 협정TRIPs에 가입하여 베른 협약 준수가 의무화되었으며, 이에 따라 1996년 8월 21일에 베른 협약이 발효되었다. 우리나라는 저작물의 보호 기간을 저작자의 사후 50년간으로 하는 저작권법을 1995년 12월 6일 새로 개정하여 1996년 7월 1일부터 이 협약에 따랐다. 하지만 2007년 4월 한-미 FTA가 타결되고, 그에 따라 정부가 2008년도에 저작물의 보호 기간을 저작자 사후 70년간으로 하는 국내 저작권법 개정안을 국회에 발의하였다. 2011년 11월 22일 발의안이 국회를 통과하여 한-미 FTA 발효일부터 시행되었다. 이에 앞서 2010년 10월 28일 제출한 저작권법 개정안이 한-EU FTA 발효에 따라 2011년 7월 1일부터 시행되었다. 이 법률은 저작권의 보호 기간을 저작자 사후 70년간으로 하는 개정안을 포함하고 있으며, 이 조항에 한해 2년간의 유예 기간을 두어 2013년 7월 1일부터 시행할 것을 규정하고 있다.

1) 세계 저작권 협약Universal Copyright Convention

유네스코가 1952년 제네바에서 채택한 저작권 보호 협약으로 우리나라에는 1987년 10월 1일에 발효되었다. 이 협약은 불소급의 원칙으로 우리나라는 1987년 10월 1일 이후에 공표된 외국인의 저작물만을 보호하게 된다.

2) 베른 협약Berne Convention

1886년 스위스의 베른에서 체결한 저작권 보호 협약이다. 현재 국제 표준으로 여겨지고 있으며, 우리나라는 1995년 WTO 지적 소유권 협정 가입으로 1996년 8월 21일부터 발효되었다. 주요 특징으로는 저작물의 보호 기간이 저작자의 사후 50년이라는 것과 저작권을 소급하여 적용한다는 것이다. 이 소급 적용 원칙에 따라 국내에서는 회복 저작물의 문제가 발생하게 된다.

3) 한-EU 자유 무역 협정FTA

FTA는 나라와 나라 사이의 제반 무역 장벽을 완화하거나 철폐하여 무역 자유화를 실현하기 위한 특혜 무역 협정으로, 한국과 유럽 연합은 2010년 10월 FTA를 체결하고 2011년 7월 이를 발효하였다. 이에 따라 저작권 보호 기간이 기존 베른 협약에 따른 저자 사후 50년에서 70년으로 연장되는 등 지적 재산권 보호가 강화되었다.

4) 한-미 자유 무역 협정FTA

한국과 미국은 2007년 4월 한-미 FTA를 체결하였고, 2011년 12월 공포를 거쳐 2012년 3월 15일 발효되었다. 이 협정은 저작 인접권(방송 제외)의 보호 기간을 50년에서 70년으로 연장하고, 1987년 7월 1일부터 1994년 6월 30일 사이에 발생한 저작 인접권의 보호 기간을 발생한 때의 다음 해부터 기산하여 50년간 존속하도록 하는 방안을 포함하고 있다.

저작물의 보호 기간(현행 저작권법)

① 저작자의 사망 후 70년.
② 공동 저작물의 경우 맨 마지막으로 사망한 저작자의 사후 70년.
③ 무명 또는 이명이 표시된 저작물은 공표된 때부터 70년(이 기간 내에 저작자 사후 70년이 경과하였다고 인정되면 저작 재산권은 소멸됨).
→ 저작자가 사망하거나 저작물을 창작 또는 공표한 다음 해부터 기산.

저작권 제한

3 외국 저작물 계약

외국의 저작물을 출판하고자 할 때에는 저작권 표시에 기재되어 있는 초판 발행 연도를 우선 확인한 다음, 저자의 사망 연도를 조사하여 저작권 유효 여부를 면밀히 따져 보아야 한다. 대개의 경우 저작권 표시에 나와 있는 저작권자라 할지라도 저작권 관리는 에이전시에서 하는 경우가 많기 때문에 시간과 경비를 절감하기 위해서는 에이전시를 이용하는 것이 좋다.

에이전시는 통상 출판사(이용자)가 지불하는 금액의 10%를 수수료로 받는다. 다국적 작가들을 관리하는 국내 에이전시에서 외국 저작물의 계약을 중개하는 경우, 외국의 대형 에이전시들은 저자로부터 저작권 일체를 매절했을 경우는 대개 50%를, 저자로부터 관리만 위임받았을 경우는 통상 20%의 수수료를 받는다.

4 선불금

출판사가 계약 당시에 지불하는 계약금은 일종의 선불금advance으로, 출간 후 일정 기간(대개는 매년 말 기준) 책을 판매한 뒤 정산하는 초판 보장 금액인 셈이다. 따라서 선불금의 적정 수준은 실제로 판매할 수 있는 예상 부수와 정가, 그리고 로열티에 따라 산정한 뒤 결정해야 한다. 단, 특히 종이책과 전자책을 동시 계약한 경우 전자책의 선불금을 기존 선불금에서 차감하는지 혹은 별도로 지급해야 하는지 등 조항을 확인해 볼 필요가 있다.

5 로열티

통상적으로 로열티는 대개 6% 내외로 정해지나, 〈10,000부까지는 6%, 그 후부터 7%〉 식으로 판매 부수에 따라 단계적으로 적용되는 경우도 있다. 전자책의 경우 종이책과 달리 보통, 일반적으로 순수입 기준net receipts 25% 등으로 매겨진다(저작권자에 따라 이보다 적거나 많을 수도 있다).

6 계약 기간

계약 기간은 통상 계약일로부터 5년까지이며 일정 부수 이상 판매(보고)가 이루어지면 자동 연장이 되기도 하지만 대부분 재계약을 해야 한다. 출간 기한은 대개 계약 후 1년 6개월에서 2년이다. 이 또한 중요한 계약 조건 중 하나이므로 출간 시기가 불가피하게 연기될 때는 미리 서면으로 허락을 받아 두는 것이 좋다.

7 국내 계약의 형태

국내 저작권자와의 계약에는 일반적으로 〈출판권 설정 계약〉과 〈저작 재산권 양도 계약〉의 두 가지 형태가 있다. 〈출판권 설정 계약〉은 저작물의 출판권만을 행사할 수 있는 계약이며 〈저작 재산권 양도 계약〉은 저작 인격권을 제외한 저작자가 갖는 저작물에 대한 재산적 권리를 양도하는 계약이다.

→ 〈민사지방법원 제51부 1994. 6. 1. 판결, 94카합3724 가처분 이의〉에서 〈매절 계약은 그것이 일반적인 인세를 훨씬 초과하는 고액이라는 증거가 없는 한 이는 출판권 설정 계약 및 독점 출판 허락 계약으로 봄이 타당하다〉라는 판례가 있다. 원고를 매절했다고 하더라도 계약서를 작성하지 않았다면 이 계약을 〈저작 재산권 양도 계약〉으로 보는 것은 논란의 여지가 있으므로 〈출판권 설정 계약서〉가 아닌 〈저작 재산권 양도 계약서〉를 반드시 작성하는 것이 좋다.

최근에는 전자책과 오디오북 등 출판 형태가 다양화됨에 따라 〈전자 출판 배타적 발행권 설정 계약서〉를 추가하거나 저작물 이용 방법과 조건, 범위 등을 정하는 〈저작물 이용 계약서〉를 작성하고 있다.

8 예술 저작권

화집 등을 출간하고자 할 경우 예술 저작권과 사진 저작권을 동시에 획득해야 하는데, 번역서의 경우 도서의 저작권 계약에 모두 포함되기도 하지만 개별적으로 계약해야 하는 경우도 있다. 해설서나 비평서에서 순수하게 인용의 목적으로 그림을 이용할 경우 저작권 계약 없이도 이용이 가능하다.

예술 저작권은 기본적으로 1건을 쓸 때마다 저작권 사용료를 내게 되어 있는데, 표지에 쓰느냐 본문에 쓰느냐에 따라, 또 전면으로 쓰느냐 작은 크기로 쓰느냐에 따라 가격이 각기 다르다. 또한 예술 저작권은 소멸되었어도 사진 저작권은 살아 있는 경우도 있으니 주의한다.

표지의 날개에 넣거나 신문사 홍보용으로 사용할 저자의 사진은 오퍼를 할 때 함께 요청하는 것이 좋다. 대체로 저자의 사진은 파일이나 실제 사진으로 별도의 사용료 없이 제공해 주나, 저작권자에 따라서 사용료를 요구할 수도 있다. 주로 에이전시를 통해 저자의 사진을 제공받거나 구입할 수 있지만, 좀 더 다양한 사진 데이터를 원한다면 전문 포토 에이전시의 도움을 받으면 된다. 한국에서 직접 이용할 수 있는 대표적 포토 에이전시와 예술 저작권 에이전시에는 다음과 같은 곳들이 있다.

게티이미지코리아 www.gettyimageskorea.com
픽스타 kr.pixtastock.com
한국미술저작권관리협회 www.sack.or.kr

9 공유 저작물

공유 저작물은 저작권자가 저작권을 포기하거나 저작 재산권 보호 기한이 만료되어 모두에게 공개된 저작물을 의미한다. 저작자가 사망한 후 70년이 지나 저작 재산권 보호 기한이 만료된 저작물, 저작권자가 국가에 저작 재산권을 기증한 저작물, 저작권자가 일정한 조건을 걸고 일반 사용자에게 저작물을 사용할 수 있도록 한 자유 이용 허락 표시 저작물, 국가나 공공 기관에서 저작 재산권의 전부나 일부를 보유하여 국민이 이용할 수 있도록 한 공공 저작물 등을 포함한다.

1) 만료 저작물

저작자가 사망한 후 70년이 지나 지적 재산권이 만료된 저작물은 별도의 이용 허락이나 승인 절차 없이 자유롭게 이용 가능하다. 개인이 아니라 법인, 단체, 기관 등이 창작자가 되는 단체명의 저작물 역시 공표한 때로부터 70년간 보호된다. 외국인의 저작물도 국내에서 보호될 때는 내국민 대우의 원칙에 따라 국내 저작물과 마찬가지로 사후 70년간 보호된다. 다만 저작물의 본국에서 보호 기간이 만료된 경우에는 우리나라 저작권법에서 정한 보호 기간이 만료되지 않았더라도 국내에서 보호가 종료된다(베른 협약 제7조 제8항).

2) 기증 저작물

어문, 음악, 미술, 사진, 건축, 영상, 도형, 컴퓨터 프로그램 등 저작권법상 저작물에 대한 저작 재산권은 물론, 저작 활동에 참여한 저작 인접권까지 기증이 가능하다. 기증이 이루어지면 저작물에 대한 저작 재산권은 국가에 귀속되며, 국민들이 자유롭게 이용할 수 있다. 기증자가 기증 권리 범위를 정한 저작물은 한국 저작권 위원회에 승인을 받은 후 이용이 가능하다. 기증 후에 재산 상태가 현저하게 저하되고 생계에 중대한 영향이 발생한 경우에는 저작자가 기증 권리의 반환을 요청할 수 있다. 기증 저작물에 대한 정보와 이용 현황은 한국 저작권 위원회(www.copyright.or.kr)를 통하여 확인할 수 있다.

3) 자유 이용 허락 표시 저작물

자유 이용 허락 표시(CCL: Creative Commons License)는 저작권자가 저작물의 사용 조건을 미리 제시한 표준 약관이다. 〈저작권 정보 표시〉, 〈비영리〉, 〈변경 금지〉, 〈동일 조건 변경 허락〉의 네 가지 기본 원칙 가운데 두세 가지 원칙을 조합한 여섯 가지 유형의 이용 허락 조건으로 이루어진다. 독일, 미국, 이탈리아, 캐나다 등 70여 개 국가에서 사용되고 있다.

• 자유 이용 허락 기본 원칙

Attribution (저작권 정보 표시)
저작물, 저작자명, 출처, CCL 조건을 반드시 표시해야 한다.

Noncommercial (비영리)
영리 목적으로 사용할 수 없으며, 영리 목적의 이용을 위해서는 저작권자와 별도의 계약이 필요하다.

No Derivative Works (변경 금지)
저작물을 변경하거나 저작물을 이용하여 새롭게(2차적 저작물*) 제작하는 것을 금지한다.

Share Alike (동일 조건 변경 허락)
저작물을 이용하여 새롭게 저작물(2차적 저작물)을 제작하는 것은 허용하되, 새로운 저작물에 원저작물과 동일한 라이선스를 적용해야 한다.

• 자유 이용 허락 조건

라이선스	이용 조건	문자 표기
	저작권 정보 표시 저작물, 저작자명, 출처, CCL 조건만 표시하면 제한 없이 자유롭게 이용할 수 있다.	CC BY
	저작권 정보 표시−비영리 저작물, 저작자명, 출처, CCL 조건을 표시하면 자유롭게 이용할 수 있지만, 상업적으로는 이용할 수 없다. 상업적 이용을 원하면 저작권자와 별도의 계약이 필요하다.	CC BY NC
	저작권 정보 표시−변경 금지 저작물, 저작자명, 출처, CCL 조건을 표시하면 자유롭게 이용할 수 있다. 단, 저작물을 변경하거나 이용하여 새롭게(2차적 저작물) 제작하는 것을 금지한다.	CC BY ND
	저작권 정보 표시−동일 조건 변경 허락 저작물, 저작자명, 출처, CCL 조건을 표시하면 자유롭게 이용할 수 있다. 단, 저작물을 이용하여 새롭게 저작물(2차적 저작물)을 제작하는 것은 허용하되, 새로운 저작물에 원저작물과 동일한 라이선스를 적용해야 한다.	CC BY SA

저작권 계약

저작권 정보 표시–비영리–동일 조건 변경 허락　CC BY NC SA

저작물, 저작자명, 출처, CCL 조건을 표시하면
자유롭게 이용할 수 있지만, 상업적으로는 이용
할 수 없다.

상업적 이용을 원하면 저작권자와 별도의 계약
이 필요하다.

또한, 저작물을 이용하여 새롭게 저작물(2차적
저작물)을 제작하는 것은 허용하되, 새로운 저
작물에 원저작물과 동일한 라이선스를 적용해
야 한다.

 저작권 정보 표시–비영리–변경 금지　　CC BY NC ND

저작물, 저작자명, 출처, CCL 조건을 표시하면
자유롭게 이용할 수 있지만, 상업적으로는 이용
할 수 없다.

상업적 이용을 원하면 저작권자와 별도의 계약
이 필요하다.

또한, 저작물을 변경하거나 이용하여 새롭게(2차
적 저작물) 제작하는 것을 금지한다.

* 번역, 편곡, 변형, 각색, 영상 제작 등

4) 공공 저작물

국가, 지방 자치 단체, 공공 기관이 업무상 작성해 공표했거나 저작 재산
권을 보유한 저작물이다. 공공 저작물의 이용을 활성화하고 이용 허락 절
차를 간소화하기 위하여 도입된 〈공공 저작물 자유 이용 허락〉 라이선스
인 공공누리(KOGL: Korea Open Government License) 유형에 따라 사
용할 수 있다. 공공누리는 네 가지 유형으로 나뉜다. 제1유형은 출처 표시
하에 상업적·비상업적 이용과 2차적 저작물 작성이 가능하다. 제2유형은
제1유형에 상업적 이용 금지가 추가된 것이다. 제3유형은 제1유형에 2차
적 저작물 작성이 금지된 것, 제4유형은 제3유형에 상업적 이용이 추가적
으로 금지된 것이다.

• 공유 저작물 이용 사이트

1. 구텐베르크 프로젝트 www.gutenberg.org

1971년 인류의 지적 자산을 세계인과 나누겠다는 취지로 시작된 〈구텐베
르크 프로젝트〉의 웹사이트. 인터넷에 전자화된 문서를 저장해 놓고 누구
나 무료로 내려받아 읽을 수 있는 가상 도서관이다. 고전 문학 작품 외에 요
리책, 사전류, 정기 간행물 등이 포함되어 있다.

2. 아오조라 문고 www.aozora.gr.jp

〈일본어판 구텐베르크 프로젝트〉로 불리는 인터넷 전자 도서관. 저작권이

만료된 작품을 전자 문서화하여 공개하고 있다. 메이지 시대부터 쇼와 시대 초기까지 일본의 문학 작품과 해외 문학의 일본어 번역 작품을 자유롭게 읽을 수 있다.

3. 유로피아나 www.europeana.eu

유럽 연합의 저작물을 무료로 제공하는 웹사이트. 유럽 연합의 1천5백여 개 도서관, 박물관, 미술관, 기록관의 콘텐츠를 모아 두었다. 사진, 그림, 도서, 신문, 음악, 영화 등 다양한 형태의 기록물을 디지털로 전환해 유럽 연합의 21개 공식 언어로 제공한다.

4 공유마당 gongu.copyright.or.kr

국내의 만료 저작물뿐만 아니라 사회적 보존 가치가 높은 기증 저작물과 공공 저작물이 제공된다. 〈유로피아나〉와 협약을 맺어 해외의 만료 저작물도 찾아볼 수 있다.

5. 공공누리 www.kogl.or.kr

국가, 지방 자치 단체, 공공 기관이 네 가지 공공누리 유형 마크를 통해 개방한 공공 저작물 정보를 통합 제공하는 서비스. 저작물별로 적용된 이용 조건에 따라 저작권 침해의 부담 없이 자유롭게 이용 가능하다.

6. 한국고전번역원 www.itkc.or.kr

한국고전종합DB를 통해 『조선왕조실록』, 『승정원일기』, 한국 문집 총간, 고전 원문과 한문 고전 자동 번역 등을 제공하고 있다. 자료를 전자책 형태로도 열람할 수 있다.

7. 위키미디어 공용 commons.wikimedia.org

이미지, 동영상, 문서 등 멀티미디어 파일의 저장소. 자유 이용 허락 표시 라이선스, 공공누리 라이선스, 사용 제약이 없는 퍼블릭 도메인 등 공유 저작물이 등록되어 있다. 상업적 이용인 경우에는 콘텐츠의 사용 범위를 확인해야 한다.

• 공정 이용

공정 이용은 저작권법에 명시된 바에 따라 저작자의 허가를 구하지 않고 제한적으로 저작물을 이용할 수 있도록 허용하는 경우를 의미한다. 일반적으로 재판, 입법·행정을 위한 연구, 교육, 학술 연구 등의 목적으로 저작권자의 이익을 부당하게 침해하지 않는 범위 내에서 저작물을 복제 사용하거나, 시사 보도나 방송, 논평 등의 목적으로 인용하는 것을 공정 이용으로 규정한다.

저작권법 제35조의 5 (저작물의 공정한 이용)

① 제23조부터 제35조의 4까지, 제101조의 3부터 제101조의 5까지의 경우 외에 저작물의 일반적인 이용 방법과 충돌하지 아니하고 저작자의

정당한 이익을 부당하게 해치지 아니하는 경우에는 저작물을 이용할 수 있다.

② 저작물 이용 행위가 제1항에 해당하는지를 판단할 때는 〈다음 각호의 사항 등을 고려하여야 한다〉라고 규정한다.

1. 이용의 목적 및 성격
2. 저작물의 종류 및 용도
3. 이용된 부분이 저작물 전체에서 차지하는 비중과 그 중요성
4. 저작물의 이용이 그 저작물의 현재 시장 또는 가치나 잠재적인 시장 또는 가치에 미치는 영향

저작권법 제28조(공표된 저작물의 인용)에 〈공표된 저작물은 보도, 비평, 교육, 연구 등을 위하여는 정당한 범위 안에서 공정한 관행에 합치되게 이를 인용할 수 있다〉라고 규정되어 있다. 영리 목적의 이용인 경우에도 공정 이용으로 인정될 여지는 있지만, 비영리적 목적의 이용에 비하여 허용 범위가 좁아지게 된다.

→ 〈대법원 1997. 11. 25. 선고 97도2227 판결〉에 대학 입학 본고사 시험 문제가 저작권법상 보호되는 저작물에 해당된다는 판례가 있다. 문제의 질문을 표현한 방식이나 제시된 여러 답안의 표현에 최소한도의 창작성이 인정된다면, 이를 저작권법에 의해 보호되는 저작물로 보는 데에 지장이 없다는 것이다. 그러면서 〈반드시 비영리적인 이용이어야만 교육을 위한 것으로 인정될 수 있는 것은 아니라 할 것이지만, 영리적인 교육 목적을 위한 이용은 비영리적인 교육 목적을 위한 이용의 경우에 비하여 자유 이용이 허용되는 범위가 상당히 좁아진다〉라고 판시했다. 공정 이용의 판단은 최종적으로 영리성 여부와 법원의 판례에 영향을 받을 수 있으니 신중하게 고려해야 한다.

⑩ 회복 저작물

회복 저작물은 개정된 저작권법 시행 전에 출판된 저작물을 의미하며, 베른 협약에 따라 1996년 개정된 국내 저작권법의 부칙 4조에 처음으로 범위를 규정하기 위해서 도입되었다. 국내 저작권법이 저작물의 보호 기간을 저작자의 사후 50년으로 소급 적용하면서, 국내에 생기는 충격을 완화하기 위하여 부칙 3조에서 저작자가 1957년 이후에 사망했거나 아직 생존한 저작자의 저작물로 범위를 제한하였으며, 부칙 4조에서는 회복 저작물의 경과 조치를 두게 된다.

1) 회복 저작물의 주요 경과 조치(1996년 개정된 국내 저작권법 개정의 부칙 3, 4조)
• 〈회복 저작물〉이란 대한민국이 가입 또는 체결한 조약에 의하여 새로이 보호되는 저작물로서 이 법 시행 전에 공표된 것을 의미한다.
• 이 법 시행 전에 회복 저작물 등을 이용한 행위에 대해서는 일체의 책

임을 물을 수 없다. 이는 행위 책임 불소급의 원칙을 확인한 것이다. 따라서, 신뢰 당사자가 아니더라도 회복 저작물을 복제, 번역, 각색, 기타 이용한 행위도 이 법 시행일 전까지만 완료되면 침해 행위가 아니다.

• 1995년 1월 1일 이전에 회복 저작물 등을 번역, 각색, 영화화함으로써 작성된 2차적 저작물은 이 법의 시행 후에도 저작권자의 허락을 받지 않고도 복제, 배포, 공연, 상영 등의 방법을 통해 이용할 수 있으며, 저작권자는 2000년 1월 1일 이후의 이용에 대하여 상당한 보상을 청구할 수 있다. 기존에 출판 중인 것도 재인쇄하여 출판할 수 있다.

2) 회복 저작물에 대한 해석 ─ 저작권법 전문가 김기태 교수의 견해

① 원저작물이 1987년 10월 1일 이전에 공표된 것으로 1995년 1월 1일 이전에 번역이 완료된 경우(출판 또는 다른 형태로 번역이 완료되었다는 것을 증명하여야 함)에는 회복 저작물로 계속적인 이용이 가능하다. 단, 2000년 1월 1일부터 회복 저작물 이용에 대해서는 저작권자는 해당 출판사에 보상을 요구할 수 있다. 하지만 출간 정지나 판매 금지를 요청할 수는 없으며, 해당 저작물을 독점 계약한 국내 출판사는 회복 저작물을 이용하는 출판사에게 어떠한 제재도 할 수 없다.

② ①항을 충족한 회복 저작물로 판형 및 제작 방식을 다르게 한 경우에도 내용상의 큰 수정이 없고, 초판 발행일이 간기면에 명시되어 있으며, 발행인과 역자가 동일하다면 회복 저작물로 보아야 한다.

③ 신판에 대한 강조는 저작권을 가진 출판사를 자극할 수 있어 법적으로 문제가 없더라도 분쟁을 일으키지 않기 위하여 가급적 옛날 판형 그대로 내는 것이 좋다.

[예] 저작권이 살아 있는 작가인 샐린저의 『호밀밭의 파수꾼』을 M사에서 1970년에 출간한 뒤, 2005년 양장본 신판으로 출간한 경우(1970년 초판 발행일을 명시하고)에 법적인 문제는 없으나 저작권자(샐린저)가 이 사실을 알게 되면, M사 측에 일정한 배상을 요구할 수 있다(M사 측이 샐린저 측에 알려 줄 의무는 없다).

→ 참고 문헌: 김기태, 『저작권 ─ 편집자를 위한 저작권 지식』, 살림, 2008.

3) 회복 저작물에 대한 2020년 대법원 판례

동서문화사는 일본 전국 시대의 무장 도쿠가와 이에야스(德川家康)의 일대기를 그린 일본 소설의 번역본 『대망(大望)』을 1975년 4월부터 출간 및 판매해 왔다. 이는 원작자에게 허락을 받지 않았지만, 1999년 1월 1일 전에 작성된 번역물로, 회복 저작물에 해당한다. 하지만 솔 출판사가 1999년 원저작권사와 정식 계약을 맺고 2000년부터 『도쿠가와 이에야스』라는 제목으로 펴냈다. 이어 동서문화사도 2005년 1975년판의 『대망』을 일부 수정해 재출간했는데, 이에 대해 솔 출판사는 〈동서문화사 측이 허락 없이 책을 출판했다〉며 검찰에 고발했다.

1심은 〈1975년판과 2005년판의 수정 정도, 표현 방법의 차이 등을 보면 동일한 저작물이라고 볼 수 없다〉며 저작권법 위반으로 동서문화사 대표에게 징역 8개월에 집행 유예 1년을, 출판사에는 벌금 1천만 원을 선고했다. 이에 동서문화사는 〈1975년에 출간해 회복 저작물로서의 보호를 받는 책의 단순 오역이나 표기법, 맞춤법을 바로잡은 것에 불과해 새로운 저작물이 아니다〉라고 주장하며 항소하였다. 이에 항소심 역시 1심과 결과는 같았지만 동서문화사가 저작권법 개정으로 예상치 못한 피해를 봤다면서 벌금형 7백만 원으로 형량을 줄였다.

하지만 2020년 대법원은 문장 위치나 문장의 분리 통합 등 1975년판과 다른 점이 있다는 점은 인정하지만, 1975년 판본에만 있는 창의적인 표현이 2005년 판본에 상당수 포함된 점에 비추어 〈두 판본이 차이는 있지만, 창작적인 표현의 양적·질적 비중이 훨씬 크다고 볼 수 있다〉며 2005년의 판본이 1975년과 다른 저작물로 보기 어려워 원심 판결을 파기하고 동서문화사의 손을 들어 주었다.

→ 판결문(요약)

개정된 외래어 표기법이나 번역 오류 등 수정·변경된 내용들에 의해 1975년판 『대망』 1권과 2005년판 『대망』 1권 사이의 동일성은 상실된 것으로 볼 수 있으나, 1975년판 『대망』 1권의 창작적인 표현들이 2005년판 『대망』 1권에도 상당 부분 포함되어 있고, 그 공통된 창작적인 표현들의 양적·질적 비중이 훨씬 크다고 볼 수 있다. 2005년판 『대망』 1권은 1975년판 『대망』 1권을 실질적으로 유사한 범위에서 이용하였지만, 사회 통념상 새로운 저작물로 볼 정도에 이르렀다고는 단정하기 어려우므로, 1995년 개정 저작권법 부칙 제4조 제3항의 이용 행위에 해당한다고 보아, 유죄로 판단한 원심을 파기 환송하기로 한다. (대법원 2020.12.10. 선고. 2020도6425 판결)

⑪ 한-EU FTA, 한-미 FTA 발효로 개정된 저작권법

한-EU FTA에 따른 저작권법 개정의 핵심 내용은 저작자의 사후 또는 공표 후 50년으로 하던 저작권 보호 기간을 70년으로 연장한 것이다. 이는 2011년 7월 1일 발효된 한-EU FTA에 따라 유예 기간 2년을 거쳐 2013년 7월 1일 시행되었다. 따라서 1962년 사망한 저작권자(헤르만 헤세, 윌리엄 포크너 등)의 경우는 유예 기간 내이므로 기존의 50년 보호 기간을 적용하여 2012년 12월 31일까지 저작권을 보호받게 된다. 1963년 이후 사망한 저작권자(로버트 프로스트, 올더스 헉슬리 등)는 협정에 따른 70년의 보호 기간을 적용받아 2033년 12월 31일까지 저작권을 보호받는다.

한-미 FTA는 2012년 3월 15일 발효되었다. 이에 따른 저작권법 개정의 주요 내용은 일시적 저장의 복제 인정, 공정 이용 제도의 도입, 저작권 및 저작 인접권 보호 기간의 연장, 배타적 발행권 도입 및 법정 손해 배상 제도의 도입 등이다. 저작권 보호 기간은 한-EU FTA에 준 해서 저작자 사후 또는 공표 후 70년으로 연장되었다. 개정의 핵심 내용은 배타적 발행권의 도입이다. 배타적 발행권이란 기존의 출판권에 인정된 저작물을 복제, 배포할 권리에 전송할 권리를 포괄한 권리이다. 그동안 전통적인 출판과 컴퓨터 프로그램에만 허용해 오던 권리를 확대한 것으로 이에 따라 전자 출판도 배타적 권리를 설정할 수 있다. 다만, 설정 행위에 따라 권리 관계가 불명확해질 가능성을 배제하여 출판권은 배타적 발행권의 내용을 준용하되 별도의 특례를 두어 불필요한 혼동을 미연에 방지하도록 하였다.

→ 즉, 1962년 12월 31일 이전에 사망한 작가의 작품은 종전과 같이 사후 50년 까지 보호되는 반면, 1963년 1월 1일 이후에 사망한 작가의 작품은 개정법에 따라 사후 70년까지 보호된다.

1) 저작권 보호 기간 관련 개정 조항(한-EU FTA)

제39조(보호 기간의 원칙) ① 저작 재산권은 이관에 특별한 규정이 있는 경우를 제외하고는 저작자가 생존하는 동안과 사망한 후 70년간 존속한다. ② 공동 저작물의 저작 재산권은 맨 마지막으로 사망한 저작자가 사망한 후 70년간 존속한다.

제40조(무명 또는 이명 저작물의 보호 기간) ① 무명 또는 널리 알려지지 아니한 이명이 표시된 저작물의 저작 재산권은 공표된 때부터 70년간 존속한다. 다만, 이 기간 내에 저작자가 사망한 지 70년이 지났다고 인정할 만한 정당한 사유가 발생한 경우에는 그 저작 재산권은 저작자가 사망한 후 70년이 지났다고 인정되는 때에 소멸한 것으로 본다.

부칙 〈법률 제15823호, 2018.10.16.〉
제1조(시행일) 이 법은 공포 후 6개월이 경과한 날부터 시행한다. 다만, 제113조의 2 제5항의 개정 규정은 공포한 날부터 시행한다.

2) 배타적 발행권 도입 관련 개정 조항(한-미 FTA)

제57조(배타적 발행권의 설정) ① 저작물을 발행하거나 복제·전송(이하 〈발행 등〉이라 한다)할 권리를 가진 자는 그 저작물을 발행 등에 이용하고자 하는 자에 대하여 배타적 권리(이하 〈배타적 발행권〉이라 하며, 제63조에 따른 출판권은 제외한다. 이하 같다)를 설정할 수 있다. ② 저작 재산권자는 그 저작물에 대하여 발행 등의 방법 및 조건이 중첩되지 않는 범위 내에서 새로운 배타적 발행권을 설정할 수 있다.

제7절의 2 출판에 관한 특례
제63조(출판권의 설정) ① 저작물을 복제·배포할 권리를 가진 자(이하 〈복

제권자〉라 한다)는 그 저작물을 인쇄 그 밖에 이와 유사한 방법으로 문서 또는 도화로 발행하고자 하는 자에 대하여 이를 출판할 권리(이하 〈출판권〉이라 한다)를 설정할 수 있다. ② 제1항에 따라 출판권을 설정받은 자(이하 〈출판권자〉라 한다)는 그 설정 행위에서 정하는 바에 따라 그 출판권의 목적인 저작물을 원작 그대로 출판할 권리를 가진다. ③ 복제권자는 그 저작물의 복제권을 목적으로 하는 질권이 설정되어 있는 경우에는 그 질권자의 허락이 있어야 출판권을 설정할 수 있다.

제63조의 2(준용) 제58조부터 제62조까지는 출판권에 관하여 준용한다. 이 경우 〈배타적 발행권〉은 〈출판권〉으로, 〈저작 재산권자〉는 〈복제권자〉로 본다.

12 북한 저작물의 보호

북한 저작물은 한국 저작권법에 따라 한국 저작물과 동등하게 보호받는다. 대한민국 헌법 제3조에서 대한민국 영토를 한반도와 그 부속 도서로 규정하고 있어, 북한의 저작권자도 대한민국 국민으로 간주하여 그 저작물은 대한민국 저작권법에 의해 보호받는다. 따라서 북한 저작물도 북한 저작권자의 허락하에 이용하는 것이 원칙이다. 2006년 3월 14일 〈남북 교류 협력에 관한 법률〉에 따라, 남북 경제 문화 협력 재단은 북측의 저작권 사무국 및 민족 화해 협의회와 협약을 맺고 남측 내에서 북측 저작물의 저작권 관리 업무를 하고 있다.

남북 경제 문화 협력 재단
서울시 성동구 고산자로 202, 415호
전화 02-3142-4925, 팩스 02-3142-4928
홈페이지 www.interkorea.org

13 2차적 저작물

저작 재산권에는 복제권, 공연권, 전시권, 배포권, 대여권, 2차적 저작물 작성권, 공중 송신권이 있다. 이 가운데 원저작물을 번역·편곡·변형·각색·영상 제작 그 밖의 방법으로 작성한 창작물을 〈2차적 저작물〉이라 한다. 저작 재산권 양도 계약을 맺었다 하더라도 2차적 저작물에 관한 별도의 조항을 언급하지 않았다면 양수자가 2차적 저작물에 대한 권리는 가지지 않는 것으로 간주되므로 계약서 작성 시 그에 관한 내용을 명시하는 것이 좋다.

관련 법령(현행 「저작권법」)
제2장 저작권
제1절 저작물 제5조 (2차적 저작물) ① 원저작물을 번역·편곡·변형·각색·

영상 제작 그 밖의 방법으로 작성한 창작물(이하 〈2차적 저작물〉이라 한다)은 독자적인 저작물로서 보호된다. ② 2차적 저작물의 보호는 그 원저작물의 저작자의 권리에 영향을 미치지 아니한다.

제3절 저작 인격권 제11조 (공표권) ① 저작자는 그의 저작물을 공표하거나 공표하지 아니할 것을 결정할 권리를 가진다. ② 저작자가 공표되지 아니한 저작물의 저작 재산권을 제45조에 따른 양도, 제46조에 따른 이용 허락, 제57조에 따른 배타적 발행권의 설정 또는 제63조에 따른 출판권의 설정을 한 경우에는 그 상대방에게 저작물의 공표를 동의한 것으로 추정한다. ③ 저작자가 공표되지 아니한 미술 저작물, 건축 저작물 또는 사진 저작물(이하 〈미술 저작물 등〉이라 한다)의 원본을 양도한 경우에는 그 상대방에게 저작물 원본의 전시 방식에 의한 공표를 동의한 것으로 추정한다. ④ 원저작자의 동의를 얻어 작성된 2차적 저작물 또는 편집 저작물이 공표된 경우에는 그 원저작물도 공표된 것으로 본다. ⑤ 공표하지 아니한 저작물을 저작자가 제31조의 도서관 등에 기증한 경우 별도의 의사를 표시하지 않는 한 기증한 때에 공표에 동의한 것으로 추정한다.

제4절 저작 재산권
제1관 저작 재산권의 종류 제22조 (2차적 저작물 작성권) 저작자는 그의 저작물을 원저작물로 하는 2차적 저작물을 작성하여 이용할 권리를 가진다.
제4관 저작 재산권의 양도·행사·소멸 제45조 (저작 재산권의 양도) ① 저작 재산권은 전부 또는 일부를 양도할 수 있다. ② 저작 재산권의 전부를 양도하는 경우에 특약이 없는 때에는 제22조에 따른 2차적 저작물을 작성하여 이용할 권리는 포함되지 아니한 것으로 추정한다. 다만 프로그램의 경우 특약이 없는 한 2차적 저작물 작성권도 함께 양도된 것으로 추정한다.

제11장 벌칙
제136조 ① 다음 각호의 어느 하나에 해당하는 자는 5년 이하의 징역 또는 5천만 원 이하의 벌금에 처하거나 이를 병과할 수 있다.
1. 저작 재산권, 그 밖에 이 법에 따라 보호되는 재산적 권리(제93조에 따른 권리는 제외한다)를 복제, 공연, 공중 송신, 전시, 배포, 대여, 2차적 저작물 작성의 방법으로 침해한 자.
2. 제129조의 3 제1항에 따른 법원의 명령을 정당한 이유 없이 위반한 자.

14 계약서의 예
문화 체육 관광부에서 고시한 표준 계약서(2021. 2. 22. 개정) 중 1) 저작 재산권 양도 계약서와 2) 출판권 설정 계약서 그리고 영문 계약서의 사례로 3) 폴 오스터와(캐럴 만 에이전시) 열린책들 간의 계약서 전문을 소개한다. 표준 계약서는 문화 체육 관광부 홈페이지

저작권 계약

(www.mcst.go.kr) 또는 한국 출판문화 산업 진흥원(www.kpipa.or.kr/info/publisherFormDown.do)에서 다운로드할 수 있다.

1) 저작 재산권 양도 계약서

저작자의 표시 성명: _____ 이명(필명): _____

저작 재산권자의 표시 성명: _____

저작물의 표시 제호(가제): _____

저작물의 내용 개요:

위에 표시된 저작물(이하 〈위 저작물〉이라 함)의 저작 재산권자 _____ 과(와) 위 저작물의 저작 재산권을 양수받고자 하는 자(이하 〈양수인〉이라고 함) _____ 는(은) 다음과 같이 저작 재산권 양도 계약을 체결한다.

제1조 (목적) 이 계약은 저작권자의 권리가 미치는 저작물에 대한 저작 재산권 양도 계약의 내용에 따른 저작 재산권자 및 양수인의 권리와 의무를 정하는 데 그 목적을 둔다.

제2조 (정의) 이 계약에서 사용하는 용어의 뜻은 다음과 같다.

1. 저작 재산권 양도: 저작물의 경제적 이용에 관한 권리를 타인에게 넘겨주는 것을 말한다. 저작 재산권의 전부 또는 일부를 양도할 수 있다. 전부 양도의 경우 특약이 없는 때에는 2차적 저작물 작성권은 포함되지 않는 것으로 추정한다.

2. 등록: 저작자의 성명, 저작물의 제호와 종류, 창작 연월일 등 일정한 사항을 저작권 등록부에 기재하는 것을 말한다. 저작권 발생과는 관계가 없으며 공중에게 공개·열람하도록 하는 공시적 효과, 분쟁 발생 시 입증의 편의를 위한 추정력, 거래의 안전을 위한 제3자에 대한 대항력이 발생한다.

3. 2차적 저작물: 원저작물을 바탕으로 하되 번역·편곡·변형·각색·영상 제작 등의 방법으로 새롭게 창작된 저작물이다. 원저작물의 내용은 유지한 채 표현을 변형하고 그 변형에 창작성이 있는 경우를 말한다. 2차적 저작물은 독자적인 저작물로 보호된다.

4. 저작 인격권: 저작물에 대한 저작자의 인격적·정신적 이익을 보호하는 권리로서 다른 사람에게 양도나 상속을 할 수 없다. 공표권, 성명 표시권, 동일성 유지권 등 3가지 권리로 구성된다.

5. 분쟁 조정: 저작권에 관한 분쟁이 생겼을 때 한국 저작권 위원회의 조정을 통해 분쟁을 해결하는 절차이다. 신청 취지와 원인을 기재한 조정 신청서를 제출하면 조정이 개시되며 조정부가 당사자 사이의 의견 교환을 통해 합의를 유도한다. 조정 절차는 비공개를 원칙으로 한다.

제3조 (저작 재산권의 양도) 저작 재산권자는 위 저작물에 대한 저작 재산권 중 다음 〈별표〉에 해당하는 권리를 양수인에게 양도한다. 다만, 위 저작물을 원저작물로 하는 2차적 저작물을 작성하여 이용할 권리의 포함 여부는 특약으로 합의하여 정한다.

〈별표〉

저작 재산권의 유형	포함 여부 (○ 또는 ×)	범위(일부 또는 전부)
복제권		
공연권		
공중 송신권		
배포권		
전시권		
대여권		

제4조 (저작 재산권의 양도 등록)

① 저작권법에 따라 양수인은 위 저작물에 대한 저작 재산권 양도 사실을 한국 저작권 위원회에 등록할 수 있다.

② 제1항에 따라 양수인이 저작 재산권 양도 등록을 하는 경우 저작 재산권자는 등록에 필요한 서류를 양수인에게 제공하는 등 이에 적극 협력하여야 한다.

제5조 (저작 재산권자의 의무) 저작 재산권자는 위 저작물의 저작 재산권 양도 이후, 그 제호 및 내용과 동일 또는 유사한 저작물을 제3자에게 이용하게 하거나 기타 설정 계약 등을 하여서는 아니 된다.

제6조 (양도 유효 기간 및 지역 등)

① 저작 재산권자가 양도한 저작 재산권은 계약일로부터 _____년간 양수인에게 귀속되며, _____ 지역에서 효력을 가진다.

② 유효 기간이 만료되면 저작 재산권자가 양수인에게 양도한 저작 재산권은 즉시 저작 재산권자에게 다시 귀속된다.

제7조 (저작 재산권의 권리 변동에 따른 책임)

① 저작 재산권자는 이 계약 이전에 위 저작물에 대하여 제3자에게 질권을 설정하였거나 저작 재산권의 일부 또는 전부를 양도하였거나 이용 허락을 한 사실이 없어야 하며, 이로 인하여 양수인에게 손해가 발생하는 경우 저작 재산권자는 그 배상의 책임을 진다.

② 양수인이 양도 대상 저작 재산권에 대하여 제3자에게 질권을 설정하거나 그 일부 또는 전부를 양도하는 등의 처분 행위를 하거나 양도 대상 저작 재산권이 제3자에 의하여 보전 처분의 대상이 되는 등 기타 사유로 인하여 유효 기간 만료 시 저작 재산권자에게 완전한 권리가 환원되지 못

할 경우, 이로 인하여 발생한 손해는 양수인이 그 배상의 책임을 진다.

제8조 (완전 원고의 양도)

① 저작 재산권자는 _____ 년 ___ 월 ___ 일까지 양도 대상인 위 저작물의 내용을 확정할 수 있는 자료(이하 〈완전 원고〉라 함)를 양수인에게 양도하여야 한다.

② 제1항에 따른 완전 원고에 대한 판단은 저작 재산권자와 양수인의 합의에 따라야 하며, 합의가 이루어지지 않은 경우에 이 계약은 해제된 것으로 본다.

제9조 (저작물의 내용에 따른 책임 및 계약 내용의 고지 의무)

① 위 저작물의 내용이 제3자의 저작권 등 법적 권리를 침해하여 양수인 또는 제3자에게 손해를 끼칠 경우에는 저작 재산권자가 그에 관한 모든 책임을 진다.

② 이 계약이 완전한 효력을 갖기 위하여 날인 또는 서명 이전에 양수인은 저작 재산권자에게 계약 내용을 설명하여야 한다.

제10조 (저작 인격권 등의 존중)

① 양수인은 위 저작물 저작자의 저작 인격권을 존중하여 위 저작물을 이용함에 있어 적당한 방법으로 저작자의 성명과 이용 연월일 등 저작권 표지를 하여야 한다.

② 양수인은 제작물을 홍보·광고함에 있어 저작자 및 저작 재산권자의 명예를 훼손하여서는 아니 된다.

③ 양수인은 개정 및 증보 등 수정 또는 증감이 불가피한 경우 저작자(저작자 유고 시 저작 재산권자)에게 알려야 하며, 만일 저작 재산권자가 제공한 완전 원고에 임의로 양수인이 손질을 가함으로써 저작 인격권 침해로 인한 분쟁이 발생할 경우 양수인이 그 책임을 진다.

제11조 (비용의 부담) 위 저작물의 저작에 필요한 비용은 저작 재산권자가 부담하고 제작, 홍보, 광고 및 판매에 따른 비용은 양수인이 부담한다.

제12조 (저작 재산권 양도의 대가 및 선급금)

① 양수인은 제2조에 의하여 위 저작물의 저작 재산권을 양도하는 대가로 일금 _____ 원(₩_____)을 저작 재산권자에게 지급한다.

② 저작 재산권 양도의 대가는 추가 약정이 없는 한, 저작 재산권자로부터 완전 원고를 인도받은 날로부터 _____일 이내에 저작 재산권자가 지정한 계좌를 통하여 지급하여야 한다.

③ 양수인은 이 계약 성립과 동시에 선급금으로 _____ 원을 저작 재산권자에게 지급하며, 이후 지급할 제1항에 따른 저작 재산권 양도의 대가에서 이를 공제한다.

제13조 (제3자에 대한 저작 재산권의 양도 등) 양수인은 저작 재산권자로부

터 양도받은 저작 재산권의 범위 및 유효 기간 내에서 제3자에게 그 전부 또는 일부를 양도, 이용 허락, 출판권 및 배타적 발행권을 설정할 수 있다. 다만, 이 계약 만료 시점까지 모든 권리를 원상으로 회복하여야 한다.

제14조 (원고 등의 반환) 저작 재산권자와 양수인 사이에 특약에 의한 추가 약정이 없는 한, 양수인은 저작 재산권자에 대하여 원고 및 기타 자료 반환의 의무를 지지 아니한다.

제15조 (계약의 해지 또는 해제)
① 저작 재산권자 또는 양수인이 이 계약에서 정한 사항을 위반하였을 경우 그 상대방은 ＿＿＿＿일(개월) 이상의 기간을 정하여 제대로 이행할 것을 요구할 수 있다.
② 제1항의 조치에도 불구하고 이를 이행하지 아니하는 경우 그 상대방은 이 계약을 해지 또는 해제할 수 있고, 그로 인한 손해의 배상을 청구할 수 있다.
③ 저작 재산권자 또는 양수인(소속 임직원을 포함한다)이 상대방에게 관련 법률에 따른 성희롱, 성폭력을 저지른 경우 상대방은 이 계약을 해지할 수 있으며, 그로 인한 손해 배상을 청구할 수 있다.

제16조 (성희롱 등의 피해 구제) 제15조 제3항에도 불구하고 계약자(계약 단체의 대표를 포함하여 단체에 소속되어 있는 임직원 및 자문·기획 위원 등 지휘·감독하는 지위에 있는 자) 및 계약 대상자 중 어느 일방이 상대 구성원으로부터의 성희롱 등 행위로 정상적인 저작물 창작 활동 또는 자신의 직무를 수행하지 못한 경우, 계약을 해지하지 않고 그 내용을 국가 인권 위원회에 진정하거나 문화 체육 관광부 장관에게 신고하여 분쟁을 해결할 수 있다.

제17조 (계약 내용의 변경) 이 계약은 저작 재산권자와 양수인 쌍방의 서면에 의한 합의에 따라 변경할 수 있다.

제18조 (계약의 해석 및 보완) 이 계약에 명시되어 있지 아니한 사항에 대하여는 저작 재산권자와 양수인이 협의하여 정할 수 있고, 해석상 이견이 있을 경우에는 저작권법 등 관련 법률 및 계약 해석의 원칙에 따라 해결한다.

제19조 (분쟁의 해결)
① 이 계약과 관련한 분쟁이 발생할 경우 저작 재산권자와 양수인은 제소에 앞서 한국 저작권 위원회의 조정을 받을 수 있다.
② 제1항의 조정이 성립되지 아니하는 경우에 저작 재산권자와 양수인 사이에 제기되는 소송의 제1심 법원은 ＿＿＿＿＿＿ 법원으로 한다.

· **특약 사항(2차적 저작물 작성권 포함 여부 등)**

_____

_____

이 계약을 증명하기 위하여 계약서 3통을 작성하여 저작권자, 발행사가 날인 또는 서명한 다음 각 1통씩 보관하고 1통은 저작 재산권 양도 등록용으로 사용한다.

_____ 년 ___ 월 ___ 일

저작 재산권자(양도인)의 표시

주　　소 :
생년월일 :
성　　명 : _____ (인)
계좌 번호 :
선급금으로 일금 _____ 원을 정히 영수함 (인)

양수인의 표시

주　　소 :
발행사명 :　　　　　　　　　사업자 등록 번호 :
대표자 성명 : _____ (인)

입회인의 표시

주　　소 :
생년월일 :
성　　명 : _____ (인)

2) 출판권 설정 계약서

저작자의 표시　성명: _____　이명(필명): _____

저작 재산권자의 표시　성명: _____　생년월일: _____

저작물의 표시　제호(가제): _____

저작물의 내용 개요:

위에 표시된 저작물(이하 〈위 저작물〉이라고 함)의 저작 재산권자(이하 〈저작권자〉라고 함) _____ 과(와) 이를 문서 또는 도화로 발행하고자 하는 이용자(이하 〈출판사〉라고 함) _____ 는(은) 다음과 같이 출판권 설정 계약을 체결한다.

제1조 (목적) 이 계약은 위 저작물에 대한 출판권 설정 계약의 내용에 따른 저작권자 및 출판사의 권리와 의무를 정하는 데 그 목적을 둔다.

제2조 (정의) 이 계약에서 사용하는 용어의 뜻은 다음과 같다.

1. 복제: 인쇄·사진 촬영·복사·녹음·녹화 그 밖의 방법으로 일시적 또는 영구적으로 유형물에 고정하거나 다시 제작하는 것을 말한다.

2. 배포: 저작물의 원본 또는 그 복제물을 공중에게 대가를 받거나 받지 아니하고 양도 또는 대여하는 것을 말한다.

3. 발행: 저작물 또는 음반을 공중의 수요를 충족시키기 위하여 복제·배포하는 것을 말한다.

4. 출판권: 출판사가 저작권자와의 출판권 설정 계약에 따라 인쇄 등의 방법으로 문서 또는 도화로 발행할 수 있는 권리를 말한다. 출판권자는 설정 행위에서 정하는 바에 따라 저작물을 원작 그대로 출판할 권리를 가진다.

5. 등록: 저작자의 성명, 저작물의 제호와 종류, 창작 연월일 등 일정한 사항을 저작권 등록부에 기재하는 것을 말한다. 저작권 발생과는 관계가 없으며 공중에게 공개·열람하도록 하는 공시적 효과, 분쟁 발생 시 입증의 편의를 위한 추정력, 거래의 안전을 위한 제3자에 대한 대항력이 발생한다.

6. 저작 인격권: 저작물에 대한 저작자의 인격적·정신적 이익을 보호하는 권리로서 다른 사람에게 양도나 상속을 할 수 없다. 공표권, 성명 표시권, 동일성 유지권 등 3가지 권리로 구성된다.

7. 부차권(부차적 이용 허락): 법적 권리는 아니지만 현장에서 원저작물의 부가적 이용을 허락하는 권리로 통용된다. 이미 공표된 저작물에 대한 재이용 및 축약본이나 요약본을 만들거나 라디오에서 저작물을 읽을 권리, 저작물에 기반한 상품을 만들 권리 등에 대한 것으로서 2차적 저작물에 해당하지 않는 것을 말한다.

8. 계약의 해지와 해제: 해지(解止)는 계속적으로 효과가 이어지는 계약 관계에서 일방적인 의사 표시로 향후 계약 관계가 종료되는 것을 말한다. 이에 반해 해제(解除)는 일방적인 의사 표시로 이미 성립된 계약을 소멸시켜 애초에 그런 계약이 없었던 것과 같이 만드는 효과를 말한다.

9. 분쟁 조정: 저작권에 관한 분쟁이 생겼을 때 한국 저작권 위원회의 조정을 통해 분쟁을 해결하는 절차이다. 신청 취지와 원인을 기재한 조정 신청서를 제출하면 조정이 개시되며 조정부가 당사자 사이의 의견 교환을 통해 합의를 유도한다. 조정 절차는 비공개를 원칙으로 한다.

제3조 (출판권의 설정)

① 저작권자는 출판사에 위 저작물에 대한 출판권을 설정한다.

② 제1항의 규정에 따라 출판사는 위 저작물을 원작 그대로 출판할 수 있는 독점적이고도 배타적인 권리를 가진다.

제4조 (출판권 설정의 등록) 출판사는 위 저작물에 대한 출판권 설정 사실을

저작권 계약

한국 저작권 위원회에 등록할 수 있으며, 이 경우 저작권자는 등록에 필요한 서류를 출판사에 제공하는 등 이에 적극 협력하여야 한다.

제5조 (배타적 이용)

① 저작권자는 이 계약 기간 중 위 저작물의 제호 및 내용의 전부와 동일 또는 유사한 저작물을 별도로 출판하거나 제3자로 하여금 출판하게 하여서는 아니 된다.

② 저작권자는 이 계약 기간 중 출판사의 사전 동의 없이 위 저작물의 개정판 또는 증보판을 직접 발행하거나 제3자로 하여금 발행하도록 하여서는 아니 된다.

제6조 (출판권의 존속 기간 등)

① 출판사가 보유하는 위 저작물의 출판권은 계약일로부터 초판 1쇄 발행일까지, 그리고 초판 1쇄 발행일로부터 _____ 년까지 효력을 가진다.

② 저작권자 또는 출판사는 계약 기간 만료일 _____ 개월 전까지 문서로써 상대방에게 계약의 종료를 통보할 수 있으며, 이러한 종료 통보에 따라 계약 기간 만료일에 이 계약은 종료된다.

③ 제2항에 따른 종료 통보가 없는 경우에 이 계약은 동일한 조건으로 _____ 년까지 자동 연장되며, 이 경우 출판사는 자동 연장 이전까지의 저작권 사용료를 정산하여야 한다.

④ 출판사는 제2항의 계약 종료 통보 기한 이전에 저작권자에게 제2항 및 제3항의 내용을 통지하여야 한다.

제7조 (완전 원고의 인도와 출판 시기 및 반환)

① 저작권자는 _____ 년 _____ 월 _____ 일까지 위 저작물의 출판을 위한 완전한 원고 또는 이에 상당한 자료(이하 〈완전 원고〉라 줄임)를 출판사에게 인도하여야 한다. 다만, 부득이한 사정이 있을 때에는 출판사와 협의하여 그 기일을 변경할 수 있다.

② 출판사는 저작권자로부터 완전 원고를 인도받은 날로부터 _____ 개월 이내에 위 저작물을 원래 목적대로 출판하여야 한다(특약이 없는 경우 9월 이내 출판함). 다만, 부득이한 사정이 있을 때에는 저작권자와 협의하여 그 기일을 변경할 수 있다.

③ 위 저작물의 출판 후 출판사는 저작권자에게 원고(원화 포함) 등 인도받은 자료 일체를 즉시 반환하여야 한다. 다만, 저작권자와 출판사가 협의하여 반환하지 아니할 수도 있다.

④ 제1항에 따른 완전 원고에 대한 판단은 저작권자와 출판사의 합의에 따라야 하며, 합의가 이루어지지 않은 경우에 이 계약은 해제된 것으로 본다.

제8조 (저작물의 내용에 따른 책임 및 계약 내용의 고지 의무)

① 위 저작물의 내용이 제3자의 저작권 등 법적 권리를 침해하여 출판사 또는 제3자에게 손해를 끼칠 경우에는 저작권자가 그에 관한 모든 책임

을 진다.

② 이 계약이 완전한 효력을 갖기 위하여 날인 또는 서명 이전에 출판사는 저작권자에게 계약 내용을 설명하여야 한다.

제9조 (저작 인격권의 존중) 출판사는 위 저작물을 이용함에 있어서 성명 표시권 및 동일성 유지권 등 저작 인격권을 적극적으로 보호하여야 한다.

제10조 (교정) 위 저작물의 내용 교정 및 교열은 저작권자가 수행함을 원칙으로 한다. 다만, 저작권자는 출판사에 교정 및 교열에 대한 협력을 요청할 수 있으며, 출판사는 저작권자의 요청에 따라 수행한 교정 및 교열 내용에 대하여 저작권자로부터 최종 확인을 받아야 한다.

제11조 (저작물의 수정 증감 및 비용 부담)

① 저작자는 출판사가 출판권의 목적인 위 저작물을 중쇄 또는 중판하는 경우에 정당한 범위 안에서 그 저작물의 내용을 수정하거나 증감할 수 있다.

② 출판사는 출판권의 목적인 위 저작물을 중쇄 또는 중판하고자 하는 경우에 그때마다 미리 저작자에게 그 사실을 알려야 한다.

③ 위 저작물의 저작에 필요한 비용은 저작권자가 부담하고, 출판물의 제작, 홍보, 광고 및 판매에 필요한 비용은 출판사가 부담한다.

④ 초판 1쇄 발행 이후 중쇄 또는 중판을 발행함에 있어 저작자의 요청에 따른 수정, 증감 등에 의하여 통상의 제작비를 현저히 초과하는 경우 그 초과 금액에 대한 저작권자의 부담액은 저작권자와 출판사가 협의하여 정한다. 이때 통상의 제작비는 초판 1쇄 발행 비용을 기준으로 산정한다.

제12조 (저작권의 표지 등)

① 출판사는 위 저작물의 출판물에 적당한 방법으로 저작자의 성명과 발행 연월일 등 저작권 표지를 하여야 한다.

② 저작권자와 출판사는 검인지를 [부착하기로( ) / 부착하지 아니하기로( )] 합의한다.

제13조 (정가, 판형, 제책 방식 등)

① 위 저작물의 출판물에 대한 정가, 판형, 제책 방식 등은 출판사가 결정한다. 다만, 저작권자가 출판사에 이에 대한 의견을 표시한 경우 출판사는 적극적으로 저작권자와 협의하여야 한다.

② 중쇄(중판)의 시기 및 홍보, 광고, 판매의 방법 등은 출판사가 결정한다. 다만, 출판사는 사전에 저작권자와 이를 협의할 수 있다.

③ 출판사는 출판물을 홍보, 광고함에 있어 저작자 및 저작권자의 명예를 훼손하여서는 아니 된다.

제14조 (계속 출판의 의무) 출판사는 이 계약 기간 중 위 저작물을 계속 출판하여야 한다. 다만, 6개월 동안 판매량이 ＿＿＿＿부 이하가 될 경우, 저작권자와 출판사가 합의하여 이 계약을 해지할 수 있다.

저작권 계약

제15조 (저작권 사용료 등)

① 출판사는 아래와 같이 저작권자에게 정가의 일정 비율에 해당하는 금액에 일정 부수(발행 부수 또는 판매 부수)를 곱한 금액을 지정 계좌를 통하여 저작권 사용료로 지급한다. 이때 저작권자는 출판사에 발행 부수 또는 판매 부수에 대한 자료를 요청할 수 있다.

- 초판의 경우 도서 정가의 _____ % × 발행 부수,
  2쇄부터는 도서 정가의 _____ % × 판매 부수 (   )
- 도서 정가의 _____ % × 발행 부수 (   )
- 도서 정가의 _____ % × 판매 부수 (   )
- 기타 _____

② 출판사는 _____ 개월에 한 번씩 발행 부수 또는 판매 부수를 저작권자에게 통보하고 통보 후 30일 이내에 그 기간에 해당하는 저작권 사용료를 지급하여야 한다. 만일 출판사가 발행 부수 또는 판매 부수를 약정 기일 내에 통보하지 아니하는 경우 저작권자는 저작권 사용료를 청구할 수 있으며, 출판사는 청구일로부터 30일 이내에 이를 지급하여야 한다.

③ 저작권자는 납본, 증정, 신간 안내, 서평, 홍보 등을 위하여 제공되는 부수에 대하여는 저작권 사용료를 면제한다. 다만, 그 부수는 매 쇄당 _____ %를 초과할 수 없으며, 출판사는 자세한 내역을 저작권자에게 알려 주어야 한다.

제16조 (선급금)

① 출판사는 이 계약 성립일로부터 _____ 영업일 이내에 선급금으로 _____ 원을 저작권자에게 지급한다.

② 초판 제1쇄의 발행 부수는 _____ 부로 정한다.

③ 출판사는 초판 제1쇄 발행 시 지급할 저작권 사용료에서 제1항의 선급금을 공제한다.

제17조 (저작권자에 대한 증정본 등)

① 출판사는 초판(개정판) 1쇄 발행 시 _____ 부, 중쇄 발행 시 _____ 부를 저작권자에게 증정한다.

② 저작권자가 제1항의 부수를 초과하는 출판물이 필요한 경우 정가의 _____ %에 해당하는 금액으로 출판사로부터 구입할 수 있다.

제18조 (2차적 저작물 작성권 등)

① 이 계약 기간 중에 위 저작물이 국내외 제3자의 요청에 의하여 번역, 각색, 편곡, 변형 등의 방법으로 2차적 저작물로서 이용되는 경우 그에 관한 이용 허락 등 모든 권리는 저작권자에게 있으며, 출판사에 먼저 요청이 오는 경우 출판사는 이 같은 사실을 위의 제3자에게 알려 주어야 한다. 아울러 출판사는 제3자의 저작물 이용 허락 요청 사실을 저작권자에게 알려 주어야 한다.

② 이 계약의 목적물인 위 저작물의 내용 중 일부가 국내외 제3자의 요청에 의하여 복제 및 공중 송신 등의 방법으로 재이용되거나 기타의 방법에 의하여 부차적으로 이용되는 경우 그에 관한 이용 허락 등 모든 권리는 저작권자에게 있으며, 출판사에 먼저 요청이 오는 경우 출판사는 이 같은 사실을 위의 제3자에게 알려 주어야 한다. 아울러 출판사는 제3자의 저작물 이용 허락 요청 사실을 저작권자에게 알려 주어야 한다.

③ 제1항 및 제2항에도 불구하고 출판사에 저작권법에 따른 저작권 대리 중개업 자격이 있는 경우 저작권자는 2차적 및 부차적 이용에 따른 저작권 사용료의 징수 등 2차적 및 부차적 이용 허락에 관한 사항의 전부 또는 일부를 출판사에 위임할 수 있다. 그 위임의 범위 및 발생 수익의 분배 비율 등 자세한 사항은 별도의 서면으로 합의하여 정한다.

제19조 (전집 또는 선집 등에의 수록) 이 계약 기간 중에 저작권자가 위 저작물을 자신의 전집이나 선집 등에 수록, 출판할 때는 미리 출판사의 동의를 얻어야 한다.

제20조 (저작 재산권 또는 출판권의 양도 등)

① 저작권자는 위 저작물의 복제권 및 배포권의 전부 또는 일부를 제3자에게 양도하거나 이에 대하여 질권을 설정하고자 하는 경우에는 사전에 이를 출판사에 통보하여야 한다. 다만, 이 경우 출판사의 출판권을 침해하여서는 아니 된다.

② 출판사는 위 저작물의 출판권을 제3자에게 양도하거나 이에 대하여 질권을 설정하고자 하는 경우에는 사전에 저작권자의 서면 동의를 얻어야 한다.

제21조 (판면 파일의 구매 및 양도)

① 저작권자는 위 저작물이 수록된 출판물의 판면을 그대로 이용하여 전자책(e-Book) 등 비종이책의 제작을 제3자에게 허락할 수 없으며, 저작권자가 이를 허락하고자 할 경우 위 저작물의 교정 및 편집에 따른 비용을 감안하여 출판사로부터 판면 파일을 구매하여야 한다.

② 제1항에 따라 출판사가 저작권자에게 출판물의 판면 파일을 양도하는 경우 그것의 구체적인 금액 등에 관한 사항은 별도 서면으로 합의하여 정한다. 이때 출판사는 저작권자에게 객관적인 근거에 입각한 합리적인 양도 금액을 제시하여야 한다.

제22조 (계약 내용의 변경) 이 계약은 저작권자와 출판사 쌍방의 서면에 의한 합의에 따라 변경할 수 있다.

제23조 (계약의 해지 또는 해제)

① 저작권자 또는 출판사가 이 계약에서 정한 사항을 위반하였을 경우 그 상대방은 _____일(개월) 이상의 기간을 정하여 제대로 이행할 것을 요구할 수 있다.

② 제1항의 조치에도 불구하고 이를 이행하지 아니하는 경우 그 상대방은 이 계약을 해지 또는 해제할 수 있고, 그로 인한 손해의 배상을 청구할 수 있다.

③ 저작권자는 출판사가 더 이상 출판할 의사가 없음을 표명하거나 절판 및 도산 등의 사유로 출판할 수 없는 상황이 명백한 경우 즉시 계약의 해지를 출판사에 통보할 수 있다.

④ 저작권자 또는 출판사(소속 임직원을 포함한다)가 상대방에게 관련 법률에 따른 성희롱, 성폭력을 저지른 경우 그 상대방은 이 계약을 해지할 수 있으며, 그로 인한 손해 배상을 청구할 수 있다.

제24조 (성희롱 등의 피해 구제) 제23조 제4항에도 불구하고 계약자(계약 단체의 대표를 포함하여 단체에 소속되어 있는 임직원 및 자문·기획 위원 등 지휘·감독하는 지위에 있는 자) 및 계약 대상자 중 어느 일방이 상대 구성원으로부터의 성희롱 등 행위로 정상적인 저작물 창작 활동 또는 자신의 직무를 수행하지 못한 경우, 계약을 해지하지 않고 그 내용을 국가 인권 위원회에 진정하거나 문화 체육 관광부 장관에게 신고하여 분쟁을 해결할 수 있다.

제25조 (출판권 소멸 후의 배포)

① 출판권이 소멸한 후에도 출판사는 계약 기간 만료일 이전에 발행된 도서의 재고품을 _____개월 동안 배포할 수 있다.

② 제1항에 따른 재고품의 배포에 대하여 출판사는 제15조 제1항에 따라 저작권자에게 저작권 사용료를 지급하여야 한다.

제26조 (재해, 사고) 천재지변, 그 밖의 불가항력의 재난으로 저작권자 또는 출판사가 손해를 입거나 계약 이행이 지체 또는 불가능하게 된 경우에는 서로의 책임을 면제하며, 후속 조치를 쌍방이 합의하여 결정한다.

제27조 (비밀 유지) 저작권자와 출판사는 이 계약의 체결 및 이행 과정에서 알게 된 상대방 및 상대방의 거래처 등에 관한 정보를 상대방의 서면에 의한 승낙 없이 제3자에게 누설하여서는 아니 된다.

제28조 (개인 정보의 취급)

① 저작권자와 출판사는 위 저작물의 출판 및 이에 부수하는 업무 과정에서 알게 된 상대방의 개인 정보를 개인 정보 보호법의 취지에 따라 유의하여 취급하여야 하며, 사전 동의 없이 이를 누설하거나 다른 사람이 이용하도록 제공하여서는 아니 된다.

② 저작권자는 출판사가 이 계약에 의한 출판물의 제작 및 광고, 홍보, 판매 등을 위하여 저작권자가 제공한 정보를 스스로 이용하거나 제3자에게 제공하는 것을 허락한다. 다만, 저작자의 초상 이용에 대하여는 저작자와 출판사가 합의하여 결정한다.

제29조 (계약의 해석 및 보완) 이 계약에 명시되어 있지 아니한 사항에 대하여는 저작권자와 출판사가 합의하여 정할 수 있고, 해석상 이견이 있을 경우에는 저작권법 등 관련 법률 및 계약 해석의 원칙에 따라 해결한다.

제30조 (분쟁의 해결)
① 이 계약과 관련한 분쟁이 발생할 경우 저작권자와 출판사는 제소에 앞서 한국 저작권 위원회의 조정을 받을 수 있다.
② 제1항의 조정이 성립되지 아니하는 경우에 저작권자와 출판사 사이에 제기되는 소송의 제1심 법원은 _____ 법원으로 한다.

　· **특약 사항**

_____

_____

_____

_____

이 계약을 증명하기 위하여 계약서 3통을 작성하여 저작권자, 출판사가 날인 또는 서명한 다음 각 1통씩 보관하고 1통은 출판권 설정 등록용으로 사용한다.

　　　　　　　　　　　　_____ 년 ___ 월 ___ 일

　　저작권자의 표시

　　주　　　소 :
　　생년월일 :
　　성　　　명 : _____ (인)
　　계좌 번호 :

　　출판사의 표시

　　주　　　소 :
　　출판사명 :　　　　　　사업자 등록 번호 :
　　대표자 성명 : _____ (인)

3) 영문 계약서(캐럴 만 에이전시를 통한 폴 오스터와의 계약)
2013년 6월 4일 계약
→ 계약일은 보통 계약서를 작성한 날로 정한다.

　　　　　BETWEEN　　Paul Auster폴 오스터
　　　　　　　　　　　c/o Carol Mann Agency캐럴 만 에이전시를 통해

55 Fifth Avenue, New York, NY 10003 USA
(이하 〈저작권자the Proprietor〉)

AND　　　　The Open Books Co.열린책들
Paju Book City, 253 Munbal-ro, Paju-si,
Gyeonggi-do, 413-120, Korea
(이하 〈출판사the Publisher〉)

1. 저작권자는 출판사에게 다음 책의 한국어판을 출간하여 계약일로부터 5년간 판매할 수 있는 독점권exclusive rights을 부여한다.

REPORT FROM THE INTERIOR 내면 보고서
by Paul Auster폴 오스터
(이하 〈본 저작물the Work〉)

→ 계약 기간은 작가와 에이전시에 따라 4~7년으로 설정하기도 하며, 특정일을 계약 만료일로 잡아 그 시점까지를 계약 기간으로 삼기도 한다.

2. 출판사는 본 저작물을 계약일로부터 18개월 이내에 출판사의 비용으로 출간한다. 만약 이에 실패할 경우 저작권자에게 보상금 혹은 부과금을 지불해야 하며, 이를 이행하지 않을 경우 모든 권리는 저작권자에게 돌아가며 이 계약서는 효력을 상실한다.

→ 발행 시한을 어기면 1) 위약금 penalty을 물거나, 계약 불이행으로 보아 2) 재계약을 해야 하거나 3) 계약이 취소될 수 있으므로 발행 시한을 넘기게 될 경우 미리 에이전시에 연락하여 연장 허락을 받아 놓는 것이 좋다.

3. 출판사는 저작권자에게 아래의 금액을 반환 불가의 조건으로 지불한다. 이 계약서에 서명한 대로 한국어판 저작물의 권당 소매가의 _____% 의 저작권료에 대한 선불금advance으로 미화 _____ 달러를 지불한다.

→ 영국은 파운드화로 유럽은 유로화로, 일본은 엔화로, 중국은 위안화로, 기타 국가는 대부분 미국 달러로 지불한다.

선불금과 로열티royalty는 모두 아래와 같이 나뉜다.

　a) 한국의 원천 징수세withholding tax 11%
　b) 신원 에이전시에 대한 수수료commission(한국 통화로 지불) 10%
　c) 신원 에이전시를 통하여 저작권자에게 미화로 송금할 금액 79%

→ a) 원천 징수세는 계약 저작권사의 국적에 따라 다르다.
　5%: 러시아, 스위스
　10%: 그리스, 독일, 벨기에, 스페인, 영국, 일본, 이탈리아, 중국, 캐나다, 프랑스
　11%: 미국(주민세 포함)
　15%: 네덜란드, 덴마크, 스웨덴, 오스트레일리아

4. 저작물은 원작의 언어와 의미를 충분히 살려 옮길 능력이 있는 번역가

가 번역해야 한다. 텍스트를 수정하고자 할 때는 반드시 서면으로 된 동의서written consent를 보내 작가 혹은 그 대리인에게 허락을 받아야 한다.

→ 본문 텍스트를 축약하거나 변형하는 경우는 물론이고, 제목이나 차례를 바꿀 때도 서면 동의를 받는 것이 원칙이다.

5. 출판사는 영어 제목과 저작권 표시를 영어판 원서와 동일하게 모든 책의 표제지title page나 그 뒷면에 인쇄해야 한다. 출판사는 제작되는 모든 책의 표제지와 표지binding, 그리고 발행되는 모든 광고에 저자의 이름이 눈에 띄도록 인쇄한다.

6. 출판사는 이 계약으로 획득한 권리를 저작권자의 서면 동의 없이 타인에게 양도할 수 없다.

7. 만약 본 저작물(초판original edition이든, 신판new edition이든, 어떤 종류의 재쇄reprinting든 간에)이 시장에서 품절되고, 출판사가 (저작권자에게 이러한 신판이나 재쇄에 대해 미리 고지를 한 후) 6개월 이내에 신판을 찍거나 재쇄에 들어가지 못할 경우나, 출판사가 파산 선고를 받거나, 지불 불능이 되거나, 이 계약서의 어떤 조건을 어겨서 저작권자로부터 이에 대한 서면으로 된 시정 고지를 받은 뒤 한 달 이내에 이를 이행하지 않을 때엔 이 계약서에서 출판사에게 주어진 모든 권리는 저작권자에게 다시 귀속되며 이 계약은 저작권자 측이 어떤 불이익도 받지 않고 파기된다. 또한 저작권자는 출판사에게 계약 위반에 대한 배상claim을 요구할 수 있다.

8. 만약 한국어판에서 원서의 내용을 실질적으로 바꾸거나 변경한 경우, 이로 인해 발생하는 모든 법적, 공식적 대응에 대한 책임은 저작권자가 지지 아니한다.

9. 저작의 출간일에, 출판사는 번역본 6부를 저작권자에게 보낸다.

→ 통상 저작권자에게 보내는 증정본은 5~12권 정도이다. 계약서를 확인하여 출간 즉시 초판이 소진되기 전에 보내도록 한다.

10. 현재 존재하거나 앞으로 존재할 수 있으나 여기에 특별히 언급되지 않은 모든 권리들은 저작권자가 지닌다.

11. 출판사는 매년 12월 31일까지의 도서 판매 내역과 지불해야 할 금액을 정리해 3개월 이내에 저작권자에게 보내야 한다. 또한 출판사는 저작권자나 저작권자가 지정한 대리인agent이 회계 장부를 조사하도록 허가한다.

→ 보급판 등 다양한 형태로 책을 만들어 판매할 경우에도 모두 보고해야 한다. 나중에 다른 경로로 저작권사에서 발견하게 되면 신뢰가 깨질 수 있다.

12. 이 계약서가 양측 모두의 서명이 되지 않고, 이 계약서의 3번 조항에서 합의한 선불금이 계약서 상단에 명시된 날로부터 60일 이내에 저작권

자에게 지불되지 않으면 이 계약은 효력을 상실한다.

13. 12번 조항의 규정에 따라 선불금 지불 기일은 서명된 날짜에 따르며, 이것이 지켜지지 않을 경우 이 계약은 취소된다. 이로 인해 저작권자가 입게 되는 모든 종류의 손해에 대한 보상은 출판사가 저작권자에게 지불한다.

14. 신원 에이전시는 저작권자의 대리인 자격으로 이 계약에 대한 대리 업무를 진행한다.

서명 _____   서명 _____
저작권자   출판사
폴 오스터   열린책들

날짜 _____   날짜 _____

• 기타 특이 조항(알뱅 미셸을 통한 베르나르 베르베르와의 계약서 참조)
① 2차 저작권: 저작권자가 연극, 영화, 텔레비전, 라디오에 본 저작물을 파는 경우, 출판사는 자동으로 본 저작물의 1만 단어분의 번역본을 보상 없이 그와 관련된 광고나 홍보에 제공해야 한다.
② 로열티에 대한 특별 조항: 초판 출간 후 2년이 지나면 출판사는 재고나 과잉 물량을 언제라도 자유롭게 처리할 수 있다. 이 경우 출판사는 저작권자에게 서면으로 알려야 한다. 출판사는 처분한 부수를 기록한 서류를 저작권자에게 제공해야 한다. 폐기되거나, 염가 판매하거나, 원가cost price 이하로 팔았다고 해서 로열티에 영향을 미쳐서는 안 된다. 이러한 가격으로 팔린 책들에 대해서 출판사는 저작권자에게 순이익의 10퍼센트를 지급한다. 저작권자는 할인가에 책을 구매할 수 있는 선택권을 갖는다.
→ list price 정가, retail price 소매가, net proceeds 순이익
③ 계약 자동 연장: 이 계약서는 양쪽의 서명을 받은 날로부터 5년 시한이다. 이 기한 이후에 저작권자와 출판사 양측으로부터 계약 파기에 대한 등기 우편으로 된 통고가 없는 경우 계약은 관례에 따라 자동으로 갱신된다.

ISBN

ISBN(International Standard Book Number, 국제 표준 도서 번호)
이란, 각각의 도서에 세계 공통의 고유 번호를 부여하여 보다 간편하
게 전 세계에 유통되고 있는 출판물을 식별할 수 있도록 만든 단품 번
호(서명, 판차별로 세계 유일의 번호)로, 이를 책에 인쇄, 표시함으로
써 출판 유통의 정보화를 이룰 수 있는 국제적 코드 시스템이다.
1971년 국제 표준화 기구ISO의 공식 제도로 채택되었고, 현재 160여
국가에서 도입 시행하고 있다. 우리나라는 1990년 가입, 1991년부터 시
행하고 있고, 관리는 국립 중앙 도서관〈한국 서지 표준 센터〉에서 한다.

1 한국 문헌 번호의 대상

1) ISBN 부여 대상
• 출판사에서 정기적으로 갱신하거나 무한정 계속 간행할 의도가 없는 단
행본 성격의 출판물
• 인쇄 도서와 소책자(4면 이상)
• 표제면이나 텍스트 캡션이 있는 아트북, 도록
• 복합 매체 출판물(주된 구성 요소가 텍스트에 기반한 경우-CD, DVD 포
함 도서)
• 단행본 형태의 체험북 (컬러링 북, 글쓰기 책, 수수께끼 책, 스티커 북 등)
• 점자 자료
• 개별 논문(기사)이나 특정한 계속 자료의 특별호(계속 자료 전체는 대상이
아님)
• 지도
• 전자 출판물(인터넷상 또는 전자 매체 수록)
• 오디오북(인터넷상 또는 물리적 매체 수록)
• 교육용 소프트웨어 및 시청각 자료
• 마이크로 형태 자료
• 전자책 앱, 그림과 동영상, 사운드(상당한 텍스트 포함할 경우)

ISBN

2) ISBN 부여 제외 자료
- 광고용, 마케팅을 위한 자료(전단지, 위젯 등)
- 일반적 유통이 아닌 맞춤 출판 및 자가 출판 도서
- 연감·연보의 성격을 가진 주소록
- 수명이 짧은 인쇄 자료(달력, 리플릿, 포스터 등)
- 문구류에 해당하는 노트(일기장, 학습 플래너, 독서 기록장, 알림장, 다이어리, 스케치북)
- 낱장 자료(퍼즐, 플래시 카드 등)
- 보드게임
- 낱장 인쇄 악보(악보책인 경우 부여)
- 표제면이나 본문(텍스트)이 없는 화첩 및 아트 폴더
- 개인적인 기록(전자 이력서나 개인 신상 자료)
- 연하장이나 인사장
- 음악 녹음 자료
- 전자 게시판
- 전자 우편과 기타 전자 서신
- 게임
- 웹사이트, 홍보 또는 광고물, 탐색 엔진
- 교육용 이외의 목적으로 사용하기 위한 소프트웨어, 필름, 비디오, DVD, 슬라이드
- 접속 권한이 별도로 있는 인터넷상의 전자 출판물

2 한국 문헌 번호의 구조

1) ISBN은 5개 부분, 즉 ① 접두부(978 또는 979), ② 국별(또는 지역별 또는 언어별) 번호, ③ 발행자(또는 발행처) 번호, ④ 서명 식별 번호, ⑤ 체크 기호로 구성되며, 모두 합쳐 13자리의 숫자로 되어 있다.

2) 항상 ISBN이라는 문자를 앞세워 표기하며, 5개 부분은 각각 붙임표(−)로 표시해야 한다.

[예] 『창문 넘어 도망친 100세 노인』(열린책들, 2013)
　　　 ISBN 978-89-329-1619-4 03850

　　　 『출판사를 만들다, 열린책들을 만들다』(미메시스, 2017)
　　　 ISBN 979-11-5535-117-8 03040

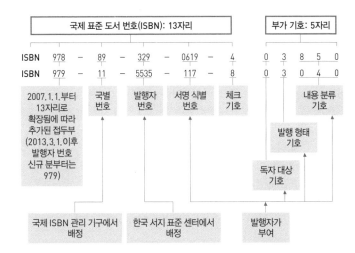

① 접두부

1970년 ISBN 제도 도입 이후 10자리 ISBN을 사용해 왔으나 출판물의 양이 급증하면서 ISBN 앞에 〈978〉을 달아 13자리로 확장하게 되었다. 그러나 그동안 사용하던 접두부 〈978〉이 소진됨에 따라 2013년 3월 6일부터 〈979〉를 배정하고 있다.

② 국별(또는 지역별 또는 언어별) 번호

국제 ISBN 관리 기구에서 부여하며, 발행 실적, 출판 예상량에 따라 1자리에서 5자리까지 부여한다. 한국의 국별 번호는 89(접두부가 978일 경우)와 11(접두부가 979인 경우)이다.

0/1	오스트레일리아, 캐나다, 아일랜드, 뉴질랜드, 푸에르토리코, 남아프리카공화국, 영국, 미국, 짐바브웨 (영어권)
2	벨기에, 캐나다, 프랑스, 룩셈부르크, 스위스 (프랑스어권)
3	오스트리아, 독일, 스위스 (독일어권)
4	일본
5	아르메니아, 아제르바이잔, 벨라루스, 에스토니아, 그루지야, 카자흐스탄, 라트비아, 리투아니아, 몰도바, 타지키스탄, 투르크메니스탄, 우크라이나, 우즈베키스탄
6	중국
80	체코, 슬로바키아
81	인도
82	노르웨이
83	폴란드
84	스페인

85	브라질
86	보스니아-헤르체고비나, 크로아티아, 마케도니아, 슬로베니아, 유고슬라비아
87	덴마크
88	이탈리아, 스위스 (이탈리아어권)
89	한국(접두부가 979일 경우에는 11)
…	……
99953	파라과이
99954	볼리비아

③ 발행자(또는 발행처) 번호

국립 중앙 도서관 〈한국 서지 표준 센터〉에서 배정받아 사용하며, 발행 실적, 출판 예상량에 따라 2자리에서 6자리 사이에서 배정한다.

열린책들은 〈329〉이다.

2자리	00	두산동아	~	24	퍼플	25개
3자리	250	삼성비엔씨	~	549	제이와이북스	3백 개
4자리	5500	과학기술	~	8499	커뮤니케이션북스	3천 개
5자리	85000	한국 자동차공학회	~	94999	한동	1만 개
6자리	950000	한국표준과학연구원	~	999999	미부여	1만 개

④ 서명 식별 번호

• 출판사에서 자사의 출판물에 부여하는 일련번호로 출판사의 분류 체계에 따라 다양하게 운용할 수 있다.
• 부여된 자릿수 안에서 중복된 번호를 내지 않으면 된다(한 번 사용한 번호는 그 책의 절판 여부와 상관없이 절대로 다시 사용할 수 없다).
• 일련번호와 발행 순서는 관계없다.
• 중판의 경우(서명, 내용, 판형, 페이지, 발행자, 판의 저자 등의 변동) 새로운 식별 번호를 부여한다.
• 중쇄의 경우(내용이 동일하거나 변경이 단순한 표지 갈이, 가격 인상, 단순한 오자의 교정에 그칠 때) 새로운 번호를 부여하지 않는다.
• 한 자료가 여러 형태로 간행될 경우 각 형태별(견장정, 연장정, 오디오북, 전자책 등)로 번호를 부여한다.
• 동일 서명으로 책이 두 권 이상 간행될 경우에는 세트 번호와 낱권의 번호를 각각 부여한다.
• 세트 단위로만 판매될 때는 하나의 번호를 써도 무방하다.
• 발행자 번호와 서명 식별 번호의 합은 언제나 7자리여야 한다.
  발행자 번호 2자리 → 서명 식별 번호는 5자리(00000~99999): 10만 종
  발행자 번호 3자리 → 서명 식별 번호는 4자리(0000~9999): 1만 종
  발행자 번호 4자리 → 서명 식별 번호는 3자리(000~999): 1천 종
  발행자 번호 5자리 → 서명 식별 번호는 2자리(00~99): 1백 종

발행자 번호 6자리 → 서명 식별 번호는 1자리(0~9): 10종

⑤ 체크 기호

ISBN을 컴퓨터에 입력했을 때 착오 여부를 자체적으로 검산하기 위한 0에서 X(10)까지의 숫자. ISBN·ISSN·납본 시스템(https://www.nl.go.kr/seoji/)에서 신청서 작성 시 자동으로 계산해 준다.

3) 부가 기호

한국 서지 표준 센터에서 도서 성격의 이해를 돕기 위해 부가한 항목이다.

[예] 94180(『끝이 있는 분석과 끝이 없는 분석』)

독자 대상 기호(1자리)	**9**	전문(표 1 참조)
발행 형태 기호(2자리)	**4**	총서(표 2 참조)
내용 분류 기호(3~5자리)	**1**(10단위대)	심리학(표 3 참조)
	8(1단위대)	심리학(표 3 참조)
	0(끝자리는 항상 〈0〉으로)	

→ 세트 번호에는 부가 기호를 더하지 않고 (세트) 표시를 해준다.

표 1 대상 기호표

기호	내용	설명	예
0	교양	일반 독자층을 대상으로 한 것으로, 주로 전문적인 내용을 비전공 일반 독자들이 쉽게 알도록 풀이한 도서	• 문학서 • 『알기 쉬운 별자리 여행』
1	실용	• 주로 실무에 관계된 실용적인 내용의 도서 • 실생활에서 활용할 수 있는 도서 • 일반인을 대상으로 한, 어떤 목적을 가진 수험 서적	• 공무원 시험 문제집, 낚시 가이드 도서 • 『당신의 사업 이렇게 하면 성공한다』
2	(예비)		
3	(예비)		
4	청소년	〈교·지·학·참 1〉에 해당되지 않는 것으로 중·고등학생을 대상으로 한 도서	
5	교·지·학·참 1 (중·고교용)	중학생, 고등학생을 대상으로 한 학습 참고서	
6	교·지·학·참 2 (초등용)	초등학생을 대상으로 한 학습 참고서	
7	아동	〈교·지·학·참 2〉에 해당되지 않는 것으로 초등학생 이하의 아동을 대상으로 한 도서	
8	(예비)		
9	전문	주로 학술·전문적인 내용의 도서	『경제학 원론』

* 교·지·학·참(교과서, 지도서, 학습서, 참고서)

표 2 발행 형태 기호표

기호	내용	설명
0	문고본	A6판(국반판)
1	사전	사전(辭典)·사전류(事典類)
2	신서판	B40판(3×6판), B6신(신4×6판)
3	단행본	〈문고판〉과 〈신서판〉에 해당되지 않는 도서
4	전집·총서·다권본·시리즈	전집·총서·다권본·시리즈
5	전자 출판물	e-book(PDF, EPUB, XML), CD, DVD, CD-ROM 등
6	도감	도감류
7	그림책·만화	그림책·만화
8	혼합 자료·점자 자료 마이크로 자료	혼합 자료·점자 자료·마이크로 자료

표 3 내용 분류 기호표

10단위세대 / 1단위세대	0	1	2	3	4	5	6	7	8	9
0 총류	총류	도서학 서지학	문헌 정보학	백과사전	강연집 수필집 연설문집	일반 연속 간행물	일반 학회 단체 협회, 기관	신문 저널리즘	일반 전집 총서	향토 자료
1 철학 심리학 윤리학	철학 일반	형이상학	인식론, 인과론 인간학	철학 체계	경학	동양 철학, 사상	서양 철학	논리학	심리학	윤리학 도덕 철학
2 종교	종교 일반	비교 종교학	불교	기독교 천주교 유대교	도교	천도교 단군교 대종교		힌두교 브라만교	이슬람교	기타 종교
3 사회 과학	사회 과학 일반	통계학	경제학	사회학 사회 복지 사회 문제	정치학	행정학	법학	교육학	풍속 민속학 예절	국방 군사학
4 자연 과학	자연 과학 일반	수학	물리학	화학	천문학	지구 과학	광물학	생명 과학	식물학	동물학
5 기술 과학	기술 과학 일반	의학, 약학 한의학, 보건학 간호학	농학 수의학 수산학	공학, 공업 일반 토목 공학 환경 공학	건축 건축공학	기계 공학 군사 공학 원자력 공학	전기 공학 전자 공학	화학 공학 식품 공학	제조업 인쇄술	생활 과학 의복, 미용, 주택 관리
6 예술	예술 일반		조각 조형 예술	공예 장식 미술	서예	회화 도화 디자인	사진 예술	음악 국악	공연 예술 연극 영화	스포츠 오락
7 언어	언어 일반	한국어	중국어	기타 아시아어	영어	독일어	프랑스어	스페인어 포르투갈어	이탈리아어	기타 언어
8 문학	문학 일반	한국 문학	중국 문학	기타 아시아 문학	영미 문학	독일 문학	프랑스 문학	스페인 문학 포르투갈 문학	이탈리아 문학	기타 문학
9 역사	역사 일반	아시아	유럽	아프리카	북아메리카	남아메리카	오세아니아 양극지방		지리 관광	전기 족보

ISBN

표 4 내용 분류 기호 상세표

분류기호	내용	분류기호	내용
000	**총류**	150	동양 철학, 동양 사상
000	총류 지식, 학문일반, 불가사의, UFO 컴퓨터과학, 전산학, 시스템, 네트워크, 인터넷, 컴퓨터과학, 프로그래밍, 프로그램, 데이터		유교 문화, 한국, 중국, 일본, 동남아시아 제국, 인도, 중앙아시아 제국, 시베리아 반도 등의 철학·사상
010	도서학, 서지학 저작권법, 판본, 제본, 출판, 참고서지,장서 목록	160	서양 철학 미국, 北歐, 영국, 독일, 오스트리아, 프랑스, 네덜란드, 스페인, 포르투갈, 이탈리아, 러시아 등의 철학·사상
020	문헌 정보학 도서관의 행정, 재정, 건물, 설비, 경영, 관리, 수서, 정리, 참고봉사, 각종 도서관, 정보학, 독서 및 정보매체의 이용, 기록학, 독서 지도	170	논리학 연역법, 귀납법, 변증법적 논리학, 기호·수리 논리학
030	백과사전 일반상식,퀴즈, 각종 백과사전(어학사전, 전문사전은 해당 주제에 분류함)	180	심리학 차이심리학, 발달심리학, 이상심리학, 생리심리학, 임상심리학, 응용심리학 일반, 심령연구. 꿈풀이, 운명판단(관상,인상학), 작명, 풍수지리, 역술, 사주풀이
040	강연집, 수필집, 연설문집 일반적인 수필집, 강연집, 연설집 등을 포합(문학 작품은 해당 문학에 분류함)		
050	일반 연속 간행물 계속적으로 발간하는 연속간행물, 연감, 일반 논문집 포함(특정 주제의 논문은 해당 주제에 분류함)	190	윤리학, 도덕 철학 가정윤리, 국가 및 정치윤리, 사회윤리, 직업윤리 일반, 오락 및 경기윤리, 성윤리, 소비윤리, 도덕훈, 교훈, 명언, 자기계발
060	일반 학회, 단체, 협회, 기관 특정 주제의 학회·단체는 해당 주제에 분류함. 박물관학, 박물관사	**200**	**종교**
070	신문, 저널리즘 신문 및 잡지의 기사작성, 뉴스 매체, 저널리즘, 언론, 언론정책	200	종교 일반 종교철학 및 사상, 자연종교, 자연신학, 종교사
080	일반 전집, 총서 개인 및 2인 이상의 일반 전집, 총서	210	비교 종교학 종교와 사회, 종교와 예술, 종교와 기타 주제와의 관계, 신화(예: 그리스신화, 로마신화)
090	향토 자료		
100	**철학**	220	불교 불교교리, 경전(불전, 대장경), 법어, 신앙록, 신앙생활, 포교, 교화활동, 사원론, 법회, 의식, 행사, 라마교
100	철학 일반 철학 일반, 철학사, 특수 주제의 철학은 해당 주제에 분류한다. (예: 법철학 - 360, 교육 철학 - 370)		
110	형이상학 방법론, 존재론, 우주론, 자연철학	230	기독교 기독교신학, 교의학(조직신학), 예수그리스도, 성서(성경), 신앙록, 명상록, 신앙생활, 전도, 교육, 교화활동, 목회학, 예배, 의식, 성례, 유대교, 통일교
120	인식론, 인과론, 인간학 철학적인 인간학, 인식론, 자유 및 필연, 목적론, 가치론, 인과론		
130	철학 체계 관념론 및 관련 철학, 비판철학, 합리론, 인문주의, 경험론, 자연주의, 유물론, 과학주의	240	도교 교의, 신선사상, 교조, 개조, 도장, 신앙록, 신앙생활, 포교, 전도, 교육, 교화활동, 사원론(도관), 행사, 법술, 교파
140	경학 역류(易類), 서류(書類), 시류(詩類), 예류(禮類), 악류(樂類), 춘추류(春秋類), 효경(孝經), 사서(史書)	250	천도교 동학교문분파, 사천교, 상제교, 청림교, 원종교, 천요교, 대화교, 단군교, 대종교, 기타 단군신앙
		260	[미사용]
		270	힌두교, 브라만교(바라문교) 구 바라문교 교리, 범사상, 교파, 교

280	리, 포교, 예배형식, 의식, 의례, 종교 **이슬람교, 조로아스터교** 교의, 교조, 교전, 신앙록, 신앙생활, 포교, 전도, 교육, 교화활동, 종파, 바하이즘, 조로아스터교	400	**자연 과학**	
290	**기타 종교** 신흥종교, 유사종교(증산도, 대순진리교 등)	400	**자연 과학 일반** 과학이론, 과학철학, 과학사, 순수과학과 기술과학의 일반적 내용	
		410	**수학** 산수, 대수학, 확률론, 통계수학, 해석학, 기하학, 삼각법, 해석기하학	
300	**사회 과학**	420	**물리학** 고체역학, 유체역학, 기체역학, 음향학, 진동학, 광학, 열학, 전기학 및 전자학, 자기, 현대물리학	
300	**사회 과학 일반** 사회사상, 정치·경제·사회·문화·역사 전반적 내용			
310	**통계학** 각종 통계, 통계분석, 인구통계	430	**화학** 이론화학과 물리화학, 화학실험, 기기, 시설, 분석화학, 합성화학, 무기화학, 금속원소와 그 화합물, 유기화학, 고리형화합물, 고분자화합물과 기타 유기물	
320	**경제학** 경영·경제일반, 관광경영, 마케팅, 경제정책, 무역학, 부동산, 회계학, 공익사업, 증권, 재테크, 금융, 보험, 재정, 조세, 이민, 취업, 면접, 광고, 방송, 회사 내 인간관계			
		440	**천문학** 천체운동, 이론천문학, 실지천문학, 천문대, 관측소, 천체망원경, 관측술, 기술천문학, 우주, 태양계, 지구, 기술천문학, 측지학, 항해천문학, 역법(달력), 측시법(표준시간)	
330	**사회학, 사회 문제** 사회사, 사회심리학, 인간생태학, 사회문제, 생활문제, 여성문제, 사회복지, 사회단체, 장애인 복지, 아동·청소년 문제, 성문제			
		450	**지구 과학** 지구 물리학, 지형학, 기상학, 기후학, 해양학, 지질학, 구조 지질학, 지사학, 고생물학(화석학), 응용 지질학 및 광상학, 암석학	
340	**정치학** 정치사상, 선거, 입법, 정당, 외교, 국제관계, 국제협력, 국제문제, 영토분쟁, 각국 정치, 통일, 남북관계			
		460	**광물학** 원소광물, 황화광물, 할로겐화광물, 산화광물, 규산 및 규산염화물, 기타 산화물을 포함한 광물, 유기광물, 결정학	
350	**행정학** 행정이론, 정책학, 중앙행정 및 행정부, 지방자치 및 행정, 결혼·수사, 공무원시험			
360	**법학** 국제법, 헌법, 행정법, 형법, 민법, 상법, 사법제도 및 소송법, 부동산법, 각국법, 예규, 법령집, 판례	470	**생명 과학** 인류학(자연인류학), 생물학, 생명론, 생물철학, 세포학, 미생물학, 생물진화, 생물지리학, 현미경 및 현미경검사법, 생물채집 및 보존	
370	**교육학** 교육정책 및 행정, 학교행정 및 경영·보건 및 교육지도, 학급경영, 학습지도, 교육방법, 교육과정, 유아 및 초등교육, 대학, 전문, 고등교육, 평생교육, 특수교육, 각종 교육문제	480	**식물학** 일반 식물학, 은화식물, 엽상식물, 조균류, 현화식물, 종자식물, 나자식물, 피자식물, 단자엽식물, 쌍자엽식물	
		490	**동물학** 무척추동물, 원생동물, 해면동물, 자포동물, 선형동물, 연체동물, 의연체동물, 절지동물, 곤충류, 척삭(척색)동물, 어류, 양서류, 파충류, 조류, 포유류	
380	**풍속, 예절, 민속학** 의식주의 풍습, 식생활 풍습, 연령별, 성별, 신분별 사회계층의 풍습, 사회생활의 풍습, 관혼상제, 예절, 축제, 세시풍습, 민속학, 민간신앙, 문화인류학			
		500	**기술 과학**	
		500	**기술 과학 일반** 기술이론, 발명, 발견, 기술사	
390	**국방, 군사학** 국가안보, 국토방위, 국방이론, 군사행정, 전략·전술, 군사교육 및 훈련, 군사시설 및 장비, 군특수기술근무, 육군, 해군, 공군, 고대병법(손자병법), 첨단무기, 안보	510	**의학** 약학, 한의학, 보건학 기초의학, 간호학, 임상의학, 내과학, 외과, 치과의학, 이비인후과학,	

	안과학, 산부인과, 소아과학, 건강증진, 공중보건 및 예방의학, 약학, 한의학, 다이어트, 한의학, 기치료, 민간요법, 요가		630	공예, 장식 미술 도자기공예, 유리공예, 금속공예, 보석, 갑각·패류·알 공예, 목·죽·왕골공예, 칠공예, 염직물공예, 고무, 플라스틱공예, 미술가구, 인형, 완구, 장식 및 도안
520	농업, 농학 농업, 농업경제, 재배 및 보호, 작물학, 원예, 임학, 임업, 축산학, 수의학, 애완동물			
			640	서예 한자의 서체, 한자서법, 한글서법, 기타 서법, 펜습자, 낙관, 수결(서명), 서보, 서첩, 법첩, 문방구
530	공학, 공업 일반, 토목 공학, 환경 공학 토목공학, 토목역학, 토목재료, 측량, 도로공학, 철도공학, 교량공학, 수리공학, 항만공학, 위생 및 도시, 환경공학			
			650	회화, 도화, 디자인 채색이론 및 실제, 회화의 재료 및 기법, 시대별 및 국별 회화, 주제별 회화, 소묘, 도화, 만화, 삽화, 디자인, 도안, 포스터, 판화, 산업 디자인, 그래픽 디자인
540	건축, 건축학 건축재료, 건축시공 및 적산, 구조역학 및 건축일반구조, 친환경건축 및 특정목적건축, 건물 세부구조, 건축설비, 배관 및 파이프의 부설, 난방, 환기 및 공기조화 공학, 건축마감 및 인테리어, 각종 건물			
			660	사진 예술 사진이론, 사진기, 사진재료, 사진촬영기술, 촬영기술, 음화처리(현상), 양화처리(인화), 특수사진술, 사진응용, 사진집
550	기계 공학 기계역학, 요소 및 설계, 공구와 가공장비, 열공학과 원동기, 유체공학, 공기역학, 진공학, 정밀기계, 자동차공학(자동차운전), 철도차량, 기관차, 항공우주공학, 우주항법학, 원자핵공학			
			670	음악 음악이론 및 기법, 악보, 종교음악, 대중음악, 성악, 극음악, 오페라, 뮤지컬, 기악합주, 건반악기 및 타악기, 현악기, 관악기(취주악기), 한국음악 및 동양전통음악
560	전기 공학, 전자 공학 전기회로, 계측, 재료, 전기기계 및 기구, 발전, 송전, 배전, 전등, 조명, 전열, 통신공학, 무선공학, 전자공학, 반도체, 자동제어, 로봇, 전산공학			
			680	공연 예술, 매체 예술 극장, 제작, 연출, 연기, 가면극, 인형극, 무용, 발레, 라디오극(방송극), 음성(소리)매체예술, 텔레비전극(드라마), 영화, 대중연예
570	화학 공학 공업화학제품, 폭발물, 연료공업, 음료기술, 식품공학, 납, 유지, 초, 가스공업, 세탁, 염색 및 관련 공업, 기타 유기화학공업			
			690	오락, 스포츠 오락, 체육학, 스포츠, 레크레이션, 체조, 놀이, 육상경기, 구기, 수상경기, 공중경기, 동계스포츠, 무예, 등산, 조깅, 트레킹, 기타 취미생활
580	제조업 금속제조 및 가공업, 철 및 강철 제품, 철기류 및 소규모 철공, 제재업, 목공업, 목제품, 피혁 및 모피공업, 펄프, 종이 및 관련 공업, 직물 및 섬유공업, 의료제조, 소형상품 제조			
			700	언어
			700	언어 일반 언어학, 언어사 및 언어정책, 언어행정, 일반적인언어의『음운 및 문자, 음성, 어원, 사전, 어휘, 문법, 어법, 작문, 독본, 해석, 회화, 속어, 고어, 방언』은 여기에 분류하나 특정 언어의 경우 해당 언어에 분류한다
590	생활 과학 가정관리, 가정생활, 의복, 몸치장(몸단장), 화장, 미용, 식품과 음료, 음식물, 영양학, 조리학, 요리, 주택관리, 가정설비, 가정위생, 육아, 공동주거용 주택시설 관리			
			710	한국어 국어사전, 한자사전, 옥편, 초급작문법, 방언(사투리)
600	예술			
600	예술 일반 미학 및 예술론, 재료 및 기법, 예술사		720	중국어
610	[미사용]		730	일본어 및 기타 아시아 제어 기타아시아언어도여기에 분류한다. (우랄-알타이어, 퉁구스어, 몽골(몽고)어, 튀르키예어, 헝가리어, 미얀마어, 타이어, 베트남어, 드라비다어 등)
620	조각, 조형 예술 조각재료기법, 목조, 석조, 금동조, 점토조소, 소조, 전각, 인장, 전화학, 제상			
			740	영어 앵글로색슨어도 여기에 분류한다.

750	독일어
	기타 게르만어도 여기에 분류한다. (네덜란드어, 스칸디나비아어, 스웨덴어, 덴마크어, 노르웨이어, 고트어)
760	프랑스어
	프로방스어도 여기에 분류한다.
770	스페인어 및 포르투갈어
	갈리시아어도 여기에 분류한다.
780	이탈리아어
	루마이아어도 여기에 분류한다.
790	기타 언어
	인도-유럽어족(그리스어, 라틴어), 아프리카어, 북아메리카 인디언어, 남아메리카 인디언어, 오스트로네시아어, 셈족어, 함족어, 국제어(인공어) 및 기타 언어

800	**문학**
800	문학 일반
	문학 이론, 문장 작법, 수사학, 문학전집, 총서, 강좌, 문학사, 평론, 글쓰기, 논술, 화술, 각 나라별 문학 작품(시, 희곡, 소설, 수필, 연설, 웅변, 일기, 서간, 기행, 풍자, 르포타주 등)은 해당 언어에 분류한다.
810	한국 문학
820	중국 문학
830	일본 문학
	기타아시아문학도 여기에 분류한다. (우랄-알타이문학, 퉁구스문학, 몽골문학, 튀르키예 문학, 헝가리문학, 에스토니아 문학, 티베트버마 문학, 타이문학, 베트남문학, 드라비다문학 등)
840	영미 문학
	앵글로색슨문학도 여기에 분류한다.
850	독일 문학
	게르만문학도 여기에 분류한다.(네덜란드문학, 스칸디나비아문학, 스웨덴문학, 덴마크문학, 노르웨이문학, 고트문학)
860	프랑스 문학
	프로방스문학도 여기에 분류한다.
870	스페인 문학 및 포르투갈 문학
	갈리시아문학도 여기에 분류한다.
880	이탈리아 문학
	루마니아문학도 여기에 분류한다.

890	기타 제문학
	인도-유럽계문학, 아프리카문학, 북아메리카 인디언문학, 남아메리카 인디언문학, 오스트로네시아문학, 셈족문학, 함족문학 등

900	**역사**
900	역사 일반
	세계사, 세계문화사
910	아시아
	한국, 중국, 일본, 동남아시아, 인디아와 남부 아시아, 중앙아시아, 시베리아, 서남아시아, 중동, 아라비아반도와 인접 지역
920	유럽
	고대 그리스, 고대 로마, 스칸디나비아, 영국, 아일랜드, 독일과 중앙유럽, 프랑스와 인접 국가, 스페인과 인접 국가, 이탈리아와 인접 국가, 러시아와 동부유럽
930	아프리카
	북아프리카, 이집트, 바바리제국, 서아프리카, 중아프리카, 동아프리카, 남아프리카, 남인도양제도
940	북아메리카
	캐나다, 미국, 멕시코, 중앙아메리카, 과테말라, 온두라스, 니카라과, 코스타리카, 서인도제도
950	남아메리카
	콜롬비아, 베네수엘라, 브라질, 에콰도르, 페루, 볼리비아, 파라과이, 아르헨티나, 칠레
960	오세아니아
	오스트레일리아, 뉴질랜드, 파푸아뉴기니, 멜라네시아, 미크로네시아, 폴리네시아, 하와이제도, 대서양제도
970	[미사용]
980	지리
	각국 지리, 인문지리학, 지지학, 취락(도시, 촌락) 지리학 등
990	전기, 족보
	주제별 전기, 계보, 족보, 위인전기 (세계총전, 문학, 예술 및 기타 주제에 관련되지 않은 일기, 일화집, 언행록, 인물평론, 추도록, 서한, 초상 등 포함)

ISBN

403

3 표기, 사용 원칙

1) 출판물 자체에 ISBN을 표시해야 하며, 인쇄본의 경우 간기면과 뒤표지 오른쪽 하단에 반드시 인쇄해야 한다.

2) 자료의 외측, 즉 케이스가 있는 것은 케이스에, 케이스가 없는 것은 덧싸개에, 케이스나 덧싸개가 없는 것은 표지에 표시한다. 띠지가 있을 경우에는 함께 표시한다.

① 아래쪽과 책등으로부터 1cm(±2mm) 띄는 것을 표준으로 한다.

② 9pt 이상의 활자체를 사용한다.

③ 컴퓨터 판독을 위해 바코드를 병기한다.

• 크기: 표준(3.73×2.66cm)을 기본으로 하고, 0.8~2배까지 축소, 확대할 수 있다.

• 색: 흰 바탕에 검정 바가 기본이나 한국 공업 규격의 규정치를 만족한다면 어떠한 색도 사용 가능하다. 단, 스캐너는 적색 레이저 광선을 사용하므로 흰 바탕에 적색 계통의 색은 판독이 불가능하다.

④ 어떠한 경우에도 재사용이나 출간 후 변경은 허용하지 않는다.

일단 부여된 도서 번호는 인쇄 과정에서 착오가 생기더라도 다른 도서에 재사용해서는 안 된다. 단, 출판 완료되지 않고 폐기된 경우 그 ISBN은 재사용할 수 있다. 또한 발행처는 잘못 부여된 ISBN도 반드시 센터에 통보해야 한다. 등재된 한국 도서 번호 통보서의 내용을 수정하고자 할 경우에는 도서 정보 정정 신청서를 온라인으로 제출한다.

⑤ ISBN의 신청은 ISBN·ISSN·납본 시스템 홈페이지를 통해 온라인으로 신청한다.

4 유의 사항

1) 부여 번호 관리

소정 양식에 따라 ISBN 부여 등재부를 마련하여, 가능하면 도서 제작 순서에 따라 번호를 부여하고, 출간 뒤에는 발행 날짜를 기입하여 철저히 관리하여야 한다. 이 점을 소홀히 하면 ISBN이 중복 부여된 도서를 발행하게 되어 전량 회수하는 사고가 발생할 수도 있다. 이 등재부의 기록 사항은 발행자 번호를 추가로 배정받을 때 첨부 서류로 제출한다.

2) 부가 기호 부여 시

① 일반 독자용인지 전문가용인지, 단행본인지 총서인지, 문학인지 철학인지 등을 잘 판단하고,

② 비슷한 책이 전에 어떤 번호를 부여받았는지 조사한 뒤,

③ 다른 사람과 의논하여 검증받도록 한다.

특히 두 군데 이상의 분야에 속한다고 생각되는 책의 경우에는 여러 가지 사항을 고려하여 가장 적당한 번호를 부여해야 한다.

3) 총서
한 작품이 분권된 것이나 전집과 같은 경우에는 ISBN 한 개를 총서 번호로 배정하고, 각 권에 부여된 ISBN과 나란히 기재한다.

[예] 개미 4권
ISBN 978-89-329-2420-5 04860
ISBN 978-89-329-2416-8 (세트)
① 전집의 각 권은 일련번호로 부여하는 것이 바람직하나, 몇 가지 이유에서 그렇게 할 수 없었다고 해도 문제가 되지 않는다.
[예] 『프로이트 전집』 15권 발간 후 1년 뒤 2권을 더 발행한 경우
② 전집을 낱권으로 판매하지 않고 하나의 케이스에 넣어 전집 단위로만 판매할 경우는 번호 하나만 부여해도 무방하다. 이 경우 각 권에 동일한 번호를 표시한다. 판매 전망이 확정되지 않아 나중에 낱권으로 해체하여 판매할 가능성이 있는 전집은 세트 번호와 함께 각 권에 일련번호를 부여하는 게 현명하다.
③ 러시아 문학 시리즈, 편집 출판 총서와 같이 총서라는 말이 하나의 기획을 뜻하는 것에 지나지 않는 경우에는 총서 번호를 부여할 필요가 없다.

[참고] ISSN(International Standard Serial Number, 국제 표준 연속 간행물 번호)
① 정기 간행물을 포함한 연속 간행물
② 연속 간행물 또는 도서에 포함된 연속적인 부록
③ 연간서(보고서, 연감 등)
④ 학술지
⑤ 회보, 회의록, 회의 보고서
⑥ 신문
⑦ 단행본 총서
⑧ 전자 저널
⑨ 계속 갱신 자료
→ 분책의 권호를 가지고 한정된 기간 동안 발간 예정인 간행물은 제외한다.
→ 연간서 및 단행본 총서 등의 출판물은 ISBN도 함께 부여한다.

편집 체크 리스트

이 편집 체크 리스트는 규범을 제시하려는 데 목적이 있는 것이 아니라, 사고 발생 방지에 목적이 있다. 수록된 내용의 대부분은 실제로 일어났던 편집 제작 사고를 바탕으로 작성한 것이다.

활용법

1) 편집 시작할 때: 필요한 사항을 점검하며,
2) 편집 중: 수시로 점검하고,
3) 편집 완료 후: 원고를 주간(편집장)에게 제출할 때 같이 제출한다.

점검할 사항	이유
원고 선정	
편집자가 읽기에 재미있는 원고인가?	편집자는 최초의 독자다. 편집자에게 조차 재미없거나 가치가 없는 원고는 출판할 가치가 없다.
언론이 흥미를 가질 수 있거나 그 가치를 적극 홍보해 줄 수 있는 내용인가?	책을 가장 효과적으로 홍보하는 방법은 〈기사화〉다.
다른 책과 비교하여 새롭고 독창적인 점이 있는가?	
출판사 이미지에 부합하는가?	출판사가 나름대로의 색깔을 낼 수 있다면 그보다 더 좋을 수 없다.
같은 주제의 책이 포화 상태는 아닌가?	기존의 책과 유사한 책을 내는 것은 낭비일 뿐이다.
기존에 타 출판사에서 소개된 적이 있는 저자인가?	중복 소개는 바람직하지 않다.
저자가 책의 판매를 얼마큼 소화시킬 능력이 있는가?	대중적이지 못한 책일 때 고려할 사항이다. (일반적인 판단 기준: 저자의 지명도, 원고의 완성도)

저자 및 역자 선정

해당 분야에 두각을 나타내는 저·역자가 있는가?	저·역자의 선정은 책의 질을 결정하는 가장 중요한 요소 중 하나이다.
기존에 함께 작업한 저·역자 중 적합한 인물이 있는가?	저·역자가 작품에 대해, 편집자 또한 저·역자에 대해 잘 알고 서로 협조적인 관계를 유지한다면 작업의 효율성은 극대화된다.
처음 작업하는 저·역자의 경우, 기출판된 책을 읽어 보았는가?	문체는 매끄러운지, 내용을 정확하게 이해하는지 살펴본다. 성실성(남에게 번역을 시키지는 않는지 등)이나 일정을 잘 지키는지 주변의 의견을 듣는다.

계약

선불금이 소진되는 지점이 몇 부인가?	그 지점까지 팔 수 없다면 인세를 더 무는 셈이 된다.
인세와 원고료 중 어느 쪽이 유리한지 계산해 보았는가?	적극적으로 마케팅할 기획 도서는 매절로 계약하는 것이 덜 부담스럽다.
저자 사진 사용 시에 저작권 문제는 없는가?	분쟁의 소지가 있다. 사진에도 저작권이 있다.
(이미지가 있는 책일 경우) 이미지를 어떤 방식으로 제공받는가? (원화, 데이터 파일 등)	계약 당시부터 명확하게 하는 것이 좋다. 대개 데이터 파일, 스캔비 등은 별도 지불하게 된다.
삽화나 사진, 도표 등 텍스트 이외의 시각적인 이미지를 사용할 경우 그 비용을 누가 부담할 것인지 결정했는가?	
계약서, 원서, 저자 사진, 신간 안내 자료가 모두 들어왔는가?	계약 당시 확보하지 않으면 나중에 구하기 어렵고 시간이 걸린다.
인세나 원고료의 지불 일정을 저·역자에게 정확하게 알려 주었는가?	불만의 소지를 미연에 방지하는 것이 좋다.
저·역자의 주민 등록 번호, 계좌 번호와 연락처는 있는가?	특히 국외에 체재하는 저·역자의 경우 주의해야 한다.

저자 및 역자 관리

저·역자가 다음에 보낼 원고(보완, 수정, 추가 등등)는 언제 도착하는지 정확한 날짜가 합의되었는가? 모든 원고는 부속물까지 한 번에 받는 것이 원칙이다.	일정 관리를 위해 필요하다. 특히 외국 문학의 경우 역자 해설과 연보 등의 입고 일정을 확인해야 한다.
저·역자와 주고받는 메시지(편지, 전자우편, 전화 통화 등)는 보관하고 있는가?	작업 진행 중 일어난 변동 사항 등을 단순히 기억에만 의존한다면 차후 문제가 발생할 수 있다.

편집 체크리스트

407

원고 입고

저·역자는 보내온 파일의 사본을 가지고 있는가?	가능하면 저·역자에게 원고 사본을 가지고 있게 한다.
(번역물의 경우) 해외 서평 자료의 번역은 완료되었는가?	원고와 동시에 입고시키도록 하는 것이 원칙이다.
저·역자 약력은 있는가?	최근 업데이트된 사항을 추가한다.
저자에게서 온 원고의 원본을 원고 데이터 공유 저장 위치에 저장하였는가?	
입고 원고의 번역 상태, 서술 상태, 문제점 등을 점검하였는가?	문제점의 경중에 따라 저·역자에게 통보하여 수정을 요구한다.
역자 후기 등을 비롯해 기타 부속 자료가 필요하지 않은가?	저·역자 도움 필요 시 신속히 요구하여 원고 입고 시 동시에 입고되도록 한다.

편집 계획

출간 일정은 확정되었는가?	일정 변경 시 보고한다.
판형은 결정했는가?	
판면 디자인은 결정했는가?	책의 특성에 따른다(발행 계획서에 포함).
본문은 몇 도로 할 것인가? (단도, 2도, 4도)	책의 특성에 따르되 제작비 및 작업 일정을 고려한다.
견장정으로 할지 연장정으로 할지 결정했는가?	견장정은 제작 기간이 오래 걸리므로 미리 고려하여 일정을 잡는다.
발행 계획서는 작성했는가?	서지 사항, 일정, 손익 분석, 내용 요약, 마케팅 방안 등의 내용을 출판사 내에 공유할 수 있도록 한다.
표지 디자인은 외주를 줄 것인지 자체 제작을 할 것인지 결정했는가?	
역자를 바꿀 필요성은 없는가?	불가피할 경우 빨리 결정해야 한다.
제목을 바꿀 필요성은 없는가?	문학 작품은 원제를 고유 명사로 취급하므로 가능하면 원제를 살리고, 부득이하게 변경할 경우 원저작자와 상의한다.
역자 해설을 넣을 것인지, 짤막하게 쓸 것인지 논문으로 확대할 것인지, 다른 사람이 쓸 필요는 없는지 결정했는가?	미리 판단해야 한다.
저자 등에 관한 연보를 넣을 필요는 없는가? 필요하다면, 작성해 놓았는가?	고전 작가의 경우 특히 중요하다.
권위자나 영향력 있는 사람의 추천사를 받을 필요가 있는지는 생각해 보았는가?	원고 입고 단계에서 빨리 결정하는 것이 좋다.
(원고료 지급을 위하여) 원고 매수는 계산해 놓았는가?	각주와 해설 등의 분량을 포함한다.

저작물(번역 포함)의 질에 대해 발행인이 알고 있는가?	

외주 교열 교정

작업을 넘기기 전, 외주 교열자와 일정과 단가에 대해 협의한 후 외주 계약서를 작성했는가?	정확히 해두지 않으면 불만의 소지가 있다.
외주자와 작업 방식에 대해 협의했는가?	초교, 재교, 삼교, OK교 중 어느 작업까지 진행할 것인지, (번역서의 경우) 원서 대조는 어떤 수준으로 할 것인지, 저·역자 교정은 언제 진행할 것인지 등의 내용이 협의되어야 한다.
외주자에게 교정 원칙을 전달했는가?	출판사 교정 원칙뿐만 아니라 원고 특성에 맞는 교정 원칙이 필요할 수 있으며, 처음 일하게 된 외주자의 경우 특히 주의한다.
저·역자의 전달 사항을 전달했는가?	교정 교열이나 판면 디자인에 대한 저역자의 요청 사항이 있다면 전달해야 한다.
매번 교정지를 검토하는가?	교정지를 확인하면서 미진하거나 더 필요한 부분에 대해 의견을 전달할 때 작업이 원활해진다.
일정대로 진행되고 있는지, 문제는 없는지 수시로 확인하는가?	편집자가 미처 파악하지 못한 문제가 원고에 있는지, 외주자가 일정을 지키고 있는지 수시로 확인한다.

본문 편집-초교

한자의 폰트 크기는 줄여 놓았는가?	한자가 한글과 같은 크기인 경우 보기가 좋지 않다.
숫자와 한자, 로마자의 서체는 정확한가?	퀵으로 작성한 원고를 인디자인용으로 바꿔 작업하는 경우나 한자가 많이 포함된 원고의 경우는 반드시 확인한다.
깨진 글자는 없는가?	한글이나 워드로 작성한 원고를 MAC으로 가져갈 경우에는 꼭 확인한다.
번호 체계의 순서가 맞는가?	
약물을 확인했는가?(괄호, 낫표 등)	약물 기호가 일관성 있게 표기되었는가?
각주의 선 길이, 간격, 글자 모양, 번호를 확인했는가?	일관성 있게 표기되었는가?
사진 상태는 좋은가?	원본과 반드시 비교 확인. 배치 상태(본문 내용과 맞는 사진을 사용했는가?), 크기, 테두리 선 유무, 트리밍이 잘못되어 있지 않은지, 반전이 필요한지 등을 확인(인물 사진은 시선이 안쪽으로 향하는 것이 좋다)한다.

편집 체크 리스트

부속 원고의 체제가 통일되어 있는지 확인했는가?	
저·역자에게 문의할 사항은 정리했는가?	역자 후기에 번역 대본을 밝힌다.
책 제목은 결정했는가?	늦어도 재교 때까지는 정하는 것이 좋다.
표지 디자인 의뢰서를 작성해 전달했는가?	초교를 마무리하기 전에 작성한다.

본문 편집-재교

본문과 표지에 사용할 사진의 교정쇄를 확인했는가?	사진이 다수일 경우 사용할 본문과 표지 용지에 교정쇄를 내본다(컬러, 이미지 스캔 정도 확인).
간기면을 확인했는가?(저·역자 이름, 약력, 로마자 저작권 표시 등)	간기면 작성 시에 다른 책의 데이터를 복사해 사용해서는 안 된다.
로마자 저작권 표시문 작성 시에 계약서와 대조해 보았는가? 에이전시에 확인할 필요는 없는가?	저작권 표시는 계약 사항 중 가장 중요한 부분이다. 해외 저작권자의 경우 표지와 로마자 저작권 표시문을 출간 전 승인받을 것을 요구하는 경우가 많으므로, 일정을 여유 있게 둔다.
표지, 날개에 들어갈 문안은 작성해 놓았는가? 저·역자, 마케팅팀과 상의해 보았는가?	적어도 재교 완료 이전에 마무리해 놓는다. 가능하면 초교 완료 시점까지 작성하는 것이 좋다.

본문 편집-삼교

찾아보기 작성 후 본문 페이지 변동이 없었는지 확인했는가?	페이지 변동이 없어야 하며, 최종교에서도 몇 개의 샘플을 확인해 본다.
편집 배열표는 작성했는가?	본문 외 부속물의 페이지를 확정하여 대수를 맞춘다. 속표제지를 펼침면으로 만들 때는 미리 작성해 둔다.
ISBN은 신청했는가?	
표지 교정쇄는 확인했는가?	지정한 색과 서체가 제대로 나왔는지, 표지의 지질은 적합한지 확인한다.
저작권 및 표제지, 목차, 저자 소개, 표지 문안은 2명 이상이 번갈아 보았는가?	저자 성명 한문/영문 표기, 생몰년, 저술서 원문 등의 표기를 확인한다.

본문 편집-OK교

OK 교정지에 수정한 것이 맞게 입력되어 있는지 확인했는가?	
시리즈의 경우 상·하권 표시는 정확한가?(책등, 표지, 표제지, 광고 등)	시리즈의 제목과 번호를 반드시 확인한다. 약표제지에는 표시하지 않는 경우도 있다.

본문의 제목, 쪽표제, 페이지 번호 등이 차례와 일치하는지 확인했는가?	
띠지는 프린트해서 보았는가?	띠지는 편집용이 보관되지 않는 경우가 많으므로 제작 전 반드시 프린트해 확인하고 책에 씌워 본다.
가격은 정확한가?(표지, 띠지, 광고)	
로고가 들어갈 부분은 확인했는가?(책등, 표지, 표제지, 띠지, 광고 등)	
시리즈물의 경우 두께의 차이로 인한 날개 크기의 변화는 없는가?	특히 동일한 포맷으로 가는 전집류, 총서류.
홈페이지 주소는 확인했는가?(간기면, 광고)	
ISBN은 확인했는가?(간기면, 표지, 띠지)	
표지의 책등 사이즈는 본문의 최종 페이지 수와 본문 용지 지질에 맞게 되어 있는가?	
신간 안내문(보도 자료)은 써놓았는가?	출간 1주일 전에는 마무리한다.

가제본 POD 제작

가격은 정확한가?	면지 부분에 다음과 같은 가제본 체크리스트를 붙이고 편집자들이 돌아가면서 내용을 확인한다.
제목, 부제, 저자, 역자는 정확한가?	
표지와 책등 사이즈는 정확한가?	
표지에 오자는 없는가?	
장제목의 위치는 정확한가?	
차례 스타일은 적당한가?	
로마자 저작권 표시문은 확인했는가?	
쪽표제에 오자는 없는가?	
간기면에 오자는 없는가?	
각주의 일련번호는 정확한가? 혹시 밀린 곳은 없는가?	
해설의 제목과 글쓴이는 정확한가?	
부속물의 디자인은 적당한가?	
앞·뒤 부속물에 오자는 없는가?	

편집 체크리스트

CTP 교정

리핑 데이터는 〈출력 미리 보기〉로 확인했는가?	PDF를 메뉴의 보기 > 도구 > 인쇄물 제작 > 출력 미리 보기로 확인한다.
1도가 되어야 할 부분이 4도로 되어 있는 것은 없는가?	뒤표지의 바코드를 주의한다.
쪽표제나 쪽수가 들어가서는 안 되는 부분을 확인했는가?	
각주 부분까지 본문이 파고들지 않는지 확인했는가?	
이미지가 모두 출력되었는지 확인했는가?	설정이 잘못된 경우 이미지가 출력되지 않는 일이 종종 발생한다.
깨지는 글자가 없는지 확인했는가?	확장 한자와 확장 한글(뒹/앴/쪤/쩰 등)에 주의한다.
표지 교정쇄는 뽑아 놓았는가?	인쇄할 때 색을 맞추는 기준이 된다.
표지 데이터는 인쇄할 용지의 판형, 절수에 맞는가?	미리 고려하지 않으면, 종이 손실이 클 수도 있다.
데이터가 모두 있는지 확인했는가?	CMYK 데이터가 모두 있는지, 별색 데이터나 박, 형압 데이터 등이 제대로 있는지 확인한다(박, 형압 등의 후가공은 위치와 제작 방식 등을 제작처에 충분히 전달한다).
재단했을 경우 표지 이미지나 내용에 문제가 생기지는 않는가?	그림, 글이 잘리지는 않는지, 바탕색이 충분히 재단선 밖으로 나오는지 확인한다. 교정쇄를 미리 책 크기에 맞춰 오려 보는 것도 좋은 방법이다.
별색 인쇄를 할 경우 별색 견본을 인쇄소에 제대로 전달했는가?	별색 견본을 데이터와 함께 보낸다.

제작 준비

긴급 연락처는 확보(제작처 담당자의 이름, 전화, 휴대 전화 번호 등)되어 있는가?	
제작처의 일정은 확인했는가?	
종이 재고는 확인했는가?	수입지의 경우 더 주의해야 한다.
인쇄소에 종이 발주 통보는 했는가?	
제본소에 인쇄 일정 통보는 했는가?	

본문 인쇄 시에 손지율이 가장 적은 종이를 선택했는가?	손지율이 몇 퍼센트인지 파악, 기입한다.
수입지를 선택할 경우 재고 수량은 확인했는가?	
만일을 위한 일정상 여유나 대비책을 두었는가?	
띠지와 표지가 접지 기계로 접지가 되는 사이즈와 두께인가?	

제작비 정산

제작비가 중복 청구되어 있지는 않은지 확인했는가?	
단가 인상 시에 그 이유를 물어보았는가?	
거래 업체의 단가, 서비스, 품질을 다른 업체와 늘 비교하고 있는가?	
단가와 관련하여 제작 공정을 명확하게 파악하고 있는가?	
제작처에서 금전적인 책임을 질 부분이 발생한 경우 청구서에 반영되고 있는가?	

홍보 관리

저·역자가 제안하는 홍보 방안은 없는지 물어보는가?	쉽게 연락을 취할 매체 기자가 있다거나 SNS를 활용하는 등의 방안이 있는지 물어본다.
신간 안내문(보도 자료)은 지정된 장소에 보관해 놓았는가?(출력물과 파일 모두)	담당 편집자가 자리에 없을 경우 누구라도 쉽게 찾을 수 있다.
신간 안내 도서의 배포 범위는 결정되었는가? 마케팅부와 상의해 보았는가?	
신간과 안내문을 보내 준 매체 리스트는 정리해 두었는가?	추후 보내 준 매체에 기사가 실렸는지 확인해 볼 수 있다.
보도된 기사들은 모두 철해 놓았는가?	신간 소개, 구간 소개, 출판사 소개, 관리 저자 소개 등 관련된 모든 기사를 철해 놓는다.
추가로 신간 안내문이나 홍보용 책을 요청한 매체들을 기록해 놓았는가?	기사화된 매체의 증정본을 보내 달라고 부탁한다.
기사가 실렸을 경우 기자에게 감사 전화를 했는가?	혹은 이메일을 쓴다.

재쇄 준비

질문	비고
초판 발행 후 발견된 수정 사항은 제대로 반영되었는가?	
재판 수정 사항은 OK 파일에 현행화시켰는가?	그때그때 해놓지 않으면 잊게 된다.
저·역자 또는 독자들이 보내온 정오 사항은 반영되었는가?	
판쇄는 맞게 되었는가?	
간기면의 저·역자 약력은 업데이트했는가?	
발행일은 맞게 되었는가?	
표 2, 표 3의 수정 사항은 확인했는가?	
초판 발행 뒤 남은 표지 인쇄물이 있었는가?	증쇄 시 빠뜨리지 않고 사용한다.
남은 표지 사용 시에 가격은 변동이 없는가?	
수정이 이루어진 재쇄본은 챙겨 놓았는가?	

사후 관리

질문	비고
책이 나온 것을 저·역자에게 알려 주었는가?	
저·역자에게 책을 보냈는가?	대개 10부이며, 계약서대로 따른다.
저·역자와 식사를 해본 적이 있는가?	애로 사항 청취, 요구 사항 등을 전달하고 친분을 쌓는다.
저·역자에게 원고료 지불 일정을 정확하게 알려 주었는가?	
에이전시나 원저작자에게 보낼 초판본은 확보했는가?	초판본이 없어지기 전에 확보한다.
에이전시에 출간을 통보했는가?	
에이전시에 책을 보냈는가?	대개 2부. 계약서를 확인한다.
원저작자에게 책을 보냈는가?	대개 6부. 계약서를 확인한다.
판면 디자인 체제(폰트, 사이즈, 자간/행간 등)는 정리해 놓았는가?	관리에 편리하다.
최종 OK교정지는 봉투에 넣어 보관 장소에 두었는가?	저·역자 교정지도 보관한다.
편집용 도서는 추려 놓았는가?	

저 · 역자에게 편집 시 사용한 자료(원고, 원화, 사진, 책 등)는 돌려보냈는가?	
보관용 도서는 추려 놓았는가?	3권은 완전 포장해서 손 타지 않는 창고에 보관하고, 2권은 열람 가능하게 한다.
납본은 했는가?	언론사에 배포하지 않을 책도 빠뜨리지 않도록 특히 주의한다.

전자책

계약서의 전송권 계약 내용을 확인했는가?	
저작권사의 사전 승인 여부를 확인했는가?	
원저작자를 확인했는가?	
전자책 파일의 메타데이터는 정확한가?	
전자책 제작 시 반영해야 할 사항이 있는가?	각주 처리, 이미지, 레이아웃 등 전자책 제작 시 반영해야 할 사항을 미리 전자책 제작자에게 전달해야 한다.
전자책 제작 시 사용할 데이터가 최종 수정한 버전인가?	
상호 참조 처리를 확인했는가?	종이책에 몇 쪽을 참조하라는 등의 참조 표시가 있는 경우, 전자책으로 변환했을 때 페이지가 달라지므로 이를 확인해 수정해야 한다.
색인 처리를 확인했는가?	학술서의 경우는 참고 문헌으로 활용될 때를 대비해 다음 문구를 삽입하고 종이책의 색인을 보존한다. 〈이 찾아보기는 종이책의 페이지를 기준으로 작성된 것으로, 논문 등에서 인용, 참조 위치를 작성할 경우에 활용할 수 있도록 수록합니다. 이 전자책에서 해당 항목을 찾아볼 때에는 전자책 뷰어에 내장된 검색 기능을 활용하시면 더 편리합니다.〉
한자나 영문 로마자는 올바르게 표현되었는가?	개별 서체를 통해서만 볼 수 있는 특수 문자가 전자책 기기에서 올바르게 표현되지 않을 경우 유니코드 문자로 이를 표기한다.
전자책 차례 구성을 확인했는가?	책의 차례대로 전자책 차례를 구성하는 것을 원칙으로 하되 전자책의 성격이나 기획에 따라 적절하게 변경한다.

편집 체크 리스트

전자책 간기면을 확인했는가?	로마자 저작권 표시의 경우, 계약서에 발행 연도를 종이책과 전자책 모두 표시하는 경우도 있다.
전자책 발행 후 발견된 수정 사항은 제대로 반영되었는가?	증쇄 전 수정 사항이 있으면 최종 데이터에 반영하거나 전자책 담당자에게 미리 설명해 주어야 한다.
누락되거나 잘못된 내용은 없는가?	종이책 조판 시 이미지 처리한 내용이 HTML 변환 시 누락될 수 있기 때문이다.
가격은 정확한가?	
ISBN은 정확한가? (간기면, 메타데이터)	
전자책 레이아웃을 검수했는가?	
다양한 기기와의 호환성을 확인했는가?	
전자책 적합성을 검사했는가?	

편집 기초 지식 테스트

현재 나의 편집 기초 지식은 어느 정도인지, 편집자가 실제 책을 만드는 과정을 따라가면서 다음 문제를 풀어 보자.

기획, 계약, 번역 단계

1. 편집자 A가 해외 저작물을 검토하던 중 『벨기에의 역사와 문화 *History and Culture of Belgium*』라는 책을 발견하고 이를 국내에 번역 출간하려고 한다. 원서 정보를 확인해 본 결과 벨기에 작가 조르주 심농 Georges Simenon은 1978년에 이 책을 출간했고, 1989년 9월 4일에 사망했다. 2024년 1월 현재 국내 저작권법에 따른 이 저작물의 저작권 보호 기간은 언제까지인가?
_____ (2점)

2. A는 이 책의 저작권이 법적으로 보호되고 있음을 확인하고 국내 에이전시를 통해 저작권 출판 계약을 맺기로 했다. 저작권은 원저작자가 가지고 있을 수도 있고, 에이전트나 출판사 등에 위임되어 있는 경우도 있는데, 이 책의 저작권은 출판사가 가지고 있었다. 해당 출판사는 계약 시에 지불하는 계약금으로 일종의 _____ advance을 2,000유로로 요청했고, _____ royalty은 6%로 정했다.(각 2점)

3. A는 번역가 B에게 번역을 맡길 계획이다. 일반적으로 역자와의 계약은 〈출판권 설정 계약〉과 〈저작 재산권 양도 계약〉의 두 가지 형태가 있다. 〈출판권 설정 계약〉은 저작물의 출판권만을 행사할 수 있는 계약으로 저작권 사용료를 책의 판매에 따라 인세로 지급할 때 주로 맺으며 〈저작 재산권 양도 계약〉은 원고지 1매당 일정 금액을 주고 번역 저작권 자체를 가져올 때 주로 맺는다. 이 책을 적극적으로 마케팅할 계획이라면 A는 어떤 계약을 선택하는 게 좋은가? _____ (2점)
A는 역자와 협의 후 번역료로 원고지 매당 5,000원을 지급하기로 했다. 원고 매수는 2,540매였고 총 번역료는 12,700,000원이 되었다.

편집 단계

4. 번역가 B가 번역을 진행하는 동안 A는 원서에 실린 사진의 저작권을 확인하고 그중 몇 장을 골라 사용료를 지불한 후 컴퓨터 이미지 파일을 받았다. 몇 달 후 번역가가 번역 원고를 보내왔고, A는 번역 상태를 확인한 뒤 본문 편집 작업을 시작했다. 학술서임을 감안해 견장정으로 만들기로 했고, 판형은 B6판(4×6판)으로 결정하였다. 이때 판형의 크기는 _____×_____mm이다.(5점)

5. 원고 진행 사항을 검토하던 편집장이 A가 결정한 판형에 문제가 있음을 지적했다. 예상되는 책의 면수가 600면 가까이 되고, 원서의 도판이 커서 작은 판형이 적합하지 않다고 본 것이다. 결국 A는 A5신판(신국판)으로 판형을 바꾸기로 했다. 이때 판형의 크기는 _____×_____mm이다. 판면을 재구성한 결과 한 면에는 10pt, 45자, 28행의 텍스트가 들어갔는데, 이는 원고지 약 6.3매에 해당했다.(5점)

6. 아래 그림은 A가 출간하려는 A5신판 견장정의 스케치다. 각 부분의 명칭을 적어 보자(열린책들에서 제안한 용어를 우선 사용할 것).(각 2점)

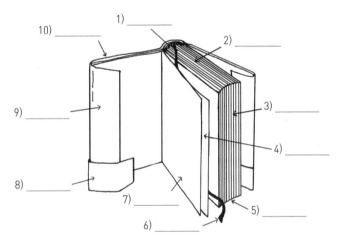

7. 본문 편집 구성을 마쳤는데 번역가가 뒤늦게 원서에 있는 헌사와 감사의 말을 보내왔다. 이것들을 포함해 머리말, 약표제지, 간기면, 표제지 등이 차례 앞에 들어가야 하는데 어떤 순서로 구성해야 하는가?(5점)

①_____ ②_____ ③_____ ④_____ ⑤_____ ⑥_____

8. 책의 간기면을 작성하려 한다. 원저작자의 로마자 저작권 표시는 copyright 문구 다음에 기호 _____를 표기하고 저작권자, 연도를 기입해야 한다. 결국 이 책의 로마자 저작권을 표기하면 _____이 된다.(각 2점)

9. 책의 이력서라고 할 수 있는 판쇄 표시는 처음 제작된 판본은 초판first edition, 초판의 내용 일부를 바꾼 _____revised edition, 초판의 내용을 늘려서 보완한 _____enlarged edition, 내용의 증감 없이 초판의 판면을 새로 편집한 _____new edition으로 구분하는데, A가 편집한 책은 초판 1쇄에 해당한다.(각 2점)

10. 국제 표준 도서 번호인 ISBN은 총 13자리이다. A의 책은 978-89-329-0594-5라는 번호를 받았는데, 이때 978은 접두부, 89는 _____ 번호, 329는 _____ 번호, 0594는 _____ 번호이다. 마지막 5는 체크 기호이다. 이외에도 부가 기호가 있는데, 독자층이나 책 분야에 적합한 기호를 정해야 한다. 이 책은 전문 학술 도서이므로 A는 대상 기호로 9번을 선택했고, 발행 형태는 단행본이기 때문에 3번을, 내용 분류는 역사 일반에 해당하는 900번을 선택했다. 결국 최종 부가 기호는 93900이 되었다.(각 2점)

11. 편집을 마친 결과 본문은 총 424면이 나왔다. 약표제지와 표제지, 해외 간기면, 헌사, 감사의 말, 머리말, 차례가 총 26페이지였고, 본문은 380페이지, 옮긴이의 말이 8페이지, 찾아보기가 8페이지, 한글 간기면이 1페이지였다. A5신판은 16페이지로 인쇄판을 만드는데, 이 책의 경우 전체 페이지가 16으로 나누어떨어지지 않고 0.5(8페이지)로 떨어졌으므로 남은 페이지를 같이 터잡기하기 위해 인쇄판을 2대 추가해야 한다. 이 책을 인쇄하려면 총 몇 대의 인쇄판이 필요한가? _____(5점)

인쇄, 제작 단계

12. A는 이번 책을 _____로 인쇄하기로 했다. _____ 인쇄는 데이터를 필름으로 출력하는 과정을 거치지 않고, 바로 인쇄판을 제작하는 방식을 말한다.(2점)

13. 검판까지 마친 A는 제작 발주를 하기로 했다. 본문 종이는 80g 미색 모조지를 사용하려다가 견장정에 본문 면수까지 많아 책이 무거울 것을 예상하고, 가벼운 종이에 속하는 클라우드지를 선택했다. 본문 판형이 A5신판이므로 종이는 A계열(국전지)을 발주했다. 종이결은 _____이다.(2점)

14. 본문에 필요한 종이의 양을 계산하려고 한다. 통상 종이 1연 R은 낱장 500매이다. A5신판은 A계열 종이를 _____절한 크기이므로 종이 1연은 A5신판 _____장이고, 총 _____페이지를 인쇄할 수 있다.(각2점) A는 책을 2,000부 제작하기로 했다. 본문 인쇄에 필요한 종이 연 수를 구하는 공식을 적어라. _____ 모두 53R이 필요하다.(5점)

15. A5신판 견장정hardcover의 표지는 두꺼운 종이를 겹쳐 합지를 만들고 그 위에 종이나 천, 가죽 등을 싸서 만든다. 여기에 덧싸개dust jacket를 씌워 표

지를 보호한다. 이 덧싸개는 B계열 종이(4×6전지)를 길게 _____등분해 인쇄하는데, 덧싸개 제작에 필요한 종이 연수를 계산하는 공식을 적어라.(2점)
_____ 약 0.7R이 필요하다.(5점)

16. 인쇄는 먼저 인쇄판을 만든 후 이를 인쇄 롤러에 걸어서 잉크로 찍는 과정을 거친다. 요즘 흔히 쓰이는 인쇄판은 PS판인데, 감광액을 덧씌운 인쇄판을 말한다. 본문 인쇄에 들어가는 비용은 인쇄 도수와 인쇄할 종이 양에 따라 달라진다. 본문 인쇄에는 어느 정도 비용이 드는지 계산하는 공식을 적어라. 인쇄 단가는 1도 1연당 4,000원으로 책정한다. 이 책의 본문은 1도로 인쇄할 계획이다.
_____ 총 424,000원이 든다.(5점)

17. 덧싸개의 오염 및 훼손을 방지하기 위해 코팅 또는 _____을 하는데, 이는 덧싸개에 필름을 씌우는 것으로 접착 방식에 따라 열로 붙이는 건식과 접착제를 사용하는 습식으로, 광택에 따라 무광과 유광으로 나뉜다.(2점)

출간 후 단계

18. 제작이 무사히 완료되어 『벨기에의 역사와 문화』가 출간되었다. 이 책을 납본하려 하는데 총 몇 부를 준비해야 하는가? _____ (2점)

19. 1쇄 2,000부가 거의 판매되었다. A는 이 책이 앞으로도 꾸준히 판매될 것으로 예상해 2쇄도 2,000부를 인쇄하기로 했다. A는 먼저 2쇄 인쇄 시 들어가는 순수 제작비를 계산해 보기로 했다. 이때 2쇄 순수 제작비에 포함되지 않는 것은? _____ (5점)

① 저작권료   ② 번역료
③ 본문 종이값   ④ 책매기 비용
⑤ 라미네이팅 비용

점수 _____ 점

나는 어떤 편집자?
86~100: 군계일학 편집자   71~85: 일취월장 편집자
50~70: 고군분투 편집자   50 미만: 좌충우돌 편집자

정답 ⑦ .91 남추 .81 집이에키라미 ,71 원000,4×R53×(원유)2,2 .6 ,61 (9×6)÷000,5 .51 .6 ,51 (2×61
×005)÷0002×422 .000,61=8,000×16.005,61 .41 탄지하세 ,CTP .31 21 책다인 ,82 .11
받사 임추 ,지봉편 ,림쇄 .01 윤리 ,돈돌충 ,임재개 .7 8791 ,nonemiS segroeG)C(thgirypoC
.⑤ 른종 (C) .8 를리하마 ,임지오 ,지사토 .전지 ,임기지오 .지계사유 (4 ,리마우 (2 ,미마다 (1 .6 mm422×351 .5
.지미 (8 ,지오 (7 ,지계기 (6 ,미계우 (5 ,지계표유 (4 ,미계우 (3 ,미코다 (2 ,미마다 (1 .6 단050,2 .1 답정
mm881×821 .4 년계 응옹 팀사재 사자 .3 룡중 림름신 .2 월13 월21 년9502 .1 답정

420

부록 2

간행물 납본

〈납본〉이란, 도서를 발행했을 때 법이 규정한 관청이나 도서관에 발행사(자)가 의무적으로 도서를 납부하는 제도를 말한다.

납본이 필요한 가장 근본적인 이유는 지식의 공유와 전승에 있다. 과거에는 납본이 검열과 사상 통제를 목적으로 이용되는 경우도 있었지만, 오늘날은 국민의 정보 습득 욕구를 충족시키고 국가 차원에서 책을 보관하고 데이터베이스화해 당대는 물론 후대에도 이를 널리 이용할 수 있도록 하는 기능을 한다.

참고로 『조선왕조실록』에 납본에 대한 기록이 있는데, 세종대왕이 〈『태조실록』은 다만 한 책만 썼기 때문에 만약 후일에 유실되면 안 될 것이니 또 한 책을 더 베껴서 춘추관에 납본하고, 한 책은 내가 항상 볼 수 있도록 춘추관에 전교하라〉고 말했다고 한다. 『조선왕조실록』을 비롯한 조선 시대의 많은 출판물들이 6백 년가량의 시공을 뛰어넘은 오늘날에도 온전히 보존되어 후대에 전승할 수 있었던 것과 마찬가지로, 납본은 우리의 먼 후손들에게 지금의 우리들이 살아간 흔적들을 자세히 알 수 있도록 하는 중요한 역할을 하고 있다.

현재 세계 거의 모든 나라에서 납본 의무를 강제적 조항으로 법에 명시하고 있으며, 일본에서는 지난 2008년 납본 제도 60주년을 기념해 납본 접수 개시의 날인 5월 25일을 〈납본 제도의 날〉로 정하고 납본 제도 보급을 위한 심벌마크와 표어를 작성하여 납본의 의의를 되새기기도 하였다.

1. 관련 법률

우리나라 최초의 납본 제도는 1907년에 제정된 〈광무신문지법(光武新聞紙法)〉(허가제)에 규정되었는데, 이는 사실상 검열을 위한 것이었다. 8·15 해방 이후 사라졌다가 법률 차원에서 납본이 규정된 것은 1961년 12월 30일 〈출판사 및 인쇄소의 등록에 관한 법률〉이 최초이며, 납본 부수도 2부로 확정되었다. 1965년 2월 18일부터 대한 출판문화 협회는 국립 중앙 도서관으로부터 납본 대행을 위임받아 오늘에 이르고 있다.

현재 우리나라는 〈도서관법〉에 의한 국립 중앙 도서관 납본과 〈국회 도서관법〉에 의한 국회 도서관 납본이 이루어지고 있으며, 1962년부터 시작된 문화 체육 관광부 납본은 법 개정에 따라 2009년 9월 26일부로 전면 폐지되었다.

대상 기관	관련 법률
국립 중앙 도서관	도서관법 제20조 동 시행령 제13조
국회 도서관	국회 도서관법 제7조 3항

2. 납본의 절차와 방법

출판사가 대한 출판문화 협회를 통해 납본한 책들은 분야별로 분류되어 국립 중앙 도서관과 국회 도서관으로 보내진다. 이렇게 납본된 도서들은 서지 정보 데이터 구축과 정리 단계를 거쳐 한 부는 후대 전승용으로 자료 서고동에 영구 보존되고, 다른 한 부는 열람실에 비치되어 도서관을 찾는 사람들이 손쉽게 이용할 수 있도록 하고 있다.

직접 방문이나 우편 접수, 대행사를 통한 납본, 교보 문고를 통한 납본 가운데 선택하여 접수하면 된다. 현재 열린책들을 비롯한 많은 출판사에서는 언론 홍보 대행사를 통해 대한 출판문화 협회 납본실로 각 대상 기관에 보낼 납본 도서를 의뢰, 처리한다. 납본할 도서에는 증정 도장을 찍지 않는다.

참고로 정가가 인상되거나 판형이 변경되거나 표지가 바뀌거나 하여 새 ISBN을 받은 경우 도서관에서 납본해 줄 것을 요청하는 일이 있으나 기존 도서와 내용의 변동이 없다면 다시 납본할 필요가 없다(도서관이 납본을 받는 이유는 〈내용〉 자체의 소장임을 생각하면 판단하기 쉽다).

3. 납본 시 제출물

1) 대한 출판문화 협회의 간행물 납본 의뢰서 양식 1부(대표자 도장 날인 또는 서명) ― 별첨 1
2) 해당 도서(필요 부수는 다음의 표 참조)

4. 분야별 납본 부수

납본은 국립 중앙 도서관이 도서 전 분야를 대상으로 하고 있으며, 국회 도서관은 인문 사회 과학 및 과학 기술 분야, 이론서 등으로 제한하여 납본을 받고 있다. 따라 쓰기, 그리기, 색칠하기, 아동 교구, 포켓북, 퍼즐, 카드, 낱장 자료, 스티커 북, 일회성 자료(다이어리, 일지 및 기록장 등)는 납본하지 않는다.

부수	4부	2부
납본처	국립 중앙 도서관 국회 도서관	국립 중앙 도서관
분야	• 성인 대상 도서(이론서 및 실용서), 총류, 철학, 예술, 역사, 사회 과학, 과학 기술, 컴퓨터 서적, 가정학 등. 단, 각 단원별 연습 문제 · 기출문제 포함 도서 제외 • 문학: 일반 소설, 에세이 기행, 시집 등 • 사진집, 화보집	아동 · 청소년 도서, 만화, 종교, 학습 참고서, 교과서, 문제집(모든 수험 대비서), 판타지 소설, 19금 소설, 의학 전문 도서, 비도서(Tape, CD, DVD, 낱장 지도)

문의: 대한 출판문화 협회 출판정보센터 전화 02-733-8402

5. 온라인 자료의 납본

2016년 2월 3일 공포된 〈도서관법〉에 따라 8월 4일부터 온라인 자료의 납본이 시행되었다.

국제 표준 자료 번호(ISBN 또는 ISSN)를 부여받은 온라인 자료는 오프라인 자료와 마찬가지로 국립 중앙 도서관에 의무적으로 납본해야 한다.

오프라인 자료와 마찬가지로 저장 매체에 저장해 국립 중앙 도서관으로 송부하는 방법과, 해당 자료와 서지 정보의 디지털 파일을 서지 정보 유통 지원 시스템으로 전송하는 방법, 국립 중앙 도서관에 해당 자료와 서지 정보의 인터넷상 위치를 통지하는 방법 등이 있다.

간행물 납본 통지서

출판사명		사업자 등록 번호		팩스 번호		이메일	
대표자 성명		대표자 핸드폰 번호		담당자 성명		담당자 핸드폰 번호	
주소 (또는 소재지)		거래 금융 기관명		계좌 번호		예금주	

① 번호	② 도서 명	③ 저/역/편자명	④ 분야 (KDC)	⑤ 판형	⑥ 발행 연월일	⑦ 발행 부수	⑧ 판/쇄	⑨ 정가	⑩ 면수	⑪ 월별 자료	⑫ 납본 부수 (기증본)	⑬ 구분 (기증본)	⑭ ISBN
1	나의 여왕	장바티스트 안드레아 / 양영란	소설	128*188	2021.6.10.	2,000	1/1	12,800	240		4		978-89-329-2111-2

위의 간행물을 출판하였기에 도서관법 제20조, 동시행령 제13조에 의거하여 2부, 국회도서관법 제7조 3항에 의거하여 2부를 납본하오니 처리하여 주시기 바랍니다.

※ 중복 납본된 도서는 반송되지 않사오니 납본 여부를 꼭 확인하여 주시기 바랍니다.
본 양식은 www.kpa21.or.kr 납본 안내에서 다운로드하실 수 있습니다.

2021 년   5 월   31 일

대한출판문화협회 회장 귀하

각종 추천 도서 신청

각종 도서상이나 추천 도서에 신청하는 것은 중요한 홍보 활동의 하나이다. 선정될 경우 저자와 출판사에 명예가 될 뿐만 아니라, 선정 도서들은 도서관의 우선적인 구입 대상이 되고, 적지 않은 금액의 보상을 주기도 한다. 특히 후자의 경우는 비상업적 기획의 제작비를 회수할 수 있는 유일한 기회가 되기도 하므로, 담당자는 신청 일정을 숙지하고 수시로 관계 기관에 문의하여 신청 기회조차 놓치는 일이 없도록 해야 한다.

신청 시기	이름	기관	신청 서류	특전	비고
2~3월	멀티미디어 전자책 제작 지원	한국 출판문화 산업 진흥원	신청서 및 세부 계획서, 저작권자와의 계약서, 제작 업체 견적서 등	편당 제작비 최대 1천만 원 이내, 장애인 접근성 최대 1천2백만 원 이내	20종 내외
3~4월	한국 과학 기술 도서상	한국 과학 기술 출판 협회	신청서 1부, 신청 도서 2부	상금 50~1백 만 원 및 상패	6개 분야
3~4월	우수 학술 도서	대한민국 학술원	온라인 신청, 도서 개요서 3부, 신청 도서 2부	일괄 구입 후 대학 도서관 등에 보급	3백 종 내외
매년 2, 5, 8월	텍스트형 전자책 제작 지원	한국 출판문화 산업 진흥원	온라인 신청, 저작권자와의 계약서	편당 50만 원 이내	3천여 종
매년 3, 6월	오디오북 제작 지원	한국 출판문화 산업 진흥원	신청서, 제작 계획서, 저작권자와의 계약서, 신청 도서(종이책) 등	1종당 5백만 원 이내	280종 내외
반기별 (4, 10월)	올해의 청소년 교양 도서	대한 출판문화 협회	온라인 신청, 신청서 1부, 신청 도서 2부	도서 2백 부 구입, 인증 마크와 포스터 제작 및 배포 가능	5개 분야 6개월 이내에 발행된 초판 도서

매년 5월	유영 번역상	유영 학술 재단	신청서, 번역서, 원서	번역가에게 상금 1천만 원	1인
6~7월	우수 편집 도서상	한국 출판인 회의	신청서 1부, 신청 도서 2부	상금 5백만 원, 인증 마크 부여	2종
6~7월	전자 출판 대상	한국 출판문화 산업 진흥원	온라인 신청서, 응모작 등	대상 1편 1천만 원, 우수작 5편 3백만 원	2년 이내 발행된 전자책 대상
매년 7월	우수 과학 도서 인증	한국 과학 창의 재단	온라인 신청, 신청 도서 10부	인증서 및 인증 마크 부여, 각종 전시 및 홍보	4개 항목 평가
학술 8~9월, 교양 3~4월, 8~9월	세종 도서	한국 출판문화 산업 진흥원	온라인 신청, 신청 도서 1부,	도서 구입 및 배포, 인증 마크 부여, 인터넷에 선정 도서 소개	학술 4백 종 내외, 교양 550종 내외
10~11월	한국 출판 평론·학술상	한국 출판 연구소	해당 원고/논문 및 단행본 3부	상금 1백~2백만 원	부문별 대상 1인과 우수상 약간 명
매년 11월	한국 출판문화상	한국일보사	온라인 신청	상금 5백만 원	5개 분야
분기별 선정	진중 문고	국방부	별도 신청 없음	도서 1만 부 전후 구입	30~40종
짝수 해 3~5월	우수 환경 도서	환경부	온라인 신청, 신청 도서 7부	선정패 및 엠블럼 부여, 우수 환경 도서 목록 제작 및 배포	청소년용과 일반인용을 나눠서 선정. 청소년용 선정 부수가 일반적으로 훨씬 많음

〈한국 과학 기술 출판 협회〉 한국 과학 기술 도서상

기관: 한국 과학 기술 출판 협회(www.kstpa.or.kr)

내용: 과학 도서에 대한 포상을 통해 도서 제작에 참여한 각 분야 종사자들의 창작 의욕을 북돋음으로써 과학 기술 발전과 출판문화 향상에 기여하기 위해 1983년 제정되었으며, 매년 저술상, 번역상, 출판상, 특별상, 장려상, 공로상 분야의 각 1명씩 선정하여 시상한다.

신청 방법: 매년 3~4월 한국 과학 기술 출판 협회에서 접수하며, 신청서 1부, 신청 도서 2부(전집류는 1세트)를 제출하면 된다.

특전: 출판 대상 부문은 교육 과학 기술부 장관상 및 상금 1백만 원을, 최우수 저술상과 최우수 번역상 부문은 과학 기술 정보 통신부 장관상 및 상금 1백만 원을, 특별상 부문은 한국 과학 기술 단체 총연합회장상 및 상금 1백만 원을, 장려상 부문에는 한국 과학 저술인 협회장상 및 상금 50만 원을, 공로상에는 한국 과학 기술 출판 협회장상 및 상금 50만 원을 부여한다.

〈대한민국 학술원〉 우수 학술 도서

기관: 대한민국 학술원(www.nas.go.kr)

내용: 〈기초 학문 분야의 연구, 저술 및 출판의 활성화〉를 위하여 연 1회 4개 분야(인문 과학, 사회 과학, 한국학, 자연 과학)로 나누어 3백 종 내외의 학술서를 선정한다. 전년 3월부터 올해 2월까지 국내에서 초판 발행된 기초 학술서 및 동서양 고전 번역서면 신청이 가능하며, 한국학 분야에서는 외국에서 발행된 도서도 신청할 수 있다. 단, 자료집, 교양, 실용, 문학, 응용과학 도서와 국가 기관의 지원으로 발행된 도서 및 지원 선정된 도서는 제외된다.

신청 방법: 매년 3~4월 학술원에서 접수하며, 온라인 신청 후 도서 개요서 3부, 신청 도서 2부를 같이 제출하면 된다. 개요서를 가장 잘 작성할 수 있는 사람은 저자이므로 시간 여유를 가지고 연락하도록 한다.

특전: 선정 도서를 일괄 구입하여 대학, 공공 도서관 등에 보급한다.

〈대한 출판문화 협회〉 올해의 청소년 교양 도서

기관: 대한 출판문화 협회(kpa21.or.kr)

내용: 청소년 도서 출판 장려와 저술 의욕을 고취시켜 바람직한 청소년 문화 정착과 출판문화 발전에 기여하기 위해 반기별로 종교·철학, 사회·문화, 과학·기술, 문학·예술, 역사 등 5개 분야에서 선정한다. 최근 6개월 이내에 발행된 청소년이 읽기에 적합한 초판 도서는 모두 신청이 가능하지만 납본을 필한 도서여야 한다. 신청 도서 가운데 심사위원들의 심사를 거쳐 운영 위원회에서 최종 확정된다.

신청 방법: 연 2회, 4월과 10월 대한 출판문화 협회에서 접수하며, 온라인 신청 후 신청서를 출력하여 신청 도서 2부와 함께 제출하면 된다.

특전: 선정 도서를 1백~3백 부 구입해 청소년 관련 단체, 선도 기관 등에 배포한다. 단, 정부·공공 기관 등의 지원으로 발행된 도서는 구입 대상에서 제한다. 선정 도서는 인증 마크, 포스터 제작 및 배포가 가능하고 선정된 사실을 각종 광고 및 홍보에 공지할 수 있다.

〈한국 출판인 회의〉 우수 편집 도서상

기관: 한국 출판인 회의(www.kopus.org)

내용: 편집의 본령인 교정 교열이 뛰어난 도서를 선정하고 포상해 출판계와 독자들에게 출판에서 편집의 중요성을 다시 한번 강조하는 계기로 삼기 위해 백붕제 기념 출판문화 재단의 후원으로 2013년부터 제정되고 시행된 상이다. 출판사별로 2종까지 신청 가능하며 초판 발행일 기준으로 전년 6월 1일부터 올해 5월 31일 사이에 발행된 국내 출간 도서를 대상으로 한다(단, 시나 소설 등 국내 문학은 제외). 예심과 본심을 거쳐 11월에 선정과 통보가 이루어지고 연말에 〈출판인의 밤〉 행사에서 시상한다.

신청 방법: 매년 대한 출판인 회의에서 서류를 접수하며 심사 대상 도서 2권을 제출하면 된다.

특전: 각 5백만 원의 상금을 지급하고 우수 편집 도서 엠블럼을 부착한다.

〈한국 과학 창의 재단〉 우수 과학 도서 인증

기관: 한국 과학 창의 재단(www.kofac.re.kr)

내용: 과학 도서 발간을 장려하고 과학책을 즐겨 읽는 사회 분위기를 조성하기 위한 취지에서 시행되었다. 아동, 초등, 중·고등, 대학·일반 부문에서 선정하며 학습 참고서, 사전류, 각 학교(대학 포함)의 교재, 특정 전문가를 대상으로 하는 학술 도서 등은 제외한다. 초판본이 전년도 6월부터 해당 연도 5월까지 발행된 도서를 대상으로 하며, 과학 기술에 대한 국민의 이해 증진 및 과학 기술 문화 확산에 기여할 수 있는 책이면 된다.

신청 방법: 7월 중에 온라인으로 신청을 받으며, 심사는 연 2회 실시한다. 온라인 신청 후 해당 도서 10부를 제출한다.

특전: 교육 과학 기술부 장관 명의의 우수 과학 도서 인증서 및 인증 마크를 부여한다. 전국 도서 벽지 학교 및 사회 배려 계층 시설 등에 구매 도서를 보급한다. 선정 도서 중 전자책 및 오디오북 제작 희망 수요에 따라 별도 심의를 거쳐 지원하고, 재단 내외 사업 및 행사와 연계한 도서 전시전 개최, 저자와의 만남 등을 추진한다. 보도 자료 배포, 온라인 채널(『사이언스올』, 『사이언스타임즈』 등)을 활용해 도서를 소개한다.

〈한국 출판문화 산업 진흥원〉 세종 도서

기관: 한국 출판문화 산업 진흥원(www.kpipa.or.kr)

내용: 양서 출판 의욕 진작 및 우수 도서 보급 확대를 통한 독서 문화 향상을 목적으로 한다.

신청 방법: 세종 도서 선정 홈페이지(www.bookapply.kpipa.or.kr)에서 도서 등록 및 사업 신청을 한 후 신청 도서의 분야를 선택하고(ISBN 부가 기호 기준) 신청 도서 1부를 제출하면 된다. 8~9월에 학술 도서를, 3~4월과 8~9월에 교양 도서를 신청한다.

특전: 도서 정가의 90퍼센트 금액으로 종당 8백만 원 이내의 수량을 구입해서 공공 도서관 및 작은 도서관, 병영 도서관, 소외 지역 초·중·고교, 기타 복지 기관 등에 배포한다. 또한 선정 도서에는 인증 마크를 부여하고 네이버 및 인터넷 서점 등에 선정 도서를 소개한다.

〈한국 출판 연구소〉 한국 출판 평론상·학술상

기관: 한국 출판 연구소(www.kpri.or.kr)

내용: 출판에 대한 깊이 있는 비평과 연구를 통해 출판문화의 질적 향상에 기여하고 출판 평론의 활성화와 출판 연구 진작을 도모하기 위해 제정되었다. 1986년에 설립된 문화 체육 관광부 소관의 재단 법인이다. 출판 평론상과 출판 학술상 두 분야에 걸쳐 전해 1월 이후 작품에 대해 심사하며, 제한 없이 누구나 응모할 수 있다. 출판 평론상은 신간 평론 부문, 출판 시평(時評) 부문, 출판 정책 부문 저술을 대상으로 하며, 출판 학술상은 출판 관련 학술 논문, 단행본 등으로 한다. 출판 관련 정책이나 제언도 응모할 수 있다. 분량은 제한 없지만 독후감식 작품은 심사에서 제외된다.

신청 방법: 응모 시기는 10~11월이며 평론상은 원고 및 단행본 3부를, 학술상은 논문 및 단행본 3부를 한국 출판 연구소로 우송하면 된다. (단, 논문은 사본 가능)

특전: 대상 1인에 2백만 원, 다수의 우수상에 각 1백만 원이 시상된다.

〈한국일보사〉 한국 출판문화상

기관: 한국일보사(www.hk.co.kr)

내용: 출판문화의 진흥을 위해 제정한 상으로 가장 권위 있는 출판상 중하나이다. 1960년 한국 출판문화상으로 시작한 이 상은 1997년 한국 백상 출판문화상으로 이름을 고쳤다가, 2005년 다시 한국 출판문화상으로 이름을 바꿨다. 매년 저술 학술, 저술 교양, 번역, 편집, 어린이·청소년 등 5개 분야로 각 1인을 선정하여 시상한다.

신청 방법: 매년 11월에 한국일보 문화부에서 접수한다.

특전: 각 부문에 5백만 원의 상금이 수여된다.

〈국방부〉 진중 문고

기관: 국방부(www.mnd.go.kr)

내용: 장병들의 정서 함양 및 교양 증진을 목적으로 국방부에서 매년 30~40종을 선정하여 1만 권 내외의 도서를 구입하는 제도이다. 진중 문고는 일반적으로 베스트셀러가 된 도서 중 국방부가 출판 전문가의 자문을 얻어 선정하는 방식으로 별도의 신청 절차 없이 분기별로 선정한다. 도서 납품 기한이 짧아 선정된 경우 담당자의 세심한 주의가 필요하다.

〈환경부〉 우수 환경 도서

기관: 환경부(www.me.go.kr)

내용: 국민들에게 환경 보전의 지혜를 담은 우수한 책을 널리 알리기 위하여 1993년 제정되어 격년제로 운영되고 있다. 청소년용과 일반인용으로 나누어 선정하며 선정 부수는 해마다 다르나 대략 1백 종 남짓이다. 교재 및 전문 도서, 비매 도서는 신청 대상에서 제외되며 간행물 및 정기 간행물을 대상으로 하고 있다.

신청 방법: 짝수 해 3~5월에 환경부 환경 교육 포털 사이트(www.keep.go.kr)에서 온라인으로 신청하며, 심사용 도서 7부를 제출하면 된다.

특전: 우수 환경 도서 선정패를 교부하며, 엠블럼을 부착한다. 우수 환경 도서 목록집을 제작하여 시·도 교육청, 민간 환경 단체, 전국 초·중·고교, 도서관 등에 배포하여 독후감 대회 등에 널리 활용토록 홍보한다.

〈유영 학술 재단〉 유영 번역상

기관: 유영 학술 재단(www.yy2006.org)

내용: 유영 학술 재단에서 국내 번역 문화 발전을 위해 2007년에 제정하였으며, 영어에서 한글로 번역된 문학 작품을 대상으로 한다. 매년 5월 초경 홈페이지에 접수 기간 등을 공고한다. 서류는 우편 또는 직접 제출한다. 원전의 문학적 가치, 번역의 섬세함과 정밀함, 번역의 가독성, 번역물의 양 등의 기준에 따른 심사를 통해 1인의 번역가에게 연말에 시상하며, 상금 1천만 원이 지급된다.

〈한국 연구 재단〉 명저 번역 지원

기관: 한국 연구 재단(www.nrf.re.kr)

내용: 학문의 기초 이론과 사상이 담긴 동서양의 명저를 체계적으로 번역 및 보급하여 인문학 부흥과 인문 대중화에 기여하기 위해 제정되었다. 한국 연구 재단에서 중장기적으로 번역·보급되어야 할 명저 3백여 권을 선정·공지하며, 이 도서들을 대상으로 번역 지원 신청을 하는 것이 가능하

다. 대상 도서들은 확정되기 전에는 재단의 심사를 통해 수정될 가능성이 있음에 주의해야 하며, 번역 출판물 1종 및 학술지에 등재된 연구 실적 1편 등 기존 연구 실적이 있어야 신청이 가능하다. 자세한 신청 자격을 홈페이지에서 확인할 수 있다.

〈한국 출판문화 산업 진흥원〉 전자책 제작 지원

기관: 한국 출판문화 산업 진흥원(www.kpipa.or.kr)

내용: 출판사의 전자책 제작 의지 독려를 통한 전자 출판 제작 역량 강화 및 국내 전자책 시장 저변 확대를 위해 진행되고 있는 사업으로 〈텍스트형 전자책 제작 지원〉은 연내 3차에 걸쳐 지원하고 있으며 일반 도서 전체, 미출간 원고, 세종 도서 선정 도서들 중 3천여 종 내외를 선정해 편당 50만 원 이내의 전자책 제작 실비를 지원한다. 〈멀티미디어 전자책 제작 지원〉은 학술·문화적으로 가치가 크고 멀티미디어 기능 구현 시 효과가 배가되는 분야의 멀티미디어형 콘텐츠를 20종 내외로 선정해 종당 최대 1천만 원 이내의 실비를 지원한다.

신청 방법: 〈텍스트형 전자책 제작 지원〉은 2, 5, 8월, 〈멀티미디어 전자책 제작 지원〉은 2~3월에 전자책 바로 센터에서 온라인으로 신청한다.

〈한국 출판문화 산업 진흥원〉 오디오북 제작 지원

기관: 한국 출판문화 산업 진흥원(www.kpipa.or.kr)

내용: 출판사의 오디오북 제작을 장려하고 오디오북 산업을 활성화하기 위해 진행되는 사업으로 2024년 기준 연간 280종 선정(3월, 6월, 2회 차) 해 편당 5백만 원 이내의 오디오북 제작비를 지원했다.

신청 방법: 〈오디오북 제작 지원〉은 3, 6월, 〈우수 오디오북 콘텐츠 제작 지원〉은 3~4월에 전자책 바로 센터에서 온라인으로 신청한다.

〈한국 출판문화 산업 진흥원〉 전자 출판 대상

기관: 한국 출판문화 산업 진흥원(www.kpipa.or.kr)

내용: 국내 우수 전자책 및 참신하고 다양한 실험 정신이 반영된 전자 출판 콘텐츠를 발굴, 시상함으로써 전자책 활성화를 도모하는 사업이다. 기재된 기간 내 국내 발행되어 유통 중인 모든 형식의 전자책을 대상으로 한다. 선정 종수는 총 6편이다.

신청 방법: 6~7월 전자책 바로 센터에서 온라인으로 신청한다.

특전: 대상 1편에 상금 1천만 원, 우수작 5편에 상금 3백만 원이 지급된다.

〈한국 출판인 회의〉 올해의 출판인상

기관: 한국 출판인 회의(www.kopus.org)
내용: 책의 가치를 고양하고, 출판계 발전에 기여한 출판인을 선정하여 그 영예를 널리 알리고, 출판문화의 중요성을 다시금 인식시키자는 취지에서 제정된 상으로 연말의 〈출판인의 밤〉 행사에서 시상식을 한다.

기타

매년 몇몇 일간지와 온라인 서점에서는 〈올해의 책〉을 10~30종 선정하여 발표한다. 이것은 별도의 신청이 필요 없고 선정되어도 직접적인 보상이 있는 것은 아니지만 담당자는 선정 사실을 기록하여 광고, 표지와 띠지의 책 소개, 도서 목록 등에 빠뜨리지 않고 반영하도록 한다.

개정 도서 정가제 Q&A

Q 도서 정가제란 무엇인가요?

A 도서 정가제는 출판사가 판매를 목적으로 도서를 발행하는 경우 도서에 정가를 표시하고, 판매자는 최종 소비자에게 표시된 정가대로 판매하도록 하는 제도입니다.

Q 도서 정가제는 우리나라에서만 시행하고 있나요?

A 우리나라뿐만 아니라 현재 34개 OECD 국가 중 영미권(영국, 미국, 캐나다 등)을 제외한 프랑스, 독일, 스페인, 이탈리아, 그리스, 스위스, 네덜란드, 일본 등 16개 회원국을 중심으로 도입·시행하고 있습니다. 자국 문화의 보호와 육성, 다양성 확보를 목적으로 합니다.

Q 우리나라의 도서 정가제 도입 과정에 대해 알려 주세요.

A 과도한 가격 할인으로 인한 도서 시장의 왜곡 현상을 완화하고, 콘텐츠의 질과 다양성 중심으로 출판문화 산업의 진흥을 도모하기 위해 도입되었습니다. 1999년 11월 〈저작물의 정가 유지에 관한 법률(안)〉이 의원 입법 발의되었으나 폐기되었으며, 2000년 6월 〈출판 및 인쇄 진흥법〉을 문화 관광부에서 정부 입법으로 추진하였으나 규제 개혁 위원회 반대로 무산되었습니다. 이듬해인 2001년 〈간행물 정가 유지에 관한 법률(안)〉을 한국 서점 조합 연합회에서 입법 청원하였으나, 〈출판 및 인쇄 진흥법(안)〉과 통합, 수정안으로 추진되었습니다. 같은 해 11월 「출판 및 인쇄 진흥법」이 의원 입법으로 발의되며 2002년 통과 입법되었습니다. 이후 인쇄에 관한 사항을 분리하여 「인쇄문화 산업 진흥법」을 따로 제정하고, 2007년 7월 19일 「출판문화 산업 진흥법」으로 개정하였고 2014년 5월 20일 정가제 관련 조항을 개정하였습니다. 도서 정가제는 출판문화 산업 진흥법 제27조의 2(규제의 재검토)에 의거하여, 3년마다 그 타당성을 검토하고 있으며, 현재까지 유지되고 있습니다.

Q 개정 도서 정가제의 주요 내용과 개정 시기를 알려 주세요.

A 2014년 5월 20일에 공포된 도서 정가제 개정 법률(출판문화 산업 진

홍법)은 공포 후 6개월이 경과한 2014년 11월 21일부터 시행되고 있습니다. 개정 도서 정가제 시행을 위한 출판법 시행령 개정안도 국무 회의 및 공포를 거쳐 2014년 11월 21일부터 시행되고 있습니다. 또한 이후 3년마다 검토하여 필요한 사항은 개정이 이루어지고 있습니다.

도서 정가제 할인의 제한 주요 내용		
구분	기존 도서 정가제	개정 도서 정가제
대상 범위	실용서, 초등 학습 참고서를 〈제외〉한 모든 도서	실용서, 초등 학습 참고서를 〈포함〉한 모든 도서
적용 기간	18개월 이내 간행물(신간)	모든 간행물 * 12개월 경과 구간은 정가 변경 허용
할인 범위	정가의 10%(가격 할인) + 판매가의 10%(간접 할인)	정가의 15%이내(가격 할인 + 간접 할인) (단, 가격 할인은 10% 이내로 제한)
적용 예외 기관	도서관, 사회 복지 시설	사회 복지 시설

Ⓠ 도서관에 판매하는 간행물도 도서 정가제를 적용하나요?
Ⓐ 도서관은 그동안 주로 최저가 경쟁 입찰 방식으로 간행물을 구매해 왔지만, 이번 개정안으로 도서 정가제 적용 대상이 되었습니다.

Ⓠ 새 책을 중고 도서로 판매하면 어떻게 되나요?
Ⓐ 중고 도서(헌책)는 재판매 목적이 아닌 독서, 학습 등을 목적으로 최종 소비자에게 판매된 도서로서 중고 서점(헌책방)을 통해 다시 유통(판매)되는 책으로 도서 정가제 적용을 받지 않습니다. 출판사, 유통사 등이 팔리지 않은 새 책을 중고 서점을 통해 중고 도서로 판매하거나 유통시키는 경우는 도서 정가제를 위반한 것으로, 행정 기관에 신고하면 1차 3백만 원, 2차 4백만 원, 3차 5백만 원의 과태료가 부과됩니다.

Ⓠ 전자 출판물은 도서 정가제 적용 대상인가요?
Ⓐ 전자 출판물(전자책) 역시 도서 정가제가 적용됩니다. 따라서 종이책과 마찬가지로 전자 출판물도 발행 후 동일한 기간이 경과한 경우에는 정가 변경(재정가)이 가능합니다.

Ⓠ 리퍼 도서(제작·유통 과정에서 약간의 흠집이 발생한 도서)도 도서 정가제 적용 대상인가요?
Ⓐ 도서 정가제 적용 예외 도서의 범위를 규정하고 있는 출판 법령(법 제22조 제6항 및 시행령 제15조 제5항, 제6항)에서 적용 예외 도서로 인정되지 않고 있어 도서 정가제가 적용됩니다. 리퍼 도서도 발행 후 12개월

이 경과할 경우 출판사가 정가 변경을 통해 유통할 수 있습니다.

Q 세트 도서(전집)의 경우 가격은 어떻게 표시하나요?

A 세트 도서는 최초부터 세트(전집)로 기획된 출판물로 세트 내 각 권과 다른 별도의 개별 상품으로 출판사가 각 권의 합과 다르게 가격을 정하여 표시할 수 있습니다. 단, 최초부터 세트 도서로 기획되지 않은 낱권의 도서를 임의적으로 결합하여 판매하는 묶음 상품의 가격은 각 권의 합과 동일하게 표시하여야 합니다. [세트 도서는 각 권 ISBN의 부가 기호 제2행(발행 형태 기호)이 〈4〉인 경우만 해당됩니다. 다만, 부가 기호 제2행(발행 형태 기호)이 5 내지 7인 경우 세트 도서 내 각 권과 세트 도서에 〈동일한 ISBN 세트 번호〉가 부착된 경우에도 세트 도서로 인정됩니다.]

Q 국제 도서전 등 축제 기간 중 도서 할인 판매가 가능한가요?

A 개정 도서 정가제는 그 적용 대상을 구간(舊刊)을 포함한 모든 간행물로 넓혔습니다. 따라서 국제 도서전 등 축제 기간 중 할인 판매는 불가능합니다.

Q 12개월 지난 도서는 정가 변경이 가능하다고 하는데 재정가 방법에 대해 알려 주세요.

A 도서의 정가를 다시 책정하는 재정가는 도서 가격 인상보다는 영업상 필요나 시장성이 떨어지는 재고 도서(12개월이 경과한 구간)에 대해 〈무제한〉 가격 인하를 허용하는 것입니다. 출판문화 산업 진흥원에서 운영하는 〈간행물 재정가 공표 시스템〉 홈페이지(www.kpipa.or.kr)에서 등록이 가능합니다.

Q 기존 도서를 다시 인쇄하여 판매하려는 경우 재정가 등록을 할 수 있나요?

A 개정판은 기존 도서와 별개 도서이므로 재정가 대상이 아니며, 개정판이 아닌 2쇄, 3쇄 등 기존 내용의 변화가 거의 없을 경우에는 재정가를 할 수 있습니다.

Q 경품 제공 등의 할인 행위는 어느 정도까지 도서 정가제 위반이 아닌가요?

A 출판문화 산업 진흥법 제22조 5항에 의거하여, 정가의 15퍼센트를 초과하는 할인(가격 할인+경제상의 이익 제공)을 제공하는 모든 행위는 도서 정가제 위반에 해당됩니다. 추첨을 통해 경품을 제공하는 경우에도 예외를 인정하지 않습니다.

개정 도서 정가제 Q&A

Q 도서 정가제 위반 신고는 어디에 어떻게 하면 되나요?

A 출판·인쇄사(임직원), 저자, 유통 관련 사업자가 도서 정가제를 위반했을 경우, 지방 자치 단체(시군구)의 출판 영업 신고 부서(문화예술과, 문화체육과)나 한국 출판문화 산업 진흥원의 출판물 불법 유통 신고 센터(www.cleanbook.or.kr)로 신고할 수 있습니다. 신고 시 도서 정가제 위반 사실을 확인할 수 있는 증거 자료(구매 영수증, 온라인 구매의 경우 위반 판매 화면 캡처 등)를 첨부해 주시면 됩니다.

Q 개정 도서 정가제에 대해 좀 더 알고 싶으면 어떻게 하나요?

A 한국 출판문화 산업 진흥원에서 펴낸 〈도서 정가제 상담 사례와 실무〉(〈출판물 불법 유통 신고 센터 홈페이지-공지 사항〉에 게시)를 참고하시면 됩니다.

도서 구입비 소득 공제 Q&A

문화 체육 관광부는 기획 재정부가 발표한 〈2017년 세법 개정안〉에 국민 문화 향유 확대를 위한 〈도서 구입비·공연 관람비 연(年) 1백만 원 추가 소득 공제〉가 신설되었다고 밝혔다.

소득 공제는 총급여 7천만 원 이하 근로자 중 신용 카드, 직불 카드 등 사용액이 총급여액의 25퍼센트가 넘는 사람에게 적용된다. 현재 〈신용 카드 등 사용 금액〉의 소득 공제 한도는 3백만 원이고 신용 카드 사용액의 공제율은 15퍼센트이지만 도서 구입비 지출분은 추가로 1백만 원의 소득 공제 한도가 인정되고 공제율은 30퍼센트로 적용된다.

소득 공제의 대상이 되는 〈도서〉는 「출판문화 산업 진흥법」 제2조 제3호 및 동법 시행령 제3조에 따른 간행물을 의미한다.

〈참고: 도서 구입비 관련 법 조항〉

「출판문화 산업 진흥법」 제2조 제3호~제5호

3. 〈간행물〉이란 종이나 전자적 매체에 실어 읽거나 보거나 들을 수 있게 만든 것으로 저자, 발행인, 발행일, 그 밖에 대통령령으로 정하는 기록 사항을 표시한 것을 말한다.

4. 〈전자 출판물〉이란 이 법에 따라 신고한 출판사가 저작물 등의 내용을 전자적 매체에 실어 이용자가 컴퓨터 등 정보 처리 장치를 이용하여 그 내용을 읽거나 보거나 들을 수 있게 발행한 전자책 등의 간행물을 말한다.

5. 〈외국 간행물〉이란 외국(북한을 포함한다. 이하 같다)에서 출판된 간행물을 말한다.

Q 전자책은 소득 공제 대상 도서인가요?

A 종이책과 마찬가지로 「출판문화 산업 진흥법」 제2조 제3호 및 같은 법 시행령 제3조에 의한 간행물 기록 사항이 표시된 전자 출판물(출판문화 산업 진흥법 제2조 제4호)은 소득 공제를 받을 수 있습니다.

Q 인터넷 서점에서 구입하는 도서도 도서 구입비 소득 공제를 받을 수 있나요?

A 「출판문화 산업 진흥법」 및 같은 법 시행령에 의해 발행된 간행물(도서 정가제 적용 대상 간행물)이라면 지역의 동네 서점, 대형 서점 등 오프라인 서점은 물론 인터넷 서점에서 구입하는 경우에도 도서 구입비 소득 공제를 받을 수 있습니다.

* 이 Q&A는 문화 체육 관광부와 국세청이 2019년 6월 배포한 〈2019 도서·공연비, 박물관·미술관 입장료 소득 공제 관련 업계·기관 시행 안내 매뉴얼〉과 〈문화비 소득 공제 시행 관련 질의 답변 Q&A〉를 기반으로 작성하였습니다. 한국 문화 정보원이 운영하는 문화비 소득 공제 페이지 (www.culture.go.kr/deduction)에서 더 자세한 정보를 확인할 수 있습니다.

출판문화 산업 진흥법

법률 제19599호 2023. 8. 8. 일부 개정 〈시행 2024. 2. 9.〉

제1장 총칙 〈개정 2009.3.25.〉

제1조 목적 이 법은 출판에 관한 사항 및 출판문화 산업의 지원·육성과 간행물의 심의 및 건전한 유통 질서의 확립에 필요한 사항을 규정함을 목적으로 한다.
〈전문 개정 2009. 3. 25.〉

제2조 정의 이 법에서 사용하는 용어의 뜻은 다음과 같다. 〈개정 2012. 1. 26., 2021. 8. 10〉
① 〈출판〉이란 저작물 등을 종이나 전자적 매체에 실어 편집·복제하여 간행물(전자적 매체를 이용하여 발행하는 경우에는 전자 출판물만 해당한다)을 발행하는 행위를 말한다.
② 〈출판사〉란 출판을 업(業)으로 하는 인적·물적 시설을 말한다.
③ 〈간행물〉이란 종이나 전자적 매체에 실어 읽거나 보거나 들을 수 있게 만든 것으로 저자, 발행인, 발행일, 그 밖에 대통령령으로 정하는 기록 사항을 표시한 것을 말한다.
④ 〈전자 출판물〉이란 이 법에 따라 신고한 출판사가 저작물 등의 내용을 전자적 매체에 실어 이용자가 컴퓨터 등 정보 처리 장치를 이용하여 그 내용을 읽거나 보거나 들을 수 있게 발행한 전자책 등의 간행물을 말한다.
⑤ 〈외국 간행물〉이란 외국(북한을 포함한다. 이하 같다)에서 출판된 간행물을 말한다.
⑥ 〈배포〉란 일반인에게 대가를 받거나 받지 아니하고 간행물을 양도(讓渡)하거나 빌려주거나 전시하는 것을 말한다.
⑦ 〈출판문화 산업〉이란 간행물의 출판·유통 산업 및 그에 밀접히 연관된 산업을 말한다.
⑧ 〈유해 간행물〉이란 국가의 안전이나 공공질서 또는 인간의 존엄성을 뚜렷이 해치는 등 반국가적·반사회적·반윤리적인 내용의 유해한 간행물로서 제17조에 따른 간행물 윤리 위원회가 제19조 제1항에 따라 심의·결정한 것을 말한다.

⑨ 〈서점〉이란 간행물을 최종 소비자에게 판매하는 상행위를 업으로 하는 장소·시설 또는 정보 통신 설비를 이용하여 재화 등을 거래할 수 있도록 설정된 가상의 영업장을 말한다.
〈전문 개정 2009. 3. 25.〉

제3조 적용 범위 이 법은 모든 출판 및 간행물에 대하여 적용하되, 다음 각호의 어느 하나에 해당하는 것에는 적용하지 아니한다. 〈개정 2012. 1. 26.〉
① 「음악 산업 진흥에 관한 법률」 제2조 제4호에 따른 음반
② 「영화 및 비디오물의 진흥에 관한 법률」 제2조 제12호에 따른 비디오물
③ 「게임 산업 진흥에 관한 법률」 제2조 제1호에 따른 게임물
④ 「잡지 등 정기 간행물의 진흥에 관한 법률」 제2조 제1호에 따른 정기 간행물 및 「신문 등의 진흥에 관한 법률」 제2조 제1호·제2호에 따른 신문·인터넷 신문. 다만, 이 법에 정기 간행물, 신문 및 인터넷 신문에 관하여 특별한 규정이 있는 경우에는 이 법을 적용한다.
〈전문 개정 2009. 3. 25.〉

제2장 출판문화 산업의 진흥 〈개정 2009.3.25.〉

제4조 출판문화 산업 진흥 계획의 수립·시행 1) 문화 체육 관광부 장관은 출판문화 산업의 진흥에 필요한 기본 계획(이하 〈진흥 계획〉이라 한다)을 5년마다 수립·시행하여야 한다.

2) 진흥 계획에는 다음 각호의 사항이 포함되어야 한다.
① 전문 인력 양성의 지원
② 양서(良書) 출판의 장려·지원
③ 국내외 우수 저작물의 번역 지원
④ 출판 시설 및 간행물 유통의 현대화 지원
⑤ 전자 출판의 육성·지원
⑥ 국제 교류·협력 및 수출 시장 확대의 지원
⑦ 만화 산업의 육성·지원
⑧ 서점(書店) 및 제본업(製本業) 등의 지원
⑨ 그 밖에 출판문화 산업의 지원에 관한 사항

3) 문화 체육 관광부 장관이 진흥 계획을 수립하려면 미리 관계 중앙 행정 기관의 장과 협의하여야 하며, 출판문화 산업 관련 단체의 의견을 들어야 한다.

4) 문화 체육 관광부 장관은 진흥 계획을 수립·시행하기 위하여 필요하면 특별시장·광역시장·특별자치시장·도지사 또는 특별자치도지

사(이하 〈시·도지사〉라 한다)에게 협조를 요청하거나 시·도지사를 지원할 수 있다. 〈개정 2012. 1. 26.〉
〈전문 개정 2009. 3. 25.〉

제5조 전문 인력 양성의 지원 1) 문화 체육 관광부 장관은 출판문화 산업을 진흥하기 위하여 필요한 관련 분야 전문 인력의 양성을 지원하여야 한다.

2) 제1항에 따른 전문 인력 양성에 관하여는 「문화 산업 진흥 기본법」 제16조를 준용한다. 이 경우 〈문화 산업〉은 〈출판문화 산업〉으로 본다. 〈전문 개정 2009. 3. 25.〉

제6조 국제 교류의 지원 등 1) 문화 체육 관광부 장관은 출판문화 산업을 진흥하기 위하여 국제 교류가 활성화될 수 있도록 지원하여야 한다.

2) 제1항에 따른 국제 교류 활성화의 지원 대상·방법 및 절차 등에 관하여 필요한 사항은 대통령령으로 정한다.
〈전문 개정 2009. 3. 25.〉

제7조 시설·유통의 현대화 지원 등 1) 문화 체육 관광부 장관은 출판사의 시설 및 유통 현대화를 지원하기 위하여 필요한 노력을 하여야 한다.

2) 간행물을 출판하는 자는 「도서관법」 제23조에 따른 국제 표준 자료 번호를 부여받아 해당 출판물에 표시하여야 한다. 〈개정 2021. 12. 7.〉

3) 제1항에 따른 시설 및 유통 현대화 지원의 대상·방법 및 절차 등에 관하여 필요한 사항은 대통령령으로 정한다.
〈전문 개정 2009. 3. 25.〉

제7조의 2 지역 서점 활성화 지원 등 1) 국가와 지방 자치 단체는 다음 각 호의 요건을 갖춘 서점(이하 〈지역 서점〉이라 한다)이 활성화될 수 있도록 정책을 수립하고 이에 필요한 지원을 하여야 한다. 다만, 지방 자치 단체는 지역 실정에 따라 지역 서점의 요건을 조례로 달리 정할 수 있다.
① 관할 지역에 주소와 매장을 두고 불특정 다수가 이용할 수 있을 것
② 「부가 가치세법」 제8조에 따라 서적 소매업으로 사업자 등록을 하였을 것
③ 「중소기업 기본법」 제2조에 따른 중소기업자가 경영할 것

2) 문화 체육 관광부 장관은 제1항에 따른 지역 서점 활성화 정책의 수립 및 지원에 필요한 기초 자료로 활용하기 위하여 지역 서점에 관한 실태 조사를 실시할 수 있다. 이 경우 실태 조사 결과 지역 서점이

없는 지역에 대하여는 해당 지방 자치 단체의 장과 협의하여 별도의 지원책을 마련하여야 한다.

3) 문화 체육 관광부 장관은 제1항에 따른 지역 서점 활성화 정책의 수립을 위하여 필요한 경우 지방 자치 단체의 장에게 관련 자료를 요청할 수 있다.

4) 지방 자치 단체는 지역 서점 활성화에 필요한 사항을 조례로 정할 수 있다.

5) 지방 자치 단체의 장은 교육감과 협력하여 관할 지역의 도서관(「도서관법」 제3조에 따른 도서관을 말한다)이 도서를 구매하는 경우 지역 서점을 이용하도록 독려하여야 한다. 〈개정 2021. 12. 7〉

6) 제2항에 따른 지역 서점에 관한 실태 조사의 방법 및 절차 등에 필요한 사항은 대통령령으로 정한다.
〈본조 신설 2021. 8. 10.〉

제8조 출판문화 산업의 기반 시설 등 확충 1) 국가와 지방 자치 단체는 출판문화 산업의 기반 시설을 확충하거나 그 단지를 조성하는 등 출판문화 산업의 기반 시설을 확보하기 위하여 노력하여야 한다.

2) 제1항에 따라 출판문화 산업의 기반 시설을 확보하려는 경우에는 「문화 산업 진흥 기본법」 제21조부터 제28조까지, 제28조의 2, 제28조의 3, 제29조 및 제30조를 준용한다.
〈전문 개정 2009. 3. 25.〉

제8조의 2(표준 계약서의 제정·보급) 1) 문화 체육 관광부 장관은 계약의 당사자가 대등한 입장에서 저작물 등의 창작·편집 또는 간행물의 발행·판매 등 출판 관련 계약을 공정하게 체결할 수 있도록 표준 계약서를 마련하고 이를 보급하여야 한다.

2) 문화 체육부 장관은 제1항에 따른 표준 계약서를 제정 또는 개정하는 경우 공정 거래 위원회와 협의하여야 하고, 관련 사업자 단체 등 이해관계자와 전문가의 의견을 들어야 한다.
〈본조 신설 2023. 8. 8.〉

제3장 출판사의 신고 등 〈개정 2007. 7. 19.〉

제9조 신고 1) 출판사를 경영하려는 자는 미리 그 출판사가 있는 곳을 관할하는 특별자치시장·특별자치도지사·시장·군수·구청장(이하 자치구의 구청장을 말한다. 이하 〈시장 등〉이라 한다)에게 다음 각호

의 사항을 신고하여야 한다. 신고한 사항을 변경[경영자(법인이나 단체인 경우에는 그 대표자)의 주소를 변경할 경우는 제외한다]할 때에도 미리 신고하여야 한다. 〈개정 2017. 3. 21., 2018. 12. 24.〉

① 출판사의 이름 및 소재지

② 경영자(법인 또는 단체인 경우에는 그 대표자)의 성명 및 주소

2) 시장 등은 제1항에 따른 신고 또는 변경 신고를 받은 날부터 10일 이내에 신고 수리 여부를 신고인에게 통지하여야 한다. 〈신설 2017. 3. 21.〉

3) 시장 등이 제2항에서 정한 기간 내에 신고 수리 여부나 민원 처리 관련 법령에 따른 처리 기간의 연장 여부를 신고인에게 통지하지 아니하면 그 기간이 끝난 날의 다음 날에 신고를 수리한 것으로 본다. 〈신설 2017. 3. 21.〉

4) 시장 등은 제1항에 따른 신고(이하 〈신고〉라 한다)를 한 자에게 신고 확인증을 내주어야 한다. 〈개정 2017. 3. 21.〉

5) 시장 등은 신고를 받으면 그 신고 사항을 시·도지사(특별자치시 및 특별자치도의 경우는 제외한다)를 거쳐 문화 체육 관광부 장관에게 보고하여야 한다. 〈개정 2017. 3. 21.〉

〈전문 개정 2009. 3. 25.〉

제10조 삭제 〈2009. 3. 25.〉

제11조 폐업 및 직권 말소 1) 제9조에 따라 신고를 한 자가 영업을 폐업한 경우에는 폐업한 날부터 7일 이내에 문화 체육 관광부령으로 정하는 바에 따라 관할 시장 등에게 폐업 신고를 하여야 한다. 〈개정 2018. 12. 24.〉

2) 시장 등은 제1항에 따라 폐업 신고를 받거나 제3항에 따라 신고 사항을 직권으로 말소한 경우에는 그 사실을 시·도지사(특별자치시 및 특별자치도의 경우는 제외한다)를 거쳐 문화 체육 관광부 장관에게 보고하여야 한다. 〈개정 2017. 3. 21., 2018. 12. 24.〉

3) 시장 등은 출판사를 경영하는 자가 「부가 가치세법」 제8조에 따라 관할 세무서장에게 폐업 신고를 하거나 관할 세무서장이 사업자 등록을 말소한 경우에는 신고 사항을 직권으로 말소할 수 있다. 〈신설 2015. 5. 18., 개정 2017. 3. 21.〉

4) 시장 등은 출판사를 경영하는 자가 신고한 출판사 영업을 폐업하였는지를 확인하기 위하여 필요하면 관할 세무서장에게 필요한 자료의 제공을 요청할 수 있다. 이 경우 자료의 제공을 요청받은 관할 세무

서장은 정당한 사유 없이 거부하여서는 아니 된다. 〈신설 2015. 5. 18., 개정 2017. 3. 21.〉
〈전문 개정 2009. 3. 25.〉
〈제목 개정 2018. 12. 24.〉

제4장 삭제 〈2012. 1. 26.〉

제12조 삭제 〈2012. 1. 26.〉

제13조 삭제 〈2012. 1. 26.〉

제14조 삭제 〈2012. 1. 26.〉

제15조 삭제 〈2012. 1. 26.〉

제5장 한국 출판문화 산업진흥원 등 〈개정 2010. 3. 17., 2012. 1. 26.〉

제16조 한국 출판문화 산업 진흥원의 설치 등 1) 출판문화 산업의 진흥·발전을 효율적으로 지원하기 위하여 한국 출판문화 산업 진흥원(이하 〈진흥원〉이라 한다)을 둔다.

2) 진흥원은 법인으로 한다.

3) 진흥원은 문화 체육 관광부 장관의 인가를 받아 주된 사무소의 소재지에서 설립 등기를 함으로써 성립한다.

4) 진흥원에 관하여 이 법 및 「공공 기관의 운영에 관한 법률」에서 정한 것을 제외하고는 「민법」 중 재단 법인에 관한 규정을 준용한다.
〈전문 개정 2012. 1. 26.〉

제16조의 2 진흥원의 정관 진흥원의 정관에는 다음 각호의 사항이 포함되어야 한다.
① 목적
② 명칭
③ 주된 사무소에 관한 사항
④ 임원 및 직원에 관한 사항
⑤ 이사회의 운영에 관한 사항
⑥ 제17조에 따른 간행물 윤리 위원회에 관한 사항
⑦ 직무에 관한 사항
⑧ 재산 및 회계에 관한 사항
⑨ 정관의 변경에 관한 사항

⑩ 내부 규정의 제정 및 개정·폐지에 관한 사항
〈본조 신설 2012. 1. 26.〉

제16조의 3 진흥원의 임원 1) 진흥원에는 원장 1명을 포함한 9명 이내의 이사와 감사 1명을 두고, 원장을 제외한 이사 및 감사는 비상임으로 하며, 원장은 이사회의 의장이 된다.

2) 원장은 문화 체육 관광부 장관이 임면(任免)한다.

3) 원장의 임기는 3년으로 한다.

4) 원장은 진흥원을 대표하고, 진흥원의 업무를 총괄한다.

5) 원장이 부득이한 사유로 직무를 수행할 수 없을 때에는 정관으로 정하는 순서에 따라 이사가 그 직무를 대행한다.

6) 「국가 공무원법」 제33조 각호의 어느 하나에 해당하는 사람은 제1항에 따른 진흥원의 임원이 될 수 없다.
〈본조 신설 2012. 1. 26.〉

제16조의 4 진흥원의 직무 진흥원은 다음 각호의 직무를 수행한다. 〈개정 2021. 8. 10.〉
① 출판문화 산업 진흥을 위한 정책 및 제도의 연구·조사·기획
② 출판문화 산업의 실태 조사 및 통계 작성
③ 출판문화 산업 관련 교육 및 전문 인력 양성 지원
④ 출판문화 산업 발전을 위한 제작 활성화, 유통 선진화 지원 및 지역 서점 활성화 지원
⑤ 양서 권장 및 독서 진흥 등 출판 수요 진작을 위한 사업
⑥ 전자 출판의 육성·지원
⑦ 출판문화 산업 활성화를 위한 지원 시설의 설치 등 기반 조성
⑧ 출판문화 산업의 국외 진출 지원
⑨ 간행물의 유해성 여부 심의(제18조에 따른 위원회 기능을 말한다)
⑩ 그 밖에 진흥원의 목적 수행을 위하여 필요한 사업
〈본조 신설 2012. 1. 26.〉

제17조 간행물 윤리 위원회의 설치 등 1) 간행물의 윤리적·사회적 책임을 구현하고 간행물의 유해성 여부를 심의하기 위하여 진흥원에 간행물 윤리 위원회(이하 〈위원회〉라 한다)를 둔다. 〈신설 2012. 1. 26.〉

2) 위원회는 위원장 1명과 부위원장 1명을 포함한 10명 이상 20명 이하의 위원으로 구성한다. 〈개정 2012. 1. 26.〉

3) 위원회의 위원장 및 부위원장은 위원 중에서 호선(互選)한다. 〈개

정 2012. 1. 26.〉

4) 위원회의 위원은 예술, 언론, 교육, 문화, 법률, 청소년, 출판 및 인쇄 등에 관하여 학식과 경험이 풍부한 사람 중에서 문화 체육 관광부 장관이 대통령령으로 정하는 바에 따라 관련 법인 또는 단체의 추천을 받아 위촉한다. 〈개정 2012. 1. 26.〉

5) 위원회 위원의 임기는 3년으로 하되, 연임할 수 있다. 〈개정 2012. 1. 26.〉

6) 그 밖에 위원회의 구성과 운영에 필요한 사항은 대통령령으로 정한다. 〈신설 2012. 1. 26.〉
〈전문 개정 2009. 3. 25.〉
〈제목 개정 2012. 1. 26.〉

제18조 위원회의 기능 위원회는 다음 각호의 기능을 수행한다. 〈개정 2011. 9. 15., 2012. 1. 26.〉
① 소설, 만화, 사진집 및 화보집과 그 밖에 대통령령으로 정하는 간행물의 유해성 심의
② 제19조의 3에 따른 간행물의 심의
③ 「청소년 보호법」 제2조 제2호 사목·아목 및 자목에 따른 정기 간행물의 유해성 심의
④ 삭제 〈2012. 1. 26.〉
⑤ 다른 법령에서 규정한 사항
〈전문 개정 2009. 3. 25.〉

제19조 간행물의 유해성 심의 1) 위원회는 간행물의 유해성을 심의한 결과 간행물이 다음 각호의 어느 하나에 해당하면 유해 간행물로 결정하여야 한다.
① 자유 민주주의 체제를 전면 부정하거나 체제 전복 활동을 고무(鼓舞)하거나 선동하여 국가의 안전이나 공공질서를 뚜렷이 해치는 것
② 음란한 내용을 노골적으로 묘사하여 사회의 건전한 성도덕을 뚜렷이 해치는 것
③ 살인, 폭력, 전쟁, 마약 등 반사회적 또는 반인륜적 행위를 과도하게 묘사하거나 조장하여 인간의 존엄성과 건전한 사회 질서를 뚜렷이 해치는 것
2) 위원회는 제1항에 따른 심의 결과 간행물이 「청소년 보호법」 제9조 제1항 각호의 어느 하나에 해당하면 청소년 유해 간행물로 결정하고, 그 사실을 지체 없이 여성 가족부에 통보하여야 한다. 〈개정 2010. 1. 18., 2011. 9. 15.〉

3) 위원회 위원장은 위원회의 심의 결과 간행물을 유해 간행물로 결정하면 지체 없이 그 결정 사실을 그 간행물의 발행인·수입자 또는 세관장에게 알리고, 문화 체육 관광부 장관에게 보고하여야 한다. 다만, 주소 불명 등으로 수입자에게 통보가 불가능한 경우에는 해당 간행물의 유해 간행물 결정 사실을 위원회 홈페이지에 게시하여야 한다. 〈개정 2012. 1. 26.〉

4) 간행물의 유해성 심의 기준에 따른 세부 심의 기준에 관하여 필요한 사항은 대통령령으로 정한다.
〈전문 개정 2009. 3. 25.〉

제19조의 2 고시 및 통보 등 1) 문화 체육 관광부 장관은 제19조 제3항에 따라 위원회 위원장이 보고한 결정 사실에 따라 지체 없이 해당 간행물을 유해 간행물로 고시하여야 한다.

2) 문화 체육 관광부 장관은 제1항에 따라 유해 간행물을 고시할 때에는 그 사유와 효력 발생 시기를 구체적으로 밝혀야 한다.

3) 문화 체육 관광부 장관은 제1항에 따라 유해 간행물을 고시하였을 때에는 그 고시 사항을 시·도지사 및 시장·군수·구청장에게 통보하여야 한다.

4) 문화 체육 관광부 장관은 필요하면 간행물의 유통을 업으로 하는 개인·법인·단체에도 제1항의 고시 사항을 알릴 수 있다.

5) 제1항에 따른 고시에 필요한 사항은 문화 체육 관광부령으로 정한다.
〈전문 개정 2009. 3. 25.〉

제19조의 3 의견 문의 1) 제1호에 해당하는 간행물의 발행인 및 제1호·제2호에 해당하는 외국 간행물을 수입하는 자는 그 간행물이 유해 간행물 또는 「청소년 보호법」에 따른 청소년 유해 간행물에 해당되는지를 알 수 없으면 이를 미리 확인하기 위하여 위원회에 문의할 수 있다.
① 소설, 만화, 사진집, 화보집 및 잡지와 그 밖에 대통령령으로 정하는 간행물
② 북한이나 반국가 단체가 출판한 간행물(「남북 교류 협력에 관한 법률」에 따라 북한으로부터 들여오는 간행물을 제외한다)

2) 세관장은 수입되는 외국 간행물 중 제1항 제1호 또는 제2호에 해당하는 간행물이 유해 간행물에 해당되는지에 관하여 의문이 있으면 그 외국 간행물을 통관시키기 전에 위원회에 문의할 수 있다.

3) 위원회 위원장이 제1항 또는 제2항에 따른 문의를 받은 때에는 문

의를 한 자에게 그 의견을 통보하여야 한다. 다만, 문의 간행물이 다음 각호의 어느 하나에 해당하면 위원회의 심의를 거쳐 결과를 통보하여야 한다.

① 「청소년 보호법」에 따른 청소년 유해 간행물에 해당할 우려가 있는 간행물

② 유해 간행물에 해당할 우려가 있는 간행물

4) 제1항부터 제3항까지의 문의 및 심의 절차 등에 관하여 필요한 사항은 문화 체육 관광부령으로 정한다.
〈본조 신설 2012. 1. 26.〉

제20조 소위원회 1) 위원회의 심의를 효율적이고 전문적으로 수행하기 위하여 필요한 경우에는 분야별로 소위원회를 둘 수 있다.

2) 제1항에 따른 분야별 소위원회의 구성 및 운영에 필요한 사항은 대통령령으로 정한다.
〈전문 개정 2012. 1. 26.〉

제20조의 2 삭제 〈2016. 2. 3.〉

제21조 경비 보조 정부는 예산의 범위에서 진흥원의 운영 또는 사업에 필요한 경비를 보조할 수 있다. 〈개정 2012. 1. 26., 2016. 2. 3.〉
〈전문 개정 2010. 3. 17.〉

제21조의 2 감독 문화 체육 관광부 장관은 출판문화 산업 진흥을 위하여 필요하면 진흥원의 업무·회계 및 재산에 관한 사항을 보고하게 하거나 소속 공무원에게 검사하게 할 수 있다. 〈개정 2012. 1. 26, 2016. 2. 3.〉
〈본조 신설 2010. 3. 17.〉

제6장 간행물의 유통 등

제22조 간행물 정가 표시 및 판매 1) 출판사가 판매를 목적으로 간행물을 발행할 때에는 소비자에게 판매하는 가격(이하 〈정가〉라 한다)을 정하여 대통령령으로 정하는 바에 따라 해당 간행물에 표시하여야 한다. 〈개정 2012. 1. 26., 2014. 5. 20.〉

2) 발행일부터 12개월이 지난 간행물은 대통령령으로 정하는 바에 따라 정가(定價)를 변경할 수 있다. 이 경우 정가 표시는 제1항을 준용한다. 〈신설 2014. 5. 20., 2021. 8. 10.〉

3) 제1항 및 제2항에도 불구하고 전자 출판물의 경우에는 출판사가 정가를 서지 정보에 명기하고 전자 출판물을 판매하는 자는 출판사가 서지 정보에 명기한 정가를 구매자가 식별할 수 있도록 판매 사이트에 표시하여야 한다. 〈신설 2012. 1. 26., 2014. 5. 20.〉

4) 간행물을 판매하는 자는 이를 정가대로 판매하여야 한다. 〈개정 2014. 5. 20.〉

5) 제4항에도 불구하고 간행물을 판매하는 자는 독서 진흥과 소비자 보호를 위하여 정가의 15퍼센트 이내에서 가격 할인과 경제상의 이익을 자유롭게 조합하여 판매할 수 있다. 이 경우 가격 할인은 10퍼센트 이내로 하여야 한다. 〈신설 2014. 5. 20.〉

6) 제5항에도 불구하고 국가, 지방 자치 단체, 「공공 기관의 운영에 관한 법률」에 따른 공공 기관 및 「도서관법」 제4조 제2항 제1호에 따른 공공 도서관에 간행물을 판매하는 자는 정가의 10퍼센트 이내의 가격 할인만 제공할 수 있다. 〈신설 2021. 8. 10., 2021. 12. 7〉

7) 다음 각호의 어느 하나에 해당하는 간행물에 대하여는 제4항 및 제5항을 적용하지 아니한다. 〈개정 2012. 1. 26., 2014. 5. 20., 2021. 8. 10.〉
① 삭제 〈2014. 5. 20.〉
② 사회 복지 시설에 판매하는 간행물
③ 저작권자에게 판매하는 간행물
④ 삭제 〈2014. 5. 20.〉
⑤ 그 밖에 대통령령으로 정하는 간행물

8) 제5항에서 〈경제상의 이익〉이란 간행물의 거래에 부수하여 소비자에게 제공되는 다음 각호의 어느 하나에 해당하는 것을 말한다. 〈신설 2014. 5. 20., 2021. 8. 10.〉
① 물품
② 마일리지(판매가의 일정 비율에 해당하는 점수 등을 말한다)
③ 할인권
④ 상품권
⑤ 제1호부터 제4호까지에서 규정한 것 외에 소비자가 일반적으로 대가를 지급하지 아니하고는 취득할 수 없는 것이라고 인정되는 것
〈전문 개정 2009. 3. 25.〉

제23조 간행물의 유통 질서 1) 간행물의 유통 질서를 유지하기 위하여 간행물의 저자, 출판 및 유통에 관련된 자로서 다음 각호에 해당하는 자는 다음 각호의 행위를 하여서는 아니 된다. 〈개정 2014. 1. 28.〉
① 간행물의 저자 또는 출판사의 대표나 대리인, 사용인, 그 밖의 종업

원이 간행물의 판매량을 올릴 목적으로 그 간행물을 부당하게 구입하거나 그 간행물의 저자 또는 그 출판사와 관련된 자에게 그 간행물을 부당하게 구입하게 하는 행위

② 서점 등 소매상이 간행물의 저자 또는 출판사의 대표자 등이 제1호의 행위를 하는 사실을 알면서도 그 간행물의 판매량을 공개적으로 발표하는 행위

③ 그 밖에 간행물의 유통 질서를 유지하기 위하여 문화 체육 관광부령으로 정하는 사항을 위반하는 행위

2) 문화 체육 관광부 장관 또는 시·도지사는 출판된 간행물의 건전한 유통 질서를 확립하기 위하여 필요하다고 인정하면 출판사, 인쇄사, 출판된 간행물의 유통에 관련된 사업자, 그 밖에 대통령령으로 정하는 자에 대하여 다음 각호의 조치를 할 수 있다. 〈개정 2014. 1. 28., 2019. 12. 3.〉

① 업무에 관한 보고 명령

② 간행물의 발행·인쇄 내역, 납품·출고 내역, 거래·판매 내역 등 출판 및 유통 관련 자료와 그 밖에 간행물 유통 질서 유지를 위하여 필요한 자료의 제출 명령

③ 간행물의 도서 판매 집계 제외 명령

④ 소속 공무원의 현장 출입 또는 서류 검사

⑤ 그 밖에 간행물의 건전한 유통 질서를 확립하기 위하여 필요한 조치로서 대통령령으로 정하는 조치

3) 문화 체육 관광부 장관은 제2항에 따른 업무를 대통령령으로 정하는 법인 또는 단체에 위탁할 수 있다. 이 경우 위탁받은 업무를 수행하는 사람은 공무원으로 본다. 〈신설 2014. 1. 28.〉

4) 제2항 제4호에 따라 현장 출입 또는 서류 검사를 하는 사람은 그 권한을 표시하는 증표를 지니고 이를 관계인에게 내보여야 한다. 〈신설 2014. 1. 28.〉

〈전문 개정 2009. 3. 25.〉

제24조 삭제 〈2009. 3. 25.〉

제25조 불법 복제 간행물 등의 수거·폐기 등 1) 문화 체육 관광부 장관, 시·도지사, 시장·군수·구청장은 소속 관계 공무원(이하 〈관계 공무원〉이라 한다)이 다음 각호의 어느 하나에 해당하는 간행물(이하 〈불법 복제 간행물 등〉이라 한다)을 발견하였을 때에는 그 불법 복제 간행물 등을 배포한 자에 대하여 그 불법 복제 간행물 등을 즉시 수거하거나 폐기할 것을 명하게 할 수 있다. 이 경우 수거 또는 폐기 명령을

받은 자가 즉시 그 명령을 이행하지 아니하면 관계 공무원이 직접 불법 복제 간행물 등을 수거하거나 폐기하게 할 수 있다.

① 「저작권법」에 따른 저작권자 또는 출판권자의 동의나 그 밖에 정당한 권리 없이 불법 복제한 간행물

② 유해 간행물

2) 관계 공무원은 제1항에 따른 업무를 하기 위하여 필요하면 불법 복제 간행물 등을 배포하는 자의 영업 장소에 출입하거나 검사·질문을 할 수 있다.

3) 제1항 각호 외의 부분 후단에 따라 관계 공무원이 직접 불법 복제 간행물 등을 수거 또는 폐기한 때에는 즉시 그 사실의 확인서를 불법 복제 간행물 등의 배포자에게 내주어야 한다.

4) 제1항에 따라 불법 복제 간행물 등에 대한 수거 또는 폐기 명령이나 수거 또는 폐기 조치를 하는 관계 공무원은 그 권한을 표시하는 증표를 지니고 이를 관계인에게 보여 주어야 한다.

5) 문화 체육 관광부 장관, 시·도지사, 시장·군수·구청장은 제1항 각호 외의 부분 후단에 따라 관계 공무원이 직접 수거·폐기할 때 필요하면 대통령령으로 정하는 법인 또는 단체에 협조를 요청할 수 있다. 〈전문 개정 2009. 3. 25.〉

제25조의 2 불법 복제 간행물 등의 수거 폐기 등(포상금) 1) 문화 체육 관광부 장관은 제23조 제1항 제1호의 행위를 한 자를 관계 행정 기관 또는 수사 기관에 신고하거나 고발한 자에 대하여 예산의 범위에서 포상금을 지급할 수 있다.

2) 제1항에 따른 포상금 지급의 기준·방법 및 절차 등에 필요한 사항은 대통령령으로 정한다. 〈본조 신설 2014. 1. 28.〉

제26조 권한의 위임·위탁 이 법에 따른 문화 체육 관광부 장관의 권한은 그 일부를 대통령령으로 정하는 바에 따라 시·도지사에게 위임하거나 진흥원 또는 관련 법인이나 단체에 위탁할 수 있다. 〈개정 2012. 1. 26.〉 〈전문 개정 2009. 3. 25.〉

제27조 벌칙 적용 시의 공무원 의제 다음 각호의 사람은 「형법」 제129조부터 제132조까지 및 「특정 범죄 가중 처벌 등에 관한 법률」 제2조를 적용할 때에는 공무원으로 본다. 〈개정 2012. 1. 26.〉

① 위원회 위원 및 심의 업무에 종사하는 직원
② 제20조에 따른 소위원회 위원
③ 제26조에 따라 위탁한 업무에 종사하는 법인 또는 단체의 임직원
〈전문 개정 2009. 3. 25.〉

제27조의 2 규제의 재검토 문화 체육 관광부 장관은 제22조에 따른 간
행물의 정가 표시 및 판매(할인율을 포함한다) 제도에 관하여는 3년
마다 그 타당성을 검토하여 폐지, 완화 또는 유지 등의 조치를 하여야
한다. 〈개정 2021. 8. 10.〉
〈본조 신설 2014. 5. 20.〉
〈종전 제27조의 2는 제27조의 3으로 이동 2014. 5. 20.〉
〈시행일 2022. 2. 11.〉 제27조의 2

제7장 벌칙 〈개정 2009. 3. 25.〉

제27조의 3 벌칙 제23조 제1항 제1호의 금지 행위를 한 자는 2년 이하
의 징역 또는 2천만 원 이하의 벌금에 처한다.
〈본조 신설 2014. 1. 28.〉
〈제27조의 2에서 이동, 종전 제27조의 3은 제27조의 4로 이동 2014. 5.
20.〉

제27조의 4 양벌 규정 법인의 대표자나 법인 또는 개인의 대리인, 사용
인, 그 밖의 종업원이 그 법인 또는 개인의 업무에 관하여 제27조의 3의
위반 행위를 하면 그 행위자를 벌하는 외에 그 법인 또는 개인에게도
해당 조문의 벌금형을 과(科)한다. 다만, 법인 또는 개인이 그 위반 행
위를 방지하기 위하여 해당 업무에 관하여 상당한 주의와 감독을 게
을리하지 아니한 경우에는 그러하지 아니하다. 〈개정 2014. 5. 20.〉
〈본조 신설 2014. 1. 28.〉
〈제27조의 3에서 이동 2014. 5. 20.〉

제28조 과태료 1) 다음 각호의 어느 하나에 해당하는 자에게는 5백만
원 이하의 과태료를 부과한다. 〈개정 2021. 8. 10.〉
① 제22조 제1항 또는 제2항을 위반하여 정가를 간행물에 표시하지 아니
한 자 또는 같은 조 제3항을 위반하여 정가를 서지 정보에 명기하지 아니
하거나 판매 사이트에 표시하지 아니한 자
② 제22조 제4항·제5항 또는 제6항을 위반하여 간행물을 판매한 자

2) 다음 각호의 어느 하나에 해당하는 자에게는 300만 원 이하의 과태
료를 부과한다. 〈신설 2021. 8. 10.〉

① 제9조 제1항을 위반하여 신고를 하지 아니하고 출판사의 영업 행위를 한 자

② 제23조 제1항 제2호 또는 제3호를 위반하여 금지 행위를 한 자 또는 같은 조 제2항에 따른 유통과 관련한 명령을 이행하지 아니한 자

③ 제25조 제1항 전단에 따른 불법 복제 간행물 등의 수거 또는 폐기 명령을 이행하지 아니한 자

3) 제1항 및 제2항에 따른 과태료는 대통령령으로 정하는 바에 따라 문화 체육 관광부 장관이 부과·징수한다. 다만, 제1항 제1호·제2호 및 제2항 제1호에 따른 과태료는 관할 시장 등이 부과·징수하고, 제2항 제3호에 따른 과태료는 문화 체육 관광부 장관, 시·도지사 또는 시장·군수·구청장이 부과·징수한다. 〈개정 2012. 1. 26., 2014. 1. 28., 2017. 3. 21., 2021. 8. 10.〉

〈전문 개정 2009. 3. 25.〉

〈시행일 2022. 2. 11.〉 제28조

부칙 〈제18547호, 2021. 12. 7.〉 (도서관법)

이 법은 공포 후 1년이 경과한 날부터 시행한다.

출판문화 산업 진흥법 시행령

대통령령 제33023호 2022. 12. 6., 타법개정 〈시행 2022. 12. 8.〉

제1조 목적 이 영은 「출판문화 산업 진흥법」에서 위임된 사항과 그 시행에 필요한 사항을 규정함을 목적으로 한다.
〈전문 개정 2009. 10. 7.〉

제2조 삭제 〈2007. 12. 28.〉

제3조 간행물의 기록 사항 「출판문화 산업 진흥법」(이하 〈법〉이라 한다) 제2조 제3호에서 〈대통령령으로 정하는 기록 사항〉이란 다음 각호의 사항을 말한다. 〈개정 2011. 3. 30., 2022. 12. 6.〉
① 출판사
② 「도서관법」 제23조에 따른 국제 표준 자료 번호. 다만, 전자 출판물의 경우에는 「콘텐츠 산업 진흥법」 제23조에 따른 콘텐츠 식별 체계로 갈음할 수 있다.
〈전문 개정 2009. 10. 7.〉

제4조 국제 교류의 지원 등 1) 법 제6조에 따른 국제 교류 활성화의 지원 대상은 다음 각호와 같다.
① 국내외 출판과 관련된 국제 전시회의 개최 및 참가
② 출판과 관련된 국제 회의 또는 행사
③ 간행물의 해외 마케팅
④ 국내 간행물의 번역 출판
⑤ 그 밖에 출판문화의 국제 교류 증진
2) 문화 체육 관광부 장관은 제1항에 따른 지원 대상 사업에 대하여 예산의 범위에서 사업비의 일부 또는 전부를 지원할 수 있다.
3) 문화 체육 관광부 장관은 제1항에 따른 지원 대상을 선정하는 데에 필요하면 관계 전문가의 의견을 들을 수 있다.
〈전문 개정 2009. 10. 7.〉

제5조 국제 표준 자료 번호의 표시 법 제7조 제2항에 따른 국제 표준 자

료 번호의 표시 방법 등에 관한 세부적인 사항은 「도서관법 시행령」 제20조 제3항에 따른다. 〈개정 2022. 12. 6.〉
〈전문 개정 2009. 10. 7.〉

제6조 시설·유통의 현대화 지원 등 1) 법 제7조 제3항에 따른 출판사의 시설 및 유통 현대화를 위한 지원 대상 사업은 다음 각호와 같다.
① 간행물 유통의 정보화와 관련된 사업
② 간행물의 물류 관련 시설의 개선 사업
③ 서점의 물류 기능 개선과 관련된 사업
④ 그 밖에 출판 및 간행물의 유통과 관련된 기반을 조성하기 위한 사업

2) 문화 체육 관광부 장관은 제1항에 따른 지원 대상 사업에 대하여 예산의 범위에서 사업비의 일부 또는 전부를 지원할 수 있다.

3) 문화 체육 관광부 장관은 제1항에 따른 지원 대상 사업을 선정하는 데에 필요하면 관계 전문가의 의견을 들을 수 있다.
〈전문 개정 2009. 10. 7.〉

제7조 실태 조사의 방법 등 1) 법 제7조의 2 제2항에 따른 실태 조사(이하 〈실태 조사〉라 한다)에는 다음 각호의 사항이 포함되어야 한다.
① 법 제7조의 2 제1항에 따른 지역 서점(이하 〈지역 서점〉이라 한다)의 현황에 관한 사항
② 지역서점의 영업 실태에 관한 사항
③ 그 밖에 문화 체육 관광부 장관이 지역 서점 실태를 파악하기 위하여 조사가 필요하다고 인정하는 사항

2) 문화 체육 관광부 장관은 실태 조사를 2년마다 실시해야 한다.

3) 문화 체육 관광부 장관은 실태 조사를 실시하기 위하여 필요한 경우에는 지방 자치 단체의 장과 서점 관련 단체에 자료 제공 등의 협조를 요청할 수 있다.

4) 문화 체육 관광부 장관은 실태 조사를 효율적으로 실시하기 위하여 정보 통신망, 전자 우편 등 전자적 방식을 사용할 수 있다.
〈본조 신설 2022. 2. 8.〉

제8조 삭제 〈2012. 6. 19.〉

제9조 삭제 〈2012. 6. 19.〉

제10조 간행물 윤리 위원회의 위원장 등 1) 법 제17조에 따른 간행물 윤리 위원회(이하 〈위원회〉라 한다)의 위원장은 위원회를 대표하고 위원회의 업무를 총괄한다. 〈개정 2012. 6. 19.〉

2) 위원장이 부득이한 사유로 직무를 수행할 수 없을 때에는 부위원장이 그 직무를 대행하고, 위원장과 부위원장이 모두 직무를 수행할 수 없을 때에는 위원 중 연장자의 순으로 그 직무를 대행한다.
〈전문 개정 2009. 10. 7.〉
〈제목 개정 2012. 6. 19.〉

제11조 위원회 위원의 추천 문화 체육 관광부 장관이 법 제17조 제4항에 따라 위원회의 위원을 위촉하는 경우에 위원회의 위원을 추천할 수 있는 법인 또는 단체는 다음 각호와 같다. 〈개정 2012. 6. 19.〉
① 「대한민국 예술원법」에 따른 대한민국 예술원
② 「변호사법」에 따른 대한 변호사 협회와 그 밖의 법률 관련 기관·단체 및 협회
③ 언론 관련 기관·단체 및 협회
④ 외국학 또는 외국어 관련 기관·단체 및 협회
⑤ 정기 간행물의 제작·비평과 관련된 단체 및 협회
⑥ 도서류(만화를 포함한다)의 창작·제작·유통 및 비평과 관련된 단체 및 협회
⑦ 교육 관련 단체 및 협회
⑧ 청소년 육성·보호 사업을 수행하고 있는 청소년·여성·종교 및 소비자 관련 단체 및 협회
⑨ 간행물 심의와 관련된 학회 및 전문 기관
⑩ 간행물 자율 심의 기구를 둔 단체 및 협회
⑪ 그 밖에 영상·광고 등 문화 예술 관련 기관·단체 및 협회
〈전문 개정 2009. 10. 7.〉

제11조의 2 위원회의 사무국 1) 위원회의 사무를 처리하기 위하여 위원회에 사무국을 둔다.

2) 사무국에 사무국장 1명을 두며, 사무국장은 법 제16조에 따른 한국 출판문화 산업 진흥원(이하 〈진흥원〉이라 한다)의 원장이 진흥원의 직원 중에서 임명한다.
〈본조 신설 2012. 6. 19.〉

제12조 심의 대상 간행물의 범위 법 제18조 제1호에서 〈대통령령으로 정하는 간행물〉이란 다음 각호의 간행물을 말한다. 〈개정 2010. 3. 15., 2012. 6. 19.〉
① 법 제2조 제4호에 따른 전자 출판물
①의 2. 외국 간행물 중 잡지 및 북한이나 반국가 단체가 출판한 간행물 (「남북 교류 협력에 관한 법률」 제13조에 따라 북한으로부터 들여오는 간

행물은 제외한다.)

② 문화 체육 관광부 장관 또는 여성 가족부가 심의를 의뢰한 간행물

③ 위원회가 선정한 간행물

④ 청소년 보호와 관련된 기관·단체 또는 30명 이상이 서명하여 청소년 유해 여부의 확인을 요청한 간행물

〈전문 개정 2009. 10. 7.〉

제13조 유해성 심의의 세부 기준 법 제19조 제4항에 따른 간행물의 유해성 심의에 관한 세부 심의 기준은 별표 1과 같다.

〈전문 개정 2009. 10. 7.〉

제13조의 2 의견 문의 대상 간행물의 범위 법 제19조의 3 제1항 제1호에서 〈대통령령으로 정하는 간행물〉이란 전자 출판물을 말한다.

〈본조 신설 2012. 6. 19.〉

제14조 분야별 소위원회의 구성 및 운영 등 1) 법 제20조 제1항에 따른 분야별 소위원회는 위원회의 위원 및 해당 분야의 전문가 중에서 위원회의 위원장이 위원회의 동의를 받아 위촉하는 10명 이내의 위원으로 구성한다. 〈개정 2012. 6. 19.〉

2) 분야별 소위원회의 위원장은 위원회의 위원 중에서 위원장이 위촉한다. 〈개정 2012. 6. 19.〉

3) 분야별 소위원회 위원의 임기는 1년으로 한다. 〈개정 2012. 6. 19.〉

4) 분야별 소위원회는 위원회의 규정에 따라 위원회가 위임한 사항을 심의한다. 〈개정 2012. 6. 19.〉

5) 삭제 〈2012. 6. 19.〉

6) 위원회 및 분야별 소위원회의 구성 및 운영에 관한 세부적인 사항은 위원회의 규정으로 정한다. 〈개정 2012. 6. 19.〉

〈전문 개정 2009. 10. 7.〉

〈제목 개정 2012. 6. 19.〉

제14조의 2 삭제 〈2016. 8. 2.〉

제14조의 3 사업 계획 등의 승인 및 사업 실적 등의 제출 1) 진흥원은 다음 연도 개시 전까지 다음 연도의 사업 계획과 예산을 수립·작성하여 문화 체육 관광부 장관에게 제출하고 승인을 받아야 한다. 〈개정 2012. 6. 19., 2016. 8. 2.〉

2) 제1항에 따라 승인받은 사업 계획과 예산을 변경하려면 문화 체육

관광부 장관의 변경 승인을 받아야 한다.

3) 진흥원은 매 연도 종료 후 다음 연도 2월 말일까지 사업 실적 및 결산 보고서와 재목 상태표를 문화 체육 관광부 장관에게 제출하여야 한다. 〈개정 2012. 6. 19., 2016. 8. 2., 2019. 7. 2.〉

〈본조 신설 2010. 6. 15.〉

제15조 간행물의 정가 표시 등 1) 출판사는 법 제22조 제1항에 따라 간행물의 표지에 정가(定價)를 표시하여야 한다.

2) 법 제22조 제2항 전단에서 〈발행일〉이란 간행물의 매 판을 처음 인쇄한 날을 말한다. 다만, 매 판을 구분할 때에 오탈자의 변경 등 경미한 변경에 따라 다시 인쇄하는 경우는 제외한다. 〈개정 2010. 6. 15., 2012. 6. 19., 2014. 11. 19.〉

3) 출판사는 법 제22조 제2항에 따라 발행일부터 12개월이 지난 간행물의 정가를 변경하려는 경우 해당 간행물의 정가를 변경하여 적용하려는 달의 전달 15일까지 다음 각호의 사항을 진흥원과 해당 간행물의 유통에 관련된 사업자 및 사업자 단체에 알려야 한다. 〈신설 2014. 11. 19., 2018. 1. 23., 2022. 2. 8., 2022. 12. 6.〉

① 정가를 변경하는 간행물에 관한 사항

가. 간행물의 제목

나. 출판사

다. 저자 및 번역자

라. 발행인

마. 발행일

바. 「도서관법 시행령」 제14조에 따른 국제 표준 도서 번호(같은 조에 따라 부가 기호를 추가로 부여받은 경우에는 부가 기호를 포함한다). 다만, 전자 출판물의 경우에는 「콘텐츠 산업 진흥법」 제23조에 따른 콘텐츠 식별체계로 갈음할 수 있다.

② 정가 변경에 관한 사항

가. 현재의 정가

나. 변경 후 정가

다. 삭제 〈2018. 1. 23.〉

4) 진흥원은 제3항에 따라 통지를 받은 때에는 이를 진흥원 홈페이지에 게시하고, 국립 중앙 도서관장에게 알려야 한다. 이 경우 전자 출판물에 대해서는 「콘텐츠 산업 진흥법」 제23조에 따른 콘텐츠 식별체계의 등록을 담당하는 기관에도 함께 알려야 한다. 〈신설 2014. 11. 19.〉

5) 법 제22조 제7항 제2호에서 〈사회 복지 시설〉은 「사회 복지 사업법」

에 따른 사회 복지 법인 및 사회 복지 시설로 한다. 〈개정 2022. 2. 8.〉

6) 법 제22조 제7항 제5호에서 〈대통령령으로 정하는 간행물〉이란 다음 각호의 어느 하나에 해당하는 간행물을 말한다. 〈개정 2012. 6. 19, 2014. 11. 19., 2016. 1. 22., 2022. 2. 8.〉

① 삭제 〈2014. 11. 19.〉

② 삭제 〈2014. 11. 19.〉

③ 외국에서 발행된 간행물. 다만 국내 판매를 주목적으로 하여 발행된 경우는 제외한다.

④ 재판매의 목적이 아닌 독서, 학습 등의 목적으로 최종 소비자에게 판매되었던 간행물로서 다시 판매하는 중고 간행물

〈전문 개정 2009. 10. 7.〉

제15조의 2 간행물의 유통 질서 확립을 위한 조치 1) 법 제23조 제2항 제5호에서 〈대통령령으로 정하는 조치〉란 법 제23조 제1항 제2호의 발표 행위에 사용된 알림 자료, 그 밖에 이와 유사한 발표 수단의 폐기 명령을 말한다.

2) 문화 체육 관광부 장관은 법 제23조 제3항 전단에 따라 같은 조 제2항에 따른 업무를 진흥원에 위탁한다.

〈본조 신설 2014. 7. 16.〉

제16조 불법 복제 간행물 등의 수거·폐기를 위한 협조 요청 법 제25조 제5항에서 〈대통령령으로 정하는 법인 또는 단체〉란 위원회와 「저작권법」 제105조 제1항에 따라 문화 체육 관광부 장관의 허가를 받은 저작권 신탁 관리업자를 말한다.

〈전문 개정 2009. 10. 7.〉

제16조의 2 포상금의 지급 등 1) 법 제25조의 2에 따라 지급할 수 있는 포상금의 지급액은 1건당 200만 원 이내로 한다.

2) 법 제25조의 2에 따른 포상금은 법 제23조 제1항 제1호의 행위를 한 자가 관계 행정 기관 또는 수사 기관에 의하여 발각되기 전에 신고 또는 고발한 자에게 그 신고 또는 고발 사건에 대하여 검사가 공소 제기 또는 기소 유예의 결정을 한 경우에 한하여 지급한다.

3) 법 제25조의 2에 따른 신고 또는 고발이 있은 후에 동일한 위반 사실을 신고 또는 고발한 자에게는 포상금을 지급하지 아니한다.

4) 동일한 위반 사실에 대하여 2명 이상이 공동으로 신고 또는 고발한 경우에는 포상금을 균등하게 배분하여 지급한다. 다만, 포상금을 지

급받을 자가 포상금 지급 전에 배분 방법에 관하여 미리 합의한 경우에는 그 합의된 방법에 따라 지급한다.

5) 제1항부터 제4항까지에서 규정한 사항 외에 포상금의 지급에 필요한 사항은 문화 체육 관광부령으로 정한다.
〈본조 신설 2014. 7. 16.〉

제17조 권한의 위임·위탁 1) 문화 체육 관광부 장관은 법 제26조에 따라 다음 각호에 따른 과태료의 부과·징수에 관한 권한을 특별시장·광역시장·특별자치시장·도지사 또는 특별자치도지사(이하 〈시·도지사〉라 한다)에게 위임한다. 〈개정 2010. 6. 15., 2012. 6. 19., 2014. 7. 16., 2022. 2. 8.〉

① 삭제 〈2012. 6. 19.〉

② 법 제28조 제2항 제2호에 따른 과태료 중 법 제23조 제1항 제3호를 위반하여 금지 행위를 한 자에 대한 과태료

③ 법 제28조 제2항 제2호에 따른 과태료 중 법 제23조 제2항에 따른 유통과 관련한 시·도지사의 명령을 이행하지 아니한 자에 대한 과태료

2) 문화 체육 관광부 장관은 법 제26조에 따라 법 제25조의 2에 따른 포상금의 지급 업무를 진흥원에 위탁한다. 〈신설 2014. 7. 16.〉
〈전문 개정 2009. 10. 7.〉

제17조의 2 고유 식별 정보의 처리 문화 체육 관광부 장관, 진흥원은 다음 각호의 사무를 수행하기 위하여 불가피한 경우에는 「개인 정보 보호법 시행령」 제19조 제1호에 따른 주민 등록 번호가 포함된 자료를 처리할 수 있다. 〈개정 2016. 8. 2.〉

① 법 제16조의 3 제6항에 따른 진흥원 임원의 결격 사유 확인에 관한 사무

② 법 제17조 제4항에 따른 위원회 위원의 위촉에 관한 사무

③ 삭제 〈2016. 8. 2.〉
〈본조 신설 2014. 12. 16.〉

제17조의 3 규제의 재검토 문화 체육 관광부 장관은 다음 각호의 사항에 대하여 다음 각호의 기준일을 기준으로 3년마다(매 3년이 되는 해의 기준일과 같은 날 전까지를 말한다) 그 타당성을 검토하여 개선 등의 조치를 해야 한다.

① 제13조 및 별표 1에 따른 간행물의 유해성 심의에 관한 세부 심의 기준: 2022년 1월 1일

② 제15조 제6항 제3호에 따른 외국에서 발행된 간행물의 범위: 2023년 11월 21일

〈전문 개정 2022. 3. 8.〉

제18조 과태료의 부과 기준 법 제28조 제1항 및 제2항에 따른 과태료의 부과 기준은 별표 2와 같다. 〈개정 2012. 6. 19., 2014. 7. 16., 2022. 2. 8.〉 〈전문 개정 2011. 3. 30.〉

부칙 〈대통령령 제33023호, 2022. 12. 6.〉 (도서관법 시행령)

제1조(시행일) 이 영은 2022년 12월 8일부터 시행한다.

제2조부터 제4조까지 생략

제5조(다른 법령의 개정) ①부터 ㉒까지 생략

㉓출판문화 산업 진흥법 시행령 일부를 다음과 같이 개정한다.

제3조 제2호 중 〈「도서관법」 제21조〉를 〈「도서관법」 제23조〉로 한다.

제5조 중 〈「도서관법 시행령」 제14조 제3항〉을 〈「도서관법 시행령」 제20조 제3항〉으로 한다.

제15조 제3항 제1호 바목 중 〈「도서관법 시행령」 제14조〉를 〈「도서관법 시행령」 제20조〉로 한다.

㉔ 및 ㉕ 생략

제6조 생략

[별표 1] 〈개정 2009. 10. 7.〉
간행물의 유해성 심의에 관한 세부 심의 기준(제13조 관련)

① 자유 민주주의 체제를 전면 부정하거나 체제 전복 활동을 고무(鼓舞)하거나 선동하여 국가의 안전이나 공공질서를 뚜렷이 해치는 것

가. 헌법의 민주적 기본 질서를 명백히 부정하여 국가의 존립 자체를 크게 위협하는 것

나. 보편타당한 역사적 사실을 악의적으로 왜곡하여 민족사적 정통성을 심각하게 훼손하는 것

다. 불법·폭력적인 계급 투쟁과 혁명을 선동하여 극심한 사회 혼란을 초래하는 것

② 음란한 내용을 노골적으로 묘사하여 사회의 건전한 성도덕을 뚜렷이 해치는 것

가. 남녀의 성기나 음모를 노골적으로 노출시키거나 성행위 및 성기 애무 장면을 극히 음란하게 묘사하여, 정상인의 성적 수치심을 현저하게 유발하는 것

나. 수간(獸姦), 시간(屍姦), 혼음(混淫), 가학성(加虐性)·피학성(被虐性) 음란증 등 각종 변태적 행위와 근친상간(近親相姦) 등을 흥미 위주로 극히 음란하게 묘사하여 인간의 존엄성과 성윤리를 현저히 왜곡하는 것

다. 강간(强姦), 윤간(輪姦) 등의 성범죄를 극히 음란하게 묘사하여 선량한 성적 도의 관념에 어긋나는 것

③ 살인, 폭력, 전쟁, 마약 등 반사회적 또는 반인륜적 행위를 과도하게 묘사하거나 조장하여 인간의 존엄성과 건전한 사회 질서를 뚜렷이 해치는 것

가. 잔혹한 살인·폭행·고문 행위 등 각종 물리적 형태의 폭력 행위를 자극적으로 묘사하여 같은 종류의 범죄를 명백히 조장하는 것

나. 마약 등 중독성 약물의 복용·제조 및 사용을 조장하여 사회 전반의 건전성을 크게 악화시키는 것

[별표 2] 〈개정 2022. 2. 8.〉
과태료의 부과 기준(제18조 관련)

1. 일반 기준

가. 위반 행위의 횟수에 따른 과태료의 가중된 부과 기준은 최근 2년간 같은 위반 행위로 과태료 부과 처분을 받은 경우에 적용한다. 이 경우 기간의 계산은 위반 행위에 대하여 과태료 부과 처분을 받은 날과 그 처분 후다시 같은 위반 행위를 하여 적발된 날을 기준으로 한다.

나. 가목에 따라 가중된 부과 처분을 하는 경우 가중 처분의 적용 차수는그 위반 행위 전 부과 처분 차수(가목에 따른 기간 내에 과태료 부과 처분이 둘 이상 있었던 경우에는 높은 차수를 말한다)의 다음 차수로 한다.

다. 부과권자는 다음의 어느 하나에 해당하는 경우에는 제2호의 개별 기준에 따른 과태료의 2분의 1의 범위에서 그 금액을 줄여 부과할 수 있다.다만, 과태료를 체납하고 있는 위반 행위자에 대해서는 그렇지 않다.

1) 위반 행위가 사소한 부주의나 오류로 인한 것으로 인정되는 경우

2) 위반 행위자가 법 위반 상태를 시정하거나 해소하기 위하여 노력한 것으로 인정되는 경우

3) 그 밖에 위반 행위의 정도, 위반 행위의 동기와 그 결과 등을 고려하여줄일 필요가 있다고 인정되는 경우

라. 부과권자는 다음의 어느 하나에 해당하는 경우에는 제2호의 개별 기준에 따른 과태료의 2분의 1 범위에서 그 금액을 늘려 부과할 수 있다. 다만, 늘려 부과하는 경우에도 법 제28조 제1항 및 제2항에 따른 과태료의상한을 넘을 수 없다.

1) 법 위반 상태의 기간이 6개월 이상인 경우

2) 그 밖에 위반 행위의 정도, 위반 행위의 동기와 그 결과 등을 고려하여늘릴 필요가 있다고 인정되는 경우

2. 개별 기준

위반 행위	근거 법조문	과태료 금액
가. 법 제9조 제1항을 위반하여 신고를 하지 않고 출판사의 영업 행위를 한 경우	법 제28조 제2항 제1호	
1) 법 제9조 제1항 전단을 위반하여 신고를 하지 않고 출판사의 영업 행위를 한 경우		
가) 신고를 1개월 이내의 기간 동안 지연한 경우		50만 원
나) 신고를 1개월 초과 3개월 이내의 기간 동안 지연한 경우		70만 원
다) 신고를 3개월을 초과하여 지연한 경우		1백만 원
2) 법 제9조 제1항 후단을 위반하여 변경할 사항을 신고하지 않고 출판사의 영업 행위를 한 경우		
가) 변경 신고를 1개월 이내의 기간 동안 지연한 경우		10만 원
나) 변경 신고를 1개월 초과 2개월 이내의 기간 동안 지연한 경우		30만 원
다) 변경 신고를 2개월 초과 3개월 이내의 기간 동안 지연한 경우		50만 원
라) 변경 신고를 3개월을 초과하여 지연한 경우		1백만 원
나. 법 제22조 제1항 또는 제2항을 위반하여 정가를 간행물에 표시하지 않거나 같은 조 제3항을 위반하여 정가를 서지 정보에 명기하지 않거나 판매 사이트에 표시하지 않은 경우	법 제28조 제1항 제1호	1백만 원
다. 법 제22조 제4항·제5항 또는 제6항을 위반하여 간행물을 판매한 경우	법 제28조 제1항 제2호	1차 위반 3백만 원 2차 위반 4백만 원 3차 위반 5백만 원
라. 법 제23조 제1항 제2호를 위반하여 서점 등 소매상이 간행물의 저자 또는 출판사의 대표자 등이 같은 항 제1호의 행위를 하는 사실을 알면서도 그 간행물의 판매량을 공개적으로 발표하는 행위를 한 경우	법 제28조 제2항 제2호	2백만 원
마. 법 제23조 제1항 제3호를 위반하여 간행물의 유통 질서를 유지하기 위하여 문화 체육 관광부령으로 정하는 사항을 위반하는 행위를 한 경우	법 제28조 제2항 제2호	1백만 원
바. 법 제23조 제2항에 따른 유통과 관련한 명령을 이행하지 않은 경우	법 제28조 제2항 제2호	3백만 원
사. 법 제25조 제1항 전단에 따른 불법 복제 간행물 등의 수거 또는 폐기 명령을 이행하지 않은 경우	법 제28조 제2항 제3호	3백만 원

출판문화 산업 진흥법 시행 규칙

문화 체육 관광부령 제397호, 2020. 6. 23., 타법개정

제1조 목적 이 규칙은 「출판문화 산업 진흥법」 및 같은 법 시행령에서 위임된 사항과 그 시행에 필요한 사항을 규정함을 목적으로 한다. 〈전문 개정 2009. 10. 16.〉

제2조 신고 「출판문화 산업 진흥법」(이하 〈법〉이라 한다) 제9조 제1항 전단에 따른 출판사의 경영 신고는 별지 제1호 서식의 신고서(정보통신망에 의한 신고서를 포함한다)에 따른다.
〈전문 개정 2009. 10. 16.〉

제3조 변경 신고 법 제9조 제1항 후단에 따른 출판사의 변경 신고를 하려는 자는 신고 사항이 변경된 날부터 20일 이내에 별지 제1호 서식의 신고서에 제4조 제1항에 따른 신고 확인증을 첨부하여 특별자치시장, 특별자치도지사·시장·군수·구청장(자치구의 구청장을 말한다. 이하 〈시장 등〉이라 한다)에게 제출하여야 한다. 〈개정 2019. 6. 25.〉
〈전문 개정 2009. 10. 16.〉

제4조 신고 확인증의 발급 1) 법 제9조 제4항에 따른 신고 확인증은 별지 제2호 서식과 같다. 〈개정 2019. 6. 25.〉

2) 시장 등은 제3조에 따른 변경 신고를 받으면 신고 확인증의 해당 부분을 정정하여 내주어야 한다(정보 통신망에 의한 발급을 포함한다). 〈개정 2019. 6. 25.〉
〈전문 개정 2009. 10. 16.〉

제5조 신고 상황의 보고 1) 시장 등은 법 제9조 제5항 및 법 제11조 제2항에 따라 매 분기의 신고 상황을 그 분기의 다음 달 10일까지 보고(정보 통신망에 의한 보고를 포함한다)하여야 한다. 〈개정 2019. 6. 25.〉

2) 제1항에 따른 보고는 별지 제3호 서식에 따른다.
〈전문 개정 2009. 10. 16.〉

제6조 폐업 신고 1) 법 제11조 제1항에 따라 폐업 신고를 하려는 자는 별지 제3호의 2 서식의 폐업 신고서에 신고 확인증을 첨부하여 관할 시장 등에게 제출해야 한다.

2) 제1항에 따라 폐업 신고를 하려는 자가 「부가 가치세법」 제8조 제7항에 따른 폐업 신고를 같이 하려는 경우에는 제1항에 따른 폐업 신고서와 「부가 가치세법 시행 규칙」에 따른 폐업 신고서를 함께 시장 등에게 제출하거나, 「민원 처리에 관한 법률 시행령」 제12조 제10항에 따른 통합 폐업 신고서를 시장 등에게 제출해야 한다. 이 경우 시장 등은 함께 제출받은 「부가 가치세법 시행 규칙」에 따른 폐업 신고서 또는 통합 폐업 신고서를 지체 없이 관할 세무서장에게 송부(정보 통신망을 이용한 송부를 포함한다)해야 한다.
〈본조 신설 2019. 6. 25.〉

제7조 의견 문의의 절차 1) 법 제19조의 3 제1항에 따른 의견 문의를 하려는 자는 간행물을 유통·판매하기 전에 별지 제4호 서식의 의견 문의 신청서에 다음 각호의 서류를 첨부하여 법 제17조 제1항에 따른 간행물 윤리 위원회(이하 〈위원회〉라 한다)에 제출하여야 한다.
① 의견 문의 대상 간행물(전자 출판물의 경우에는 그 파일 또는 그 파일이 고정된 유형물을 말한다. 이하 이 조에서 같다)의 목록 1부
② 의견 문의 대상 간행물 각 1부

2) 위원회는 제1항에 따라 의견 문의 신청을 받았을 때에는 그 신청을 받은 날부터 5일 이내에 법 제19조의 3 제3항 단서에 따라 위원회의 심의를 거쳐야 하는지 여부와 신청에 대한 의견을 신청인에게 알려야 한다. 다만, 법 제19조의 3 제3항 단서에 따라 위원회의 심의를 거쳐야 하는 경우에는 14일 이내에 신청에 대한 위원회의 심의 결과를 알려야 한다.

3) 위원회는 제2항에 따라 신청에 대한 의견 또는 위원회의 심의 결과를 신청인에게 알릴 때에는 제1항 제2호의 간행물을 신청인에게 되돌려 주어야 한다.
〈전문 개정 2012. 7. 27.〉

제8조 삭제 〈2012. 7. 27.〉

제9조 삭제 〈2014. 11. 20.〉

제9조의 2 간행물의 유통 질서 1) 삭제 〈2014. 11. 20.〉
2) 삭제 〈2014. 11. 20.〉

3) 법 제23조 제4항에 따른 현장 출입 또는 서류 검사를 하는 사람의 권한을 표시하는 증표는 별지 제5호 서식과 같다. 〈신설 2014. 7. 24.〉
〈본조 신설 2010. 6. 21.〉

제10조 삭제 〈2009. 10. 16.〉

제11조 삭제 〈2009. 10. 16.〉

제12조 삭제 〈2009. 10. 16.〉

제13조 삭제 〈2009. 10. 16.〉

제14조 삭제 〈2009. 10. 16.〉

제15조 삭제 〈2009. 10. 16.〉

제16조 삭제 〈2009. 10. 16.〉

제17조 삭제 〈2009. 10. 16.〉

제18조 증표 법 제25조 제4항에 따른 관계 공무원의 권한을 표시하는 증표는 별지 제9호 서식과 같다.
〈전문 개정 2009. 10. 16.〉

제19조 규제의 재검토 1) 삭제 〈2016. 1. 22.〉
2) 문화 체육 관광부 장관은 제3조에 따른 출판사의 변경 신고 절차와 방법에 대하여 2016년 1월 1일을 기준으로 2년마다(매 2년이 되는 해의 1월 1일 전까지를 말한다) 그 타당성을 검토하여 개선 등의 조치를 하여야 한다. 〈신설 2015. 12. 30.〉
〈본조 신설 2013. 12. 31.〉

부칙〈문화 체육 관광부령 제397호, 2020. 6. 23.〉

이 규칙은 공포한 날부터 시행한다.

열린책들 편집 매뉴얼 2024

발행일 2024년 5월 10일 1쇄

열린책들 편집 매뉴얼 2008
발행일 2008년 2월 10일 1쇄
       2008년 4월 30일 3쇄
열린책들 편집 매뉴얼 2009
발행일 2009년 2월 25일 1쇄
       2009년 3월 15일 2쇄
열린책들 편집 매뉴얼 2010
발행일 2010년 2월 10일 1쇄
       2010년 3월 10일 2쇄
열린책들 편집 매뉴얼 2011
발행일 2011년 2월 25일 1쇄
       2011년 6월 30일 2쇄
열린책들 편집 매뉴얼 2012
발행일 2012년 3월 10일 1쇄
열린책들 편집 매뉴얼 2013
발행일 2013년 3월 30일 1쇄
열린책들 편집 매뉴얼 2014
발행일 2014년 3월 30일 1쇄
열린책들 편집 매뉴얼 제8판
발행일 2015년 10월 25일 1쇄
       2015년 11월 30일 2쇄
열린책들 편집 매뉴얼 2017
발행일 2017년 2월 25일 1쇄
       2017년 6월 20일 2쇄
열린책들 편집 매뉴얼 2018
발행일 2018년 2월 25일 1쇄
       2018년 8월 30일 2쇄
열린책들 편집 매뉴얼 2019
발행일 2019년 2월 15일 1쇄
       2019년 6월 30일 2쇄
열린책들 편집 매뉴얼 2020
발행일 2020년 1월 30일 1쇄
       2020년 9월 1일 3쇄
열린책들 편집 매뉴얼 2021
발행일 2021년 2월 20일 1쇄
       2021년 9월 20일 3쇄
열린책들 편집 매뉴얼 2022
발행일 2022년 2월 10일 1쇄
열린책들 편집 매뉴얼 2023
발행일 2023년 5월 20일 1쇄

엮은이 **열린책들 편집부** 발행인 **홍예빈·홍유진** 발행처 주식회사 **열린책들**

경기도 파주시 문발로 253 파주출판도시
전화 031-955-4000 팩스 031-955-4004
www.openbooks.co.kr